KB033457

6·25전쟁 시기 천도교 포로 연구

성강현

1963년 강원도 삼척에서 태어나 강릉고등학교와 경희대학교 사학과를 졸업했다. 고등학교에서 역사를 가르치면서 학문적 호기심이 발동하여 동의대학교 대학원 문헌정보 · 사학과에 들어가 『6 · 25전쟁 시기 천도교계 포로의 전향과 종교 활동에 관한 연구』로 문학박사 학위를 취득하였다. 동학 · 천도교를 비롯한 한국 근현대사 연구에 천착하고 있다. 현재 동천고등학교에서 학생들을 가르치며 동의대학교에도 출강하고 있다.

주요 연구 성과로는 『반도의 총후진』(공역), 『칠천량의 백파』(공저), 『부산근 · 현대사 산책』(공저), 「거제도포로수용소의 9 · 17폭동 연구」, 「해월 최시형의 단양 은거 시기 연구」, 「군대 해산 과정에서의 서소문전투 연구」, 「제1차 교육과정의 국사 교과서 서술체제와 내용 분석」, 「수기로 본 강우건의 독립운동」 등이 있다.

6 · 25전쟁 시기 천도교 포로 연구

초판 1쇄 발행 2017년 6월 25일

지은이 | 성강현
펴낸이 | 윤관백
펴낸곳 | 도서출판 선인

등 록 | 제5-77호(1998.11.4)
주 소 | 서울시 마포구 마포대로 4다길 4(마포동 324-1) 곶마루 B/D 1층
전 화 | 02) 718-6252 / 6257
팩 스 | 02) 718-6253
E-mail | sunin72@chol.com

정가 38,000원
ISBN 979-11-6068-105-5 93910

· 잘못된 책은 바꿔 드립니다.
· www.suninbook.com

6·25전쟁 시기 천도교 포로 연구

| 성강현 지음 |

책을 내면서

이 책은 2015년에 취득한 박사학위 논문인 '6·25전쟁 시기 천도교 포로의 전향과 종교 활동'을 보완해서 엮은 것이다.

이 주제로 학위논문을 쓰게 된 동기는 우연한 기회에 이루어졌다. 2011년에 대학원 연구 답사가 있었는데 경상남도의 통영과 거제도 일대의 임진왜란 당시 이순신과 원균의 전적지를 현장 답사하면서 탐구하는 것이 주제였다. 우리 대학원 답사의 특징은 답사를 참여하는 학생이 한 가지 주제를 정해 발표와 토론을 겸하는 것으로 강도가 높다. 나는 답사 주제에 관해서는 깊이 생각해보지 못하고 답사 날짜는 다가와 어설프게 거제도의 포로수용소에 관한 내용의 발표를 준비하였다. 포로들의 활동 가운데 평소 관심이 있었던 천도교 포로에 대해 발표하였는데 그중에 수용소 내에서의 이념 대결과 천도교대대의 구성이라는 부분을 중심으로 구성하였다. 발표를 마치니 답사단 모두가 처음 듣는 내용이라면서 관심을 표명하였다. 특히 지도교수님으로부터 앞으로 연구하면 좋은 주제가 될 것이라는 격려를 받았다.

그리고는 잊고 있었는데 논문을 써야할 시기가 되어 무엇을 주제로 정할까하는 고심을 하고 있을 때, 지도교수님으로부터 지난번에 거제도에서 발표한 천도교 포로를 주제로 잡고 논문을 작성해 보자는 권유를 받았다. 그리고 자료가 부족한 상황에서 새롭게 역사 연구의 방법으로 각광받고 있는 구술사 연구를 한번 해 보면 좋은 작품이 만들어질 것 같다며 연구 방법론도 제시해 주셨다. 그렇게 힘을 얻어 자료를 찾아보고 북한 출신으로 천도교 활동을 하다 인민군으로 차출되어 6 · 25전쟁에 참전했다가 반공포로로 석방되어 남한에 정착한 두 분의 천도교인을 인터뷰하면서 논문을 마무리할 수 있었다.

두 분의 기억 속에서 북한 출신 천도교 포로들이 남한으로 선택한 이유는 이승만의 반공 정책이나 미군의 인도주의 정책에 기인하는 것이 아니라 그들이 북한에서 겪었던 해방 이후 사회주의 정권의 수립 과정에서 천도교가 기여했음에도 불구하고 배제되는 과정에서 비롯되었음을 확인할 수 있었다. 하지만 표본 수가 적기 때문에 일반화하기에는 무리가 있어 특수한 개인의 경험으로 정리할 수밖에 없어 아쉬움이 남았다.

이런 아쉬움들이 늦은 나이에 시작한 공부를 더 열심히 할 수 있는 원동력이 되었다. 박사과정에서 더 많은 분들을 인터뷰하고 자료를 찾아다니면서 해방 이후 북한의 천도교와 사회주의 정권 수립 과정에 대해서도 깊이 공부하는 계기가 되었다. 그리고 이를 바탕으로 북한 출신 천도교인들의 남한으로의 전향이 그 안에서 잉태되고 있었음을 확인할 수 있었다. 특히 전쟁에 동원되었다 포로로 수용된 다수의 천도교 포로들은 남한으로의 전향을 선택하였다. 그들이 가족과 고향산천을 버리면서까지 남한을 선택했던 이유는 민주개혁의 허구에 대한 반발이었으나 그 밑바탕에는 시천주와 사인여천을 바탕으로 완전한 자주독립국가를 수립하고자 했던 북한 천도교인들의 희망이 파괴되면서 나타난 좌절감이 자리 잡고 있었다. 그리고 그 희망을 남쪽에서 찾으려고 하였다.

그렇지만 남쪽에서의 삶은 가혹했다. 반공을 국시로 내걸었던 이승만은 이들을 자기의 정권을 유지하기 위한 수단으로 활용하려고 하였을 뿐 이들이 남한에 정착하기 위한 어떠한 조치도 취하지 않았다. 열렬한 반공투사였던 이들은 물설고 낯선 남한에서 참담하게 생활해야 했다. 그들의 기억

속에 남아 있는 남과 북은 한국현대사의 가장 아픈 시대상이 그대로 간직되어 있었다.

지금 이 글을 쓰는 시점에 인터뷰에 응했던 8명 가운데 4명에 세상을 떠났다. 얼마 전 돌아가신 분은 인터뷰 당시 남한의 가족들 앞에서 지금 가장 하고 싶은 것이 무엇이냐고 물으니 거침없이 북한에 두고 온 부인과 아이들이라고 하는 모습이 마치 영화의 한 장면처럼 또렷하게 머리에 남아 있다. 이들은 남북의 분단이 이리도 오래 질기게 이어질 줄 몰랐고 죽기 전에 가족들과 다시 고향에서 살 수 있을 것으로 기대했다. 그나마 이들은 자신의 기억이라도 남기고 가서 다행이다. 그렇지 못한 수많은 북한 출신으로 남한을 선택했던 3천 8백여 명의 천도교 포로들은 아무 흔적 없이 사라져버리고 말았다. 더 많은 분들의 기억을 찾아 정리하지 못한 것이 아직도 생채기로 남아 있다.

지금까지 밝혀진 6 · 25전쟁에 참전한 천도교계 인민군은 2만 명 이상이었다. 이들 가운데 포로가 된 후 남쪽으로 전향한 천도교 포로는 최소한으로 추정해도 구술자 8명을 포함해 3천 8백여 명이었다. 천도교 포로들은 부산수용소 시기부터 천도교인을 규합하였고, 거제도수용소에 안착한 후 천도교 활동을 시작하였다. 천도교 포로들은 전쟁에 대한 이승만 정권의 포용정책이나 유엔군의 인도주의적 감화 이전에 북한에서의 천도교 정치 이념의 실현이 좌절되자 남한으로의 자발적 전향을 택한 경우가 많았다.

연구 과정에서 구술 작업에 의한 자료적 한계를 벗어나게 해 준 것이 미국 국립문서기록관리청(NARA)의 자료였다. 이 자료 중 RG 153에 포함된 거제도포로수용소에서의 9 · 17폭동 사료는 구술 증언을 뒷받침하는 소중한 기록이었다. 이 자료는 양제호의 증언을 공식적인 문서로 확인한 쾌거였다. 이를 통해 85수용소에서 벌어진 9 · 17폭동은 천도교계 포로의 반공 활동에 대한 친공포로의 조직적인 살해사건이었음을 확인할 수 있었다. 이 자료를 만나게 된 것은 나에게는 큰 행운이었다. 아마도 북한 출신 천도교 포로들의 염원이 발현한 것이 아닌가 하는 생각까지도 들었다.

9 · 17폭동사건은 천도교 포로의 전향에 결정적인 영향을 끼쳤다. 이후 천도교 포로들은 반공결사대를 조직하여 본격적인 반공 활동과 함께 수용소의 승인 아래 공식적 천도교 활동을 시작하였다. 천도교 포로들이 선택한 남한의 삶은 또 다른 다양한 정치적 수단화의 길을 걸었지만 그들의 선택이 결코 개인적인 종교의 목적을 넘어서 단독정부 수립을 반대하는 민족통합운동적 성격을 가진 것이라는 역사적 가치를 확인하는 것만으로도 이들의 선택은 역사적으로 의미 있는 것이다.

그러나 6 · 25전쟁의 포로에 관한 연구는 아직 미약한 상황이다. 포로를 전쟁의 부산물로 여기고 있는 인식과 이념 전쟁의 특성 또한 무시할 수 없다. 그러나 가장 중요한 이유는 자료의 부족 때문이다. 따라서 구술사 등 새로운 역사연구방법론을 통해 연구를 확장하는 것이 필요하다 하겠다. 부족하지만 나의 연구가 이 부분에 조금이라도 보탬이 되었으면 기대한다.

학문은 나의 길이 아니라고 포기하고 있다가 늦은 나이에 시작한 공부를 여기까지 이어올 수 있었던 데에는 많은 분들의 도움이 있었다. 먼저 우둔한 제자의 지도를 맡아 손을 놓지 않으시고 끝까지 공부하고 논문을 마무리할 수 있도록 격려와 지도를 아끼지 않으신 동의대학교 사학과 김인호 교수님의 은덕을 잊을 수 없다. 앞으로 의미 있는 연구 성과를 내는 것이 지도에 대한 보답일 것이다. 애착을 갖고 부족한 논문의 행간을 하나하나 메워주신 박순준 교수님의 세밀한 지도는 연구자의 자세가 무엇인지 알게 해주었다. 항상 따듯한 지도와 격려를 주셨던 최연주 교수님과 김형렬 교수님께도 고개 숙여 감사드린다.

부족한 저의 연구를 위해 많은 자료를 찾아주시고 자신의 글처럼 관심을 갖고 도와주신 김해대학교 군사학과 조봉휘 교수님, 연구실에서 부족한 글을 함께 보면서 꼼꼼히 고쳐주신 안환, 하훈, 이준영, 선우성혜, 김예슬,

이용호 선생님, 그리고 최미숙 선생님 등 감사드릴 분이 너무 많다. 직장 생활을 하며 힘겨워할 때 힘을 북돋아 준 동천고등학교의 김상열 교장선생님과 강병로, 김대석 선생님을 비롯한 직장 동료에게도 감사드린다. 또한 졸고의 교정을 맡아준 김철경, 신원기, 박재홍, 박인성 선생님께도 감사드린다. 그리고 나의 학위 수여를 자신의 일처럼 즐거워하고 공부를 독려해 주던 나의 영우(靈友) 학암 김학봉 선생님의 고마움을 이제는 갚을 길이 없어 안타까울 따름이다.

제가 공부를 할 수 있도록 길을 열어주신 부모님께는 어떤 감사의 인사도 어울리지 않을 것 같다. 나의 학위 수여를 누구보다 기뻐해주신 아버님께서 이 책을 보여드리지 못한다는 게 아쉽고 후회가 된다. 어머님께서 이 책을 보면 또 얼마의 눈물을 쏟으실지 걱정이 앞선다. 그리고 늘 옆에서 공부하라고 권유해 준 형님과 형수님을 비롯한 동생들과 가족의 고마움은 잊을 수가 없다. 같이 놀아주지 못해도 부족한 아버지를 이해해준 아들 치호에게도 고마움을 전한다.

일제강점기와 해방 공간에서 민족의 독립과 자주국가 건설을 위해 헌신하신 천도교인들은 우리 근현대사의 자존심과 같은 존재였다. 해방 이후 남북 분열의 상황에서 불굴의 의지로 민족 자주 국가 건설을 위해 노력하신 천도교인들의 고귀한 희생은 시간이 지나면 지날수록 더 빛이 날 것이다. 이 연구가 그분들의 희생에 대한 조그만 보답이라도 되길 희망한다.

끝으로 졸고를 기꺼이 맡아주신 도서출판 선인의 윤관백 사장님을 비롯해 좋은 디자인으로 책을 만들어준 편집진에게도 깊이 감사드린다.

2017년 6월
황령산 기슭에서
저자

차 례

표 및 그림 차례

【표】

【그림】

제1장

서 론

제1장

서 론

1. 연구 목적

6 · 25전쟁 시기 유엔군이 수용한 인민군[1] 포로는 최대 16만 명을 상회하였다.[2] 휴전회담의 개최와 함께 발생한 포로수용소 내에서 친공(親共)과 반공(反共)의 이념 갈등으로 수용소가 들끓자 포로 심사를 통해 북한으로의 송환을 희망하는 포로와 북한으로의 송환을 거부하고 남한을 선택한 포로를 분리하였다. 몇 차례의 심사 후 마지막까지 송환을 거부한 포로, 즉 반공포로는 33,000여 명이 이르렀다.[3]

북한으로의 송환을 거부한 포로인 반공포로에 대한 그간의 연구를 보면 지나치게 이승만의 반공포로 석방 문제와 관련한 연구에 집중하고 있다는 사실이다. 즉, 이승만 정권이 추구하던 한미상호방위조약 및 경제 원조 협정 등 정치 · 경제적 지원을 획득하기 위한 정치적 수단이라는 측면에서 이 문제를 보려는 경향이 강하였다.[4] 대내적으로는 이를 통해 이승만은 반공

• • • • •

1) 북한의 군대는 1948년 2월 8일 창설되었으며 공식 명칭은 '조선인민군'이다. 본 연구에서는 인민군이라고 통칭한다.

2) 김행복, 『한국전쟁의 포로』, 국방군사연구소, 1996, 56쪽.

3) 위의 책, 76쪽.

의 수호자로서 대중적 지지 획득과 체제 안정을 이룩하였다고 분석하고 있었다.[5] 하지만 이러한 논의에서 문제가 된 것은 왜 정작 포로 자신들이 정치적으로 이용당할 수 있는 가능성을 알고서도 남한 즉, 반공 진영을 선택했는지에 대한 논의에는 제대로 접근하지 못했다는 점이다.

물론 일부의 연구에서 반공포로의 남한 선택에 대한 논의가 없지 않았다. 하지만 이들 연구조차 반공포로의 발생은 포로를 관리하던 미국군의 인도적 포로정책의 감화와 이승만 정권의 체제 우월성 홍보에 따른 심경의 변화 등의 외연적 요소를 강조하는 경우에 지나지 않았다.[6] 이러한 논의는 반공포로의 광범한 형성을 설명하는 외적 요인은 될지언정 실제로 이들의 반공포로로의 전향을 발아시킨 근본 원인이 무엇이었는가에 대해서는 그다지 연구가 진척되지 않아 이에 대한 논의가 요구된다고 하겠다. 어쩌면 이들의 전향은 남측의 유인력보다는 이미 북측 내부에서의 내재적 요인 즉, 해방정국 이후 북한 내부에서 나타난 다양한 정치적 갈등과 연관은 없는지 고민할 필요가 있다.

이에 대한 문제의식을 갖고 반공포로에 대해 자료를 모아가던 중 북한 출신 반공포로 가운데 천도교계 포로가 상당수를 차지했다는 것을 알게 되었으나 이들에 대한 자료나 연구 성과를 찾을 수가 없었다. 다만 포로들의 종교 활동에 관한 연구에서 천도교 활동이 있었다는 단편적인 기술만 있을 뿐이었다.[7] 천도교 반공포로에 관심을 갖고 관련 자료를 수집하던 중 천도교기관지인 『신인간』에 이들의 활동에 관한 좌담회 자료[8]와 관련 기사[9]를

4) 박정이, 『6·25전쟁과 한국의 국가건설』, 경기대학교 정치전문대학원 외교학과 박사학위논문, 2013, 351쪽.

5) 김보영, 「한국전쟁시기 이승만의 반공포로석방과 한미교섭」, 『이화사학연구』 제38집, 2009, 201쪽.

6) 이상호, 「한국전쟁기 미군의 공산포로 '미국화 교육'」, 『역사와 현실』 제78호, 2010, 445쪽.

7) 조성훈, 『한국전쟁과 포로』, 선인, 2011, 130쪽.

8) 전덕범 외, 「포로수용소에서 봉행한 시일식」, 『신인간』 통권 제460호, 1988.6.

발견하였다. 또 천도교자료실에서 일부 천도교 포로의 명부도 확인할 수 있었다. 천도교단의 자료와 기사, 그리고 포로 명부를 대조하면서 천도교계 포로가 포로수용소에서 활발하게 활동하였음을 확인할 수 있었다.

하지만 6·25전쟁 시기 국군의 문서나 유엔군의 기록을 살펴보았으나 천도교계 반공포로에 대해 자료를 찾기는 쉽지 않았다. 이런 상황에서 문헌 자료의 한계를 극복하기 위해 최근 역사연구 방법의 하나로 활용되고 있는 구술사 연구방법을 적용해 천도교 반공포로의 활동을 탐구해보기로 하였다. 천도교중앙총부로부터 2명의 대상자를 추천받아 2012년 3회에 걸쳐 구술녹취를 진행하였다. 이 자료를 바탕으로 '6·25전쟁 시기 북한 출신 반공포로의 천도교 활동'이라는 주제로 석사논문을 작성할 수 있었다.[10] 이를 통해 천도교 포로였던 구술자 2명의 전향이 외적 요인보다 내재적 요인에 기인하였다는 것을 확인할 수 있었다.

하지만 2명의 구술자를 통한 연구로 천도교 포로의 전향이 내재적 요인에 기인한 것으로 일반화하기에는 표본 수가 너무 적었다. 보다 많은 표본을 대상으로 한 구술 자료의 확보를 위해 다시 천도교중앙총부로부터 구술대상자를 추천받아 구술 녹취를 준비하고 있던 중, '북한 출신 천도교 반공포로의 포로생활'이라는 주제로 2014년 국사편찬위원회 구술지원 사업에 선정되어 총 8명의 천도교 포로에 대한 구술 자료를 확보할 수 있게 되었다.

8명의 증언에서 그동안 문헌상으로 확인하기 어려웠던 해방 정국 시기 북한 내부의 정치적 갈등 구조는 물론 북한 천도교 내부에서 북한 정권과의 갈등을 통하여 다양한 저항의 움직임이 발아하고 있어, 전향의 원인 규

• • • • •

9) 이창번, 「중립지대(판문점)에서의 천도교 활동」, 『신인간』 통권 제531호, 1994.8; 이성운, 「포로수용소에서의 천도교 활동」(상), 『신인간』 통권 제523호, 1993.12; 「포로수용소에서의 천도교 활동」(하), 『신인간』 통권 제524호, 1994.1; 최동희, 「북한에 있어서의 천도교 운동」, 『신인간』 통권 제303호, 1973.1.

10) 성강현, 「6·25전쟁 시기 북한 출신 반공포로의 천도교 활동: 두 사례자의 구술을 통하여」, 동의대학교 대학원 석사학위논문, 2013.

명에 상당한 갈증을 해소할 수 있는 중요한 증언들을 다수 확보할 수 있었다. 무엇보다도 북한의 권력 실세들이 암암리에 북한만의 단독정부 수립책동을 추진한데 대한 깊은 실망감이 그들 천도교 포로의 반공 의지 생성에 중요한 역할을 했다는 점을 구술을 통해 얻을 수 있었다.

특히 녹취를 진행하던 중 1951년 9월 17일 거제도의 85수용소에서 천도교 포로 14명이 친공포로에 의해 학살당했다는 증언을 얻을 수 있었다. 이 증언을 근거로 기존의 연구 성과를 검토하였으나 이 사건이 친공(親共)포로에 의한 반공포로 학살 사건인 9·17폭동사건이라고만 밝혀졌을 뿐 천도교계 포로의 학살이라고 언급된 성과는 어디에서도 찾을 수 없었다. 다만 천도교기관지의 기사에서 이 사건을 경험했던 천도교 포로의 회고담을 찾을 수 있었다.[11] 이 회고담에 따르면 천도교 포로의 사망자가 18명이라는 내용이 있어 사망자 수치에 대한 혼란이 가중되었지만 학살 이후 결사대를 조직하여 반공 활동을 강화하였다는 새로운 사실도 확인할 수 있었다. 즉, 85수용소의 생존자들은 포로수용소 내에서의 천도교 포로의 실질적인 '전향'이 바로 이 사건을 계기로 이루어졌다고 주장하고 있었다. 천도교 포로들은 9·17친공분자폭동사건(이하 9·17폭동사건)이 '전향'의 분기점이 된 사건이라고 주장하고 있었지만 이를 뒷받침할 만한 근거가 부족하였다.

구술 증언과 회고담을 통해 단편적으로 천도교계 포로의 존재와 9·17폭동사건에 관해 확인할 수 있었으나 이를 뒷받침할 만한 근거 자료를 찾지 못해 고민하던 중 우연히 국사편찬위원회의 정보사료관에서 공개한 미국 국립문서기록관리청(NARA) 문서에 9·17폭동사건을 조사한 유엔군 수사기관의 자료를 발견하였다.[12] 109쪽 분량의 이 자료에는 85수용소에서 발생한 9·17폭동사건의 실상이 낱낱이 드러나 있었다. 이 자료에는 친공포로들의 천도교 포로 학살 이유로 북조선청우당 활동을 비롯한 반공 활동

• • • • •

11) 전덕범 외, 「포로수용소에서 봉행한 시일식」, 『신인간』 통권 제460호, 1988.6.

12) RG 153, AUS172_04_00C0018_004.

이라는 내용이 포함되어 있었다. 9 · 17폭동사건에 관한 구술 증언을 NARA 문서를 통해 확인함으로써 포로수용소 내에서의 천도교 활동에 관한 본격적인 연구를 진행할 수 있는 계기가 되었다.

비록 제한적이긴 하지만 이상의 자료를 통해 천도교계 포로의 전향의 원인이 무엇이었는지를 살펴볼 수 있게 되었다. 이들은 포로수용소에서 이승만 정권의 포용정책에 의한 감화나 유엔군의 인도주의적 정책 등의 외적 요인보다는 이미 북한에서 천도교 활동을 통해 전향의 조건들이 성숙해 있었음을 추정할 수 있었다. 구술자들은 해방 직후 확장일로에 있던 북한 천도교의 교세, 새롭게 사회주의 정권을 구성하려는 북한 당국과의 정치적 갈등, 그리고 북한 당국의 천도교 활동 억압, '민주개혁(民主改革)'에 대한 천도교인들의 불만, 불만에 따른 자주파와 협력파의 갈등 구도 등에 관해 증언하였다. 이들의 증언에 의하면 일부 북한 지역에서 중앙권력에 깊이 실망하고 종교 억압 정책에 대한 분노를 축적한 다수의 천도교인들이 나타나고 있었다. 특히 구술자들은 해방 이후 북한의 시 · 군에서 천도교 간부로 활동하였는데 이들은 중앙권력에 기댄 친사회주의 성향의 협력파보다는 천도교 이념에 충실하고자 했던 자주파의 영향하에 있었다는 증언도 들어있었다.

구술 자료와 NARA 문서 등 문헌 자료를 통해 조금씩 논의를 진전시키면서 천도교계 반공포로의 '전향'이 외부적인 요인보다 더 중요한 내재적 요인이 상당해 존재했다는 점에 대한 연구를 진행할 수 있게 되었다. 따라서 본 연구는 천도교계 포로들이 대거 '전향'하려는 의지를 축적하게 된 역사적 근원을 더듬고, 실제로 어떤 과정으로 '전향'의 또 다른 몸짓이었던 '포로화'과정을 거쳤으며, 포로화 이후 수용소 내에서 친공포로들과는 어떠한 정치적 갈등을 겪었는지, 나아가 9 · 17폭동사건 이후 분산수용이라는 전면적인 전향의 길이 열리면서 그들이 수행했던 종교적인 활동은 어떤 의미를 가지는지를 밝혀보고자 하였다.

물론 연구 자료의 큰 부분을 차지하는 구술 가운데에는 신뢰할 수 없는 개인적인 편견도 있었지만 본 연구에서는 개인적인 편견이나 주관 부분은 배제하고 문헌적으로 설명 가능한 논의만을 연구의 대상으로 삼았다.

요컨대 본 연구는 천도교계 포로들의 전향을 촉진한 진정한 힘이 무엇인지 파악하고, 이들의 전향이 개인적인 종교의 자유를 획득하려는 염원에 머무는 것인지 아니면 진정한 사회적 민주개혁과 민족통일정부를 염원하는 북한 천도교 자주파의 정치적 이상을 반영한 것인지 이른바 전향의 '실제의 모습'을 확인하고 전향 이후 수용소 내에서의 천도교 활동을 통해 이루어진 천도교 반공포로의 정치적 편향성을 밝히는 것을 목적으로 한다.

2. 선행 연구 검토

천도교계 인민군의 '전향'을 이해하기 위해서는 해방 후 남북한의 천도교 성장에 대한 연구 성과에 대한 충실한 이해가 필요한데, 이 방면의 연구 성과를 보면,[13] 대부분 해방공간에서 천도교 세력은 천도교청우당을 중심으로 신국가 건설 운동을 주도했지만 미소 양군의 점령하에서 나타난 좌우 이념의 대결 속에서 정치적 기반이 약화되어 결국 세력을 크게 상실하고 말았다고 진단하였다.[14] 그중에서도 의미 있는 연구 성과는 북한에서의

• • • • •

13) 천도교중앙총부교서편찬위원회, 『천도교약사』, 천도교중앙총부출판부, 2006; 표영삼, 「북한의 천도교」(상~하), 『신인간』 통권 제375~377호, 1980.2·3~5; 최동희, 「북한에 있어서의 천도교 운동」, 『신인간』 통권 제303호, 1973.1.

14) 정용서, 『일제하 해방 후 천도교 세력의 정치운동』, 연세대학교 대학원 박사학위 논문, 2010; 임형진, 『동학의 정치사상: 천도교청우당을 중심으로』, 모시는사람들, 2002; 「해방정국과 천도교청우당」, 『동학학보』 제4호, 2002; 성주현, 「해방 후 천도교청우당의 정치이념과 노선」, 『경기사론』 제4·5호, 2001; 「해방 후 천도교 청우당의 조직과 활동」, 『문명연지』 제2권 제1호, 한국문명학회, 2001; 「民主主義 理念党의 摸索: 해방공간 天道教青友党으로」, 『민족사상연구』 제18호; 「해방 후 천도교청우당의 정치활동과 통일정부 수립운동」, 『문명연지』 제2권 제2호, 한국문명학회, 2002; 박세준, 「종교정당에 대한 역사사회학적 고찰: 남북한청우당을 중심으로」, 『종교와 사회』 제1집 제1호, 2010.

천도교 세력이 사회주의국가 건설 참여와 정권 수립 배제 과정을 국내외 문서를 바탕으로 밝히고자 하는 점에 있어서는 성과가 있었다.

그런데 이러한 연구는 천도교청우당의 정강 등 문서를 중심으로 한 연구라는 점 그리고 지나치게 일부 교리에 치우친 이념 지향적 연구였다는 점에서 한계가 있다. 그러한 연구 경향은 결국 해방공간 남북에서의 천도교 정치활동에 대한 전체적 조망을 어렵게 할뿐 아니라 북한 천도교 활동의 실상을 이해하는 데 어려움을 야기하고 있다.

한편, 기왕의 연구에는 천도교가 사회화 과정을 통해 천도교 이념의 사회적 확산은 성공하였지만 천도교단의 침체로 귀결되었다는 종교사회적인 측면의 연구가 있었다.[15] 또 북한 지역에서의 천도교와 사회주의의 연대활동을 지방사적 시각으로 파악하려는 연구가 있었다.[16] 이외에 소군정(蘇軍政)이 민족주의적 색채를 지닌 천도교청우당을 우익적 성향으로 파악한 연구가 있었다.[17]

천도교 포로에 관한 논의를 진행하기 위해서는 포로 관련 연구의 성과를 검토해보아야 한다.[18] 6 · 25전쟁 시기 어떻게 인민군 포로가 발생했는지 혹은 포로 정책이나 포로수용소의 운영 등은 어떻게 진행되었는지 어느 정도 연구가 진척되어 있지만 이들 연구는 대체로 반공의 강화와 자유민주주의의 우월성을 강조하였다.[19] 포로문제에 관해서는 인도주의 입장과 자

• • • • •

15) 박세준, 『천도교에 대한 역사사회학적 연구』, 고려대학교 대학원 사회학과 박사학위논문, 2015.

16) 김성보, 「지방사례를 통해 본 해방 후 북한사회의 갈등과 변동: 평안북도 선천군」, 『동방학지』 제125호, 2004.

17) 이재훈, 「해방 직후 북한 민족주의세력에 대한 소련의 인식과 정책」, 『역사비평』 통권 70호, 2005.2.

18) 윌리엄 린드세이 화이트, 조영철 역, 『한국전쟁 포로』(군사참고 3), 국방부 전사편찬위원회, 1986; 이상호, 「한국전쟁기 미군의 공산포로 '미국화 교육'」, 『역사와 현실』 제78호, 2010.

19) 김행복, 『한국전쟁의 포로』, 국방군사연구소, 1996; 조성훈, 『한국전쟁과 포로』, 선인, 2010.

유의 획득이라는 정치적 이데올로기의 효용성을 통해 반공포로의 형성의 원인을 외적인 것에서 찾으려는 연구가 있었다.[20] 이승만의 반공포로 정책에 대해서는 자신의 정치적 입지 강화와 미국과의 협상 시 우위를 확보하려는 정치적 행동이라는 측면의 연구가 이루어져 반공포로를 수단으로 보려는 측면이 강했다. 포로들의 종교 활동에 관한 연구는 기독교와 천주교 위주로 다루어졌다.[21] 이밖에 중립국 인도를 선택한 포로에 관한 연구가 있었다.[22] 그리고 포로 문제와 관련한 한미 간의 교섭에 관한 연구와 포로의 법적 지위에 관한 연구가 있었다.[23]

하지만 포로들의 수용소 내에서의 구체적인 삶과 포로의 성분에 따른 반공포로 형성의 내재적 요인을 찾으려는 연구는 시도되지 않았다. 그리고 종교에 관한 연구도 유엔군의 지원 활동과 반공 이데올로기 강화와 관련한 연구를 중심으로 이루어졌다. 또한 종교 활동에 관해서도 기독교와 천주교 이외에 천도교와 불교 등 다양한 종교 활동을 탐구하는 균형 잡힌 연구가 진행되지 못하였다.

본 연구에서는 최근 역사연구의 방법의 하나로 자리 잡은 구술사 연구 방법론을 적용해보고자 한다. 따라서 6 · 25전쟁에 관한 구술사 연구 성과에 대해 살펴보는 것도 의미 있다 하겠다. 윤택림은 6 · 25전쟁에 관해 구술사 연구방법을 최초로 시도하였다.[24] 그는 시양리 사람들의 기억을 통

• • • • •

20) 강인철, 「한국전쟁과 종교생활」, 『아시아문화』 제16호, 2000.12; 유영옥, 「이승만대통령의 반공과 통일정책에서의 상징성」, 『한국보훈논총』 제10권 제2호, 2011.

21) 김승태, 「6 · 25전란기 유엔군측의 포로정책과 기독교계의 포로선교」, 『한국기독교의 역사』 제9권 제1호, 2004.9; 윤선자, 「6 · 25 한국전쟁과 군종생활」, 『한국기독교연구소소식』 제46호, 2000.

22) 김경학, 「인도정착 한국전쟁 중립국 선택 포로이 이야기」, 『인도문화』 제9권 제1호, 2004.6.

23) 김보영, 앞의 글; 민경길, 「한국전쟁과 포로송환 문제」, 『서울국제법연구』 제4권 제1호, 1997.

24) 윤택림, 『인류학자의 과거여행: 한 빨갱이 마을의 역사를 찾아서』, 역사비평사, 2004.

해서 이 마을에서 느꼈던 8 · 15해방과 좌우 대립, 토지개혁과 6 · 25전쟁 시기의 역사를 복원하였다. 김귀옥은 속초와 김제의 월남인 집단 정착촌의 월남인을 대상으로 구술생애사 방법을 통해 반공이데올로기의 형성에 대해 탐구하고 있다.[25] 그는 문헌조사, 그리고 현지조사와 심층면접의 방법을 통해 해방 이후 월남민의 정착 경험을 바탕으로 월남민의 정체성을 찾아보고자 하였다. 김동춘은 민중들이 체험한 한국전쟁의 기억을 구술사를 활용해 피난, 점령, 학살의 세 가지 주제로 나누어 연구하여 한국전쟁의 국가억압체제가 가정과 학교 등 현대 사회에서 벌어지는 차별과 억압으로 폭력이 구조화되었다는 것을 탐색하였다.[26] 이외에 지역사 측면에서의 6 · 25전쟁과 민간인 피해 등에 관한 연구도 이루어졌다.[27]

이상의 6 · 25전쟁에 관한 구술사 연구 성과를 종합해보면, 근래 새로운 연구 방법의 하나로 주목받고 있는데, 구술사 연구 방법도 점차 진화하고 있음을 알 수 있다. 6 · 25전쟁과 관련한 구술사 연구는 전쟁 자체에 대한 기억뿐만 아니라 그동안 주목받지 못한 일상이나 종교생활, 취미 등의 생존스토리 방면으로 확장되고 있다. 즉, 구술사 연구를 통해 지금까지 주목받지 못하던 문제들을 살펴봄으로써 6 · 25전쟁의 연구의 영역이 확대되었다. 하지만 지금까지의 6 · 25전쟁에 관한 구술사 연구는 역사인류학적 관점이 지나치게 강조된 측면이 있었다. 또 월남민의 월남 동기에 대한 해석

• • • • •

25) 김귀옥, 『월남민의 생활 경험과 정체성: 밑으로부터의 월남민 연구』, 서울대학교출판부, 1999. 이외에 「해방직후 월남민의 서울 정착: 월남인의 사회 · 정치적 활동에 대한 접근」, 『典農史論』, 서울시립대학교 국사학과, 2003; 「아래로부터의 반공 이데올로기 허물기: 정착촌 월남인의 구술을 중심으로」, 『경제와사회』 제43호. 한국산업사회학회, 1999. 등이 있다.

26) 김동춘, 『전쟁과 사회』, 돌베개, 2000.

27) 표인주 외, 『전쟁과 사람들: 아래로부터의 한국전쟁연구』, 한울아카데미, 2003; 한국구술사학회 편, 『구술사로 읽는 한국전쟁』, 휴머니스트, 2011; 김경학, 「한국전쟁 경험과 지역사회의 이념갈등: 전남 영광지역을 중심으로」, 『民族文化論叢』 제37호, 영남대학교 민족문화연구소, 2007.

의 문제, 그리고 문헌분석과 직접면담의 다른 자료를 통한 비교 분석 등은 미진하였다. 그리고 6 · 25전쟁의 경험이 이후의 현대사 사건의 근원적 원인으로 보는 측면은 지나치다 하겠다. 이처럼 구술사 연구방법론을 통해 아래로부터의 역사를 지향하고 있지만 구술사 연구방법론이 갖고 있는 문제점으로 지적되는 연구방법의 일원화와 일반화의 문제, 연구자의 자의성 등은 여전히 해결되지 않고 있다. 따라서 보다 면밀한 구술사 연구방법의 적용이 이루어져야 하겠다.

3. 연구 방법

지금까지 알려진 6 · 25전쟁 시기 북한 출신으로 남한으로 전향한 천도교 포로는 약 3,800여 명에 이르는 것으로 추정된다. 적은 숫자가 아님에도 불구하고 이들에 관한 연구는 거의 이루어지지 않았던 이유는 이들의 활동과 관련한 자료가 부족했기 때문이었다. 국군과 유엔군의 기록 등 전쟁 관련 기록에 이들에 대한 자료가 거의 없었던 이유는 6 · 25전쟁이 갖는 특징에 기인한다고 하겠다. 6 · 25전쟁이 이념 전쟁의 구도 아래 진행되었고 이로 인해 다른 가치들이 매몰되어 포로 자체에 관한 연구 등 이념과 거리가 먼 부분은 드러나지 않았다. 전쟁의 부산물로 여겨진 포로 문제도 그중 하나였다. 그리고 포로의 일부에 지나지 않는 천도교계 포로 문제는 주목을 받지 못했기 때문이었다.

앞서 언급하였듯이 자료가 부족한 상황에서 이들에 관한 연구는 구술사 연구방법론에 의존하지 않을 수 없다. 최근 역사 연구의 한 방법으로 주목받기 시작한 구술사 연구방법론에 대해 간략하게 살펴보면, 질적 연구방법론의 하나인 구술사(Oral History)는 복합적인 의미를 갖고 있어 단정적으로 정의하기가 쉽지 않다.[28] 김귀옥은 구술사를 '어떤 사람들의 기억이 구술을 통해 역사적 자료로서 지위를 부여받는 것'으로 정의하고 있다.[29] 그는 구술사 연구의 장점으로 구술사가 역사적 기록을 남기지 못한 사람들의 연구에 적합하고, 쌍방향적 과정을 특징으로 연구자의 책임이 크며, 한 사람이나 한 집단의 행동에 대한 내면의 동기와 이유를 파악하는 데 탁월하며, 문화사, 일상사, 지방사, 부문사 등에 탁월하며, 침묵의 기억에서 구술자를 해방하거나 치유하는 역할을 할 수 있다는 점을 제시하고 있다.[30]

그러나 그는 구술사 연구방법론이 장점만 있는 것이 아니라 단점도 있다고 하였다. 그는 구술사 연구가 기억의 정확성, 기억의 신뢰도, 말과 사물의 일치성에 관한 문제, 말과 기억의 주관성, 연구자가 지닌 해석권의 자의성, 일반화 등의 단점이 나타난다고 하였다.[31] 하지만 단점에도 불구하고 구술사 연구방법론이 주목받고 있는 이유는 문헌 자료로서 채울 수 없는 자료 사이의 간극을 메워주기 때문이다.

6 · 25전쟁에 관련한 구술사 연구는 앞의 연구 성과에서 살펴보았듯이 전쟁과 연관되었던 지역이나 주변 인물을 중심으로 이루어졌다. 이러한 연구는 그동안 기존의 6 · 25전쟁 연구에서 주목받지 못했던 전쟁과 관련한 문제를 다각도에서 바라보는 계기를 만들어 주었으나 전쟁에 직접 참여했던 사람들에 대한 연구는 많이 이루어지지 않았다는 점에서는 아쉬움이 있었다. 본 연구에서는 6 · 25전쟁에 직접 참가한 인물들을 대상으로 구술을 진행하였다는 점에서 의미가 있다 하겠다.

28) 요우(Valerie R. Yow)는 구술사라는 말을 생애사(life history), 자기보고서(self-report), 개인적 서술(personal narrative), 생애 이야기(life story), 구술전기(oral biography), 회상기(memoir), 심층면접법(in-depth-interview), 구술증언(teastament) 등을 포괄하는 개념으로 사용한다. Valelie Raleige Yow, 『*Recording Oral History: A Guide for the Humanities and Social Sciences*』(3rd Edition), Rowman & Littlefield, 2014, 4쪽.

29) 김귀옥, 「한국 구술사 연구 현황, 쟁점과 과제」, 『전쟁의 기억 냉전의 구술』, 선인, 2008, 24쪽.

30) 김귀옥, 『구술사 연구 방법과 실천』, 한울아카데미, 2014, 106~110쪽.

31) 위의 책, 110~118쪽.

본 연구를 수행하는 데 참여한 구술자는 총 8명으로 모두 북한 출신이며 6·25전쟁 시기 인민군으로 입대하여 포로로 수용된 천도교계 인물이다.[32] 구술을 기초로 이들의 인적 사항의 대강을 설명하면 다음과 같다. 먼저 구술자들의 일반적 특성은 아래의 〈표 1〉과 같다.

〈표 1-1〉 구술자의 일반적 특성

이름	출생년도	출생지	학력	직업	성분
길두만	1927	평안남도 맹산군	무, 한문 익힘	농업	빈농
성기남	1932	황해도 금천군	초등학교 졸	농업	중소지주
양제호	1930	평안남도 평양시	평양미림학교 고등과 2년	상업	중소자본가
양택조	1919	평안북도 영변군	무, 야학	농업	빈농
오용삼	1925	평안북도 창성군	무, 서당 수학	농업	자작농
이성운	1928	황해도 수안군	수안농업학교	북조선청우당 간부	빈농
이창번	1934	평안남도 성천군	양덕고등학교	고등학생	중소지주
임운길	1929	평안북도 박천군	오산중학교	북조선청우당 간부	빈농

※비고: 직업은 6·25전쟁이 발발할 당시의 직업이다. 이 표는 구술자들의 녹취를 바탕으로 작성하였다. 출생년도와 출생지 등의 구술 내용과 거제도 포로수용자 검색의 정보가 일치하여 구술자의 증언은 신뢰할 수 있다.

이들이 이야기를 정리한 〈표 1-1〉에 의하면 먼저 구술자들은 1910년대 출생이 1명, 1920년대 출생 4명, 1930년대 출생 3명으로 나타난다. 구술자 가운데 최연장자인 양택조는 95세(1919년생)였고 최연소자인 이창번이 80세(1934년생)이었다.[33] 양택조를 제외한 나머지 7명은 80대였다. 양택조는 32세에, 이창번은 17세에 인민군에 입대하였다. 구술자들의 외모나 가족들과의 관계를 살펴보면 이들의 연령은 신빙성이 있어 보였다. 국방부 군사편찬연구소 정보자료실의 거제도 포로수용자 DB 검색으로 구술 증언의 기

• • • • •

32) 구술자의 이름은 길두만, 성기남, 양제호, 양택조, 오용삼, 이성운, 이창번, 임운길 등 8명이다.

33) 구술자의 나이는 2015년을 기준으로 산정하였다.

본 사항이 사실로 확인되어 이들의 증언은 신뢰할 수 있었다.

구술에 의한 출신지를 살펴보면 황해도가 2명, 평안남도가 3명, 평안북도가 3명으로 모두 북한의 서북지방 출신이다. 학력은 중학교 이상의 학력을 가진 사람이 4명, 초등학교 졸업이 1명, 정규 교육을 받지 않고 야학이나 서당, 독학 등으로 글자를 해독할 수 있는 사람이 3명이었다. 이들 중 중등 학력을 가진 4명은 자신들의 경험과 기억을 체계적으로 증언하여 학력에 대한 의심은 제거할 수 있었다. 이들 이외의 4명도 비록 학력은 낮았지만 구술 질문에 대한 응답 태도와 구술 증언에 나타난 경험을 바탕으로 살펴보았을 때 지적 수준이 결코 낮지 않음을 확인할 수 있었다. 이를 통해 저학력의 구술자 4명은 시대적 · 환경적 요인으로 인해 학력이 낮을 뿐 높은 지적 수준을 갖고 있다고 판단할 수 있었다.

구술에 나타난 성분은 중소자본가 1명, 중소지주 2명, 자작농 1명, 빈농이 4명이다. 기존의 자료에 따르면 북한 천도교인의 구성은 농민이 95%를 차지한다[34]고 하였는데 구술자들은 7명(87.5%)이 농업에 종사하여 농민이 많았음을 알 수 있다. 농업에 종사하던 7명 중 3명이 자작농 이상이어서 경제 사정은 일반 천도교인들에 비해 나은 편이었다. 6 · 25전쟁이 일어났을 때의 직업은 농업이 4명, 학생이 1명, 상업이 1명, 북조선청우당 간부로 활동하던 사람이 2명이다.

구술에 따르면 이들은 모두 북한에서 천도교에 입교하고 지역에서 간부로 활동을 하였다. 이들 중 양제호, 성기남, 임운길, 오용삼, 이성운 등에 관해서는 『동학천도교 인명사전』에 등재되어 있는 것으로 보아 이들의 천도교 활동은 신뢰할 만하다 하겠다. 이들의 천도교 입교와 이력에 대해서도 〈표 1-2〉에 정리하였다.

• • • • •

[34] A. 기토비차 · B. 볼소프, 『1946년 북조선의 가을』(최학송 역), 글누림, 2006, 132쪽.

〈표 1-2〉 구술자의 북한 천도교 활동

이름	입교 시기	입교 권유자	천도교 직책	주요 활동
길두만	1946.7.5.	친척의 권유	북조선청우당 접대표	청우당 군당강습회, 부령, 접대표
성기남	1946.4.10	형님의 권유	북조선종리원 좌면 총무	청우당 군당강습회
양제호	5세(1935)	계대 교인	북조선청우당 당원	부친을 보좌하며 천도교 활동
양택조	1945년	친구의 권유	북조선청우당 동당위원장	3·1재현운동 참가, 신의주형무소 수감
오용삼	1947년	형님의 권유	북조선청우당 동당위원장	동당부위원장
이성운	1945년	부친	북조선청우당 면당위원장	특수접 활동으로 해주형무소 수감
이창번	어린 시절	계대 교인	북조선양덕종리원 학생회	김일성 비판 혐의로 성천경찰서 수감
임운길	1945.12.1	사촌형의 권유	북조선청우당 군당 간부	오산중학교 천도교학생접, 청우당 중앙당 학교, 박천군당 선전부 문화과장(48년)

〈표 1-2〉에 의하면, 먼저, 입교 시기는 해방 이전이 2명, 해방 이후가 6명이었다. 양제호와 이창번의 집안은 동학 시기[35]부터 신앙을 이어왔다. 이창번은 증조부 때인 동학 시기에 입도해 4대째 천도교를 믿고 있었고 양제호의 부친 또한 동학 시기에 입도하였다. 이들은 모두 천도교의 중견 간부로 지역에서 명망이 높았고, 경제적 능력이 상당해서 천도교 활동에 도움을 주기도 하였다. 양제호의 부친 양봉진은 해방 후 북평양종리원장과 북조선청우당 평양시 북구당위원장을 역임하였고,[36] 이창번의 부친 이정윤은 평안남도 성천의 북조선청우당 대구면당위원장으로 활동하였다. 나

35) 1905년 12월 1일을 기해 동학의 제3세교조 손병희는 교명을 동학에서 천도교로 바꾸었다. 따라서 1905년 이전을 동학 시기, 이후를 천도교 시기로 구분하였다.

36) 양봉진은 1888년 4월 22일생으로 평안남도 대동군 용산면 용악리에서 태어났다. 1901년에 천도교에 입교했으며 갑진개혁운동과 3·1운동에 참가하였다. 3·1운동 이후 평양으로 이주하였다. 일제강점기 대동농민사 알선부장(1929), 청년당 평양부 상민부의원(1929), 평양종리원 종리사(1929), 청우당 평양당부 집행위원(1931), 평양부종리원 부령(1933), 시원포 종정(1934), 청년당평양부 농민부위원(1934), 평양부종리원 감사원(1939) 등을 역임하였다. 해방 이후에는 북조선종무원 부원장(1950.10), 천도교보국연맹 평양북구 부위원장으로 활동하다 월남하였다. 이동초 편, 『동학천도교 인명사전』(제1판), 모시는사람들, 2015, 914쪽.

머지 6명은 해방 이후에 천도교에 입교하였다. 1945년에 양택조, 임운길, 이성운 등 3명, 1946년에 길두만, 성기남 2명, 1947년에 오용삼이 입교하였다. 구술자 가운데 해방 이후에 입교한 사람이 많은 것을 통해 이 시기에 천도교의 교세가 확장되었음을 알 수 있다.

둘째, 입교의 동기는 종교적인 측면과 정치적인 측면이 혼재되어 있었다. 양제호, 이창번 등은 동학 시기부터 천도교 활동을 했기 때문에 집안의 분위기에 따라 자연스레 종교적으로 천도교를 접하였다. 반면에 길두만, 성기남, 양택조, 오용삼, 이성운, 임운길 등 해방 이후에 입교한 6명의 구술자는 종교적인 측면에서 천도교에 입교하였다기보다는 당시 북한의 정치적인 상황이 천도교로의 입교를 유도하였다.

셋째, 천도교 입교는 주변의 가까운 인물들로부터 권유받았다. 구술자들은 가족, 친지, 친구 등 가까운 사람들로부터 천도교를 받아들였다. 대대로 천도교를 하던 양제호와 이창번을 포함해 부친과 형님 등 가족의 권유로 입교한 경우는 성기남, 오용삼, 이성운 5명이고, 친척의 권유로 입교한 경우는 길두만, 임운길 2명이다. 양택조는 친구의 권유로 천도교에 입교하였다. 입교시 대부분 천도교의 역사나 정치 이념에 대한 기본적인 이해는 갖고 있었다. 길두만은 입교 이전에 천도교의 독립운동 등에 대한 지식을 친척을 통해 들었고, 양택조는 천도교를 신앙하던 친구를 통해 글자를 배우는 등 천도교인들의 사회 활동에 감명을 받았다.

넷째, 구술자들은 북조선청우당 지부나 지역의 북조선종리원 등에서 활동하였다. 임운길은 북조선청우당 군당 강습회의 강사, 이성운은 북조선청우당 면당위원장, 나머지 6명의 구술자는 동당위원장과 읍 · 면 종리원에서 활동하였다. 이들은 북조선청우당 강습회를 수료하고 지역에서 활동하였다. 북조선청우당의 강습회는 중앙당 강습회, 도당 강습회, 군당 강습회가 있었는데, 임운길은 중앙당 강습회, 이성운은 도당 강습회, 나머지는 군당 강습회에 참가하였다.

다섯째, 구술자가 맡았던 주요 직책을 보면, 길두만은 부령[37]과 접대표의 말단 직책을 맡았고, 성기남은 면 종리원 총무, 양제호는 평양시교당의 간부로 활동하던 부친 양봉진을 보좌하였다. 양택조는 북조선천도교청우당의 말단 조직인 동당의 부위원장으로, 오용삼은 동당의 위원장으로, 이성운은 북조선청우당 면당위원장으로 활동하다가 해주형무소에 수감되었다. 이창번은 천도교 간부를 맡았던 아버지의 영향으로 어릴 적부터 천도교당을 나갔으며 초등학교 재학 시절 김일성 비판 노래를 불렀다는 혐의로 성천경찰서에 수감된 경험이 있었고, 임운길은 정주 오산중학교 천도교 학생접 활동을 주도하였다. 구술자들의 직책은 북조선청우당 지역당 또는 북조선종리원 지방 조직의 중간 간부와 말단직으로 현장에서 천도교 이념을 보급시키는 역할을 맡았다.

다음으로 구술자에 대한 녹취 작업은 다음의 과정을 거쳤다. 구술자에 대한 녹취 작업은 2012년 3회, 2014년 8회 등 총 11회 이뤄졌다. 〈표 1-3〉은 이에 관한 내용은 담고 있다.

〈표 1-3〉 구술 녹취 현황

이름	생년	차수	녹취 시간	녹취록	녹취 날짜	녹취 장소	비고
길두만	1927	1차	118분 51초	33페이지	2014.8.16	광주광역시	2014 국편 사업
성기남	1932	1차	72분 00초	20페이지	2012.5.6	전남 구례군	2014 국편 사업
		2차	90분 00초	18페이지	2012.8.6	〃	개별 녹취
		3차	119분 26초	25페이지	2014.8.17	〃	개별 녹취
양제호	1930	1차	101분 51초	34페이지	2014.4.12	서울광역시	2014 국편 사업
양택조	1919	1차	120분 57초	40페이지	2014.4.13	인천광역시	2014 국편 사업
오용삼	1925	1차	130분 00초	28페이지	2012.9.8	경기도 수원시	개별 녹취
		2차	120분 10초	26페이지	2014.5.24	〃	2014 국편 사업
이성운	1928	1차	117분 53초	29페이지	2014.5.25	경기도 안성시	2014 국편 사업
이창번	1934	1차	118분 30초	40페이지	2014.7.25	서울특별시	2014 국편 사업
임운길	1929	1차	41분 00초	20페이지	2014.5.24	서울특별시	2014 국편 사업
합계			1,120분 38초	313페이지			

[37] 부령(部領)은 각 마을 천도교인의 성미(誠米) 수납과 상부로부터의 지시나 전달 사항을 교인들에게 전해주는 역할을 하였다.

〈표 1-3〉를 통해서 보면, 구술의 신뢰성을 확보하기 위한 동일 인물에 대하여 중복 구술이 진행된 경우가 성기남은 3회, 오용삼은 2회였다. 2년의 시기를 두고 동일한 내용에 대한 녹취 진행을 통해 2명의 구술자에게서 동일한 답변이 있었고 구술이 거듭될수록 심층적인 답변을 끌어낼 수 있었다. 2014년에 실시한 8건의 녹취의 경우 '북한 출신 천도교 반공포로의 포로생활'이라는 주제로 시행된 2014년 국사편찬위원회 구술자료 수집 작업으로 이루어졌다.

구술대상자의 선정은 천도교중앙총부의 협조로 이루어졌다. 비록 구술자는 8명에 불과하지만 이들이 아직 생존에 있어 포로수용소 내에서의 천도교 활동에 관한 증언을 얻을 수 있었다는 점은 다행이었다. 이들에 대한 녹취가 없었으면 천도교 포로의 활동에 대해 확인할 수 있는 길이 사라진다는 점에서 본 구술 녹취는 의미 있는 작업이었다고 할 수 있다. 녹취 장소는 구술자의 자택이나 가까운 천도교당을 이용하였다. 구술은 동영상과 음성 녹음을 동시에 진행하였다. 이렇게 이루어진 구술 녹취는 시간적으로는 1,120분, 녹취록은 313쪽 분량이다. 면담 방식은 1대1 면접 방식으로 진행되었으며 면담 시간은 1회 2시간 내외로 이루어졌다.

구술 작업은 생애사적인 관점에서 진행되었으며 질문의 초점은 구술자들의 북한에서의 천도교 입교와 활동, 인민군 입대와 수용소 내에서의 천도교 활동에 맞추고자 하였다. 특히 구술자들의 북한에서의 천도교 활동에 대해 집중적으로 알아봄으로써 이것이 전향에 어떠한 영향을 끼쳤느냐를 구술을 통해 확인해보고자 하였다.

질문지는 항목별로는 크게 가정환경과 어린 시절, 일제강점기에 대한 기억, 해방과 천도교청우당 활동, 전쟁과 인민군 입대, 포로수용에 대한 기억, 포로수용소 내에서의 천도교 활동, 포로 석방에 대한 기억, 남한에 정착한 이유 등의 주제로 생애사의 관점에서 작성되었다. 구체적인 질문지는 〈부록 1〉에 수록하였다. 질문지 중 구술의 가장 핵심적인 부분인 포로수용소에서의 천도교 활동에 대한 질문지는 다음과 같다. 예를 들어 성기남의 질문지 가운데에서 해당 부분을 살펴보면 다음과 같다.

포로수용소 내에서의 천도교 활동

- ○ 거제리포로수용소에서 천도교인을 만난 적은 있습니까?
- ○ 천도교인들이 서로를 알아 볼 수 있는 어떤 표식이 있었습니까?
- ○ 천도교인들이 다른 포로들과의 차이점이 있었습니까?
- ○ 거제도에서 좌우익 간의 갈등은 언제부터 심해졌습니까?
- ○ 좌우익의 갈등 시 남쪽을 선택한 이유는 무엇입니까?
- ○ 같이 지내던 포로들은 어떤 선택을 하였습니까?
- ○ 알고 있는 천도교인들은 어떤 선택을 하였습니까?
- ○ 분리 이후의 포로수용소 생활에 대해 기억이 나십니까?
- ○ 논산포로수용소로 옮긴다는 것은 어떻게 알게 되었습니까?
- ○ 논산포로수용소에서의 천도교인의 활동에 대해서 말씀해 주십시오.
- ○ 논산포로수용소 천도교대대의 구성(종리원의 활동)
- ○ 천도교인들의 조직, 종교의식은 어떠했는지요?
- ○ 천도교인들의 경전은 어떻게 구하셨습니까?
- ○ 그 외의 천도교인이 볼 수 있었던 도서나 자료가 있었나요?
- ○ 천도교의 홍보나 포덕활동은?

포로수용소에서의 천도교 활동에 대한 증언을 얻기 위해서 (1) 포로수용소 내에서 천도교인들의 교신 방법, (2) 이념 갈등, (3) 포로 분리심사, (4) 수용소내에서의 각종 천도교 활동, (5) 천도교대대의 조직 등을 중점적으로 질의하였다.

하지만 본 연구가 구술사 연구방법론으로만 이루어지는 것은 아니다. 문헌 자료 또한 최대한 활용하여 구술사 연구방법론이 갖고 있는 한계를 극복하고자 하였다. 본 연구에서 활용한 문헌 자료에 대해 살펴보면 다음과 같다.

먼저 구술 증언 속에 제기된 9 · 17폭동사건에 관해서는 천도교 측 자료와 미국 국립문서기록관리청(NARA)의 문헌자료[38]를 상호 비교해 사건의 전모를 밝혀보고자 한다. NARA의 기록은 9 · 17폭동사건에 관한 미군 수사기관에서 작성한 109쪽의 방대한 자료이나 지금까지의 연구에서 활용되지 않았다. 그렇기 때문에 이 사건에 천도교 포로가 관련되어 있는지에 대해서는 논의되지 않고 다만 좌우익의 이념 대결의 결과로만 논의되었다. 구술증언과 NARA의 기록을 바탕으로 9 · 17폭동사건의 실상을 파악해보고 천도교 포로의 전향의 분기점이 된 원인을 찾아보고자 하였다.

해방 이후 북한에서 사회주의 정권 수립 과정에서의 천도교 활동과 관해서는 문헌자료를 중심으로 하고 구술 자료를 보조적으로 활용하고자 한다. 먼저 천도교 측 자료로는 『3 · 1재현운동지』[39]와 『영우회비사』[40]가 있지만 1969년과 1989년에 간행되어 객관적 자료로 활용하기에는 한계가 있다. 따라서 이 사건을 보도한 당시의 언론 기사[41]와 『북조선천도교청우당 제2차 전당대회문헌집』[42]의 자료를 함께 살펴봄으로써 자주파와 협력파의 갈등에 대해 살펴보고자 한다. 또한 사건 직후인 1950년대에 발표된 『신인간』의 영우회 관련 기사[43]를 통해 사건의 실체를 객관적으로 접근을 해보고자 시도하였다. 그리고 해방 공간의 북한 천도교 활동에 관해서는 『자료대한민국사 I 』,[44] 『해방후 10년 일지』,[45] 『북한연표』,[46] 『북한관계

• • • • •

38) RG 153, AUS172_04_00C0018_004.

39) 신인간사, 『3 · 1재현운동지』, 1969.

40) 영우회비사편찬위원회, 『영우회비사』, 동학영우회, 1989.

41) 『경향신문』, 1948년 3월 21일자; 『조선일보』, 1948년 3월 21일자, 4월 13일자.

42) 북조선천도교청우당본부, 『북조선천도교청우당 제2차전당대회문헌집』, 개벽신문사, 1948.

43) 영우회 사건에 관한 자료는 장세덕, 「참! 영우회 165인 사건」, 『신인간』 통권 제206호, 1956.2, 34~37쪽; 문의삼, 「영우회 165인 사건 체험기」, 『신인간』 통권 제208호, 1956.4, 10~11쪽 등 1950년대부터 천도교 기관지를 통해 알려졌다.

44) 국사편찬위원회, 『資料大韓民国史』 I , 1998.

45) 조선중앙통신사, 『해방후 10년 일지(1945~1955)』.

46) 국토통일원, 『북한연표(1945~1961)』, 1980.

사료집 I 』[47] 등 해방 공간 남북한에서 발간된 정치, 경제, 사회, 문화에 관한 기본적 사료들 가운데 천도교에 관련된 내용을 참고하였다. 전후 일본에서 발간된 『현대조선인명사전』와 최근에 발간한 『동학천도교 인명사전』을 통해 구술자 및 해방 공간의 천도교계 주요 인물들의 행적과 이력을 추적해보고자 한다. 또한 『쉬뛰꼬프일기』[48]와 『소련군사고문단장 라주바예프의 6 · 25전쟁 보고서』(제1권),[49] 『레메데프 비망록』, 「발라사노프가 슈티코프에게 보내는 서한」 등을 통해 북조선청우당에 대한 소련의 인식과 『김일성전집』에 나타난 김일성의 북조선청우당에 대한 시각도 살펴보고자 하였다. 이상의 자료를 통해 해방 공간에서의 소련군과 사회주의 세력의 천도교에 대한 인식이 어떠했는지를 고찰해보고자 한다.

천도교계 인민군의 형성과 부대 배치 그리고 포로 수용 과정에 관해서는 문헌 자료를 중심으로 하면서 구술 자료를 보조적으로 활용하고자 한다. 천도교인의 인민군 규모에 관해서는 북한 측 기록[50]을 통해 살펴보고, 천도교계 인민군의 실체를 보여주는 미국 국립문서기록관리청(NARA)의 RG242[51]의 'Item #86 민주당 청우당원 명단(제2대대 문화부), 1950.4.4.',[52] 'Item #92 민주당 청우당원 명단(제2대대 문화부)',[53] 'Item #163 청우당원 명단(개인 수기학습장)'[54] 등 3건의 자료를 통해 천도교계 인민군의 실상이 어떠하였는가를 살펴보고자 한다. 특히 'Item #86 민주당 청우당원 명단

47) 국사편찬위원회, 『북한관계사료집』 I , 1987.

48) 쉬띄꼬프 쩨렌찌이 포미치, 『쉬띄꼬프 일기: 1946~1948』(전현수 편저), 국사편찬위원회, 2004.

49) 라주바예프, 『소련군사고문단장 라주바예프의 6 · 25전쟁 보고서』 제1권(기광서 역), 국방부 군사편찬연구소, 2001.

50) 량만석, 『동학의 애국애족사상』, 사회과학출판사, 평양, 주체93(2004).

51) 이들 문서는 국립중앙도서관에 공개되어 있다.

52) RG 242, Captured Korean Documents, No. SA 2009 Ⅱ Series, 1950, Box768.

53) RG 242, Captured Korean Documents, No. SA 2009 Ⅱ Series, 1950, Box775.

54) RG 242, Captured Korean Documents, No. SA 2009 Ⅱ Series, 1950, Box768.

(제2대대 문화부), 1950.4.4.'와 'Item #92 민주당 청우당원 명단(제2대대 문화부)'의 두 문건은 6 · 25전쟁 발발 이전에 인민군에 편재된 천도교인이 있음을 보여주는 의미 있는 자료로 지금까지 연구에서 활용된 적이 없었는데 이 자료들을 분석해 연구에 활용하고자 한다. 이상의 자료를 통해 지금까지 알려지지 않은 천도교 인민군의 특성을 파악해보고자 한다. 구술자들의 인민군 입대와 부대 배치 그리고 임무 및 포로 수용 과정 등에 관해서는 구술 증언을 활용하고자 한다. 이들 자료는 〈부록 3〉에서 정리하였다.

전향 이후 포로수용소 내 천도교 활동은 구술 자료와 천도교 측 기사를 활용하고자 한다. 특히 천도교기관지인 『신인간』의 기사와 회고록, 좌담회 등은 천도교 포로를 경험했던 인물들의 증언 기사로 연구에 활용하기에 적합하다 하겠다. 포로들의 남한 정착 과정에 관해서는 『후방전사』와 구술 증언 천도교 측 기록을 살펴보고자 한다.

본 논문의 목차별 구성은 다음과 같이 이루어졌다.

Ⅱ장에서는 해방 이후 북한에서 사회주의 정권 수립 과정에서의 천도교 활동을 살펴보고자 한다. 해방 이후 북한 천도교단의 성장과 자주국가 건설 운동이 어떻게 이루어졌으며 북한 정권 수립의 동참에 대해 살펴보고 이 과정에서 천도교의 이념을 지켜야 한다는 자주파와 친사회주의 세력인 협력파의 갈등 속에서 발생한 3 · 1재현운동과 영우회 사건의 특징을 파악해 보고자 한다. 이후 천도교 내부의 자주파 제거가 천도교단에 미친 영향을 파악해보고자 한다. 특히 지역 시 · 군당 출신인 구술자들의 이런 경험이 인민군 입대와 포로 전향의 요인으로 작용하였는지 천도교 포로의 전향의 원인으로서의 해방 이후의 천도교 활동사를 살펴보고자 한다.

Ⅲ장에서는 포로 수용의 직접적인 원인인 천도교계 인민군의 형성과 부대 배치 그리고 임무에 대하여 살펴보고자 한다. 이를 위해 먼저 북한의 자료를 통한 천도교 인민군의 규모와 미군의 자료에 나타난 천도교계 인민군의 실상을 밝히고 구술자들의 증언을 통해 배치된 부대와 임무 등 천도

교인들의 인민군에서의 구체적인 활동에 대해 살펴보고자 한다.

Ⅳ장에서는 구술자들의 증언을 통해 천도교 포로의 수용 과정 및 수용소 내에서의 천도교 포로의 규합과 이념 대결, 9·17폭동사건의 진상과 전향에 대해서 살펴보고자 한다. 천도교계 포로의 수용 과정과 특징, 포로 수용 이후 초기의 천도교 포로의 규합과 활동, 85수용소의 천도교 포로 학살 사건인 9·17폭동사건을 통해 천도교계 포로의 전향의 원인과 결과에 대해 살펴보고자 한다. 구술 증언을 통해 포로 수용 시기 천도교 포로의 동향을 살펴보고 천도교 포로의 전향의 분기점이 된 9·17폭동사건에 대해 집중적으로 살펴보고자 한다.

Ⅴ장에서는 전향 이후 포로수용소 내 천도교 활동을 살펴보고자 한다. 천도교 포로의 전향의 분기점이 된 9·17폭동사건 이후 이루어진 포로 심사와 분산 수용 이후 수용소 내에서의 천도교 활동의 구심점이었던 천도교 종리원 활동과 천도교대대가 어떻게 구성되고 활동하였는지 살펴보고자 한다. 이어서 남한 천도교와의 화해를 위한 대전교당 건립 성금 모금과 석방 이후 남한 정착 과정에 천도교 활동에 대해 살펴보고자 한다. 이러한 수용소 내에서의 천도교 활동이 반공활동과 결합되면서 오히려 종교적인 부분보다 반공활동이 강화되는 측면은 없었는지 그리고 반공 활동의 강화라는 정치적 움직임이 석방 이후 남한 천도교에 어떤 영향을 끼치는지에 대해 살펴보고자 한다.

제2장

해방 후 북한 천도교단의 분립과 활동

제2장
해방 후 북한 천도교단의 형성과 활동

1. 북한 천도교단의 분립과 교세 확장

1) 북한 천도교단의 분립(分立)

해방 후 천도교단은 교단을 정비하고 천도교청우당[1]을 재결성하여 교세를 확장시키려 하였다. 그러나 1950년 말 38선 경계의 강화로 남북 천도교단의 연락이 원활하지 못하게 되자 무엇보다 교단 운영의 자금줄인 연월성미(年月誠米)[2]가 수월하게 서울로 납부되지 못하였다. 이러한 분단에 따

1) 천도교청년당의 연혁을 간략히 살펴보면, 3 · 1운동 이후 1919년 9월 2일 설립된 천도교청년교리강연부(天道敎靑年敎理講硏部)에서 유래하였다. 1920년 4월 25일 천도교청년교리강연부를 천도교청년회(天道敎靑年會)로 변경하였으며, 다시 발전적 해체를 통해 1923년 9월 2일 천도교청년당(天道敎靑年黨)을 창립하였다. 청년당은 조기간, 이돈화, 김기전, 정도준, 이병헌, 계연집, 박달성, 김옥빈, 김병준, 박래홍, 이두성, 이종린, 홍일창 등이 핵심인물이었다. 1925년 6월 천도교단이 신구파로 분화되자 천도교청년당은 신파는 천도교청년당, 구파는 천도교청년동맹(天道敎靑年同盟)으로 개명되었다. 1930년 12월 신구 천도교단이 합동하자 천도교청년당과 천도교청년동맹도 합동하여 1931년 2월 16일 천도교청우당(天道敎靑友黨)을 창당하였다. 이후 1932년 4월 천도교단이 재분화됨에 따라 천도교청우당은 신파의 천도교청년당과 구파의 천도교청년동맹으로 다시 분화되었고, 전시체제기인 1939년 4월 3일 천도교청년당이 해체되었다. 이와 관련해서는 성주현, 『천도교청년당 연구』, 한양대학교 대학원 박사학위논문, 2009.이 대표적이다.

2) 천도교인의 의무인 오관(五款) 중 하나로 물질적 정성을 뜻하는 성미(誠米)의 월성미와 연성미를 합쳐서 부르는 용어.

라 발생한 문제를 해결하기 위한 임시 조치로 천도교단에서는 1946년 1월 평양에 서선(西鮮)연락소,[3] 함흥에 북선(北鮮)연락소[4]를 설치하였다. 서선연락소는 평안남북도와 황해도와 38선 이북의 경기도를, 북선연락소는 함경남북도와 38선 이북의 강원도를 관장하였다. 두 연락소의 임무는 서울의 천도교 본부의 지시를 받아 이를 북한 지역 시·군 종리원(宗理院)에 하달하고, 시·군 종리원에서 납부한 성미와 각종 보고를 서울의 천도교 본부에 상달하는 남북 교단의 연락 기능이었다.

그러나 38선 경계 강화가 더욱 심해져 북한 지역 천도교단에 대한 교무 연락이 힘들어지자 북한 지역을 자체적으로 관장할 조직의 필요성이 대두되었다. 이에 북한 지역에서 가장 먼저 통일적 조직으로 결성된 것이 북조선천도교연원회(이하 북조선연원회)였다. 1946년 말에 북한 지역의 45개 연원대표들이 모여 결성한 북조선연원회는 의장에 이돈화, 부의장에 김광호와 이근섭, 상무에 김덕린을 선출하여 조직을 갖추었고 사무실은 천도교평양시종리원에 두기로 하였다.[5] 그러나 연원회는 정신 교화 기관인 데다 각 연원별로 독자적으로 운영되었기 때문에 교회 업무를 통괄해 조직적으로 관장하는 데에는 한계점이 노출되었다. 또한 북한 지역을 두 영역으로 나누어 운영하던 서선연락소와 북선연락소의 종무 행정을 통괄하는 것 또한 쉬운 일이 아니었다.

이러한 문제점이 나타나자 북한의 교단을 통합하고 당을 지도할 수 있는 단일 중앙기관을 수립해야 한다는 원로들과 연원 대표들의 목소리가 높아졌다. 그 결과 1947년 2월 1일 서선(西鮮)과 북선(北鮮)의 두 연락소를 통합하여 평양에서 천도교북조선종무원(이하 북조선종무원)을 분립(分立)하였다. 북조선종무원은 38선 이북의 천도교를 관장하며 서울의 총부와 연락을 취하였지만 독자적으로 운영되었다. 북조선종무원의 초대원장으로는

3) 서선역락소의 임원은 소장에 김광호(후임에 이근섭), 임원에 김명희가 있었다.

4) 북선연락소의 임원은 소장에 이인숙, 임원에 한충혁, 문재경이 있었다.

5) 천도교중앙총부 교서편찬위원회, 『천도교약사』, 천도교중앙총부출판부, 2006, 397쪽.

평양 출신 이근섭이 선임되었다.[6] 이근섭은 해방 전후 천도교평양종리원장을 역임하였고 북조선연원회의 부의장으로 활동하던 인물이었다.

〈그림 2-1〉 천도교 평양교당

※출처: 『동아일보』, 1926년 9월 12일, 5쪽.

북조선종무원이 교무 전반과 교화사업을 총괄하게 되면서 북한 천도교단 활동은 체계적으로 운영되었다. 행정조직인 북조선종무원과 정신기관인 북조선연원회가 양립(兩立)하여 명실상부하게 북한 천도교단의 체제가 갖추어졌다. 이후 지방 조직의 강화에 나선 북조선종무원은 1947년 6월에 이르러 북한의 103개의 시 · 군에 지역 종리원을 설치하여 북한 전역에 천도교 조직을 완비하였다.[7] 북한 지역에서 교단 내부적으로 종무원과 연원

[6] 위의 책, 397쪽. 북조선종무원의 초대 임원은 다음과 같다. 고문 이돈화, 김기전, 나인협, 임예환, 초대 종무원장 이근섭, 성도부장 조기주, 경도부장, 한충혁, 신도부장 김명희, 법도부장 문재경, 지도부장 백세명, 종학원장 백세명(겸임).

[7] 위의 책, 308쪽.

회가 체계화되면서 포덕 활동이 본격화되었다. 이후 북한 천도교단의 교세는 폭발적으로 증가하기 시작하였다.

해방 후 천도교단에서는 대외적으로는 천도교의 전위단체인 천도교청우당을 복당시켜 정치활동을 전개하였다.[8] 천도교청우당의 복당은 중앙당 차원의 조직이 갖추어지기 이전에 지역에서 먼저 부활하였다. 특히 남한 보다 교세가 우세했던 북한 지역에서는 활발하게 천도교청우당의 복당이 이루어졌다. 평안북도 정주군 임포면의 천도교청우당 면당위원장을 역임했던 김기택의 증언에 의하면 천도교청우당 중앙당이 결성되기 2~3개월 전에 임포면당부가 먼저 조직되었다고 하였다.[9] 그에 의하면 해방 직후 임포면의 29개 부락 중 15개 부락에서 천도교청우당 접(接) 조직이 결성되었다. 1945년 11월 신의주시 당부 조직 등 일부 하부조직에서 활동을 먼저 시작하였다는 증언도 있어[10] 해방 직후 각 지역에서 천도교청우당 조직이 재건되었음을 알 수 있다.

해방 후 천도교청우당의 빠른 복당은 일제강점기부터 활동했던 천도교청년당의 조직이 잠재해 있었기 때문에 가능하였다. 1939년 4월 3일 일제에 의해 강제로 해산된 천도교청년당의 조직과 인원은 해방될 때까지 그대로 지하에 잠재해 있었다. 특히 일제강점기부터 북한 지역의 천도교 교세가 남쪽에 비해 강했기 때문에 북한의 천도교청우당의 지역당은 해방 직후 빠르게 부활하였다. 따라서 북한 지역의 천도교청우당 조직은 다른 조직에 비해 빨리 정비하여 활동할 수 있었다. 이렇게 해서 지방 조직이 먼저 결성되고 활성화되었다.

38선 경계 강화로 남북 간의 연락이 어려워지자 북한 지역의 천도교청우당은 독자 세력화하였다. 1946년 2월 8일 북조선천도교청우당(이하 북조선청우당)을 조직하여 각 도당 6개, 시 · 군당 102개 등을 완비하였다. 보름 뒤인 2월 23일 북한지역 180여 명의 대의원이 참석한 가운데 북조선청우당

8) 위의 책, 411쪽.

9) 「김기택 선도사의 청우당 임포면당이야기」, 『신인간』 통권 제695호, 2008.8, 84~85쪽.

10) 이종담, 「북한의 천도교 말살 과정」, 『신인간』 통권 제426호, 1985.2, 49쪽.

전당대회를 개최하여 위원장단과 당 운영의 주축인 33명의 중앙위원도 선출하였다. 이날 선임된 임원은 다음과 같다.

위원장	김달현
부위원장	박윤길(상근), 김정주(비상근)
총무국장	김진연
조직국장	임창호
정치국장	김윤걸
선전국장	승관하
문화국장	이성빈
재정국장	이춘배
감찰위원장	김상보[11]

북조선청우당은 체계적인 조직을 갖추었다. 중앙당→도당→시 · 군당→읍 · 면당→리 · 동당의 수직적인 조직망을 갖추고 그 아래 세포 조직으로 접대표를 두었는데 이러한 중앙당으로부터 접대표까지의 유기적인 조직체계를 바탕으로 조직력 강화와 당원 확장에 나섰다. 북조선청우당은 당 강습회를 개최해 당원들에게 천도교의 교리와 천도교청우당의 이념 등을 단기간에 교육해 당원의 역량 강화와 조직 확장에 나섰다. 북조선청우당의 당 강습회 종류는 중앙당에서는 운영하는 중앙당 강습회, 도당에서는 도당 강습회, 지방의 시 · 군당에서 시 · 군당 강습회 등 지역 단위별로 수준에 맞는 강습회를 실시하였다.

(A) 그때 뭐 주로 사상, 천도교청우당 강령이 민족자주의 이상적 민주국가 건설, 뭐 사인여천, 민생을 위한 사인윤리의 실행, 뭐 동귀일체의 신생활에 관련한 신경제제도 실현 이런 건데 그때 초점은 막스레닌주의보다도 천도교가 앞서 있구나 하는걸 알라구 애썼던 거 같애[12]

• • • • •

11) 표영삼, 「북한의 천도교(상)」, 『신인간』 통권 제375호, 신인간사, 1980.2 · 3, 23쪽.

12) 임운길 구술, 「북한출신 천도교 반공포로의 포로생활」, 국사편찬위원회, 2014, 30쪽.

(B) 천도교 강습회라는 거를 했는데, 어 내가 …… 48년도에 가서 일주일 동안 강습을 받은 거로 기억되고 …… 주로 천도교 이론, 그러니깐 뭐 당 강습회라고 하지마는 주로 천도교에 대한 이론 뭐 주로 『인내천요의』를 주로 가지고 강의를 했던 것 같애[13]

(C) 포덕 87년(1946)에 당을 조직하고 종리원에 매일 저녁 20대 젊은이가 가득 모여서 주문 외우고 천덕송 합창하고 나는 종학 강습에서 배운 천도교 진리를 말하며 너무 재미있고 즐거웠습니다. 초가집 교당이 좁아 개축의 말이 나오니, 너 나 앞 다투어서 '나는 벼 두 가마, 나는 벼 세 가마' 순간의 정성이 벼 24가마를 모으니 자금이 충분해서 교당을 크게 신축도 하였습니다.[14]

(A)는 평양의 중앙당학교에서 강습을 받은 임운길의 증언이다. 임운길은 북조선청우당 중앙당 강습회에서 천도교청우당의 강령과 민족적이고 이상적인 민주국가의 건설을 지향한 천도교 정치이념에 대해 배웠다. 그는 당 강습회에서 천도교의 이론이 맑스레닌주의보다 뛰어나다는 사실을 강사들로부터 들었다고 하였다. 북조선청우당 중앙당 강습회를 통해 천도교 이론으로 무장한 그는 이후 6 · 25전쟁을 맞을 때까지 평안북도 지역당의 강습회 강사로 파견되어 활동하였다.

(B)는 황해도 금천군 출신인 성기남의 군당 강습회에 대한 증언이다. 그가 경험한 군당 강습회는 농한기인 겨울에 일주일간 이루어졌는데 천도교의 역사와 천도교의 강령을 포함한 천도교의 정치이념을 배웠다. 당시 주로 이돈화의 저술인 『인내천요의』를 바탕으로 한 천도교 이론을 익혔다. 아침부터 저녁까지 하루 종일 이루어진 강습회에서 체조, 구보 등의 체육활동과 천도교 이론을 익히는 학습으로 구성되었다. 이렇게 시 · 군당 강습회를 통해 배출된 북조선청우당원과 북조선종리원 간부들은 고향으로 돌아가 북조선종리원과 북조선청우당에서 활동하였다.

13) 성기남 구술, 앞의 글, 21쪽.

14) 천도교중앙총부, 『파란만장한 세월을 돌아본다』, 천도교중앙총부출판부, 2009, 64쪽.

(C)는 평안북도 정주시 출신인 김기택의 회고로 1946년에 천도교청우당을 복원하고 젊은이들이 모여 천도교 활동을 즐겁게 하였다는 내용이다. 그는 천도교 강습회를 통해 익힌 천도교의 교리를 젊은 교인들과 같이 공부하고 좁은 교당을 넓히기 위해 교인들이 성금을 내서 성공적으로 완수하였다고 하였다. 김기택의 회고처럼 북조선종리원과 북조선청우당은 같은 이념을 수행하는 종교 조직과 정당 조직으로 조직만 다를 뿐 지역에서는 대부분 같이 움직였다. 이러한 천도교의 중층적 구조가 천도교세 및 북조선청우당의 확장에 상승 작용을 하였다.

〈그림 2-2〉은 북조선청우당의 당원증으로 북조선청우당은 당원증을 발간하고 당비를 수납하는 등 조직적으로 활동하였다. 그림의 당원증은 1947년 4월 24일 교부된 함경남도 함주군의 한제익[15]의 것이다. 당원증의 1면을 보면 당원증을 발부한 1947년에는 이미 북조선청우당이 결성되어 있음에도 불구하고 북조선청우당의 명의를 사용하지 않고 이전의 천도교청우당의 당원증을 그대로 사용하였다. 이는 당시까지의 북조선청우당은 남북의 분리로 인한 시대적 상황으로 인위적으로 결성된 것일 뿐 분리되기 이전의 천도교청우당의 이념을 그대로 활용하고 있음을 의미한다. 2면에는 당원의 인적사항과 사진이 기록되어 있다. 내용은 소속, 성명, 생년월일, 본적, 현주소, 입당일과 당원증교부일과 함께 책임자의 도장이 날인되어 있다. 3면에는 당비납부 내용을 기재하고 있다. 당비는 1년을 2기로 나누어 납부했는데 한제익은 1947년 10월 1일에 1946년과 1947년의 당비를 한꺼번에 납부하였음을 알 수 있다. 4면에는 천도교청우당의 강령이 적혀있다. 북조선청우당은 당원들에게 당원증을 교부하여 당원의 관리와 당비의 납부를 체계적으로 하고 있었음을 당원증을 통해 확인할 수 있다.

• • • • •

15) 한제익은 1926년 7월 12일 함경남도 함주군 원면 동상리에서 출생하였다. 해방 후인 1946년 8월에 천도교에 입교하여 북조선청우당 함주군당 조직부원으로 활동하였다. 이동초, 『동학천도교인명사전(제1판)』, 모시는사람들, 2015, 1694쪽.

〈그림 2-2〉 천도교청우당 당증

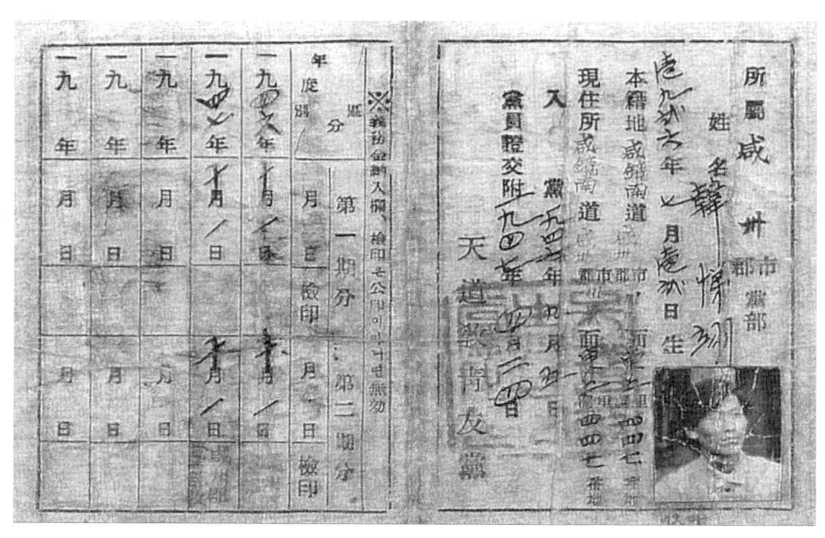

所屬 咸州郡市黨部

姓名

年 月 日生

本籍地 咸鏡南道 郡市 面 里 番地

現住所 咸鏡南道 郡市 面 里 番地

入黨 年 月 日

黨員證交附 年 月 日

天道敎靑友黨

※義務金納入欄、檢印은公印이아니면無效

年度別 / 區分	第一期分		第二期分	
一九 年	月 日	檢印	月 日	檢印
一九 年	月 日		月 日	
一九 年	月 日		月 日	
一九 年	月 日		月 日	
一九 年	月 日		月 日	

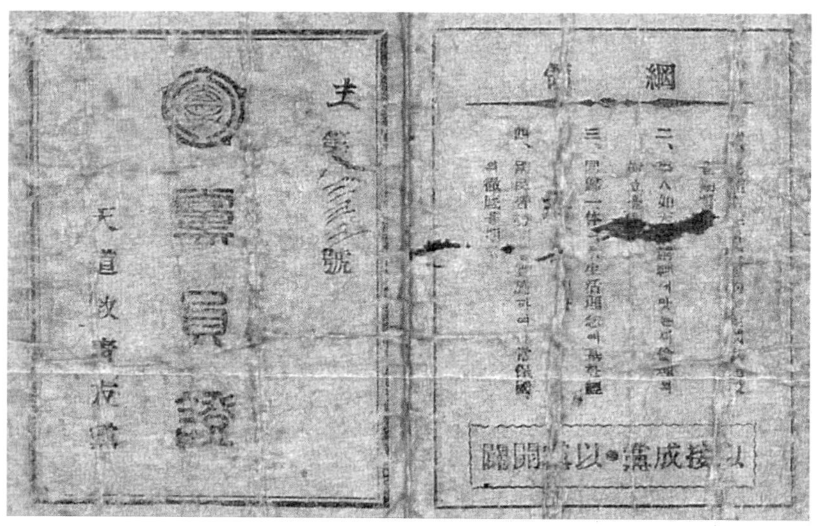

號

黨員證

天道敎靑友黨

綱領

※비고: 1947년 4월 24일 함경남도 함주군당의 한제익의 당원증이다. 당원증에 따르면 한제익은 1946년 9월 5일 입당하였다.

요컨대 해방 후 남분 분단이 강화되면서 북한의 천도교 조직은 정신교화를 담당하는 북조선연원회, 교회행정을 담당하는 북조선종무원, 그리고 천도교의 정치이념을 구현하기 위한 북조선청우당의 삼각체제를 형성하여 발전의 기틀을 마련하였다.

2) 천도교의 성장

해방 후 북한의 천도교세는 어떠했을까? 일단 구술 증언으로는 천도교 교세가 확장일로였던 흔적을 얻어낼 수 있다.

> (D) 북산리, 우리 고향 북산리에, 두 개 마을에 접(接)이 두 개가 있었고 장현리라고 거기도 한 접이 있고 송세리에 두 개 접이 있었고 암사리에 한 개 접이 있었고 머 그 정도인거 같은데[16]

> (E) 매끈한 나무짝에다가 (궁을)기를 높이 띄우고 그랬어요. 그래서 저쪽에 평양에서 원산 들어가는 사이에서 순천을 지나서부터는 양덕까지가 완전히 궁을촌[17]이라고 그랬어요.[18]

(D)는 황해도 금천군 출신인 성기남의 구술이다. 그는 자기 고향 마을에 10명 내외의 단위로 구성된 접(接)이 각 마을마다 구성되어 있었고 몇몇 마을에는 2개의 접이 구성될 정도로 천도교 교세가 왕성했다고 기억하고 있었다. (E)는 평안남도 맹산군 출신인 이창번의 구술이다. 그는 따르면 평원선이 가로지르는 평양에서 원산을 가는 길목인 순천, 성천, 맹산, 양덕은 천도교의 교세가 강해 궁을촌(弓乙村)으로 불렀다는 기억을 갖고 있었다.

• • • • •

16) 성강현, 앞의 논문, 93쪽.

17) 궁을촌(弓乙村)이란 천도교의 교기인 궁을기가 많이 게양되어 있는 마을로 천도교 신앙공동체가 확립된 마을을 뜻한다.

18) 이창번 구술, 「북한 출신 천도교 반공포로의 포로생활」, 국사편찬위원회, 2014, 20쪽.

다른 구술자들의 증언도 이와 비슷했다.

구술자들의 증언에 따르면 해방 후 북한에서 천도교 교세가 확산되었음을 알 수 있다. 구술자들의 증언으로 일반화하기에는 무리가 있지만 구술자 8명 가운데 6명이 해방 이후에 입교한 것으로 보아도 해방 후 천도교 교세가 확산되었음을 알 수 있다.

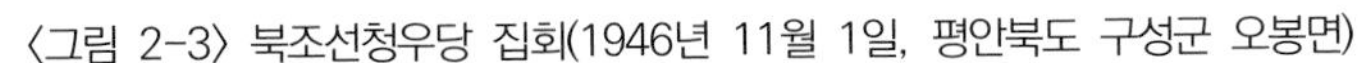
〈그림 2-3〉 북조선청우당 집회(1946년 11월 1일, 평안북도 구성군 오봉면)

※출처: 『천도교청년회80년사』, 천도교청년회중앙본부, 2000. 왼쪽의 깃발이 청우당기이다.

해방 후 북한에서는 신민당은 지식계층이 모인 당이고, 공산당은 공산주의, 계급투쟁을 하자는 당이었고 조선민주당은 기독교당, 장사꾼 당이라는 인식을 갖고 있었는데[19] 반해 북조선청우당은 민족주의자들이 모인 당이라는 분위기가 있었다.[20] 이러한 정당에 대한 대중의 인식은 정당 선택을

19) 김성보, 「지방사례를 통해 본 해방 후 북한사회의 갈등과 변동: 평안북도 선천군」, 『동방학지』 제125호, 2004, 207쪽.

강요받는 북한에서 북조선청우당에게 유리하게 작용하였다. 북한에서는 정권 차원에서 노동당 가입을 강요당하였다. 당시 북한 주민들 사이에서 신민당은 지식인들의 당이고, 민주당은 기독교당이라는 인식이 지배적이었다. 사회주의를 싫어하던 사람들은 북조선청우당으로 몰릴 수밖에 없었다. 또한 민족을 생각하는 사람들은 대부분 북조선청우당에 들어갔다.

북한에서의 천도교의 교세는 폭발적으로 증가하였다. 북조선종무원의 법도부장을 지낸 문재경은 북한 천도교의 교세에 관한 문건을 갖고 있었는데 그가 밝힌 북한의 천도교인 숫자는 1947년 6월에 약 169만 명이었고 1950년 3월에는 약 288만 명으로 당시 전체 북한 인구의 1/3에 육박할 정도였다. 이에 일단 문재경이 파악한 38선 이북 각 지역별 천도교의 분포와 교인 증가 현황은 〈표 2-1〉과 같다.

〈표 2-1〉 38선 이북 천도교세 분포[21]

도명	교호수(教戶數)				교인수(教人數)			
	1947.6	1950.3	증가 호수	증가율 (%)	1947.6	1950.3	증가 교인수	증가율 (%)
평안북도	86,352	158,277	71,925	83.3	449,030	680,591	231,561	51.6
평안남도	78,038	145,019	66,981	85.8	405,798	623,582	217,784	53.7
황 해 도	41,874	87,723	45,849	109.4	217,745	377,209	159,464	73.2
강 원 도	29,231	70,363	41,132	140.7	152,091	302,561	150,470	98.9
함경북도	57,026	112,140	55,114	96.6	296,535	482,202	185,667	62.6
함경남도	32,480	93,069	60,589	186.5	168,896	400,197	231,301	136.9
계	325,001	666,591	341,590	105.1	1,690,095	2,866,342	1,176,247	69.6

※출처: 문재경, 「북한의 반공운동」, 『신인간』 통권 제288호, 1971.8, 94쪽의 자료를 바탕으로 정리하였다.

위의 통계는 북조선종무원 법도부장을 지낸 문재경이 작성하였다. 법도

20) 표영삼 구술, 「해방 후 천도교의 정치노선과 정치활동」, 국사편찬위원회, 2004, 24쪽.

21) 문재경, 「천도교의 반공운동」, 『신인간』 통권 제288호, 1971.8, 85~6쪽에서 이재순은 1956년 사망한 문재경의 유고를 수습하던 중 1952년에 작성된 이 글을 발견해 기고하였다고 해설하고 있다.

부는 '북한 지역 내의 전체 교호수 및 교인수에 대해 통계와 재정 경리에 대한 감사를 장악하며 각지에서 정치적으로 중요한 문제가 야기될 때마다 직접 현지에 출장하여 그 진상을 조사 규명'하는 일을 맡아 하는 부서였다. 그러므로 북한 지역의 천도교인의 수를 파악하는 임무를 총괄하던 문재경이 작성한 이 자료는 북한 지역 내의 천도교 교호수와 교인수에 대한 비교적 정확한 통계를 보여준다고 할 수 있다. 문재경은 함경남도 함주군 주서면 운흥리에서 1905년 2월 15일 천도교 집안에서 출생하였는데, 성년이 되면서 고향에서 교회 사업에 종사하다 해방 후 함흥의 북선연락소에서 교무를 맡아보았다. 그는 이곳에서 직무에 충실하여 능력을 인정받아 북조선종무원의 법도부장이 되었다.[22]

〈표 2-1〉을 살펴보면, 교인의 파악 시기는 1947년 6월과 1950년 3월을 기준으로 이루어졌다. 먼저 1947년 6월의 교호수와 교인수 파악은 이해 2월에 북조선종무원이 수립한 후 북한 지역의 천도교인의 정확한 수치가 어떠한지 전체적으로 파악할 필요성을 느꼈기 때문에 조사하였다. 이 시기는 북한의 천도교단의 전체적인 조직 체계가 정비되던 때였고 교단의 운영을 위해서는 교인수와 교호수의 규모를 확인하는 것은 필수적이다. 그렇기 때문에 1947년의 교호와 교인수의 파악은 신빙성이 있다.

다음으로 1950년 3월의 교인수 파악은 이해 4월에 이루어지는 전국대회의 참석 대의원을 확정하기 위한 교인수 점검의 차원에서 이루어졌다. 천도교단은 당시 중의제(衆議制)를 시행하여 3년마다 교단 집행부를 선출하였다. 전국대회는 3년마다 개최되는데 1950년은 1947년의 북조선종무원이 성립한 지 3년이 지나 전국대회가 열리는 해였다. 따라서 전체 교인수를 파악해야 전국대회에 참석할 대의원 수를 확정할 수 있기 때문에 이때는 비교적 정확하게 교인수가 파악되었다고 볼 수 있다. 이처럼 문재경의 자료는 천도

• • • • •

22) 위의 글, 85~6쪽.

교단의 조직 정비와 전국대회의 시기에 맞추어 작성되어 신빙성이 높다.

〈표 2-1〉에서 나타난 천도교인수의 증가는 다음과 같이 설명할 수 있다. 먼저, 천도교인의 교호수와 교인수 모두 성장한 것을 확인할 수 있다. 교호수는 교인 가정의 수를 말한다. 즉, 천도교는 교인 가정을 1호(戶) 단위로 구성한 교호주(敎戶主) 제도를 운영하고 있었기 때문에 이를 집계하여 각각 수치화하였다. 교인수와 교호수 파악은 각 도 단위별로 합산되어 정리하였다. 문재경은 각 시군별 교호수와 교인수 기록을 갖고 있었다고 하였으나 현재는 남아있지 않다.

둘째, 교호수의 증가율이 교인수의 증가율보다 높았다. 교호수는 1947년 6월에 교호가 325,001호였는데 1950년 3월에 666,591호로 340,590호가 증가하여 105%의 증가율을 보였다. 1947년 6월의 교인수는 1,690,095명이었으나 약 3년이 지난 1950년 3월에는 2,866,342명으로 1,176,247명이 증가하여 약 69%의 증가율을 보였다. 교호수의 증가율이 높은 이유는 1948년~1950년 사이에는 1인 호수 입교자가 많았기 때문이다.[23]

셋째, 교호수와 교인수의 증가는 함경남도와 강원도(38선 이북)에서 높았다. 그 이유는 함경도 지역 지도자인 이인숙과 이돈화의 적극적이 활동에 기인하였다. 특히 북선연락소장을 맡았던 이인숙은 함경도 지역의 교세 확장에 매진하였고 남한에서 올라온 이 지역 출신의 이돈화도 사회적 명망이 있었기 때문에 교세 확장에 유리하게 작용하였다. 또한 평안남북도에는 기존의 교인이 많았던 반면 함경남북도와 강원도에서는 그렇지 못한 것도 교인 수 확장의 요인이 되었다.

넷째, 평안남도와 평안북도는 증가율은 높지 않았지만 전체 교인수는 각각 60만 명을 웃돌아 도별 인원으로는 최대를 자랑했다. 이는 이 지역이 전통적으로 천도교인이 많았고 북조선종리원 본부가 있는 평양과 가까운

23) 위의 글, 94쪽.

지리적 이점도 있었기 때문이었다.

요컨대 해방 이후 북한에서는 일제강점기 교세를 바탕으로 교단을 정비하여 교세의 성장이 이루어졌다. 38선 경계가 강화되자 북한에서는 북조선연원회, 북조선종무원, 북조선청우당이 분립하여 독자적으로 움직였다. 세 조직의 노력으로 해방 직후 150만여 명에 달하던 교인수가 1950년 3월 288만여 명으로 성장하였다고 북조선종무원 법도부장을 지낸 문재경은 말하고 있다.

3) 천도교 성장의 요인

문재경의 자료와 구술증언을 바탕으로 해방 이후 북한에서 천도교세과 확산하였음을 알 수 있었다. 북조선청우당 중앙당위원장인 김달현은 북한 천도교세의 확산의 이유에 대해 다음과 같이 주장하고 있다.

> 우리 당이 재건(再建)할 당시에 전 조선의 지휘(指揮) 간부들이 신중한 고려와 전체 당원들의 총의(總意)로써 조선 민족의 앞에 내세운 건국 방향과 정강정책(政綱政策)들은 우리 당의 유구(悠久) 89년간의 역사적 사명과 투쟁과업을 그대로 구현(具現)한 것으로 조선의 민족적 이익에 완전히 부합되고 특히 근로창생(勤勞蒼生)에게 요청되는 생활여건의 급진적 향상을 위한 진보적 기본 과업들을 가장 중요하게 제시하게 된 엄숙한 사실 등은 근로인민층의 절대적 지지를 받게 된 가장 중요한 조건이 됩니다.[24]

그는 일제강점기부터 활동한 오랜 역사를 가진 천도교청우당이 민족적 이익에 부합하는 정강정책을 실시하여 근로인민층의 절대적 지지를 받아 당세가 확장되었다고 하였다. 이처럼 천도교 세력은 북한 대중의 절대적 지지를 바탕으로 성장하였다고 말하고 있다. 그러면 북한에서 천도교가 단기간에 폭발적으로 확산할 수 있었던 이유는 무엇이었을까? 구술 증언과

24) 북조선천도교청우당본부, 앞의 책, 28쪽.

문헌 자료를 살펴볼 때 여기에는 여러 가지 요인이 있을 수 있지만 크게 천도교단 내부의 요인과 교단 외적인 요인으로 나누어 살펴볼 수 있다.[25)]

천도교 확산의 내적 요인으로는 천도교의 민족적 · 자주적 색채와 천도교단의 리더십에서 비롯되었다. 먼저 민족 자주적 색채가 북한 인민들의 동감을 얻었다. 김달현이 말했듯이 천도교는 동학농민혁명을 비롯하여 갑진개혁운동,[26)] 그리고 일제강점기 3 · 1운동을 비롯한 많은 독립운동의 역사를 갖고 있었는데 이런 민족주의적 색채에 대해 북한의 대중들이 적극 찬동하였다. 즉, 천도교는 민족과 민중을 위해 수십만이 희생한 역사를 갖고 있다는 점이 민중의 지지를 받았다.

이와 관련해 문재경은 몇 가지 예를 제시하고 있다. 경기도 연천읍 이우연은 "통일 독립을 위하여 천도교로 뭉칠 수밖에 더 있습니까? 교 예식은 모르지만 급한 생각에 간판부터 걸어놓고 백여 명이 대기하는 중이니 어서 입교식부터 거행해주시오."[27)] 하고 천도교에 연락을 해 입교하는 경우가 생겼고, 강원도 양구군 방산면의 유흥주는 청림교의 두목으로 자기 관내의 교도는 물론 양구, 인제, 화천 등지의 수운교, 상제교, 무극대도교, 보천교, 불교 등 각 교파와 총 단결하여 김중항을 받들고 양구 향교에 궁을기를 게양하고, 군 인민위원회의 장기용, 이두림 등을 포함해 군내의 7개면이 전부 천도교에 들어온 경우도 있었다.[28)] 이외에 성천, 신의주, 중강진, 혜산, 남양, 아오지 등지의 중국교포들도 원하는 사람은 조선의 천도교를 믿으라는 장개석 주석의 방송을 듣고 찾아와 입교하기도 하였다.

• • • • •

25) 표영삼은 해방 후 북한에서의 천도교세의 증가 원인을 천도교가 민족자주정신에 입각하여 민족의 완전독립 즉, 민족해방을 강조하는 동시에 민주경제의 건설 즉 사회 해방을 강조하면서 '친미반소와 친소반미적인 극단적 경향'을 비판하였던 측면과 반소감정이 고조되어 공산주의를 싫어한 나머지 천도교를 받아들였기 때문에 천도교세가 확장되었다고 보았다. 표영삼, 앞의 글, 23쪽.

26) 1904년 동학교도가 민회인 진보회를 만들어 흑의와 단발의 개화운동을 전개한 사건.

27) 문재경, 앞의 글, 88쪽.

28) 위의 글, 88쪽.

둘째, 천도교단의 강력한 조직력과 리더십이 교세 확장의 밑바탕이 되었다. 천도교는 중층적 조직을 가지고 있었는데 원직(源職)인 북조선연원회와 주직(住職)인 북조선종무원 그리고 전위단체의 북조선청우당이 있었다. 연원(淵源)을 통한 인적 조직과 종무원을 통한 지역 조직, 그리고 북조선청우당이라는 정당 조직의 중층적 교단 조직은 체계적인 교세 확장의 기반을 마련하였다.

셋째, 3중의 조직과 아울러 북한 지역의 천도교 지도자들의 활약이 돋보였다. 당시 천도교인들의 신망이 높았던 김기전과 이돈화가 1946년 11월경 서울에서 평양으로 이주하여 북한 지역의 천도교 확장에 앞장섰다. 특히 북한의 북조선청우당이나 북조선종리원 사무실에는 '소아(小我)를 버리고 대아(大我)를 위하자'는 김기전의 교훈이 부착되어 있을 정도로 그에 대한 북한 천도교인들의 신망은 두터웠다.[29] 김기전은 개벽사의 주간으로 활동하다 폐병을 앓아 사경을 헤맸는데 이를 신앙심으로 극복했다는 것이 천도교인들의 신앙심 제고에 큰 도움을 주었다. 이돈화는 『인내천요의』, 『천도교창건사』 등을 저술하여 사회주의와의 사상 투쟁에서 이론적 뒷받침을 하였다.

넷째, 체계적인 교육 활동이 밑거름이 되었다. 천도교 교세의 확장은 교육시설과 교육시간의 확대를 통해 이루어졌다. 먼저, 북조선청우당은 중앙당부터 지역 면당에 이르기까지 천도교 정치이념의 확산을 도모하였다. 1947년도 중앙당 학원에서 600여 명, 도당학원에서 약 2,500여 명의 강습생들이 수학하도록 하였다. 1947년 한 해 동안 북조선청우당의 교양 사업에 참여한 지도강사가 연인원 2,172명이었고 총764회의 강습회가 개최되었다. 이 가운데 여성 지도자 40여 명도 포함되었다.[30]

이상의 내적 요인들이 작용하여 신구파의 분열에도 불구하고 천도교의 교세는 확장되었다.

천도교 확산의 외적 요인으로는 '민주개혁'[31]에의 적극적 동참에 따른

29) 소춘김기전선생문집편찬위원회, 『소춘 김기전 선생 문집 3』, 국학자료원, 2011, 170쪽.
30) 북조선천도교청우당본부, 앞의 책, 36쪽.

효과와 북한 정권의 실정, 그리고 소련에 대한 북한 인민들의 반감 등을 들 수 있다. 먼저, 북한에서 민주개혁의 일환으로 시행된 토지개혁은 천도교가 추구하던 경제 이념과 크게 어긋나지 않았다. 천도교는 토지개혁의 시행으로 인한 경제적 손실이 크지 않았다. 천도교인들은 농민이 많았는데 토지가 없는 빈농의 천도교인들은 토지개혁을 통해 자신의 토지를 갖게 되는 기회가 되어 경제적 기반이 튼튼해졌다. 천도교에 비해 기독교나 불교, 천주교 등 다른 종교는 토지개혁을 통해 많은 손실을 보았다. 이처럼 초기 민주개혁은 천도교세 확장에 유리한 측면으로 작용하였다.

둘째, 북한 정권의 민족성 말살정책과 '민주개혁'을 위장한 기만정책에 대한 반발이 천도교세 확장에 기여하였다. 특히 토지개혁 과정에서의 노동당에 대한 불만은 천도교 교세 확장으로 나타났다. 한 예로 강원도 철원군 인목면 내면리의 노동당원 66명과 민주당원 4명이 1947년 4월에 일시에 천도교에 입교한 일이 있었는데 이들의 천도교 입교는 노동당원들의 기만적인 행동에 대한 반발 때문이었다.[32] 성기남은 북한의 토지개혁 과정에서 공산당원들은 좋은 땅을 갖고 비공산당원에게는 쓸모없는 땅을 주었기 때문에 지역에서 공산당원에 대한 불만이 많았다고 하였다.

셋째, 반소 감정이 천도교세 확장에 유리하게 작용하였다. 1946년 소련군은 한 해 동안 북한에서 반출할 가치가 있는 물건을 전리품 명목으로 실어갔다.[33] 한 예로 오용삼의 출신지인 평안북도 창성에서는 소련군의 수탈로 인해 신창면에서 농민봉기가 일어났다.[34] 또 1948년 철수할 때에는

• • • • •

31) 북한에서는 사회주의 체제 확립 과정을 민주개혁이라고 불렀다. 대표적인 내용으로는 토지개혁, 농업현물세 시행, 노동법령 실시, 남녀평등권법 실시, 중요 산업의 국유화와 교육개혁 등을 들 수 있다.

32) 문재경, 앞의 글, 87쪽.

33) 소련군은 1946년 한 해 동안 북한에서 반출할 가치가 있는 물건이면 원료, 기계시설, 자연산물 할 것 없이 전리품의 명목으로 화차, 기선, 비행기로 마구 실어가 대중들의 반소감정은 컸다. 표영삼, 「북한의 천도교(상)」, 『신인간』 통권 제375호, 1980, 2 · 3, 25쪽.

34) 북한연구소, 『북한민주통일사』 평안북도편, 1990, 414~419쪽.

주요 산업 시설과 일반 물품들도 닥치는 대로 실어갔다는 증언이 있는 것으로 보아 북한주민들의 반소(反蘇) 감정이 좋지 않았다.[35] 양제호에 따르면 해방되고 나서 소련군이 평양에 입성한 이후 하루는 부친이 운영하는 음식점을 찾아와 발로 현관문을 때려 부수면서 술은 내놓으라고 하면서 행패를 부린 것을 목격하였다고 하였다.[36] 이렇게 반소 감정을 가진 대중들 역시 천도교로 많이 들어왔다.

정리하면, 북한 지역의 천도교 확산은 폭발적이었다. 1947년 6월 169만여 명이었던 교인은 1950년 3월 288만여 명으로 증가하였다. 이는 내적 요인과 외적 요인으로 살펴볼 수 있는데 내적 요인으로는 민족주의적 색채와 중층적 교단 구조 그리고 김기전, 이돈화 등 지도자의 리더십을 꼽을 수 있다. 외적 요인으로는 북한 정권의 실정과 반소감정이 북한 인민들의 천도교 입교로 나타났다. 천도교 교육기관도 증가하였다. 이를 위해 중앙당학원부터 지역 시·군당에서 강습회를 실시해 당원에게 천도교 이념을 주입시켰다. 이렇듯 북한의 천도교단은 교세 확장을 바탕으로 천도교 정치이념의 확산을 통해 북한에서의 정치적 위상을 높이고자 하였다.

2. 사회주의 체제 성립과 천도교

1) 민주개혁의 동참

앞 절에서 해방 후 북한의 천도교 교세 확장의 요인을 설명하면서 북한에 민주개혁에 관련한 내용을 간략히 살펴보았다. 여기에서는 구체적으로 북한에서의 민주개혁에 천도교단이 어떠한 입장을 보였는지 살펴보고자

35) 표영삼 구술, 「해방 후 천도교의 정치노선과 정치활동」, 국사편찬위원회, 2004, 30쪽.
36) 양제호 구술, 「북한출신 천도교 반공포로의 포로생활」, 국사편찬위원회, 2014, 19쪽.

한다. 먼저 북한에서 진행된 민주개혁에 관한 구술자들의 증언을 통해 그 실상을 살펴보자.

구술자 가운데 6명은 민주개혁을 전후한 시기에 입교하였기 때문에 천도교의 민주개혁 동참에 관한 기억은 많지 않았다. 다만 민주개혁 가운데 토지개혁에 대한 기억은 명확하게 하고 있었다.

> (A) 뭐 그 뭐 정책적으로 그렇게 하니깐 큰 동요는 없었고, 그래서 이제 아버지가 자수성가해서 그렇게 만들어놨던 거를 몰수당하고 나니까 형님 하시는 말씀이 아버지가 미리 돌아가시길 잘했다. 안 그랬으면 그 속이 다 썩어 돌아가셨을 거다 아마 뭐 그런 얘기를 해요.[37]

> (B) 토지개혁을 이제 허는데 아닌 게 아니라 돈 좀 있던 사람들을 밤에 자다가 우리 동네 고 윗동네에는 1구고 우리는 2군데 그놈들이 결국은 공산당들이 그냥 아주 밤에 내쫓았다구 그냥. 왜정 때 이제 돈 좀 가지고 있던 사람들 뭐 그랬는데[38]

> (C) 박윤길 선생이 뭐라고 얘기하냐면 그 토지개혁법에 대해 설명을 하는 거예요. 이거 이렇게 토지개혁법이라는 지령이 되있다. 이 규정대로 하게 되면 콩뿐만 아니라 콩깍지까지도 23프로를 내야 된다. …… 공화국 정부는 인민을 위한 정부이기 때문에 콩깍지는 받지 않는데 콩알만 주면 된다.[39]

(A)는 성기남의 구술로 북한 정권에 의해 정책적으로 이루어진 토지개혁에 반대할 수 없어 토지를 몰수당할 수밖에 없었다고 하였다. 특히 그의 부친이 자수성가하여 마련한 농지를 토지개혁이라는 이름 아래 빼앗기게 된 것에 대해 그는 안타까워했다. 평생 고생해 농지를 넓힌 부친이 이를 당했으면 힘들어 하셨을 텐데 돌아가셔서 보지 못한 것이 다행이라고 하

• • • • •

[37] 성기남 구술, 앞의 글, 20쪽.
[38] 오용삼 구술, 앞의 글, 25쪽.
[39] 이창번 구술, 「북한 출신 천도교 반공포로의 포로생활」, 국사편찬위원회, 2014, 30쪽.

면서 토지개혁에 관한 부정적인 견해를 갖고 있었지만 동참하지 않을 수 없었음을 내비쳤다. (B)에서 오용삼은 동네의 토지개혁을 공산당이 주도하면서 일제강점기 때 부유했던 사람들을 내쫓았던 일이 있었다고 증언하였다. 즉 토지개혁이 북한 정권에 의해 강압적으로 이루어졌다고 그는 기억하고 있었다. 두 명의 구술자는 토지개혁에 대한 좋지 않은 기억을 갖고 있었다.

(C)는 이창번의 구술로 북조선청우당 부위원장인 박윤길이 평안남도 양덕의 천도교당에서 강연회를 한 적이 있었는데 북한의 토지개혁법에 대해 묻는 양덕 교인의 질문에 박윤길이 북한의 토지개혁법이 인민을 위하는 정책으로 동참해야 한다고 하면서 한편으로 현물세의 방식에 대해 은근하게 비판하였다는 내용이다. 또한 평안북도 구성의 천도교인인 허철이 자발적으로 자신의 땅을 토지개혁에 내놓을 정도로 적극적이었다는 증언도 있었다.[40] 천도교인들이 민주개혁에 동참하여 북한 당국에서는 천도교에 대해 흠을 잡을 수 없었다고 하였다.

구술에서는 천도교인들의 민주개혁에 대한 입장이 자신의 처지에 따라 다르게 나타나고 있음을 알 수 있다. 그러나 이 시기 북조선청우당 차원에서는 북한에서 사회주의 정권 이 수립된 후 이루어진 민주개혁에 적극적으로 동참하려는 입장을 취하고 있었다.

> 작(昨) 1년간 우리 당은 북조선에 있어서 민족통일의 확대강화로써 인민정권을 더욱 발전공고화시키고 자주독립의 민족경제토대를 확립시키기 위한 1947년도 인민경제계획을 초과달성시키는 근로증산 및 사회교육 문화사업을 향상 발전시키는 운동과 이미 승리적으로 완수한 모든 민주개혁사업들을 더욱 공고화시키는 노력[41]

• • • • •

40) 표영삼 구술, 「해방 후 천도교의 정치노선과 정치활동」, 국사편찬위원회, 2004, 30쪽.

41) 북조선천도교청우당본부, 앞의 책, 34쪽.

김달현의 논의인데, 이처럼 김달현을 위시한 북조선청우당은 민주개혁에 동참할 뿐 아니라 이를 공고화하는 데도 앞장서고 있다고 강조하였다. 또한 소련군도 북조선청우당 위원장이었던 김달현이 '민주개혁'을 지지하고 있다고 보았다. 예를 들어 소련 군사고문단장 라주바예프는 '김달현은 자신의 활동에서 소련을 지향하고 있으며 조선 문제에 대한 소련의 제안을 공개적으로 지지하고 있다. 최근에 이르러 당내의 우익분자들인 낡은 조류의 지지자들과 투쟁의 길에 나섰다.'[42]라고 하여 김달현이 자신들을 지지하고 북조선청우당내에서 우익 세력을 몰아내기 위해 최선을 다하고 있다고 평가하였다.

정리하면, 소련군은 사회주의 정권 수립을 위해 천도교의 세력을 인정하지 않을 수 없었고 북조선청우당의 우당화를 시도하였다. 이에 대해 북조선 청우당은 천도교의 정치이념과 지향점이 비슷한 사회주의 정권 수립에 동참하였고 이를 통해 세력을 확장시키고자 하였다.

민주개혁에 북한의 북조선청우당이 얼마나 협조적이었는지를 보여주는 북한의 연구 성과도 있다.

> 북조선천도교청우당은 토지개혁법령과 로동법령, 산업국유화법령, 남녀평등권법령을 비롯한 제반 민주개혁실현을 위한 사업과 교육, 문화, 보건 등 모든 분야의 민주화를 위한 사업들이 제기될 때마다 각 정당, 사회단체들과의 긴밀한 협력하에 그를 적극 지지하고 협조하기 위한 사업에로 당원들과 교인들을 조직 동원하여[43]

인용문은 북한의 자료로 전적으로 신뢰할 수는 없지만 민주개혁에 천도교가 적극 동참하였다는 것을 보여준다. 천도교를 제외한 다른 종단은

• • • • •

[42] 국방부 군사편찬연구소, 『소련군사고문단장 라주바예프의 6 · 25전쟁 보고서』(제1권), 2001, 76쪽.

[43] 량만석, 앞의 책, 143쪽.

1946년 실시된 토지개혁에 대해 반대하거나 미온적이었던데 반해 천도교는 토지개혁에 적극적으로 동참했다. 앞에서 언급하였듯이 평안북도 구성군의 천도교 간부였던 허철[44]은 자신이 갖고 있던 땅을 자진해서 내놓았다는 내용은 천도교의 민주개혁 동참을 보여주는 대표적인 사례이다. 천도교인들의 토지개혁 동참은 북조선청우당의 민주경제 이념과 함께 천도교인의 구성 성분과도 밀접한 관계가 있었다. 〈표 2-2〉는 평안남도 덕천군의 북조선청우당원들의 성분을 나타낸 것이다.

〈표 2-2〉 평안남도 덕천군 북조선청우당원의 성분 분포(1946년 12월 30일)[45]

면명	당원 총수	사회 성분											
		노동자	사무원	농민						자유 직업자	수공업자	상업자	생산 기업주
				고농	빈농	중농	부농	지주	합계				
덕천	285 (282)	14	8		224	21	1		271 (268)	6	3	3	2
일하	228 (225)	16	5		181	12	2	1	205 (217)	5	2	1	
풍덕	900 (895)	5	14		753	91	23		882 (886)	5	1	2	1
성양	582	5	7		544	11	9		576	5			1
잠도	493 (492)	13	11		431	25	3		483	6		3	
잠상	352	2	5		290	49			346	4		2	
탄광	36 (26)				24				34 (24)	2			
계	2,876 (2,854)	55	47		2,449 (2,447)	209	33	1	2,797 (2,800)	43	6	11	4

※출처: 국사편찬위원회, 『북한관계사료집』 Ⅰ, 1987, 279쪽. 괄호안의 수치는 원본의 부정확한 부분을 수정한 것이다.

농촌지역이었던 덕천군의 청우당원 중에 농민이 95% 내외, 노동자

[44] 허철은 평안북도 구성군 사기면 운봉리 출신으로 1912년에 천도교에 입교한 후 청년당 구성부 대표(1930), 구성군종리원 부령(1934) 등의 직위를 갖고 있었다. 이동초 편, 『동학 천도교 인명사전』, 모시는사람들, 2014, 1722쪽.

[45] 국사편찬위원회, 『북한관계사료집』 Ⅰ, 1987, 279쪽.

1.9%, 사무원 1.6%, 자유직업자 1.5%, 수공업자 0.2%, 상인 0.39%, 기업주 0.14%였다. 이중 농민의 성분을 세밀하게 살펴보면 빈농이 87.1%, 중농이 7.4%, 부농이 1.4%, 지주가 0.04%였다. 도시지역인 남포시의 경우는 노동자 25%, 빈농 9.1%, 상인 30.3%, 기술자 23.6%로 청우당원이 구성되었는데 농민은 모두 빈농이었다.[46] 이렇게 도농의 두 지역을 고려할 때 농촌 지역에서는 약 90%의 빈농과 10% 내외의 중소농이 주요 성분이었다. 도시지역에서는 노동자와 기술자 그리고 상인이 중심을 이루었음을 알 수 있다. 북조선청우당의 당원 구성은 노동자, 농민이 절대적으로 높은 비중을 차지했다.

하지만 북조선청우당 간부의 경우 덕천에서는 사무원과 의원에 종사하는 소시민이 22.2%를 차지할 정도로 지식인이 많았다. 남포시의 경우도 간부들에 농민은 없었고 중학교와 고등학교 교육을 받은 사람이 대부분이었다.[47] 덕천군 한 지역으로만 북한 지역 전체의 북조선청우당원의 성분을 일반화할 수 없다. 그러나 북조선청우당원의 95%가 농민이라는 것은 북조선청우당 안팎에 널리 알려져 있던 것으로 북조선청우당의 구성원은 농민이 많았다. 이런 환경에서 청우당원과 천도교인들은 '민주개혁'에 반대할 이유가 없었다. 빈농이 많았던 농촌지역에서 '민주개혁'을 통한 토지 분배는 천도교에 유리하게 작용했다.

구술자 8명의 출신 성분은 중소자본가 1명, 중농 3명, 빈농 4명으로 구성되어 빈농의 비율이 50%를 차지했다. 이는 빈농의 비율이 95%에 달하는 북한 천도교인의 비율보다 구술자들이 경제적으로 부유한 출신들이 많았다는 것을 의미한다. 다만 간부들은 일반 당원들에 비해 경제적인 여유가 있었는데 구술자들도 북한에서 간부로 활동하였기 때문에 성분으로 보면 빈농의 비율이 낮았다. 구술자들의 지식 정도는 중학교 이상을 진학한 경

46) 천도교청년회중앙본부, 『천도교청년회80년사』, 2000, 663~4쪽.

47) 위의 책, 665쪽.

우가 4명, 국졸 1명, 국문 해독자가 3명이다. 이런 측면에서 구술자들은 평균적 천도교인들보다는 경제적, 사회적 여건이 나은 편이다.

해방 직후 북한 권력층은 북조선청우당을 자신들의 우당으로 인정하며 정권 수립에 동참시켰다. 처음부터 북조선청우당의 지도부 또한 소민정과 사회주의 정권에 호의적이었고, 소민정에서도 북조선청우당에 우호적인 몸짓을 취하고 있었다.

> 북조선민주주의 민족통일전선의 영향력 있는 조직 중 하나로서 청우당이 갖는 중요한 의미를 고려하여 이 정당의 부족한 점을 보충하고, 이 정당을 무시하지 않도록 관계 관청들에 지시를 내리고, 당이 활동하는 데 인위적인 장애가 생기자 않도록 해야 하며, 이 정당이 북조선 민주개혁의 기반을 강화하는 전국적인 정치 활동을 수행하도록 유도할 필요[48]

즉, 소련 측은 북한의 민주개혁을 수행하기 위해서는 북조선청우당을 무시할 수 없다고 본 것인데, 이에 청우당의 정치 활동을 지원하라고 북한 정권에게 권고하기도 했다.

소련작가인 A. 기토비차와 B. 볼소프는 1946년 북한을 방문해 천도교당의 중앙위원회를 찾았는데 당시 『개벽신보』의 편집장인 김두환과 선전부장 김구천으로부터 '농민이 95%를 차지하는 천도교가 어떻게 토지개혁사업에 참가하였는지를 소개받았고 당해 수확을 얼마 거두어 토지개혁의 결실을 보았다' 하면서 민주개혁에 적극적으로 동참하는 천도교의 모습을 기술하고 있었다.[49]

• • • • •

48) 「Письмо баласанова Штыкову(발라사노프가 슈티코프에게 보내는 서한)」, ЦАМО, Ф.172, ОП.614631, Д.18, Д.33; 재인용, 이재훈, 「해방 직후 북한 민주주의 세력에 대한 소련의 인식과 정책」, 『역사비평』 통권 제7호, 2005 봄, 295쪽. 슈티코프는 소련군의 극동군사령부 산하 연해주군관사령부의 군사회의위원(1945~1947)으로 대장이었다. 그는 이후 북한주재 특병전권대사(1948~1951)를 지냈다. 발라사노프는 소련 외교인민위원부 산하 정치고문기관의 책임자였다. 두 명은 소련의 북한 점령 지배기구의 주요 인물들이다. 김광운, 『북한정치사연구 I』, 선인, 2003, 63~64쪽.

요컨대 북한 천도교단은 북한의 사회주의 정권 수립에 우당으로 참여하였을 뿐 아니라 민주개혁에 적극 동참하였다. 북한의 천도교인의 90% 이상이 농민이었던 점은 민주개혁의 동참이 천도교인들에게 불리하게 작용하지 않았음을 의미한다. 따라서 북조선종리원과 북조선청우당은 민주개혁에 동참하여 세력을 확장하려 하였다.

2) 천도교에 대한 견제

해방 직후 북한에서는 사회주의 세력이 강하지 못하였고 오히려 천도교의 세력이 강하고 활동이 원활하게 이루어지고 있었기 때문에 이들은 쉽게 천도교를 제어할 수 있는 상황이 못 되었다. 오히려 소련과 북한 사회주의 세력은 천도교를 자신들의 우당으로 만들어 사회주의 체제 수립에 기여하도록 만들었다. 그러나 사회주의 체제가 확립되자 천도교에 대한 견제가 시작되었다. 북한 정권의 천도교단에 대한 본격적인 견제는 1947년 2월의 북조선인민위원회 성립 이후 이루어졌다.

소군정의 비호 아래 김일성이 북조선인민위원회 위원장에 선출되었고 이후 김일성은 사회주의 국가 건설을 내세우며 체제 확립에 박차를 가하고자 하였다. 하지만 민주개혁 이후에도 여전히 천도교가 세력을 확장하자 김일성의 입장에서는 천도교 확산에 제동을 걸지 않을 수 없었다. 먼저 김일성은 천도교 세력 확대를 우려하면서 정치적으로 천도교를 비판하기 시작하였다.

사회단체들이 그 동안 양적으로 급격히 성장하였으나 이 단체들에 우리 당의 영향이 깊이 침투되지 못하였으며 그 맹원들을 우리 당의 군중으로 완전히 쟁취하지 못하고 있다. 사회단체들에 망라된 맹원들 중에는 부분적으로

49) A. 기토비차 · B. 볼소프, 『1946년 북조선의 가을』(최학송 역), 글누림, 2008, 132쪽.

우리 당의 영향을 떠나 종교단체의 영향을 받는 사람도 있다.[50)]

위의 1948년 3월에 개최된 북조선로동당 제2차 대회에서 김일성이 언급한 종교단체는 다름 아닌 천도교였다. 김일성은 천도교의 세력 확장과 사회주의 이념 확산 미비에 대해 우려를 표하였다. 나아가 김일성은 천도교의 조직 확장에 대하여 제재를 가하기 위해 '천도교청우당 내에 기어든 반동분자들은 농민들을 속이고 자기들의 목적을 쉽게 달성하기 위하여 될 수 있는 대로 농민이 낙후하고 몽매한 상태에 있기를 원한다.'[51)]고 하며 천도교의 이념을 충실하는 인물들을 교단 내에 숨어든 반동분자로 규정하고 이들을 사회주의 혁명의 장애물이라며 강도 높게 비난하였다. 뿐만 아니라 천도교 재정의 근원이 되는 성미(誠米)제도[52)]를 농민을 착취하는 수단이라고까지 비난하였다.[53)] 이러한 김일성의 천도교 비난은 북한 정권의 천도교에 대한 견제와 탄압의 본격화를 의미했고 이후 북한 전역 지역에서 노동당원과 북조선청우당원 간의 갈등으로 표면화되는 근거가 되었다.

북한 당국은 천도교 조직을 와해시키기 위해 강온 양면 작전을 병행하였다. 온건한 방법으로는 천도교인이나 북조선청우당원 중에서 열성적이지 않는 자를 매수, 협박, 회유해서 천도교 내부에서 조직을 와해시켜 천도교 세력을 약화시키려 하였다. 강압적인 방법으로는 정치보위부 등 권력기관을 동원해 천도교 활동에 열성적인 간부를 대상으로 협박, 체포, 구금 등을 가해 지역에서의 활동을 위축시키려고 하였다. 즉, 열성적으로 천도교 활동을 하면 그 결과가 사회적 매장으로 귀결될 것이라는 공포 분위기를 조성해 천도교 세력을 약화시키려 하였다.

• • • • •

50) 『김일성전집』(5), 조선로동당출판사, 1992, 340쪽.

51) 『김일성전집』(2), 조선로동당출판사, 1992, 41쪽.

52) 천도교 수행방법인 오관의 하나로 아침저녁 밥을 지을 때 식구 수에서 한 숟가락씩 덜어서 교회에 내는 물질적 정성.

53) 표영삼, 앞의 글, 28쪽.

북한의 천도교 세력은 각 지역에서 북조선로동당 등 사회주의 세력에 의한 탄압으로 어려움을 겪고 있었지만 이에 대한 아무런 견제나 저항을 할 수 없었다. 특히 사회주의 정권이 확립된 이후 천도교인들이 정권의 불합리한 측면에 반발하자 지역에서 북로당원에 의한 북조선청우당원들을 폭행하는 사건이 발생하기도 하였다. 특별한 잘못이 없는 북조선청우당원을 검거투옥하고 테러로 조작하여 청우당 간부들을 테러분자로 몰아 구속하는 등 온갖 학대를 당하였다.[54] 당시 통일전선이라는 이름으로 시행된 연립정권에서 정치적 실권이 있는 자리는 공산당이 독차지하고 있었고 실권이 없는 자리를 북조선청우당 간부나 기타 단체 자리에 임명해 실질적으로 사회주의 세력이 권력을 독점하였다. 이러한 상황을 직면한 지역의 천도교 세력은 사회주의 정권에 대한 호감을 가질 리 없었다.

> 아버지는 그 당시에 이제 그 뭐 있었냐게되면 얘들이 그 공산당에서 무슨 일을 하냐하게 되면 인민위원회 위원장과 그 다음에 서기장은 자기네들이 맡고 부위원장은 실권이 없는 거덩요, 그래 이제 딴 사람을 써요. 그게 이제 아버지를 끌어다가 부위원장을 시킨 거예요. 인민위원회에 부위원장은 그 실권이 없어요. 아무 것도 그냥 감투만 그저 쓴 격이지.[55]

위의 구술에 따르면 지역의 북조선청우당의 위원장은 인민위원회의 부위원장으로 임명하여 민주적인 절차를 운영한다는 형식을 갖추었지만 실질적인 권한은 북로당 출신이 장악하여 북조선청우당은 자괴감에 빠지게 되었다. 시간이 갈수록 사회주의 정권에서 북조선청우당은 자신들의 정치적 목적을 달성하기 위한 수단으로 활용될 뿐이었다. 이에 대해 북한의 천도교인들의 북한 정권에 대한 반발심이 커져갔다. 이는 중앙당보다 지역

• • • • •

54) 구술자였던 이창번은 초등학교 시절에 김일성 비판 노래를 불렀다는 혐의로 경찰서에 입건되었고, 이성운은 특수접 활동을 했다는 이유로 해주형무소에 수감되었다.

55) 이창번 구술, 앞의 글, 29쪽.

시·군당에서 크게 나타났다.

3) 천도교 견제의 유형

북한에서 천도교 세력에 대한 견제는 인적·물적인 견제, 대외적 대내적인 견제 등 다양한 형태로 전개되었다. 먼저, 인적 측면에서의 견제는 천도교인을 사회지도층에서 몰아내는 것이었다. 1947년부터 성분불량자를 공직에서 퇴출시킨다는 명분으로 공산당이 아니면 퇴출시켰는데 이때 천도교인들도 제거되기 시작하였다. 1947년 2월 북조선인민위원회가 설치되고 김일성이 인민위원장에 임명되면서부터 김일성이 소군정의 비호 아래 본격적인 사회주의 기지 건설에 나섰다. 김일성은 이 시기 표면적인 탄압이 아니라 사회주의 기지 건설을 가장한 탄압을 시작하였다. 친일분자와 반동분자를 철저히 숙청한다는 명분[56]으로 천도교인을 반동분자나 성분불량자로 몰아 공직에서 퇴출시켰다. 중앙기관의 공무원이나 교사 등 공공 기관에 근무했던 천도교인들은 대부분 성분불량자에 포함되어 전부 쫓겨났다.

구술자 임운길이 다녔던 평안북도 정주의 대표적인 민족학교인 오산중학교의 경우에도 이를 피해갈 수 없었다.

> 좌익계 교사들이 (1947년 5월) 15일 밤에 비밀회의를 열고 우익계 교사 숙청 계획을 짰는데 그 제1차 숙청 대상이 백명옥·임상흡 두 선생이라는 것이었고 그 외에도 2차·3차로 차례대로 우익교사들을 축출할 음모를 수립해 놓고 있다는 사실을 좌익계 박준흠 서무에게 들었다는 것이었습니다. …… 당시 백명옥 선생은 수학과 물리를 담당하고 있었고 임상흡 선생은 사회를 담당하고 있었는데, 두 분 모두 실력 있는 선생으로 학생들의 존경을 받고 있었습니다. 특히 백명옥 선생은 철두철미한 천도교신자로 청우당원이었습니다.[57]

• • • • •

[56] 1946년 2월 9일 임시인민위원회에서 발표한 '11개조 당면과업'의 제1조가 '친일분자와 반동분자들을 철저히 숙청하고 유능한 간부들을 각 기관의 지도 사업세 등용하여 각 지방의 행정 기구를 강화할 것'이었다. 김광운, 앞의 책, 276쪽.

위의 증언에 따르면 평안북도 정주에 위치한 민족학교 오산중학교에 사회주의 계열 교장이 들어선 이후 우익 계열의 교사들을 성분불량자로 몰아 교단에서 쫓아내기 시작했는데 그 첫 대상이 천도교 교사였던 백명옥과 우익 교사였던 임상흠이었다. 북조선청우당원이있던 백명옥은 학생들로부터 실력을 인정받고 있었음에도 불구하고 반동분자로 몰려 오산중학교에서 쫓겨났다. 이러한 방식으로 공직에서 천도교인들이 제거되었다.

둘째, 화폐개혁의 파장이다. 1947년 12월 1일 단행된 북한의 화폐개혁으로 천도교는 막대한 자금이 동결당하고 말았다. 화폐개혁 중 단체 예금은 1947년 12월 5일을 기준으로 하여 국영기업소, 은행, 행정기관, 정당 및 사회단체의 예금은 전액 지불하고 그 이후 입금된 금액은 동결 조치하였다.[58] 북한 화폐개혁의 특징은 민간예금에 있어서 소유 금액의 정도에 반비례하는 교환이 이루어졌다. 2천 원 이하의 경우는 전액을 환불하였으나 금액이 늘어날수록 교환 금액이 줄어들고 있다. 이를 통해 부유층이 소지한 예금의 총량을 감소시키고 일반계층이 소지한 소액의 예금은 전액 보존하여 부의 재분배 효과를 가져온다[59]고 하였으나 교인들의 성미로 운영되는 북한 천도교단의 경우에는 이 조치로 경제적 타격이 올 수밖에 없었다.

이어서 1948년 1월 3일에는 '경제기관 기타 단체들이 필요 이상으로 사장한 현금을 회수, 동결시킨다.'는 동결조치가 내려졌고 이어 2월 19일에는 '각층 예금자들을 5등급으로 나누어 지불한도를 정한다.'는 조치로 2천 원 이하를 가진 자는 전액을, 5천 원 이하 자는 3천 5백 원을, 1만 원 이하를 가진 자는 5천 원을, 5만 원 이하 자는 1만 3천 원과 5만 원 이상 액에 대한 10%만 지불하고 나머지 현금은 전부 몰수해버렸다.[60] 북한의 천도

• • • • •

57) 김준수 외, 「정주 천도교학생접과 오산학교 반공의거」, 『신인간』 통권 제390호, 1981.8, 55쪽.

58) 이진욱, 「북한의 화폐개혁에 관한 연구」, 동국대학교 대학원 북한학과 석사학위논문, 2014, 30쪽.

59) 위의 논문, 30쪽.

교단은 대외적인 비밀을 유지하기 위해 주로 현금을 갖고 운영하였는데 화폐개혁이 되자 막대한 금액의 현금을 강제 예금하게 되었고 결국은 전액 몰수당하고 말았다.[61]

당시 천도교가 몰수당한 금액이 정확하게는 확인할 수 없지만 1947년 당시 천도교 호수 32만 5천 호를 기준으로 월 20원씩의 성미를 납부하였다고 하더라도 월성미 금액은 6백 50만 원에 이른다. 그 가운데 30%를 북조선종무원에 상납한다고 해도 그 금액이 약 190만 원이었다.[62] 이 금액에서 경상비로 사용하고 남은 금액이 매달 40만 원 정도라고 해도 1년이면 480만 원에 해당하는 막대한 자금이었다. 북조선종리원 뿐만 아니라 각 지역의 도, 군, 면 종리원에서도 금액의 차이는 있으나 몰수된 금액을 합하면 그 규모는 1천만 원을 상회할 것으로 추정할 수 있다.

셋째, 새로운 경리방식의 도입 역시 천도교단에 타격을 가했다. 북한에서는 화폐개혁 후 모든 기관에서 현금 취급을 못하도록 하였다. 만일 검열에 적발되면 엄중한 처벌을 면할 수 없었다. 따라서 각급 천도교 기관에서도 모든 자금을 은행에 예치해야 했다. 그러나 은행에 예치된 현금을 찾는 일이 쉽지 않았다. 예금을 찾으려면 먼저 월별 자금사용계획을 제출한 후 은행으로부터 허가를 받아야 했다. 그런데 허가 과정에서 계획의 50~60%만 승인을 해주었다. 이렇게 공산당은 은행을 통해 천도교의 각급 기관의 활동을 재정적으로 탄압했다. 이렇게 되자 교화 활동을 위한 지방 출장, 각종 출판사업 등이 막히게 되었다.[63] 김달현은 1948년 제2차 북조선청우당 전당대회에서 화폐 교환사업으로 인해 교양사업이 정체되고 있다고 북

• • • • •

60) 정동진, 「북한의 1947년 화폐개혁에 관한 연구」, 고려대학교 대학원 경제학과 석사학위논문, 1992, 57쪽.

61) 표영삼, 앞의 글, 29쪽.

62) 위의 글, 30쪽. 당시 일반 근로자의 월급이 1,000환 정도였다.

63) 위의 글, 33쪽.

한의 민주개혁에 대해 우회적으로 비판하였다.[64]

이러한 상황에서 김달현 등 천도교 간부들은 민주개혁을 위장한 탄압에 대해 반감을 갖고 있었다. 아울러 지역의 천도교인들은 북한의 민주개혁에 대해 부정적 시각을 노골적으로 드러내고 있었다.

> (D) 우리가 그때 당시 뭐 아 내 기억으로는 한 절반 정도가 몰수당한 걸로. 한 4만 평정도? 지금으로 생각하면 됐을 거 같고. 그중에 한 반 정도를 몰수당했고 토지개혁 하는 걸, 넘 근까 소작 줬든 거는 싹 몰수당하고 그 자기가 능력이 있어서 자작농을 했 사람은 많이 붙여도 그 사람은 그냥 소유로 인정을 해 준 걸로 그렇게 기억이[65]

> (E) 토지개혁법에 의해서 논은 수확의 27프로, 수확의 27프로(%)를 내고 밭은 23프로를 내는 걸 안다. 근데 논둑에다 심어 논 콩은 논에 이제 논둑에 논 콩은 그걸 얼마를 내야 되냐? 그걸 내야 되냐를 물어보는 거예요. …… 박윤길 선생이 뭐라고 얘길 하나면 그 토지개혁법에 대해서 설명을 하는 거예요. 이거 이렇게 토지 개혁법이라는 게 지령이 돼 있다. 이 규정대로 하게 되면 콩뿐만 아니라 콩깍지까지도 23프로를 내야 된다. 뭐라구 하니 공화국 정부는 인민을 위한 정부이기 때문에 콩깍지는 받지 않는데 콩알만 주믄 된다. 하하. 이래 가지고 막 전체가 웃고 난리가 났죠. 그분이 그런 강연을 한 거예요 그케 그 하더라구요.[66]

(D)는 토지개혁으로 경작지를 빼앗긴 성기남의 증언이다. 그의 집안에서는 부친과 3형제의 피땀으로 이룩한 4만여 평의 농지를 가지고 있었지만 그 가운데 반 이상의 토지를 토지개혁으로 몰수당하였다. 또한 그는 토지개혁의 여파로 상급학교로의 진학을 포기했다. 당시 북한에서는 직접 농지를 경작하지 않으면 몰수당하였는데 그는 두 형과 함께 1만 7천 평을 직접

• • • • •

64) 북조선천도교청우당본부, 앞의 책, 37쪽.

65) 성기남 구술, 앞의 글, 30쪽.

66) 이창번 구술, 앞의 글, 29쪽.

경작하기 위해 중학교로의 진학을 포기하고 농사일에 매달려야 했다. 또한 그는 토지개혁의 과정에서 좋은 땅은 노동당원들이 차지하고 수확량이 나지 않는 척박한 땅은 천도교인 등 일반인에게 나누어주는 횡포를 목격하면서 북한식 사회주의에 대한 반감을 품었다고 하였다.

(E)는 이창번의 증언으로 천도교당에서 이루어진 강연회에서 토지개혁을 비판한 내용이다. 북조선청우당 중앙당 부위원장 박윤길이 양덕군 종리원의 강연회에서 토지개혁의 문제점을 희화화면서 비판하는 내용이다. 급속한 토지개혁의 진행은 농민들을 곤란하게 했는데 논과 밭의 현물세가 다른데 논도 아니고 밭도 아닌 논둑의 콩은 어떻게 계산을 해야 하느냐를 물으니 박윤길은 콩뿐만 아니라 콩깍지도 내야 하지만 공화국 정부는 인민을 위하기 때문에 그것은 받지 않는다고 하면서 은근히 토지개혁의 문제점을 비판하였다. 이렇게 지역의 상황을 고려하지 않은 민주개혁에 대한 반감을 천도교인들은 갖고 있었다.

또한 민주개혁의 방식에 대한 반발 또한 적지 않았다.

> (F) 이북에서는 회의 때문에 사람이 못살아요. 그 무슨 법령이 하나 딱 발표가 되잖아요? 그러면 그걸 온 주민들을 가따 한데 모여 놓고 그 법령을 일일이 설명을 하는 거요. 근데 회의를 하면 보통 이런 데서는 회의하면 오라 그러면 안 와도 그냥 내버려 두잖아요. 근데 거기는 회의를 시작하면 올만한 사람인데 안와, 그러면 사람을 보내요 보내가지고 계속 끌어오도록 해요. 그러니까 회의 시간이 새벽이라도 다 끌어다 회의를 해요. 그렇게 회의도 맨날 해요. 거 뭐 농민동맹 회의를 하지, 민청회의 하지, 군중대회 하지, 군중대회라 그러데 전체가 하는 군중대회 뭐, 여성은 여성대회, 농민은 농민대회, 또 민청은 민청대회, 그까 그 잠을 잘 수도 없고, 안 가면 그 다음 나중에는 늦게 오면 그 자아비판을, 비판을 시켜요.[67]

> (G) 근데 북한에서 제일 힘든 게 4년 동안 5년 동안 있으면서 힘든 게 젊은

[67] 길두만 구술, 앞의 글, 24쪽.

사람들 그냥 몽매지 송아지 끌고 다니는 것 모양으로 자유란 게 전혀 없었거든 그냥 그렇게 고달프게 하고 그 뭐 하튼 세금 내는 거 현물세라고 해가지고 세금 내는 거 고달퍼서, 정치적으로 교화사업이라고 해가지고 회의 군중대회 뭐 회의가 이를테면 군중대회가 한 달에 두 번, 민주청년동맹 두 번, 민중대회가 두 번, 여섯 번을 해야 되는데 거기 저녁 먹고 종치면 나가서 이자 좀 하고 회의하고 뭐 얘기를 하다보면 열두시 지나서 집에 들어와야 되고[68]

(F)는 길두만, (G)는 성기남의 증언이다. 이들에 의하면 북한식 민주개혁에 대한 반발을 회의 방식을 예를 들어 증언하고 있다. 북한에서는 무슨 법령이 발표되거나 정치적 안건이 있으면 그때마다 하루 일과가 끝난 저녁에 주민들을 모아 회의를 개최하였는데 거의 매일 끊이지 않고 회의가 진행되었다. 회의의 종류도 군중대회, 민중대회, 민주청년동맹회의, 민중대회 등으로 다양하게 개최되었다. 그러니 무조건 회의에 참가해야 불이익을 당하지 않았다. 그런데 질병이나 집안 일 등 개인 사정으로 회의에 참석하지 못하면 자아비판을 해야 했다. 회의 시간도 적지 않아 대부분의 회의는 밤 12시를 넘겨 끝났다. 그렇게 피곤한 몸으로 하는 회의는 사람들의 호응을 받지 못하였다. 농사에 종사하는 농민들은 하루 종일 농사일에 시달려 피곤한데 회의에 참석해 밤늦게까지 묶여 휴식이나 개인 활동을 일체 하지 못하였다. 이들은 북한식 민주개혁의 방식이 구호만 요란할 뿐 민주적이지 못하였다고 증언하였다.

이렇듯 해방 직후부터 천도교인들이 북한 정권에 대해 비판적이지는 않았다. 오히려 교인들은 사회주의 정권 수립에 적극적으로 나타났다. 그런데 지나친 천도교세의 확장은 김일성의 권력 확장과 충돌할 수밖에 없었다. 이 시기 사회주의 정권의 천도교에 대한 탄압은 천도교인들의 북한 체제에 대한 반감을 키워 가는 데 크게 기여한 것으로 보인다.

68) 성강현, 앞의 논문, 136쪽.

3. 자주파의 몰락과 체제 저항

1) 자주파와 협력파의 분화

북한 천도교단은 사회주의 정권 수립의 과정에 동참하면서 천도교 정치이념과의 괴리가 발생하게 되었다. 천도교의 정치이념은 '조선식 신민주주의'로 불리었는데 북한의 정치적 헤게모니를 장악한 사회주의 세력과의 연대로 인해 천도교청우당의 이념과 모순되는 면이 드러나게 되었다. 이는 당 정체성의 훼손을 가져왔고 급기야 당과 교단의 갈등을 가져왔다. 당시 천도교청우당 강령[69]의 핵심은 민족자존의 이상적 민주국가의 건설이었다. 해방 후 천도교가 추구하던 정치 이념은 좌와 우를 초월한 민주주의적 민족자주독립국가의 건설이었다. 천도교청우당에서는 이를 통칭해서 '조선식 신민주주의'라고 불렀다. 천도교가 주장한 '조선식 신민주주의'는 1946년 3월 미소공동위원회가 국내 각 정당, 사회단체에 임시정부 수립과 관련한 답신서의 제출을 요구하였을 때 천도교가 제출한 「천도교 정치이념」에 잘 나타나 있다. 천도교청우당이 주장하는 '조선식 신민주주의'의 핵심 요지는 다음과 같다.

> 우리는 미국형의 자본가 중심의 자유민주주의를 원치 않는다. 그는 자본제도에 내포한 모순과 폐해를 미리부터 잘 알고 있기 때문이다. 동시에 소련류의 무산자 독재의 프로민주주의도 필요치 않다고 생각한다. 그는 조선에서는 일찍이 자본계급의 전횡이 없었기 때문이다. 우리는 오직 조선의 현단계에 적응한 '조선식 신민주주의'를 주장한다. 조선식 신민주주의란 어떤 것이냐. 민족해방과 계급해방을 경중선후(輕重先後)의 차별 없이 동일한 목적으로 취급하는 민주주의이다. 조선의 자주독립과 아울러 조선 민족사회에

69) 청우당의 강령은 1. 민족자주의 이상적 민주국가의 건설을 기(期)함, 2. 사인여천 정신에 맞는 새 윤리의 수립을 기함. 3. 동귀일체의 신생활 이념에 기(基)한 경제제도의 실현을 기함. 4. 국민개로제(国民皆労制)를 실시하여 일상보국(日常輔国)의 철저를 기함.

맞는 민주정치, 민주경제, 민주문화, 민주도덕을 동시에 실현하려는 민주주의이다.[70]

'조선식 신민주주의'는 미국식 자유민주주의와 소련식 프로민주주의를 초월한 민족해방과 계급해방을 조선의 현실에 맞게 차별없이 실현하는 민주주의를 의미한다. 그리고 이를 실현하는 구체적 방안으로 민주정치 · 민주경제 · 민주문화 · 민주윤리를 구현하여야 한다고 주장하였다. 북조선청우당이 제시한 '조선식 신민주주의' 국가는 조선 민족의 역사적 · 문화적 긍지와 자존을 확립하고 세계 문화에 기여하는 민족적 양심의 민족국가이며 시험적인 자본제도의 모순과 폐해를 예방하여 장래 동족상잔의 참극을 방지하는 동시에 민족 생활의 참된 행복을 창조하기 위한 민주경제의 실현을 지향하는 국가였던 것이다. 결론적으로 천도교가 주장한 '조선식 신민주주의' 국가는 자본주의도 아니고 사회주의도 아닌 민족적 경륜을 바탕으로 한 자주 독립을 기반으로 형성될 수 있는 것이었다.

그러나 사회주의 정권이 확립되기 시작한 북조선인민위원회 시기가 되면 김일성을 중심으로 한 북한 정권은 강도 높은 사회주의 체제 확립 작업을 시작하였다. 여기에는 북한 정권의 종용과 소련군의 공작이 있었다.[71] 이들의 사회주의 체제 확립 작업에는 북조선청우당내 우파 세력의 축출도 포함되어 있었다. 북조선청우당 김달현 위원장을 포함한 중앙당은 이러한 상황에서 친사회주의 노선을 강화하지 않으면 안되었다. 그러자 북한 천도교단에서는 북조선청우당의 친사회주의화를 비판하는 목소리가 나타나기 시작하였고 이는 북조선청우당의 총 책임자인 김달현에 대한 불신으로 나타났다.

사회주의 정권의 동참 과정에서 북한 천도교단의 세력은 갈라지기 시작

• • • • •

70) 「천도교 정치이념」, 『동학』 제1집, 동학선양회, 1990, 303쪽.

71) 김광운, 『북한정치사연구 I』, 선인, 2003, 243쪽.

하였다. 북조선청우당 위원장 김달현을 중심으로 친사회주의 노선을 걷고 있던 세력을 사회주의 정권과의 협력을 중시한다는 점에서 협력파라고 정의하고자 한다. 김달현의 친사회주의 노선에 반대하며 천도교적 정치 이념의 실현에 충실해야 한다고 주장하던 계열을 자주파로 정의하고자 한다. 그리고 자신의 의견을 개진하지 않고 상황을 파악하고 있었던 부류는 자중파라고 할 수 있다.[72] 이처럼 북한 사회주의 정권 수립기에서 북한 천도교단은 협력파, 자주파, 자중파로 분화되었다.

자주파는 일제강점기 천도교청우당과 천도교청년당을 이끌었던 인물이 중심이었다. 핵심적인 인물로는 김기전, 이돈화, 김광호, 김덕린, 김일대 등을 꼽을 수 있다. 김기전은 일제강점기 천도교청년당 당두를 지낸 인물로 개벽사의 주간으로 천도교인들뿐 아니라 사회적으로도 명망이 높았다. 그는 당시 불치병으로 여겨졌던 폐결핵을 천도교 신앙으로 이겨냈다는 점에서 교조(敎祖) 사후 천도교단의 신앙의 구심점이 된 인물로 여겨졌다. 이러한 이유로 그는 북한 천도교인들의 절대적 신망을 받고 있었다. 이돈화는 천도교단의 대표적인 이론가로 『인내천요의』, 『당지』 등을 저술하여 사회주의 사상에

〈그림 2-4〉 김기전

※출처: 소춘김기전선생문집 편찬위원회, 『소춘 김기전 선생 문집 3』, 국학자료원, 2011. 해주요양원에서 간호사들과 함께 찍은 사진.

72) 북한 천도교인들은 협력파를 김일성 정권에서 출세를 하기 위해 천도교 이념을 도외시했다고 출세파라 불렀다. 그리고 천도교적 이념에 충실했던 세력인 자주파를 양심파라고 불렀다. 반대로 북한 정권에서는 자주파를 반동분자라고 규정하였다.

대응할 수 있는 천도교 정치이념을 확립한 인물이었다. 그는 북한에서 최초로 결성된 교단 조직인 북조선연원회의 회장을 맡고 있었다. 이 두 명은 서울에서 활동하다 38선을 넘어 북으로 와서 천도교세 확장에 매진하여 북한 천도교인들의 지극한 신망을 받았다. 이외에 김광호는 서선연락소 초대 소장을 역임하였고, 김덕린은 북조선연원회의 상무로 활동하고 있었다. 김일대는 김광호의 아들로 일제강점기 천도교청년당 본부위원을 역임하는 등 이들은 일제강점기부터 천도교 및 천도교청년당 활동을 하며 명성을 쌓았던 인물들이 많았다. 북한 천도교인들은 이들 자주파의 지도와 교화를 받으며 신앙생활을 하였다.

협력파는 김달현, 김정주, 박윤길, 주황섭, 김영환 등이 주요 인물이었다. 김달현은 함경남도 고원 출신으로 1946년 2월 북조선청우당 위원장에 선출되어 북한 정권 수립에 깊숙이 관여하였다. 1946년 7월에 북조선민주주의민족통일전선의 의장, 1947년 2월에는 북조선인민회의 부의장과 상임위원회 부위원장을 맡는 등 북조선청우당의 당수로 북한 정권의 주요 직책을 맡았다.[73] 김정주는 북조선청우당의 부위원장으로 1947년 2월 북조선인민위원회 총무부장에 임명되었다. 1948년 최고인민회의 대의원에 당선되었고 9월 북한 정권이 들어설 때 체신상에 임명되었다.[74] 박윤길은 평안북도 정주 출신으로 북조선청우당의 부위원장으로 1948년 8월 제1기 최고인민회의 대의원에 당선되었다.[75] 주황섭은 함경남도 함흥 출신으로 일제강점기 동경종리원 종리사를 역임했던 인물로 1946년 북조선임시인민위원회 체신국장을 맡았는데 이듬해 북조선인민위원회에서도 체신국장을 맡았다. 그는 1948년 최고인민회의 대의원에 당선되었다.[76] 협력파들은 대체

• • • • •

[73] 霞関会 編, 『現代朝鮮人名辞典』, 世界ジャーナル社, 1962, 281쪽.

[74] 위의 책, 297쪽.

[75] 위의 책, 332쪽.

[76] 위의 책, 312쪽.

로 북조선청우당의 간부로 활동하다 친사회주의 노선을 취하면서 북한 정권의 요직에 진출하였다.

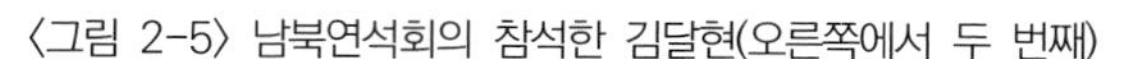
〈그림 2-5〉 남북연석회의 참석한 김달현(오른쪽에서 두 번째)

※출처: 위키피디아(조선연석회의 요인.jpg). 왼쪽부터 김두봉, 허헌, 박헌영, 김원봉, 김달현, 김일성의 순서.

김달현을 중심으로 한 협력파의 주도로 북조선청우당이 친사회주의 노선을 강화하자 자주파들은 1948년 4월에 열리는 북조선청우당 전당대회에서 김달현을 제거하고 지도부를 개편하자는 논의를 1947년 말부터 하였다. 그러나 자주파들은 북조선종무원과 북조선연원회의 교회 조직에 소속되어 활동하면서 논의를 이어갔을 뿐 김달현의 제거를 위한 조직적인 움직임을 보이지는 않았다. 때문에 북조선청우당 중앙당을 중심으로 조직적으로 활동하던 협력파들에 비해 조직면에서 열세에 놓일 수밖에 없었다. 그리고 자중파는 상황에 따라 자주파와 협력파로 나누어지게 되는데 협력파가 북한 정권과의 공조로 세력을 강화하자 대부분 협력파를 따랐다.

요컨대 북한 천도교단은 사회주의 정권 수립에 동참하면서 분화하기 시작하였다. 김달현을 중심으로 하는 협력파는 북조선청우당 중앙당 간부로 활동하면서 친사회주의화를 통해 천도교 세력의 확장을 꾀하였다. 김기전, 이돈화를 중심으로 하는 자주파는 일제강점기 이래의 천도교의 정치이념을 바탕으로 조선식 신민주주의를 지향하였다. 사회주의 정권 수립 과정에서 분화한 협력파와 자주파는 지역 당과 교의 갈등으로까지 번져 북한 천도교단은 심한 갈등에 휩싸이게 되었다.

2) 3 · 1재현운동과 자주파의 몰락

남북 단독정부 수립의 분위기가 이루어지는 가운데 천도교인들은 단독정부수립을 반대하고 통일정부를 수립하자는 운동을 벌였는데 이것이 1948년 3월 1일을 기해 일어난 3 · 1재현운동이었다. 구술자인 양택조는 영변읍내에서 일어난 3 · 1재현운동에 직접 참가하였다.

> 노경식[77]이 하면 하여튼 중앙에서도 알아주고 일본까지도 그 사람은 소문이 난 사람이거덩. 그래서 노경식이가 재현3 · 1운동이란 걸 했단 말야. 그래 멋도 모르고 천도교 믿으라 그러니 천도교 믿다가 뭘 읍에서 무슨 회의를 한다구 오라고 그래서 갔단 말야 멋도 모르고 갔디 …… 뭔 영문인지 뭐이 영변에서 무슨 회의한다고 해서 회의 보러 가던 건데 회의는 안하고 무슨 사람들이 모여 들어 자꾸 그래 이거 왜 사람들이 이케 모여 드느냐 그트면 만세 부르러 모여 든다구 그래[78]

[77] 노경식은 영변군 팔원면 소장동 출신으로 1901년 동학에 입도하여 접주, 봉훈, 영변군종리원 종리사(1930), 영변군종리원 고문(1934), 영변군교구 순회교사(1940), 교훈(1941)을 역임하였다. 이동초 편, 『동학천도교 인명사전』(제1판), 모시는 사람들, 2015, 544쪽.

[78] 양택조 구술, 앞의 글, 26쪽.

양택조는 1948년 3월 1일 영변에서 회의를 한다는 연락을 받고 영변읍내로 가서 군중들과 함께 만세운동에 참가해 만세를 불렀다고 기억하고 있었다. 영변은 3·1재현운동이 가장 크게 일어난 지역 가운데 한 곳이었다. 양택조는 이 운동에 참여하였다는 이유로 신의주형무소에 수감되어 조사를 받다가 경비가 허술한 틈을 타서 탈출하였다.

3·1재현운동은 북한에서의 천도교적 이념을 실현하고자 했던 자주파들이 단독정부 수립을 반대하고자 펼쳤던 사건이었다. 이는 북한 천도교단의 두 세력이었던 자주파와 협력파의 갈등과도 관련이 있다. 자주파와 협력파의 갈등은 사회주의 정권 수립 시기 천도교 세력에 대한 압박이 강해지자 표출되었다. 천도교적 이념의 구현과 친사회주의 노선으로 대립된 이들의 갈등은 3·1재현운동[79] 준비 과정에서 극명하게 드러난다.

북조선종무원은 미소 양군의 38선 통제 강화 이후 설립되어 북한의 천도교를 관장하였지만 여전히 서울의 천도교총본부와 긴밀하게 연락을 주고받았다. 앞에서 언급했듯이 북한에는 신파가 많았는데 당시 신파의 영수 역할을 최린이 맡고 있었다. 최린은 친일경력이 문제되었지만 그의 친일은 교단을 살리기 위한 고육책이었다는 점이 교인들에게 인정되어 여전히 그에 대한 여론은 나쁘지 않았다. 1946년 11월 평양으로 올라간 김기전과 이돈화도 신파 계열로 최린의 영향하에 있었는데 이들은 북한에서 천도교 교세 확장에 공헌하였다.

유엔에 의한 통일 노력마저 수포로 돌아가자 천도교지도자들은 민족의 영구분열이라는 비극의 전개를 목전에 두고 속수무책으로 방관할 수 없었다. 그리하여 천도교의 원로인 최린을 중심으로 연원대표 김광호, 이응진, 전의찬, 최단봉, 김지수, 오근 등 극소수 간부들이 1948년 1월 중순경부터

79) 3·1재현운동에 관해서는 1948년 3월 21일 경향신문과 조선일보의 보도로 세상에 알려졌다. 이후 천도교기관지인 『신인간』을 통해 수차 기사화되었다. 1969년 발행된 『3·1재현운동지』를 통해 사건의 전모가 알려지게 되었다.

모임을 갖고 의견을 모았다. 이 모임에서 3 · 1절을 기하여 3 · 1운동 당시 와 같이 각계각층을 총망라하여 대대적인 단정수립 반대운동을 전개하기 로 의견을 모았다.

이를 위해 선언문 작성은 김광호, 북한으로 보내는 지령문은 김완규[80]의 명의로 하기로 하고, 밀사 선정은 오근과 김지수가, 남한의 각계각층 규합은 이응진이 맡기로 하였다. 북한 지역으로 보내는 밀사는 김기수의 부인 박현화와 오근의 부인 유은덕이 맡았다. 박현화는 개성과 금천을 경유해 평양으로 가기로 하고 2월 8일 출발해 다음날 38선을 넘던 중 북한 경비병에게 체포되었으나 임기응변으로 모면해 13일 평양에 도착하였다. 박현화는 천도교청우당 평남도당 위원장을 역임했던 김일대에게 지령문을 전달한 후 서울로 돌아왔다. 유은덕은 연백과 해주를 거쳐 38선을 넘던 중 동상에 걸려 해주의 천도교청우당 황해도당위원장인 김영환의 집에 머물러 치료하다 지령문을 끝내 전달하지 못하였다.

2월 14일 북한의 천도교 지도자들은 3 · 1재현운동을 안건으로 회의를 하였는데 당시 참석자는 북조선종무원장 이근섭, 북조선청우당위원장인 김달현, 북조선연원회 상무 김덕린이었다. 이들은 회의를 거듭하였지만 결론이 나지 않자 이돈화가 있던 강동 봉명각수도원에서 2월 17일에 다시 회합을 갖기로 하였다. 김기전, 이돈화, 이근섭, 김덕린, 김달현 등 북한 천도교를 대표하는 5인이 참석한 2월 17일의 회의에서 교(教) · 당(黨) 공동명의의 극비 문서의 전달을 위한 인원 선발과 시일의 촉박, 대중적 궐기를 위한 각계각층의 호응 불가 등을 이유로 운동에 대한 부정적인 의견을 협력파가 제시하였다. 특히 김달현은 "본 지령은 최린 선생께서 한 일인데 남한의 교회인사들과 여암장(최린)은 북한 실정을 모르고 한 지령이요, 만일 이 지령으로 3 · 1절에 봉기한다면 상상할 수 없는 다수한 교인의 피를

• • • • •

80) 김완규는 1919년 3 · 1만세운동의 민족대표 33인 중 1인이다.

흘리게 될 것이오, 공산치하에서 성공은 불가능한 것으로 단정할 수 있으니 당을 책임진 나로서는 불가한 지령이 아닐 수 없다."고 강력히 반대하였다.[81] 김달현의 반대 의견에 이근섭이 동조하였고 이돈화와 김덕린, 김기전은 거사에 찬성하는 가운데 결국 이날 회의에서는 북한에서 3·1재현운동은 표면상으로 중단하기로 결정했다.

그러나 연원조직을 맡고 있던 김덕린은 비밀리 3·1재현운동을 추진하고자 연원회 간부들과 협의하고 2월 18일 평남에 박용완, 평북에 배의찬, 평양 일대와 기타 지역에 지성률을 급파하였다.

〈그림 2-6〉 3·1재현운동 관련 기사(『자유일보』 1948년 3월 22일자)

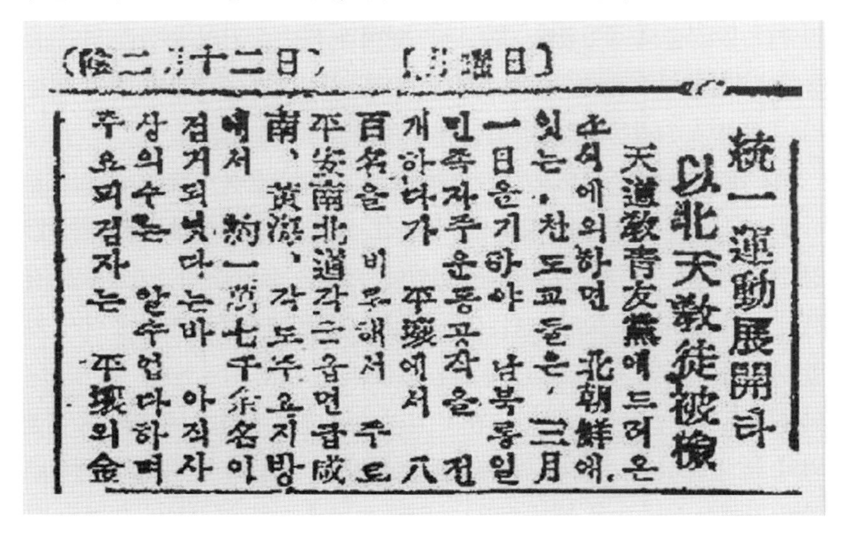

(陰二月十二日) 【月曜日】

統一運動展開타
以北天敎徒被檢
天道敎靑友黨에드러온

소식에의하면 北朝鮮에 잇는·천도교도들은，三月 一日을기하야 남북통일 민족자주운동공작을전 개하다가 平壤에서 八 百名을 비롯해서 주도 平安南北道각군읍면급成 南、黃海、각도주요지방 에서 約一萬七千余名이 검거되엿다는바 아직자 상의수는 알수업다하며 주요피검자는 平壤의金

연원 조직을 동원해 3·1재현운동이 전개되자 각 지방의 북조선청우당에서 중앙당으로 문의가 쇄도하였고 이에 김달현이 운동이 진행되는 것을 인지하고 북조선종무원의 이근섭과 북조선연원회 상무 김덕린을 불러 사

81) 신인간사, 앞의 책, 83쪽.

유를 캐물으며 윽박지르자 김덕린은 "나는 순수천명(順受天命)할 뿐이요." 라며 김달현을 반박하며 일을 진행하겠다는 의지를 밝혔다.[82] 하지만 3 · 1재현운동을 사전에 감지한 북한 당국은 2월 25일부터 천도교 간부 약 1만7천여 명을 체포하였다. 이로 인해 3 · 1재현운동은 목적을 달성하지 못한 채 막을 내렸다.

3 · 1재현운동은 1948년 3월 3일자 조선일보에 '남북통일 공작전개타 북조선 천도교도 만여 명 피검'의 제목으로 보도되면서 세상에 알려졌다.[83] 또 경향신문도 3월 21일자 기사에서 '이북 천도교도 탄압 만칠천여의 간부급 피검'이라는 내용으로 3 · 1재현운동에 관해 보도하였다.[84] 조선일보는 뒤이어 3 · 1재현운동에 관한 상세 기사를 다시 보도하였다.

> 민족통일 자주독립의 구호하에 북조선천도교 간부와 교도들은 3월 1일을 기하야 전 지역에 일대 시위운동을 전개코저 계획 중 이른바 2월 말경 북조선당국에 관계자 수만 명이 검거되었다 함은 기 보도한바어니와 이러한 검거에도 불구하고 천도교도들은 각지에서 시위운동을 전개하야 수만 군중이 동원하야 일대 '센세이숀'을 일으켰다 한다.
>
> 즉 시위운동이 전개된 곳은 평북 지방은 영변 삭주 희천 창성 등지이고 평남지방은 맹산, 양덕, 안주, 덕천, 순천 등지인데 특히 영변읍에서 구장까지 50리 사이에는 시위행렬이 장사진을 이루었으나 각지 모다 폭동 · 파괴행동은 없었다는 것이다. 그러나 북조선당국은 관계자를 검거하야 평양으로 호송하는가 한편 북조선 민전지도하에 각지에서 수십만 군중을 동원하야 천도교도가 목적한 남북통일운동과 똑같은 시위운동을 전개하고 있어 그 진의를 알 수 없다고 한다.[85]

위의 기사에서 알 수 있듯이 민족 통일과 자주독립의 구호 아래 북한의 천도교도들의 시위가 3월 1일에 평안북도의 영변, 삭주, 희천, 강계, 박천

• • • • •

[82] 위의 책, 61쪽.

[83] 『조선일보』, 1948년 3월 3일, 2면.

[84] 『경향신문』, 1948년 3월 21일, 2면.

[85] 『조선일보』, 1948년 4월 13일, 2면.

등지와 평안남도의 맹산, 양덕, 안주, 덕천, 순천 등지에서 일어났으며 특히 영변에서 구장까지 50리에 걸쳐 시위행렬이 장사진을 이루었다고 하여 시위가 대대적으로 벌어졌음을 알 수 있다. 또한 북한당국은 3 · 1재현운동에 대응하기 위해 민전 주도의 시위를 전개하였다. 민전 시위를 벌일 정도로 3 · 1재현운동에 대해 북한 당국이 민감하게 반응한 것으로 보아 이 사건이 영향력이 있었음을 알 수 있다.

〈그림 2-5〉는 『자유일보』에서 보도한 3 · 1재현운동에 관한 보도이다. 사건이 발생한 지 20일이 지난 1948년 3월 22일자 자유일보에서 '통일운동 전개타 이북천도교도 피검'라고 남한의 천도교청우당의 제보로 이북에서 평안남북도의 천도교인을 중심으로 통일운동을 전개하였고 김덕린을 비롯한 주모자가 피검되었다는 내용의 기사를 게재하였다.

1948년 10월의 비공개 재판에서 사건의 주모자인 유은덕, 김일대, 김덕린, 주명득 등 4명은 사형, 김명희, 박용완, 배의찬 등은 4명은 징역 15년, 이들을 포함해 87명이 유죄 실형을 언도받았다. 죄명은 김일성 암살 계획이었다.[86] 〈표 2-3〉은 3 · 1재현운동의 주동자들의 북한에서의 천도교의 주요 경력이다.

〈표 2-3〉 3·1재현운동 주동자의 형량과 천도교 이력

성명	출생년도	출신지	입교년	형량	천도교 주요 경력
유은덕	1909년			사형	오근의 부인으로 3 · 1재현운동의 밀사로 서울에서 평양으로 파견되었다가 북조선청우당 황해도당위원장 김영환의 집에서 체포.
김일대	1902년	평안남도 안주군	1920	사형	김광호의 아들로 3 · 1독립운동에 참가, 청년당 안주부노동부위원(1927), 청년당본부 중집위원(1928), 조선농민사 중앙이사(1930), 안주교구장(1931), 청우당경성부 농민부위원(1932), 청우당평남도당위원장(1948)

86) 신인간사, 앞의 책, 104쪽.

김덕린	1896년	평안북도 희천군	1911	사형	희천종리원 공선원(1921), 제46구(박천) 종법사(1922), 희천종무원 종리사(1923), 청년당 희천부 상무위원(1927), 의천군종리원장(1929), 총부 중앙감사(1944), 북조선연원회 상무(1948)
주명득	1879년	평안북도 삭주군	1903	사형	접주, 대접주, 교령, 주임종리사, 전교사, 삭주교구장(1908), 삭주대교구장(1916), 제58구(초산) 종법사(1922), 청년당 삭주부 집행위원(1929), 삭주노동사 위원장(1932), 통원포 주간도정(1933), 현기실 현법사(1937), 선도사(1942)
김명희	1893년	평안남도 평양부	1902	징역 15년	평양부종리원종리사(1924), 청년당평양부 집행위원(1924), 청우당 평양당부 대표(1931), 시원포 주간도정(1933), 청년당 평양부 대표(1933), 평양부교구장(1942)을 역임했고 해방 후 전국대회준비위원회 서무부위원(1945), 북조선종무원 신도부장(1948)
박용완	1893년	평안남도 맹산군	1920	징역 15년	청년당 맹산부 집행위원(1927), 순법포 주간도정(1928), 청우당맹산부 통훈과위원(1932), 교훈(1934)
배의찬	1894년	평안남도 안주군	1910	징역 15년	안주대교구 서기(1918), 청년당 안주부 상무위원(1929), 안주종리원장(1930), 청우당 안주부 노동부 및 여성부 위원(1930), 문원포 종정(1934)

※비고: 주요 이력은 이동초 편, 『동학천도교 인명사전』, 모시는 사람들, 2015를 참고하였다.

〈표 2-3〉을 통해 먼저 3 · 1재현운동의 주동자들의 형량을 살펴보면 사건의 주동자인 유은덕, 김일대, 김덕린, 주명득 등 4명은 사형을 당하였다. 유은덕은 오근의 부인으로 남한에서 밀서를 갖고 북한으로 올라왔다 북조선청우당 황해도당위원장인 김영환의 밀고로 체포되었다.[87] 김일대와 김덕린은 북한에서 천도교 활동을 적극적으로 한 자주파 인물이었다. 북조선청우당 평안남도당위원장이었던 김일대는 북조선연원회 상무인 김덕린과 함께 3 · 1재현운동을 주도한 협의로 사형에 처해졌다. 주명득은 평안북도 삭주의 연원 대표로 3 · 1재현운동의 제반 활동 경비를 담당한 자금책이었

87) 위의 책, 67~68쪽.

다. 김명희, 박용완, 배의찬 등 3명은 15년형에 처해졌다. 이들 3명 또한 자주파였으며 김일대와 김덕린의 지도 아래 참가하였다. 김명희는 북조선 종무원의 신도부장으로 김덕린과 더불어 3·1재현운동을 주도하였고 박용완은 평안남도를, 배의찬은 평안북도를 순회해 3·1재현운동을 지방에 전파한 혐의였다.

둘째, 밀사인 유은덕을 제외한 주동자는 모두 평안도 출신이었다. 평안남도가 4명, 평안북도가 2명으로 3·1재현운동이 평안도를 중심으로 이루어졌음을 알 수 있다. 조선일보 기사에서도 알 수 있듯이 실제로 3·1재현운동이 일어난 곳도 평안남북도 소재지가 대부분이었다.

셋째, 김덕린, 김일대, 김명희는 북한 천도교의 핵심 인물로 이들을 통해 북한 천도교의 친사회주의를 반대하는 자주파가 중앙요직에 있었음을 알 수 있다. 유은덕을 제외한 6명은 동학 시기에 입교해 50년 내외 천도교를 신앙한 인물로 천도교적 세계관에 충실한 인물들이었다. 자주파는 오랜 기간 동안 천도교의 요직을 담당하면서 교단의 영향력을 발휘하였는데 협력파에 의한 사회주의 정권으로의 경도를 좌시하지 않았다. 이처럼 자주파와 협력파의 갈등이 고조되어 나타난 사건이 3·1재현운동이었다. 이 사건으로 자주파의 핵심 인물 중 김덕린과 김일대 등이 제거당하였다.

또한 자주파들에 의해 북조선청우당 새로운 위원장으로 거론되던 김기전이 돌연 실종되었다. 3·1재현운동이 일어난 지 얼마 되지 않은 1948년 3월 16일 김기전이 노상에서 납치되어 행방이 묘연해졌으며 뒤이어 이돈화 역시 행방불명되고 말았다.[88] 이후 김기전의 행방은 확인되지 않고 다만 이돈화의 행적에 관해서는 1950년 12월 초순 평안남도 양덕온천 근처의 천도교 수도원에 있었다는 증언이 있었다. 김일성의 회고록에는 이돈화가

88) 소춘김기전선생문집편찬위원회, 앞의 책, 170쪽.

미군 비행기의 폭격에 의해 희생되었다고 기록되어 있다.[89)]

김기전과 이돈화의 제거는 북한 천도교단의 자주파의 몰락을 의미했다. 3·1재현운동과 김기전, 이돈화의 실종 등 자주파의 제거는 북조선청우당에서 김달현을 견제할 세력이 사라졌음을 의미했고 이후 북한 천도교단의 친사회주의 노선은 더욱 강화되었다. 북한 천도교인의 절대적 지지를 받고 있던 김기전과 이돈화의 제거가 김달현과 공산정권에 의한 것이라는 소문이 북한에서는 무성했다. 자주파를 지지하던 지방의 천도교인들의 김달현에 대한 불신은 더욱 깊어갔다. 대부분의 북한 천도교인들은 이 두 명이 모두 김달현에 의해 제거되었다고 믿고 있었다.[90)]

요컨대 3·1재현운동은 천도교의 이상과 현실이 부딪혀 나타난 사건이었다. 해방 후 천도교단은 조선식 신민족주의에 기초한 통일정부수립운동을 추구하였다. 이는 천도교의 정치이념으로 정리되었다. 하지만 남북의 현실은 천도교의 이상이 실현될 수 있는 여지가 없었다. 미소 양군이 남북에서 자국의 이해를 관철시키려는 의지를 확고히 하였다. 남북에서 통일적 자주국가의 수립의 목소리는 약해졌고 강대국의 힘을 등에 업은 세력에 의해 각기 다른 체제 수립 움직임이 가속화되고 있었다. 1948년을 맞아 남한 천도교단은 북한의 천도교단 및 사회단체와 함께 단독정부 수립을 반대하는 운동을 3·1절을 기해 남북에서 전개하고자 북한 천도교단으로 밀사를 파견했으나 북조선청우당 위원장 김달현, 북조선종무원의 이근섭 등의 협력파는 북한 실정에 맞지 않는다고 이를 무산시키려 하였다. 그러나 김일대, 김덕린 등 자주파는 끝내 이를 감행하려다 북한 당국에 사전 검거되어 목적한 바를 달성하지 못했다. 평안북도 영변 등 일부 지역에서만 전개된 3·1재현운동은 남북의 단독정부가 수립되는 과정에서 나타난 천도교 세

• • • • •

89) 김일성, 『세기와 더불어』 5, 1994, 390쪽; 재인용, 허수, 『이돈화연구』, 역사비평사, 2011, 254쪽.

90) 신인간사, 『3·1재현운동지』, 1969, 151쪽.

력의 갈등이 표면화된 사건이다. 이런 정세 속에서 북한 천도교단 내에서는 이상적인 천도교의 정치이념을 고수해야 한다는 자주파와 북한의 현실을 인정하고 북한 사회주의 정부와의 협력을 통해 천도교를 발전시켜야 한다는 두 세력의 갈등은 3·1재현운동으로 폭발되었다. 3·1재현운동으로 북한 천도교 지도부의 자주파가 제거되었고 김달현을 중심으로 한 협력파들의 입지가 공고해졌다.

3) 체제 저항과 영우회 사건

북한 체제에 대한 저항과 관련해서는 영우회 활동에 관한 구술 증언이 대표적이다. 양제호는 부친의 영우회 활동에 관한 기억을 갖고 있었다. 양제호의 부친인 양봉진은 북조선청우당 평양시북구위원장으로 평양 천도교의 간부였다. 영우회 활동의 핵심 인물인 장세덕이 천도교 활동과 관련해 자주 자기 집을 드나들며 부친과 영우회 활동에 관해 논의하였다고 기억하고 있었다.

> 장세덕, 덕이야 …… 그 사람도 우리 집에서 옷 갈아 입혀갖고서 남쪽으로 내려 보내줬어요. 왜냐 거트믄 자기가 탄로 났다고 왔는데 그래서 내려 보내주고 그랬어[91]

영우회 활동의 주동자 중 한 명이었던 장세덕은 영우회 활동이 노출되자 급히 양제호의 집으로 피신한 후 옷을 갈아입고 월남했다고 양제호는 기억하고 있었다. 양제호의 부친과 장세덕은 긴밀한 관계를 유지하며 영우회 활동을 하였다. 양제호의 부친은 혐의가 드러나지 않아 체포되지 않았지만 뒤에 이 사건으로 인해 고초를 당할까봐 월남하였다. 양제호 부친의

• • • • •

91) 양제호 구술, 앞의 글, 22쪽.

이름은 영우회원 명단에 포함되어 있었다.[92] 이밖에 이성운과 오용삼도 영우회의 회원으로 가입되어 있었다.[93] 영우회는 자주파의 제거와 천도교적 이념의 왜곡에 따른 지역 천도교인들의 체제 저항적 성격으로 발생한 조직으로 이에 관해서는 천도교 측 자료를 잘 나타나 있다.

영우회가 결성하게 된 배경에 대해 살펴보면, 북한 천도교인들은 사회주의 정권이 강화되면서 북한 정권수립의 한 축을 담당했던 천도교가 사회주의 정권으로부터 탄압을 받아 토사구팽의 지경에 놓이게 되었다고 인식하였다. 이런 인식은 중앙보다 지역 사회, 그리고 천도교 세력이 강성한 곳에서 더 강하게 나타났다. 중앙당과 지역당 간의 갈등은 지도부의 자주파 제거 이후 노골화되었다. 북조선청우당의 중앙당은 친사회주의 길을 걸었지만 지역의 시 · 군당 등 지역에서의 분위기는 달랐다.

북조선청우당 시 · 군당에 대한 소련의 인식도 다르지 않았다. 이미 1946년부터 소군정은 "천도교청우당의 몇몇 군당에서는 반동분자들이 자리를 차고 앉아 반동적인 정책을 추구하고 있다."[94]며 북조선청우당 지역 시 · 군당의 반사회주의 노선에 우려를 표시하기도 했었다. 시 · 군당에서는 직접적으로 공산당에 의한 탄압이 자행되고 있었기 때문에 이들은 중앙당의 친사회주의화를 따를 수 없었다. 다음의 인용문은 지역 군당에서 중앙당에 대한 의식을 보여주는 내용이다.

> 밑(지방)에서는요, 일반 교인들 군 간부들, 종리원 원장 할 것 없이, 중앙에 있는 사람 평양에 있는 사람, 중앙당에 있는 사람들, 그 사람들 여기 와서는 바른 얘기 못해요. 와서 비위 맞추고 올라가지. 바른 얘기 했다가는 밥도 못 먹고 올라가요. 그래서 내가 황해도에 48~49년도 출장을 가서 다니는데, 제일 많이 다녔지. 내려오게 되면 벽에다가 뭐를 써 붙여요. 빨갱이. 우리 천도교

• • • • •

92) 영우회비사편찬위원회, 앞의 책, 233쪽.

93) 위의 책, 244~245쪽.

94) 『쉬뜨꼬프일기』, 1946년 10월 28일.

> 간부 요걸 구분해서 체크를 해놓아요. 체크한 사람은 밥을 못 얻어먹어요. 거기 안 들어간 사람은 환영을 받아요. 술대접 받고, 밤새도록 닭 잡아주고 술 먹고 오는데, 그런 사람은 저녁도 대접을 안 해요[95]

황해도에서 북조선청우당의 군당 강습회 강사로 활동했던 표영삼은 당시 지역 천도교의 분위기를 잘 설명해주고 있었다. 중앙당에서 지방으로 강사가 파견을 내려오더라도 그 사람의 성분에 따라 지방에서 대하는 태도가 달라졌다. 지방에서는 북조선청우당 중앙당의 협력파를 노골적으로 '빨갱이'라고 불렀다. 이들이 군당 지역에 내려오면 당원들은 그를 쳐다보지도 않고 무시하였다. 이러한 지방의 중앙에 대한 불신과 반발은 1948년 3·1재현운동이 김달현의 밀고로 실패하였다는 인식이 팽배하면서 더욱 심해졌다. 중앙당 간부들의 친(親)사회주의화는 천도교의 이념에 어긋난다는 것이 지방 간부들의 견해였다.

3·1재현운동 이후 열린 1948년 4월의 북조선청우당 제2차 전당대회는 북조선청우당의 좌익화를 공식화하는 대회였다. 김달현은 이 대회의 사업총결(事業總結) 보고의 정치부분에서 3·1재현운동을 미연에 방지한 것을 업적으로 밝히고 있다.

> 소위 3·1 반대 시위에 대한 밀서를 김덕린, 김일대 등에게 보낸 사실에 대하여 그 정체를 상세히 조사 폭로함으로써 우리당의 정치적 조직력을 더욱 강화시키는 동시에 그들의 음모를 미연에 저지하였던 것입니다. 금년 1월 남조선에서 입경한 소위 국제 유엔단에 대한 반대 공작과 반대선전사업은 지금까지도 계속되고 있습니다.[96]

김달현 등 북조선청우당 지도부는 3·1재현운동은 남한단독정부 수립

• • • • •

95) 표영삼 구술, 앞의 글, 31쪽.

96) 북조선천도교청우당본부, 앞의 책, 44쪽.

세력에 의해 이루어진 반동이며 이를 저지한 것을 자랑스럽게 말하고 있었다. 북조선청우당 제2차 전당대회는 "우익 계열 당원을 당에서 축출하고 격리하는 적절한 조치를 취하며, 당의 좌익 계열을 강화하는 계기"[97]가 되었다. 이후 북조선청우당은 '남북지도자협의회'를 지지하는 방향으로 통일정부 수립 운동을 하고 있다는 형식을 취하기는 하였다. 또한 협력파가 장악한 북조선청우당은 북조선로동당과 소련 주둔군의 방침 및 북조선 민전의 공동 행동에 순응하는 방향으로 당의 활동을 완전히 전환하였다.[98]

3·1재현운동이 영변 등 일부 지역에서만 전개되었고 다른 지역에서 사전 검거 선풍이 일어 원천 봉쇄당하였다. 이런 분위기 속에서 북한의 천도교인 일부는 3·1재현운동을 계승하고 북한 당국에 의해 검거된 천도교인의 뜻을 이어야 한다는 움직임을 보였다. 이렇게 해서 결성된 천도교인의 비밀결사가 영우회[99]였다. 3·1재현운동 이후 천도교 교역자들 가운데 일부가 재거사(再擧事)의 기회를 준비하기 위하여 비밀결사로 영우회를 조직하여 반체제운동, 즉 반공 활동을 전개하고자 하였다.

영우회를 준비하던 평양시종리원장 이세정과 서평양종리원장 겸 북조선청우당 서구당부위원장이던 장세덕, 청년당 자산부 대표를 지낸 윤문원 3인이 중심이 되어 결성하였다. 이들은 먼저 평안북도 순천의 장근영을 1948년 3월 28일 서울의 최린에게 보내 3·1재현운동의 전망을 보고하고 북한에서 영우회를 조직해 활동하겠다는 의사를 전달하면서 남한 천도교단의 협조를 요청하였다. 최린은 장근영에게 연원 조직을 통해서 일단 유

• • • • •

97) 『북조선청우당 상황보고』, 1948년 6월.

98) 정용서, 앞의 논문, 206쪽.

99) 영우회에 관한 기사는 1950년대부터 천도교기관지인 신인간에 소개되었다. 가장 빠른 영우회 관련 기사는 장세덕, 「참(慘)! 영우회 165인사건」, 『신인간』 통권 제206호, 1956.2이었다. 이후 문의삼, 「영우회 165인사건 체험기」, 『신인간』 통권 제208호, 1956.11. 등 영우회 관련 기사가 다수 게재되었다. 영우회 사건에 대한 전말은 영우회비사편찬위원회, 『영우회비사』, 1989에 잘 정리되어 있다. 영우회(霊友会)라는 명칭은 교조 최제우의 저술인 『東經大全』의 「訣」의 '去歲西北霊友尋'에서 유래하였다.

사시를 대비하여 대상자를 엄선해서 비밀결사를 조직하라고 지시했다.[100] 최린은 그 자리에서 '수도호법결의형제(守道護法結義兄弟)'라는 서천문(誓天文)을 장근영에게 써주면서 지원을 약속하였다.

5월 1일 비밀결사인 영우회가 발족하였다. 4월 29일 평양에 도착한 장근영은 위의 세 명과 만나 경위를 설명한 후 5월 1일 윤문원의 집에서 장세덕, 이세정, 윤문원, 장근영, 장창걸, 김성흔, 장기초 등 7명이 회합하여 최초로 영우회를 조직하였다. 며칠 후 이달홍의 집에서 비밀 조직의 결성을 위해 다음의 조건에 합당한 천도교인을 선정하기로 하였다. 첫째, 조직대상자의 연원 파악, 둘째, 신앙의 돈독 여부, 셋째, 가족 친족 간 공산당원 유무 확인, 넷째, 점조직 결성, 다섯째, 입회자의 성격적 장단점 심사 등의 조건에 맞는 대상자를 선정한 후 서천식(誓天式)을 거행한다는 기본 방침을 결정하였다.

6월부터 본격적인 활동을 전개한 영우회는 1948년 말에 15,000명의 회원을 확보하였다. 장근영은 수차 서울을 다녀왔고 8월에는 박성흡의 집에서 발기인과 이달홍, 김의성, 박응삼 등이 모여 이돈화, 이인숙, 이달홍 3인을 고문으로 추대하고 21인의 중앙위원과 8명의 상임위원을 선출하여 조직을 강화시켰다.[101] 특히 6월에 평양에서 개최된 103개 시군종리원장과 연원대표 회의에서 비밀리에 활동해 세력을 확장해 나갔다.

영우회 결성 1주년을 맞는 1949년 5월 1일이 되자 회원수는 20만 명에 달했다. 이날 장세덕의 집에서 이세정, 이도순, 김경수, 장영근 등 5인은 회합을 갖고 유사시 연락을 취할 33인의 중앙위원[102]을 재선하고 회원의 동정을 점검하였다.[103] 이날 모임에서는 투쟁 방법에 대한 논의가 있었는

100) 천도교중앙총부교서편찬위원회, 앞의 책, 428쪽.

101) 당시 이돈화는 실종된 상태였으나 영우회 회원들은 그를 고문으로 추대하였다.

102) 중앙위원 중 밝혀진 인물은 장세덕, 이세정, 윤문원, 김성흔, 장창걸, 장기초, 장영근, 김상설, 백인덕, 이국영, 승종각, 유명덕, 이창민, 이도순, 정승덕, 김상룡, 장대길, 문진삼, 한민행, 이두경, 윤병도, 김강립, 박양근, 김용준 등 24명이다.

데 유사시에 대비한 무기 입수 방법으로 경찰관서나 공산군부를 습격해 탈취하자는 적극적인 방법까지 결의하였다.

하지만 확대되던 영우회 조직은 결국 북한 당국에 탐지되어 1950년 4월부터 본격적인 검거선풍이 불었다. 이미 1949년 9월에는 장세덕의 집에 정보원이 들이닥쳤는데 장세덕은 사전에 이를 감지하고 김현수, 조교탁, 윤태관, 차수금, 양봉진의 도움으로 월남했었다.[104] 이재전은 1950년 5월 11일 새벽 6시경 내부서원에게 연행되어 정치보위부를 거쳐 평양감옥으로 이송되었다. 이제전을 비롯한 영우회의 주모자 165명은 평양감옥으로 이감되어 9월 초순에 약식 재판을 받았는데 윤문원, 이세정, 김성흔, 이성열 등 핵심자들은 사형에 처해졌다. 나머지 회원은 5년부터 20년형까지의 중형에 처해졌다. 이들은 6 · 25전쟁 중에 인민군에 의해 대부분 몰살당했다. 인천상륙작전으로 6 · 25전쟁의 전세가 역전되자 10월 후퇴하던 인민군은 수감된 영우회 회원 165명을 평안북도 순천의 신창 탄광으로 이동시킨 후 이들을 인근의 방공호에 몰아넣고 입구에서 집중사격을 가한 후 입구를 흙가마니로 막고 후퇴했다. 이학살 사건에서 구사일생으로 이재전, 임시을, 문의삼 등이 생존하였는데 이재전이 당시의 처벌받은 회원의 명단 일부를 입수하여 이 사건의 실상을 알렸다.

이재전은 북진하던 국군에 이 사실을 알리고 영우회 사건의 판결문을 국군 제2군단 HID 대장인 김병기 소령에 알려 영우회 활동을 인정받고 국군 제2군단 민사처장으로부터 신분증명서를 발급받았다.[105]

> 우자(右者)는 천도교영우회(괴뢰정부전복을 위한 무장폭동의거) 사건으로 인하여 단기4283(1950)년 5월 11일 당시 자강도 후창군 정치보위부에 피검되어

• • • • •

103) 영우회비사편찬위원회, 『영우회비사』, 1989, 73쪽.

104) 구술자 양제호는 양봉진의 아들이다.

105) 영우회비사편찬위원회, 앞의 책, 178쪽.

> 동년 5월 13일 당시의 자강도 정치보위부에 압송되어 예심과정에 동년 5월 23일 부로 평양교화소에 수감되었다가 최고검찰소에서 예심을 속개하고 동년 7월 29일 공비최고재판소 판결에 의하여 7년 징역언도를 받고 동년 10월 4일에 순천 신창탄광 형무소에 이감되었다가 10월 19일 공비들의 패망과 함께 정치범 수백 명을 방공참호에 넣고 총살하는 시에 탈출한 자임을 확실히 인정함[106]

이재전은 국군 민사처장과 순천경찰서장이 발급한 증명서를 받아 월남하였다. 영우회 활동은 북한 정권이 천도교를 탄압할 수 있는 빌미를 제공해 오히려 피해가 각지에서 나타났다. 이 시기 대표적인 천도교 탄압의 사례로는 문천과 삼수의 천도교청우당 탄압,[107] 함경도와 강원도의 8 · 25 기만선거반대 투쟁,[108] 1949년의 삼재당 사건,[109] 동학동지회 사건[110] 등이 있었다.[111] 영우회 사건을 시작으로 발생한 반공 사건 등으로 인해 북한 지역에 산재하던 자주파들이 제거되었고 북한의 천도교는 급격히 쇠퇴하게 되었다.

요컨대 영우회는 자주파의 제거로 인한 북한에서 천도교적 이념의 실현이 불가능해진 상황에서 나타난 체제 저항의 움직임이었다. 이재전과 장세덕을 중심으로 한 독실 천도교인들은 3 · 1재현운동의 실패 이후 비밀결사를 조직해 체제 저항 활동을 도모하였다. 관련 자료에 의하면 영우회는 20

• • • • •

106) 위의 책, 162쪽. 이 문서는 1950년 11월 22일자로 천도교보국동맹 순천군지부장인 최태송이 작성하여 순천경찰서장 앞으로 보낸 서류이다.

107) 일명 성봉명 사건으로 불리는데 1948년 8 · 25선거를 전후해서 삼수, 갑산, 혜산 등 한중 국경 일대에서 벌어진 투쟁으로 120여 명이 피검되어 성봉명이 사형되었다.

108) 1948년 8월 25일 선거에 반대하여 일어난 반공 투쟁으로 길주의 김경수, 마종민, 명천의 최철산, 경성의 김호석, 청진의 전익, 종성의 한주방, 웅기의 김영환, 나진의 문한룡, 원산의 조선, 평강의 정여천, 이천의 강홍직, 철원의 이원수, 김화의 채형근, 화천의 김창정 등 천도교인 60여 명이 체포되어 최저 12년의 징역에 처해졌다.

109) 1949년 봄에 함남에서 일어난 사건으로 한민행 등 20여 명이 최저 6년 징역에 처해졌다.

110) 1949년 겨울에 황해도 일원에서 일어난 반공 투쟁으로 140여 명이 체포되어 주동자 백문일이 처형되었다.

111) 북한연구소, 『북한총람』, 1983, 1230~1233쪽 참조.

만 이상의 회원을 거느린 단체로 조직되었으나 구체적인 활동을 펼치기 이전에 발각되었다. 영우회는 남북 분단이 고착화되는 상황에서 단독정부 수립을 반대하던 자주파의 영향하에 있었던 지방의 천도교인들이 북한 체제에 대한 반감이 만연되었음을 보여주는 사건이었다. 양제호, 이성운, 오용삼 3인은 영우회 활동에 직간접적으로 관여되어 있었다.

제3장

천도교인의 징집과 임무

제3장
천도교인의 징집과 임무

1. 천도교계 인민군의 징집

1) 천도교계 인민군의 규모와 실상

해방 후 북한에서의 징집제도는 민족보위성에서 징집 소요인원을 각 도 · 시 · 군 인민위원회에 할당하면 각 지역에서는 "모병위원회"를 구성하여 18세부터 22세까지 적령자를 선발했다. 그러나 1949년 7월부터는 이러한 방법으로 군 소요 인원을 충족할 수 없게 되자 각 지역의 경찰과 당 인민위원회를 이용하여 강제로 필요한 인원을 충원하기 시작했다. 1950년 7월 1일 전시총동원령이 선포되자 징집에서 제외되었던 인원들도 모두 징집하기 시작했다. 징집되는 연령도 확대되어 17세에서 30세까지의 연령에 속하는 인원은 군에 입대시키고 31세에서 50세까지의 인원들은 군 노무자로 동원했다.[1] 구술자 8명은 이 시기에 입대하였던 것으로 볼 때, 6 · 25전쟁 이전에 군에 입대하지 않았던 천도교인들은 이 시기에 강제 동원되어 인민군에 입대하였음을 알 수 있다.

1) 국방부군사편찬연구소, 『6 · 25전쟁사: 전쟁의 배경과 원인』 1, 2004, 555~556쪽.

6 · 25전쟁에 북한 천도교인의 인민군 입대에 관해서는 지금까지 남한 측의 기록으로 확인할 수는 없다. 다만 북한의 기록에서 북조선청우당원과 천도교인들이 참전한 것을 확인할 수 있다.

> 평양시천도교인열성자대회를 소집한 것을 계기로 각 지방에서 연이어 천도교인들의 궐기대회들을 진행하고 전선탄원사업과 전선을 지원하는 사업을 힘차게 벌리였다. 이 과정에 애국적인 청년당원들과 교인들이 2만여 명이나 인민군대에 탄원하여 미제 침략자들과 리승만괴뢰도당을 격렬소탕하기 위한 전선으로 용약 떠나갔고[2)]

인용문은 북한 자료로 전적으로 신뢰하기에는 문제점이 있지만 이에 의하면, 6 · 25전쟁이 발발한 직후 2만 명의 북한 천도교인이 인민군에 입대하여 참전하였다고 기록하고 있다. 전쟁 발발 이후 2만 명의 북한 천도교인이 참전했다고 한다면 6 · 25전쟁 이전에 입대한 인원을 포함할 경우 인민군에 참전한 천도교인은 적어도 2만 수천 명 이상이라고 추정할 수 있다. 6 · 25전쟁 초기에 인민군이 약 20만 명이었는데 그 가운데 천도교인이 2만 수천 명 이상이면 이는 전체 인민군의 약 10%에 해당하는 적지 않은 인원이었다.

하지만 이 북한의 기록을 제외하고는 6 · 25전쟁에 참전한 북한 천도교인의 인민군 수치에 관한 기록은 아직까지 확인할 수 없다. 다만 최근 공개된 미군 포획 문서 가운데 인민군에 배속된 천도교인 명부가 발견되어 천도교인의 인민군 입대에 관한 실상을 확인할 수 있게 되었다. 지금까지 밝혀진 북한 천도교계 인민군에 관한 자료는 3건이 있다. 첫 번째 자료는 'Item #163 청우당원 명단(개인 수기학습장)'[3)], 두 번째는 'Item #92 민주당 청우당원명단(제2대대 문화부)',[4)] 세 번째는 'Item #86 민주당 청우당원 명

• • • • •

2) 량만석, 앞의 책, 150쪽.

3) RG 242, Captured Korean Documents, Doc. No. SA 2009 Ⅱ Series, "Item #163 청우당원 명단", 1950, Box775.

단(제2대대 문화부), 1950.4.4.'[5]이다. 이 세 문서는 모두 미국국립문서기록관리청(NARA) 소장 한국 관련 문서에 포함되어 있었다. 이 자료들은 국립중앙도서관에서 2007년부터 사진 파일로 영인해 일반에 공개하고 있어 누구나 열람할 수 있다. 위의 세 자료는 모두 'RG 242, Captured Korean Documents, Doc. No. SA 2009 Ⅱ Series'에 포함되어 있는 문서이다.

'Item #163 청우당원 명단(개인 수기학습장)'은 전체 46쪽으로 구성된 문서로 몇 가지 자료가 뒤섞여 있다. 자료에는 개인이 그린 우리나라 지도, 당원명부, 당비수납, 당원 등록증, 각종 유실자 보고서 등의 양식과 당비송금서, 당증습득보고서, 오익환의 교사자격증 등의 문서와 중대장의 지시사항 등의 개인 기록과 당원등록장(9명), 내무성 당위원회에 등록된 당원명단(11명), 제3중대 비당원명부(69명), 민주당원 명부(13명), 청우당원 명부(39명)등의 명부와 제3중대 조직통계보고, 볼세비키 당사 등으로 구성되어 있다. 이 문서 속에 조선로동당 내무성 경비사령부 107련대 32대대라는 부대의 명칭이 여러 번 기록되어 있어 부대명을 확인할 수 있다.

〈표 3-1〉 107연대 32대대 3중대 문화부 소속 북조선청우당원 명단

순번	성명	연령	출신	성분	정당	종교	지식	주소
1	박운삼	30	빈농	농업	청우당	천도교	국해	평북 정주군 남서면 조양리
2	김상창	31	중농	〃	〃	〃	〃	평북 박천군 청농면 운흥리
3	김우빈	32	〃	〃	〃	〃	〃	평북 운산군 위변면 무하리
4	리기림	31	빈농	〃	〃	〃	〃	평북 정주군 남서면 구포리
5	백남두	31	〃	상업	〃	〃	소졸	평북 운산군 위변면 범산리
6	최종백	20	중농	농업	〃	〃	국해	평북 운산군 산정면 준하리
7	최몽준	31	빈농	〃	〃	〃	〃	평북 운산군 석면 운봉리
8	최용찬	32	중농	〃	〃	〃	〃	평북 운산군 석면 남상산리

• • • • •

[4] RG 242, Captured Korean Documents, Doc. No. SA 2009 Ⅱ Series, "Item #92 민주당 청우당원명단", 1950, Box768.

[5] RG 242, Captured Korean Documents, Doc. No. SA 2009 Ⅱ Series, "Item #86 민주당 청우당원명단", 1950, Box768.

9	전창호	31	빈농	〃	〃	〃	〃	평북 정주군 림포면 서성리
10	방인식	33	중농	〃	〃	〃	소졸	평북 정주군 외현면 운항리
11	김익제	25	빈농	〃	〃	〃	〃	평북 정주군 갈산면 대정리
12	김왈천	21	〃	〃	〃	〃	〃	평북 정주군 대전면 운남리
13	림찬훈	25	중농	〃	〃	〃	〃	평북 정주군 대전면 운암리
14	김병흡	26	빈농	사무원	〃	〃	〃	평북 정주군 대전면 운북리
15	송석환	31	〃	빈농	〃	〃	〃	평북 정주군 덕현면 참항리
16	장봉준	29	〃	〃	〃	〃	〃	평북 정주군 갈산면 북오리
17	최순범	27	〃	〃	〃	〃	국해	평북 태천군 원면 신흥리
18	김선묵	27	〃	〃	〃	〃	소졸	평북 정주군 적현면 신량리
19	김광만	29	중농	중농	〃	〃	〃	평북 운산면 동신면 농로리
20	전병목	25	〃	〃	〃	〃	〃	평북 정주군 광현면 갑원리
21	리태순	29	〃	〃	〃	〃	〃	평북 박천군 농제면 운봉리
22	리득현	31	〃	〃	〃	〃	국해	평북 태천군 서성면 신성리
23	최병식	29	빈농	빈농	〃	〃	소졸	평북 운산군 석면 득대리
24	리기안	31	〃	〃	〃	〃	〃	평북 박천군 농제면 운봉리
25	조낙균	30	〃	〃	〃	〃	〃	평북 정주군 덕현면 당살이
26	최동원	32	〃	〃	〃	〃	〃	평북 운산군 동신면 부흥리
27	박병길	22	〃	〃	〃	무	국해	평북 정주군 림포면 고성리
28	방조준	23	〃	농업	〃	〃	소졸	평북 정주군 덕언면 원봉리
29	임춘일	26	중농	중농	〃	〃	〃	평북 정주군 갈산면 운정리
30	장봉상	23	〃	〃	〃	천도교	〃	평북 정주군 교안면 중달리
31	선우운기	27	〃	〃	〃	〃	국해	평북 정주군 갈산면 도정리
32	조봉근	27	빈농	농업	〃	〃	〃	평북 정주군 덕원면 육성리
33	박명찬	26	중농	〃	〃	〃	소졸	평북 정주군 덕언면 운항리
34	김기석	28	빈농	〃	〃	〃	국해	평북 정주군 덕언군 육성리
35	송성택	22	〃	〃	〃	〃	〃	평북 정주군 덕언군 전향리
36	김영렬	28	〃	〃	〃	〃	소졸	평북 정주군 덕언군 육성리
37	리광학	27	중농	〃	〃	〃	〃	평북 정주군 림포면 신성리
38	홍농구	32	빈농	〃	〃	〃	국해	평북 정주군 림포면 신성리
39	리익근	25	중농	〃	〃	무	소졸	평북 정주군 갈산면 자통리

※비고: 전체 121명의 부대원 명부에서 북조선청우당원만 정리하였다.

먼저 〈표 3-1〉은, 'Item #163 청우당원명단(개인 수지학습장)' 가운데 북조선청우당원의 명부이다. 명부를 제작한 부대는 조선로동당 내무성 경비사령부 107연대 32대대 3중대 문화부이다. 이 부대에 천도교계 인민군이 배속되어 있었다. 조선로동당 내무성 경비사령부 107연대는 치안부대로 민사작전을 전개하였고 활동 지역은 경상도와 전라도였다. 1950년 8월에 작성된 개인 수기학습장 형태의 이 문서에는 3중대원 157명에 대한 조직 통계 보고가 표로 정리되어 있다. 이 통계표에는 출신, 성분, 지식정도, 정당별, 연령별 수치가 펜글씨로 정리되어 있다. 통계표에 적힌 정당별 인원수는 노동당 33명, 민주당 39명, 청우당 14명, 비당원 71명이다.

통계표와 더불어 정당별 명부도 문서에 같이 포함되어 있는데 명부의 인원수과 통계표의 인원수에 차이가 난다. 〈그림 3-1〉의 실제 명부에는 노동당원의 명부는 없고 비당원 69명, 민주당원 13명, 청우당원 39명 등 총 121명의 명부가 성명, 연령, 출신, 성분, 정당, 종교, 지식, 주소의 순으로 자세히 정리되어 있다. 통계 보고의 글씨와 명부 제목의 글씨가 같은 필체인 것으로 보아 같은 부대의 통계로 보인다. 통계와 명부의 차이가 나는 이유는 두 가지로 볼 수 있는데 하나는 상이한 작성 시기로 인해 인원수가 다르게 기재되었을 경우이고 다른 하나는 전쟁 중 급박한 상황에서 잘못 기록하였을 수가 있다.

〈그림 3-1〉 107연대 제32대대 제3중대 문화부 청우당원 명단

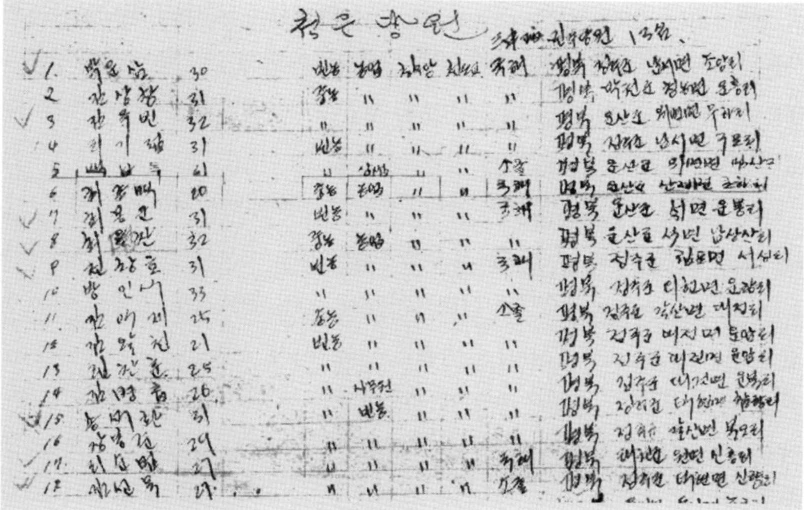

※비고: 'Item #163 청우당원명단(개인 수지학습장)'의 19~20쪽에 39명의 청우당원 명단이 수록되어 있다.

〈표 3-1〉의 명부를 통해 조선로동당 내무성 경비사령부 107연대 32대대 3중대 문화부 소속 북조선청우당원에 대해 살펴보면, 첫째, 문화부 소속 천도교계 인민군은 20~33세의 연령대에 속해 있었다. 좀 더 세분화하면 20~25세가 10명(25.6%), 26~30세가 16명(41%), 31~33세가 13명(33.3%)이었다. 부대원들은 20세에서부터 33세까지 고르게 분포되었으나 26세~30세의 비중이 41%로 다른 연령대에 비해 상대적으로 높았고 31세 이상의 고령자도 13명으로 전체의 1/3을 차지해 적지 않은 비중이었음을 알 수 있다. 군인 적령기인 20대 초반이 전체 39명 중 25.6%인 10명밖에 되지 않았다는 점에서 문화부는 비교적 나이가 많은 인민군으로 구성되어 민사적전에 동원된 부대임을 알 수 있다.

둘째, 이들의 출신은 빈농이 23명(59%), 중농이 16명(41%)이었다. 눈에 띄는 것은 중농의 비율이다. 중농인 41%는 전체 천도교인의 비중으로 봤을 때 월등히 넘어서는 수치이다. 북한 전체 천도교인 중 빈농의 비중이 90%를 넘어서고 중농이 5% 정도를 차지하는 상황에서 이 부대의 천도교인들은 중농 비중을 주목하지 않을 수 없다. 중농은 지역적으로 평안북도 정주(9명), 운산(4명), 박천(2명), 태천(1명) 등에 분포되어 있었다. 정주와 운산 출신의 중농이 많았다는 것이 특이한 점이다.

셋째, 이들의 성분은 농업이 21명, 빈농 9명, 중농 7명, 사무원 1명, 상업 1명이다. 농업, 빈농, 중농 등 전체적으로 농업에 종사하는 부대원이 37명으로 전체의 94.9%를 차지해 절대적이었다. 농업 중에서도 경제적 여유가 있는 중농이 7명으로 17.8%, 극빈층인 빈농이 9명으로 23.1%를 차지했다. 빈농 9명을 제외한 28명은 농업에 종사했지만 경제적으로 여유가 있는 편이었다. 사무원과 상업에 종사하는 부대원이 각 1명씩 있었지만 정확한 업종은 파악할 수 없다.

넷째, 북조선청우당원 39명 가운데 천도교를 신앙하는 부대원은 35명이었다. 북조선청우당에 가입한 사람 중에는 천도교를 신앙하지 않는 경우가 일부 있었음을 확인할 수 있다. 39명 중 89.7%인 35명은 천도교를 신앙했고 10.3%인 4명은 종교가 없었다. 북조선청우당에 가입한 비종교인들은 종교가 없었다. 이들은 이념적으로는 천도교적 이념을 구현하려는 북조선청우당에 찬동해 가입했지만 천도교를 신앙하지는 않았다. 북조선청우당에 가입한 비종교인은 다른 종교를 가지지 않은 비종교인이었다. 명부를 통해 북조선청우당의 가입자들은 천도교를 신앙하는 대부분의 천도교인과 일부 천도교 이념에 찬동하는 종교가 없는 사람들로 구성되었다.

다섯째, 이들의 학력 수준은 소졸 23명(59%), 국해가 16(41%)명이었다. 소졸은 초등 교육을 졸업한 사람이고 국해는 초등학교를 졸업하지는 못했지만 국어를 해독할 수 있는 수준을 말한다. 문화부 소속 부대원들은 중등학교를 졸업한 지식인들은 없었으며 초등교육을 마쳤거나 초등교육을 마치지는 못했지만 상대방과의 의사소통에는 문제가 없는 국어를 해독할 수 있는 학습력을 갖고 있었다.

여섯째, 북조선청우당원 39명의 출신지는 모두 평안북도였다. 따라서 조선로동당 내무성 경비사령부 107연대 32대대 3중대 문화부는 평안북도를 중심으로 만들어진 부대임을 알 수 있다. 시군별로 세분화해보면 정주군 출신이 26명으로 부대원의 2/3을 차지하였다. 정주군 출신이 26명(66.7%), 운산군 출신이 8명(20.5%), 박천군 출신이 3명(7.6%), 태천군 출신이 2명(5.1%)으로 정주군 출신이 압도적으로 많았다. 따라서 이 부대는 평안북도 가운데에서도 정주군을 중심으로 편성된 부대임을 알 수 있다.

조선로동당 내무성 경비사령부 107연대 32대대 3중대 문화부 소속 부대원 중 명부에 기록된 전체 부대원 121명 가운데 북조선청우당원이 39명으로 적지 않은 인원이었다. 전체 부대원의 약 1/3가량을 차지해 하는 북조선청우당원들은 인민군에 입대해 문화부에 소속되어 민사적전을 수행하였다. 이 자료는 북한 천도교인의 인민군 입대를 알려주는 귀중한 자료이지만 부대원들의 정확한 입대 시기를 확인할 수 없어 아쉬움이 남는다.

천도교계 인민군에 관한 두 번째 자료는 'Item #92 민주당 청우당원명단(제2대대 문화부)'이다. 이 문서는 1950년 5월 23일 작성된 721부대 제2대대 문화부에 소속된 북조선청우당원의 명단으로 문서의 구성은 총 6쪽으로 이루어져있다. 구성은 표지 1쪽, 민주당원과 청우당원의 명단 3쪽, 선전원출석부(21명 명단 기재) 1쪽, 26명의 명단이 기재된 벽보 독려일 오락책임자명단(출석부) 1쪽이다. 3쪽의 민주당원과 북조선청우당원의 명부에는 천도교인 29명, 민주당원 9명 등 총 38명의 명단이 기록되어 있다. 표지에는 부대명이 721부대라고 적혀 있다. 721부대라는 이름으로는 해당 부대의 임무를 정확히 파악할 수 없다. 하지만 문화부는 주로 민사작전을 수행했기 때문에 이 부대 역시 후방 지원 업무를 수행한 것으로 추정할 수 있다. 〈표 3-2〉와 같이 명부에는 소속, 직위, 성명, 생년월일, 출신, 성분, 지식, 정당, 종교, 입대월일, 현주소의 순서로 작성되었다.

〈표 3-2〉 721부대 제2대대 문화부 소속 북조선청우당원 명단

순번	소속	직위	성명	생년월일	출신	성분	지식	정당	종교	입대월일	주소
1	2중대	전사	한봉구	1929.4.20	빈농	빈농	문맹	청우당	천도교		평남 양덕 함춘면 내어리
2	〃	〃	리도학	1925.12.16	〃	〃	국해	〃	〃		황해 곡산 북종면 초평리
3	〃	〃	민성일	1924.3.13	〃	〃	〃	〃	〃		황해 신계 신면 무고리
4	〃	〃	김순목	1928.2.28	〃	〃	〃	〃	〃		평남 평원 평남면 상구리
5	〃	〃	김송성	1928.9.6	〃	〃	〃	〃	〃		평남 평원 동성면 청송리
6	〃	〃	송덕린	1929.5325	〃	〃	소졸	〃	〃		평남 덕천 장도면 장연리
7	2중대	〃	박홍석	1927.3.14	〃	〃	〃	〃	〃		강원 철원 내문면 소현리
8	〃	〃	오병관	1931.4.1	〃	〃	〃	〃	〃		평남 덕천 동봉면 금평리
9	〃	〃	길명확	1930.6.22	중농	〃	소졸	〃	〃		평남 덕천 장도면 귀종리

10	〃	〃	박태수	1929.2.28	빈농	〃	〃	〃	〃		평남 덕천 화촌면 창깨리
11	〃	〃	김정운	1928.11.22	〃	〃	〃	〃	〃		평남 성천 구룡면 룡면리
12	〃	〃	김면국	1929.8.6	〃	〃	국해	〃	〃		평남 양덕 풍전리
13	〃	〃	손도경	1929.3.25	〃	〃	〃	〃	〃		평남 양덕 룡전리
14	중기중대	〃	박미린	1925.7.10	〃	〃	소졸	〃	〃		평북 박천 농계면 모종리
15	〃	〃	리천호	1925.12.7	〃	〃	〃	〃	〃		평북 선천 대주면 원평리
16	〃	〃	성두필	1925.6.5	〃	〃	〃	〃	〃	1950.3.13	평남 청천 구록면 옹면리
17	〃	〃	전정운	1925.7.8	〃	〃	국해	〃	〃	1950.3.21	평남 성천 능준면 곡산리
18	완총소대	〃	박봉도	1928.2.29	〃	〃	〃	〃	〃	〃	평남 안주 만념 곡상리
19	〃	〃	장분봉	1928.2.14	〃	〃	〃	〃	〃	〃	평남 강서 신정면 구부리
20	〃	〃	리홍린	1927.2.24	〃	〃	소졸	〃	〃	1950.4.3	평남 용강 지은면 신청리
21	〃	〃	송정엄	1929.6.15	〃	〃	국해	〃	〃	1950.3.20	평남 남득 농야면 홀평리
22	45미리	〃	황순덕	1925.1.7	〃	〃	고중	〃	〃	1950.4.7	평남 대동 림원면 화성리
23	〃	〃	리승두	1925.9.3	〃	〃	국해	〃	〃		평남 양덕 주동리
24	〃	〃	최창권	1926.3.14	〃	〃	〃	〃	〃		자강 금천 하계면 학동리
25	〃	〃	최학등	1928.8.16	〃	〃	〃	〃	〃		자강 장산 중강면 안도리
26	〃	〃	양현재	1925.2.7	〃	〃	〃	〃	〃	1950	황해 평산 인범면 달린리
27	〃	〃	최문봉	1928.7.18	〃	〃	〃	〃	〃	1950	황해 수안 대성면 태성리
28	〃	〃	박봉배	1924.2.14	〃	〃	〃	〃	〃		평남 양덕 창대리
29	〃	〃	박년기	1927.8.27	〃	〃	〃	〃	〃		자강 희천 북면 준하리

〈표 3-2〉의 명부를 통해 721부대 제2대대 문화부의 북조선청우당원 29명에 대해 살펴보면, 첫째, 소속은 2중대 13명, 중기중대 4명, 기관총소대 4명, 45미리부대 8명이다. 제2대대 문화부의 북조선청우당원 즉, 천도교계 인민군은 전체 중대에 소속되어 있지는 않았다. 이 명부에 따르면 1, 3중대에는 천도교인이 소속되어 있지 않았다. 이 명부만으로 부대 배속에 차별

이 있었는지는 확인할 수 없지만 천도교인은 대대 안의 특정 중대와 소대에만 소속되어 있었다.

둘째, 북조선청우당원의 직위는 모두 전사였다. 전사는 인민군의 최말단 계급이다. 인민군의 계급은 장성급은 대장, 상장, 중장 및 소장, 좌관급은 대좌, 상좌, 중좌 및 소좌, 위관급은 대위, 상위, 중위 및 소위, 사관급은 특무상사, 상사, 중사 및 하사로 구분된다. 병사급은 상등병과 전사로 구분되어 있었다. 따라서 전사는 병사급에서도 가장 낮은 계급이었다. 천도교인들은 모두 가장 낮은 계급인 병사로 동원되었다. 셋째, 이들은 1924년에서 1931년 사이에 출생하였다. 전쟁이 일어난 1950년 당시 1924년생은 만 26세였고 1931년생은 만 19세에 불과하였다. 26세 이상이 2명, 20세 미만은 1명인데 비해 군인 적령기인 20~25세가 26명으로 전체의 89.7%를 비중을 차지해 높은 편이었다. 따라서 721부대 제2대대 문화부는 적정 연령의 군인으로 구성된 부대임을 알 수 있다. 이는 이 부대가 전쟁 이전에 편성되었기 때문에 고령자가 없었다고 할 수 있다.

넷째, 이들의 출신은 빈농이 28명, 중농이 1명이었다. 빈농이 96.6%를 차지해 절대 다수를 차지했는데 이는 북한 천도교인들의 성분 구성과 대체로 일치한다. 제2장 〈표 2-2〉의 평안남도 덕천군의 북조선청우당의 출신성분을 보면 빈농이 95%를 차지하고 있다. 따라서 이 부대의 부대원들은 북한 천도교인의 평균적 수준임을 확인할 수 있다. 이들의 성분은 모두 빈농으로 기록되어 있어 전체적으로 경제적 환경이 좋지 않았음을 알 수 있다. 이를 통해 북조선청우당이 지역의 농민을 기반으로 구축되어 있었음을 알 수 있다.

다섯째, 이들의 지식 수준은 초보적인 문자를 해독하고 의사를 표현할 수 있는 수준이었다. 구체적으로 문맹이 1명(3.4%), 국문을 해독하는 사람이 19명(65.5%), 소졸이 8명(27.6%), 고등학교 중퇴가 1명(3.4%)으로 학력은 낮았으나 글자를 해독할 수 있는 사람이 28명(96.6%)으로 구성되어 초보적인 지식 수준을 갖고 있었음을 알 수 있다. 정규적인 교육을 받은 사람이 10명에 불과했고 문자를 해독할 수 있는 사람이 19명, 글자를 알지 못하는 문맹자도 1명 있어서 전체적으로 지식 수준은 높지 않았다.

여섯째, 이들은 모두 북조선청우당에 소속되어 있었고 신앙적으로 천도교를 믿고 있었다. 북조선청우당에 소속되어 있더라도 일부는 천도교를 신앙으로 받아들이지 않고 이념적으로 동조하는 경우가 있었는데 721부대 제2대대 문화부 소속의 천도교계 인민군은 모두 북조선청우당에 입당하였고 천도교를 신봉하였다.

일곱째, 명부를 통해 확인이 가능한 5명의 북조선청우당원의 입대일은 1950년 3월에서 4월 시기에 이루어졌다. 5명 이외에 2명은 1950년에 입대하였다고 기록되어 있으며 나머지 22명은 입대일의 기록이 공란으로 되어 있다. 입대 기록으로만 본다면 721부대 제2대대의 문화부의 속한 천도교계 인민군은 6·25전쟁이 발발하기 이전에 입대하였음을 알 수 있다. 이 자료를 통해 전쟁 이전에도 북한에서 천도교인을 입대시켰음을 확인할 수 있다.

여덟째, 721부대 제2대대 문화부의 북조선청우당원, 즉 천도교 인민군의 출신지는 모두 북한의 서부지역이었다. 출신지별로는 평안남도 19명(65.5%), 황해도 4명(13.8%), 평안북도 2명(6.9%), 자강도 3명(10.3%), 강원도 1명(3.4%)이다. 따라서 이 부대는 평안남도에서 편성되어 서부지역의 인원 일부가 보충된 부대임을 알 수 있다.

마지막으로 'Item #86 민주당 청우당원 명단(제2대대 문화부) 1950.4.4.'은 제2대대 문화부 대대장 유준기의 명의로 작성한 민주당과 북조선청우당원의 명단이다. 이 문서는 전체 5쪽 분량으로 구성되어 있다. 표지 1쪽, 민주당 청우당원 명단 3쪽, 핵심자당원명단 1쪽으로 되어 있다. 총 33명이 기재된 명단에는 민주당원이 9명, 청우당원이 24명이다. 표지에 1950년 4월 4일이 기록되어 있는 것으로 봐서 이 문서는 6·25전쟁이 발발하기 이전에 생산된 문서이다. 또한 상급 부대의 명칭이 없어 정확한 소속과 임무를 확인할 수가 없다. 다만 문화부라고 한 것으로 보아 민사업무에 종사했음을 알 수 있다. 그리고 명부는 순번, 직위, 성명, 생년월일, 출신, 성분, 지식정도, 정당관계, 본적지, 현주소, 가족관계의 형식으로 만들어졌다.

〈표 3-3〉 민주당 청우당원 명단(제2대대 문화부)

순서	소속	직위	성명	생년월일	출신	지식	정당	본적지	현주소	가족관계
1	1중대 1소대	전사	손병국	1928.4.22	빈농	소졸	민주당	평남 개천군 봉동면 금평리	좌동	모, 처, 누이동생
2	〃	〃	고나경	1926.5.9	〃	국해	〃	자강도 전천군 하경면	〃	부모
3	〃	〃	오진익	1929.3.29	〃	소졸	〃	평남 강서군 선정면	〃	조부, 모
4	**2소대**	〃	**김병율**	1932.9.7	〃	**국해**	**청우당**	**자강도 자성군 리형면**	〃	**부, 모**
5	3소대	〃	고홍균	1927.6.28	〃	〃	민주당	황해도 평산군 안성면	〃	부, 모
6	〃	〃	**양청호**	1928.10.9	〃	**소졸**	**청우당**	**평남 개천군 봉동면**	〃	**부, 모, 동생**
7	〃	〃	**리천두**	1927.9.8	〃	〃	〃	**평남 양득군* 양덕면**	〃	**모, 처, 누이**
8	**2중대 1소대**	〃	**오병관**	1931.8.2	〃	〃	〃	**평남 개천군 봉동면**	〃	**조모, 모, 처, 누이**
9	〃	〃	**길영환**	1930.6.24	**중농**	**국해**	〃	**평남 덕천군 감도면**	〃	**부모, 조모, 동생 1명**
10	**2소대**	〃	**박태수**	1929.3.25	**빈농**	**소졸**	〃	**평남 양덕군 하촌면**	〃	**부, 모, 형, 형수, 처, 동생 2명**
11	〃	〃	**김정운**	1928.11.22	〃	〃	〃	**평남 성천군 구용면**	〃	**부, 모, 형, 처, 형수**
12	〃	〃	**김면옥**	1927.6.5	〃	〃	〃	**평남 양덕군 양덕면**	〃	
13	〃	〃	**손도경**	1929.3.25	〃	**국해**	〃	**평남 양덕군 온천면 산곡리**	〃	
14	**3소대**	〃	**신웅근**	1931.11.5	〃	**소졸**	〃	**황해도 재령군 산수면**	〃	**부, 모, 형, 제**
15	〃	〃	**박홍익**	1929.7.29	〃	**국해**	〃	**강원도 철원군 내문면**	〃	
16	〃	〃	**기장섭**	1930.5.1	〃	**소졸**	〃	**황해도 재령군 하성면 아양리**	**좌동**	**부, 모, 제, 처**
17	〃	〃	**신춘균**	1930.1.17	〃	〃	〃	**황해도 금천군 구이면**	**함탄면 수산리**	**부, 모**

18	〃	〃	**손덕린**	1927.5.25	〃	〃	〃	**평남 덕천군 감도면**	**좌동**	**부모, 형, 형수, 처**
19	〃	〃	**김농성**	1928.7.1	〃	**문맹**	〃	**평남 덕천군 감도면**	**평남 평원군 동선면**	**부모, 동생 5명, 처**
20	4소대	〃	조동석	1925.6.7	〃	국해	민주당	평남 명천군 무동리	좌동	
21	중기중대 1소대	〃	신민섭	1925.5.18	〃	〃	민주당	황해도 평산군 안일면	〃	부, 모, 처, 동생 2명
22	2소대	〃	김사준	1925.8.25	〃	〃	〃	평남 선천군 농춘면	〃	부, 모, 처, 동생 1명, 4남 1
23	〃	〃	한동호	1925.6.20	〃	〃	〃	평남 선천군 대공면	〃	7명
24	3소대	〃	**박기련**	1928.7.10	〃	**소졸**	**청우당**	**평남 박천군 농저면**	**평남 강서군 신평면**	**9명**
25	〃	〃	**리천호**	1925.1.27	〃	〃	〃	**평남 선천군 대구면**	**좌동**	**4명**
26	박격포 1소대	〃	**리승권**	1928.5.20	〃	**국해**	〃	평북** 양덕군 양덕면	**좌동**	**모, 형 2명**
27	3중대 1소대	〃	**최학승**	1928.8.16	〃	**소졸**	〃	**자강도 자성군 총강면 관동리**	〃	
28	2소대	〃	**이승두**	1926.2.21	**로동**	**국해**	〃	**평남 양덕군 양덕면**	〃	
29	중기 1소대	〃	**박년기**	1927.5.23	**빈농**	〃	〃	**자강도 혜천군 신공면분화리**	〃	
30	〃	〃	**양현재**	1925.2.7	〃	**소졸**	〃	**황해도 평산군 양선면 당인리**	〃	
31	〃	〃	**최모봉**	1928.11.17	〃	**국해**	〃	**황해도 수안군 대성면 아송리**	〃	
32	2소대	〃	설대율	1926.4.18	〃	소졸	민주당	평남 양덕군 히천면 거어리	〃	
33	3소대	〃	**박봉배**	1924.2.14	〃	**국해**	**청우당**	**평남 양덕군 양덕면 청나리**	〃	

※ 민주당 9명 / 청우당 24명

* 양덕군의 오기
** 양덕군은 평안남도인데 평안북도로 잘못 기록되어 있음.
※ 굵은 글자가 천도교계 인민군이다.

〈표 3-3〉을 통해 제2대대 문화부의 천도교계 인민군에 대해 살펴보면, 첫째, 북조선청우당원 24명의 소속은 일반중대가 16명, 박격포소대가 4명, 중기소대가 4명이었다. 일반 중대는 1, 2, 3중대에 모두 소속되어 있어 각 소대에 천도교계 인민군이 배속되어 있었음을 알 수 있다. 그러나 이들이 따로 문화부로 소속되어 활동하였기 때문에 본 부대에서의 임무는 수행하

지 않았던 것으로 보인다. 문화부는 각각 다른 부서에 소속되어 있는 것으로 보아 정식 조직이 아니라 각 부대에서 차출되어 만들어진 임시 부대의 성격을 갖고 있음을 알 수 있다.

둘째, 북조선청우당원의 계급은 모두 전사로 병사급의 최하위 계급에 속했다. 북조선청우당원 뿐만 아니라 민주당원의 계급도 모두 전사였다. 문화부의 조직은 가장 하위 계급의 전사들로 구성된 임시 편성 부대라고 할 수 있다. 이는 앞에서 제시한 721부대 제2대대 문화부에서도 똑 같이 나타난다.

셋째, 북조선청우당원들의 연령별 구성은 10대가 3명, 20대가 21명으로 대부분이 20대였다. 10대라고 하더라도 1932년과 1931년생으로 18, 19세에 해당하여 군대에 입대할 수 있는 연령이었다. 26세인 1924년생이 가장 나이가 많아 30대를 넘긴 부대원은 없었다. 이는 전쟁 이후에 구성된 부대와의 차이점이라고 할 수 있다. 전쟁 이후에 편성된 조선로동당 내무성 경비사령부 109연대 32대대 3중대의 문화부 소속에는 26세 이상의 고령자가 41%를 차지할 정도로 많았다. 31세 이상의 고령자도 13명으로 전체의 1/3을 차지한 데 비해 제2대대 문화부는 27세 이상이 한 명도 없었다.

넷째, 천도교인들의 출신 성분은 빈농이 22명(92%), 중농이 1명(4%), 노동이 1명(4%)으로 빈농이 압도적으로 많았다. 이러한 빈농의 높은 비율은 전체 북한 천도교인의 비율과 대체로 일치한다. 앞에서 언급했듯이 북한 천도교인의 빈농 비율을 90%를 상회한다. 그런 측면에서 제2대대 문화부 소속 천도교계 인민군의 출신 성분은 정상 분포에 속한다고 할 수 있다.

다섯째, 이들의 지식의 정도는 기초적인 학력 수준이었다. 학력을 살펴보면 소학교 졸업이 15명, 국문해독자가 8명, 문맹이 1명이었다. 따라서 이들은 기초적인 정보를 인식할 수 있는 수준에 지나지 않았다.

여섯째, 본적지별로는 평안남도가 15명(62.5%), 자강도가 3명(12.5%), 황해도가 3명(12.5%), 강원도가 3명(12.5%)으로 평안남도가 가장 많은 수를 차지했다. 평안남도 중에서도 양덕군과 덕천군 출신이 많았다. 청우당원의 대부분은 북한 지역의 서북방면 출신이었다. 본적지와 현주소가 다른 부대원은 3명으로 군내 이동이 1명, 군외 이동이 2명이 있었다. 이를 통해 이들은 대체로 자신이 생활하는 곳에서 크게 벗어나지 못하고 지내왔음을 알 수 있다.

일곱째, 이 문서의 가장 독특한 점은 가족관계가 기록되어 있다는 것이다. 앞의 두 문서에는 가족관계까지 상세하게 명부가 기록되어 있지는 않았다. 가족관계가 기록되어 있는 북조선청우당원은 24명 가운데 15명이다. 이에 따르면 결혼한 사람이 7명이었다. 가족에 관한 기록이 없는 청우당원 9명을 제외하고 15명 모두가 대가족이 함께 생활하였다.

이상에서 설명한 세 자료는 천도교계 인민군의 실재를 파악할 수 있는 귀중한 자료이다. 특히 'Item #86'과 'Item #92' 두 자료는 6 · 25전쟁 발발 이전에 천도교인이 인민군에 입대하였음을 보여주는 의미 있는 자료이다.

정리하면, 북한 기록과 미군 노획 문서를 통해 확인한 결과 6 · 25전쟁을 전후하여 북한에서는 2만수천 명 이상의 천도교인이 인민군으로 참전하였다. 'Item #86 민주당 청우당원명단(제2대대 문화부) 1950.4.4.'와 Item #92 민주당 청우당원명단(제2대대 문화부)'을 통해 전쟁 이전에 입대한 천도교 인민군을 확인할 수 있었고, 구술증언과 북한 기록을 통해 전쟁 이후에 입대하였던 천도교인이 훨씬 많았음을 알 수 있었다. 위의 RG 242의 세 자료를 통해 살펴보면 천도교계 인민군은 주요부서가 아닌 문화부서 등에 배치되어 있었다. 이는 부대원의 구성을 통해서도 확인할 수 있는데 문화부가 기존 부대원의 일부를 차출해 조직된 임시 부대의 성격을 가지고 있었음을 알 수 있다.

또한 부대원 가운데 북조선청우당과 민주당원 두 당원만의 명부를 작성했음을 통해 이 두 당원을 북한 군부에서 특별관리했음을 의미한다. 인민군 내에서도 북조선청우당원은 비중이 낮은 문화부에 배치되어 특별히 관리되었다. 즉, 전투부대가 아닌 소속으로 인민군에서도 배제되었음을 알 수 있다. 이는 구술 증언을 통해서도 확인할 수 있다. 구술자들은 군대의 핵심전력인 전투와 관련된 부서에 소속되었다는 증언이 적은 것으로 보아 천도교계 인민군은 북한에서 정치적으로 배제되었을 뿐 아니라 군사적으로도 배제되었음을 알 수 있다.

2) 징집의 특징

구술 증언을 통해 인민군 징집 단계의 특징을 정리하면 다음과 같다. 먼저, 구술자 중 일부는 입대 이전부터 군사훈련을 받고 있었다.

> (A) 조국을 보위한다는 훈련을 했는데 그 내 밑에 동생이 조국보위훈련을 받다가 그때 그 강제로 해서 그해 50년 2월 달인가, 3월 달인가 인민군에 나갔거든요. 나가 가있고 그래서 뭐 그 뭐 어떻게 할 수가 없죠.[6]

> (B) 목총가지고 주로 이제 각개전투 훈련이라고 하나 그거 해서 소대 훈련까지 마친 걸로 그렇게 아주 철저하게. 그니까 실제 총가지고 총 쏘는 거만 배우면 전쟁에 뭐 참여할 수 있을 정도로 그렇게 훈련을 미리 다[7]

(A)는 길두만의 증언인데, 그는 동생이 1950년 2~3월 사이에 조국보위훈련을 받던 중 인민군으로 입대하였다고 하였다. 그는 동생과 같이 전쟁 이전에 실시된 조국보위훈련에 참가하였다. (B)는 성기남의 증언인데, 그는 1948년부터 겨울의 농한기를 이용해 실시한 자위대 훈련에 참가하였다. 이런 훈련을 통해 북한의 청년들은 전투에 직접 투입되어도 바로 작전을 수행할 수 있을 정도의 기초 군사훈련을 습득하였다.

둘째, 입대 기피 현상이 만연한 상황이었다.

6) 길두만 구술, 앞의 글, 24쪽.
7) 성기남 구술, 앞의 글, 25~6쪽.

(C) 내가 (옻칠을) 해가지고 이제 그건 얼마동안은 연기가 됐는데, 8월 달에는 그때는 강제로 막 동원시켜서 내보는데 그때는 안 나올 수가 없어, 평양까지 가서는 또 꾀병을 해가지고 한번 떨어져봤는데, 그 다음에는 그 내무서에서, 이제 군 내무서 안에서 그때 신체검사를 하거든요, 그러면 눈이 안 보인다고 억지를 부려요 그러면 경찰서 그 마룻바닥에다가 밤새껏 꿇어 앉혀놔요. 허 앉혀 놓고 그때는 6·25가 나가지고 이제 막 손들어보라고 그래, 손들고 걸어보라고 하는데 손들고 걸음만 걸으면 무조건 내보내는 거예요.[8]

(D) 그러니까 그걸 폐가 나뻐다 해야 됐을 텐데 소화가 잘 안 된다 그랬거든 그래야 되는데 그 내과의사가 우리 동네 사람이거덩요. 한 너덧 집 건너 사는 사람인데, 우리 아버님이 말해서 내가 폐가 나뻐다는 건 인정하거덩요.[9]

(E) 구술자: 나가야 된다구 그래서 뭐 나가기 싫어서 도망을 다니던 게야
면담자: 도망을 다녔는데 얼마나 도망을 다녔어요?
구술자: 도망을 꽤 오래 댕겼어 뭐 한 20일 되는데[10]

(C)에서 길두만은 동생이 인민군으로 입대하자 가족 부양을 위해 갖은 방법을 동원하여 입대를 회피한 사실을 보여준다. 그는 얼굴과 몸에 옻칠을 해서 피부병이 난 것처럼 꾸며 입대를 지연시켰다. 하지만 8월의 강제동원에는 어쩔 수 없이 입대하고 말았다. 입대해서도 신체검사를 할 때 눈이 보이지 않는다고 억지를 부려 마지막까지 입대를 하지 않으려 하였다. 1950년 8월 들어 전쟁이 장기화되자 징집자들의 신체검사는 특별한 기준이 없이 걸을 수만 있으면 입대시켰기 때문에 그의 주장은 받아들여지지 않았다.

(D)에서 양제호는 평양에서 입대했는데 그는 입대 당시 동네의 인민병원에서 신체검사를 받았다. 사전에 부친이 인민병원의 담당의사에게 아들이 폐가 나쁘다고 하면 폐병으로 병역을 면제해주기로 약속을 했다고 한

8) 길두만 구술, 앞의 글, 24쪽.
9) 양제호 구술, 앞의 글, 31쪽.
10) 양택조 구술, 앞의 글, 28쪽.

다. 그래서 부친은 평소에도 그에게 마을을 다닐 때 기침을 하면서 다니라고 시켰다. 그런데 그는 막상 신체검사를 할 때 가슴이 아프다고 해야 하는데 엉겁결에 소화가 안 된다고 말을 해서 의사는 다른 사람인줄 알고 입대 결정을 내려 입대하였다. 이와 같이 의사와 입대자가 사전에 조작해서 입대를 회피하는 경우도 있었다.

(E)에서 양택조도 입대를 회피했는데 그는 전쟁이 일어났을 때 북조선청우당 활동을 하고 있어서 바로 군대에 징집되지는 않았고 7월 20일쯤 강제로 입대했었다고 기억하고 있다.[11] 그런데 그는 강제 징집 소식을 듣고 입대를 피하기 위해 20일 정도 도망을 다니다 붙들려 입대하였다. 오용삼도 마을에 동원 명령이 떨어지자마자 청년들이 모두 산으로 도피하였다고 증언하였다. 이처럼 입대 기피 현상이 여러 곳에서 있었음을 알 수 있다.

셋째, 구술자들은 주로 강제 입대가 많았다.

> (F) 그 8월 3일 날. 총동원령이 내려가지고 동네에서 또 이제 그러니까 매월 매주 한주에 몇 명씩 몇 명씩 동네에서 차출이 나오는데, 8월 3일 날 동네에서 너이[4명이] 그러니까 나하고 이찬혁, 성대희, 박은재, 아마 이렇게 너이가 차출이 돼가지고 어 군에 가서 신체검사라고 뭐 하고[12]

> (G) 200명가량 되는데 다 집합해 있고 뒤에는 2학년 학생들을 3학년 앞에 앉혀 놓고 우리 그 교장이 나오더니 강연을 하는데 그거예요. 공화국정부에서 5년 동안 민주 교육을 받았으면 조국전쟁에 당연히 참가돼야 한다. 그 뭐 입에다 거품을 물고 책상을 치면서 막 그 그러더라구요. 소련군이 지금 어디까지 내려갔다구 고함을 치면서 그러면서 동무들 가운데서 못갈 동무들 있으면 손 들래는 거야 그니 어떻게 해서 거기서 손을 못 들죠. 그랬더니 전원 입대한다 그래게지구[13]

• • • • •

11) 양택조는 7월 20일쯤 입대했다고 증언하였지만 그가 쓴 회고록에는 8월 8일에 입대했다고 기록되어 있다. 7월 20일은 강제 징집 통보를 받은 날이고 20여 일 도망 다니다 8월 8일 입대한 것으로 보인다.

12) 성기남 구술, 앞의 글, 25쪽.

13) 이창번 구술, 앞의 글, 32쪽.

(F)에서 성기남은 전쟁 직전인 6월 20일 황해도 수안의 홀동광산으로 노역에 동원되었다가 전쟁이 발발하자 광산에서 도망을 쳐 귀가한 후 가족들과 함께 농사일에 종사하였다. 그러던 중 8월 3일 마을에 배당된 4명의 동원 인원에 충당하기 위한 마을회의에 참석했는데 참석해보니 자신을 포함한 4명의 차출이 결정되어 있어 어쩔 수 없이 입대하였다. 차출이 결정되면 피할 수 있는 방법도 없었을 뿐 아니라 그는 위로 두 명의 형이 있었는데 이미 결혼해 가정을 꾸리고 있어 가족을 대표해 입대할 수밖에 없었다. 성기남은 8월 3일 자기 마을에서 같이 입대한 3명의 이름을 정확하게 기억하고 있었다. 이날 자신을 포함해 입대한 4명이 모두 천도교인이었다. 그는 회의를 마치고 간단한 신체검사 후 바로 입대하였는데 그때 입대를 환송하는 가족을 마을 어귀에서 본 것이 마지막이었다. 그와 형들은 가을에 모친의 환갑을 위해 돼지 2마리를 키우고 있었다고 했는데 전쟁으로 잔치를 하지 못했을 것이라고 아쉬워하였다.

(G)에서 이창번은 양덕고등학교 재학 중에 강제로 징집되었다. 당시 그는 부친을 따라 성천에서 양덕으로 이사해 고등학교를 다니고 있었다. 이창번은 1950년 7월 3일 어머니가 있는 성천을 다녀온 후 기말고사 시험을 치는데 교장이 와서 펜을 놓고 강당에 집합하라고 해서 복도로 나가니 이미 인민군 장교가 복도를 막고 강당으로 진입하도록 유도하였다. 강당에는 1학년을 제외한 2, 3학년 전체 200여 명이 집합하였다. 교장은 공화국정부를 위해 조국전쟁에 참여해야 한다고 전쟁에 참가하길 종용했다. 강당에는 인민군 장교가 도열하고 있어서 학생들은 아무런 반발도 하지 못하였다. 교장은 자원입대탄원서를 쓰게 한 후 학생들을 곧바로 차에 태워 징집시키려고 하였다. 학생들은 우리가 자원입대탄원서를 쓰고 입대를 하는데 왜 강제로 데려가느냐고 항의하였다. 교장은 학생들의 의견을 받아들여 가족을 만나고 오라고 6시간의 여유를 주었다. 성천의 가족을 보기 위해 6시간은 부족하기 때문에 그는 하숙집에 와서 인사를 하고 자신의 이름이 새겨

진 책에 편지를 한 통 써 넣은 후 보따리를 만들어가지고 소집시간인 저녁 7시에 학교로 되돌아갔다. 그는 입대하면 기차를 타고 평양으로 간다고 들었는데 평양을 가기 위해서는 열차가 고향인 성천을 지나가는 것을 알고 편지가 든 책 보따리를 준비하였다. 그는 기차를 타고 가다가 편지가 든 책 보따리를 자기 마을 앞의 샘이 있는 곳에 던져 가족들이 자신의 입대 소식을 알 수 있도록 하였다. 그는 자원입대 형식으로 입대하였지만 가족과 마지막 인사도 하지 못하고 강제로 입대하였다.

넷째, 자발적 입대라 하더라도 내용면에서는 강요에 의한 것이었다.

> (H) 청년들한테 그걸 많이 얘기를 하더라구. 군대들 아무 때나 나가도 나가야 할 테니까 아무튼 저거 지원을 해서들 나가라구 그래서 이제 뭐 아닌 게 아니라 노동당하는 그때 공산당하는 사람들도 나간다구 해서 가고 이제[14]

> (I) 6 · 25가 일어났다고 했는데 원거나 벌써 뭐 어디까지 내려갔다 어디가지 내려갔다 이제 그걸 듣고 있었는데 아 하루는 이거 37세까지 몽창 다 나가야 된다고 동원하니까 당장 아 그러니까 6 · 25가 딱 일어나니까 아 이 청년들이 몽창 다 결국 산으로 뛰었네. 저 그런데 가만 내가 생각해보니까 내 마음으로 생각해보니까 아 이게 안 되갔어 내가 먼저 나가야지 뭐 안되갔다 이 그런 마음이 생기더라고요 그래서 형님보고 내가 그랬어. 형님 나 저 우리 어머니하고 난 저 먼저 나가야 되겠습니다. 하니까 형님이 아 뭐 위원장을 하고 있으니까 아니 좀 있다가 나가도 되지 않느냐 그러더라고 그래서 아닙니다. 내 마음은 그렇지 않습니다. 저거 지금 6 · 25 때리는데 산으로 다 뛰었는데 거 우리 청우당원들 몽창 다 내가 산으로 서서 불러다 놓고 다 내려 보내고서 내가 나중에 나가면 나 죽은 담에도 말을 듣갔으니 나 그거 안하겠습니다. 절대로 나는 죽지 않습니다. 그냥 아주 장담을 했다고 나는 아닌 게 아니라. 게 형님이 들더니 그거 참 또 그렇기도 하구나 그래서 아닌 게 아니라 그 처음에 저 신체검사들 하러 나가라고 해서 그래서 내가 일찍 나온 거예요.[15]

• • • • •

14) 오용삼 구술, 앞의 글, 27쪽.

15) 성강현, 앞의 논문, 71쪽.

오용삼이 구술자 7명 가운데 가운데 유일하게 자원입대를 하였다. 하지만 그의 입대도 청우당 동당위원장으로 책임을 다하기 위한 행동이었지 북한 정권을 위한 자발적 입대라고 보기 힘들다. (H)에서 그는 입대 전 인민군 지원은 주로 공산당원들이 자원했다고 하였다. 전쟁 전에는 노동당원들을 위주로 인민군을 편성하였고 조선민주당원과 북조선청우당은 입대를 권유하지 않았다고 하였다. 그러다 (I)에서처럼 6·25전쟁이 발발한 후 입대할 수밖에 없는 상황이 벌어졌다. 전쟁 후 37세까지 동원령이 내려지자 오용삼 동네의 청우당원들은 모두 깊은 산중으로 숨어 입대를 회피하였다. 오용삼은 동당위원장의 책임을 맡고 있어 자신이 입대를 미루고 일반 당원을 입대시킬 수 있었지만 합당하지 않다고 생각했다. 그래서 형과 상의해 자원입대하기로 결정하였다. 하지만 그의 입대는 형식만 자원입대일 뿐 내용은 강제입대였다.

이상에서 서술한 내용을 바탕으로 구술자들의 입대 시기와 장소를 정리하면 〈표 3-4〉와 같다.

〈표 3-4〉 구술자의 인민군 입대 시기와 장소

성명	입대 시기	입대 장소	소집 방법	비고
길두만	1950.8.	평남 맹산	강제징집	
성기남	1950.8.3	황해도 금천	강제징집	
양제호	1950.7.	평남 평양	강제징집	
양택조	1950.8.8	평북 영변	강제징집	
오용삼	1950.6.29	평북 신의주	자원징집	
이성운				민간인
이창번	1950.7.8	평남 양덕	강제징집	
임운길	1950.8.14	평북 정주	강제징집	

※비고: 구술자들의 증언을 바탕으로 정리하였다.

요컨대 구술자들은 모두 전쟁 발발 후에 동원되었다. 따라서 전쟁을 계획하고 준비할 때 천도교인들을 내세워 북한이 주장하는 조국해방전쟁에

의 선봉에 내세울 필요가 없었다고 할 수 있다. 이들은 전쟁을 하면 북한의 군사력과 남한 내의 남로당세력, 그리고 미군의 미 참전 등을 고려할 때 당연히 부산까지 해방시킬 수 있다고 판단했기 때문에 다 된 밥상에 천도교인을 초청하고 싶지는 않았을 것이다. 하지만 전쟁 발발 후 인민군으로만은 전쟁의 지속이 불가능했기 때문에 총동원령으로 내려지자 천도교 청년들도 입대할 수밖에 없었다. 그들은 입대 과정에서 입대회피와 강제징집으로 인민군에 편성되었다.

2. 부대 배치 및 임무

1) 부대 배치

북한 인민군의 의도대로 인민군에 소속된 천도교인들은 어떻게 임무를 수행했을까? 먼저 전투 부대에 배속된 구술자는 이창번과 양택조 2명이었다. 이창번은 북한 특수부대인 945육전대에 배속되어 왜관전투에 참여하였다. 양택조는 부대 이름을 알 수 없지만 팔공산전투에서 부상을 당했다. 인민군으로 동원된 후 남한에 내려와 임무를 부여받은 포로는 전투에 직접 참가했던 이창번, 양택조 2명과 후방 경계 임무 등을 맡았던 성기남과 오용삼, 길두만 등 5명이었다. 성기남은 보은 근처에서 후방 경계 근무를 섰고 오용삼은 대전전투에 참전하기 위해 남하하다 평택에서 탈출하여 공주에서 잠적했다. 길두만은 의성에서 낙동강전투 투입 대기 중이었다. 북한 지역의 부대에 배치된 사람은 임운길, 양제호 2명이었다. 임운길은 양덕에서 북상하는 국군과 전투를 벌였고 양제호는 송전휴게소의 경비로 활동하다 탈출하였다.

〈그림 3-2〉 인민군의 창설과 부대 배치

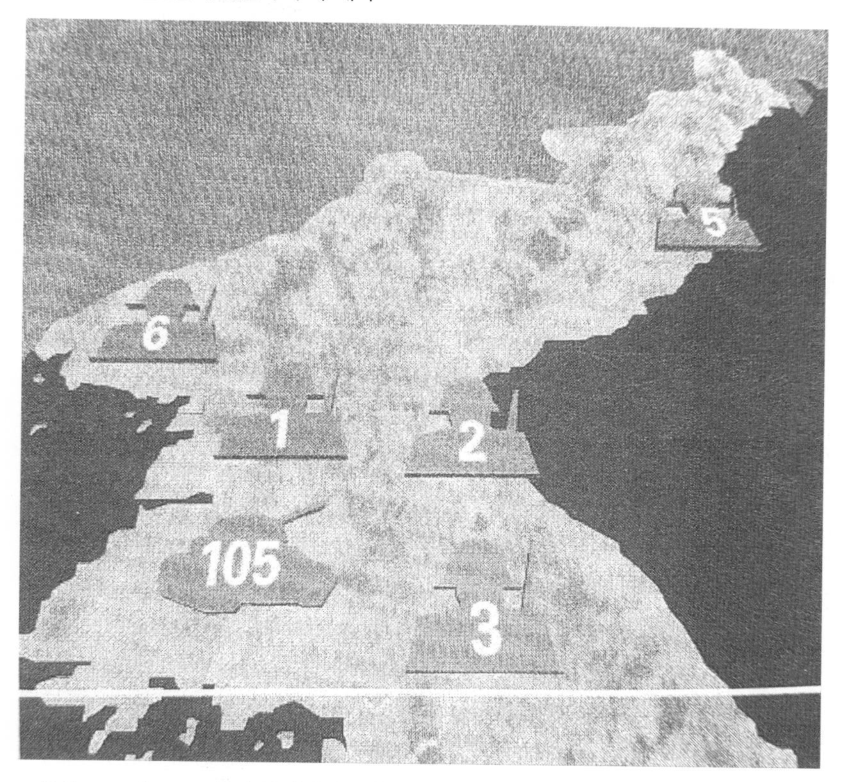

※출처: KBS 6 · 25 40주년 특별제작반, 『다큐멘터리 한국전쟁』(상), KBS문화사업단, 1991, 170쪽. 인민군은 1948년 2월 8일 창설되었다.

둘째, 부대 이동경로를 보면, (1) 길두만은 용강－개성－서울－의성으로 이동하였다. 길두만은 입대하여 5일간 훈련을 받고 남하했지만 미군의 공습으로 어려움을 겪었다. 서울까지 내려오는 데 보름 정도의 시간이 걸렸다. 길두만은 8월 들어 입대해서 서울에 들어왔을 때는 8월 말경이었다. 서울을 거쳐 낙동강 전선에 투입되기 위해 경상북도 의성으로 이동하였는데 역시 미군의 공습으로 인해 이동에 어려움을 겪었다.

> 그래 그게 그때는 낙동강전투를 할 때죠. 거기서부터 계속 남진, 남진해가지고서 경상북도 의성까지 이제 한 며칠 걸려서 내려왔어요. …… 내려왔는데 이제 그 같은 고향 친구들은 있었는데 고향친구들은 그 마을에 아침 식사하러 갔고 그 있는데 비행기가 막 때려 붓는 거에요 막[16]

길두만은 평안남도 맹산에서 입대한 후 경상북도 의성에 내려온 후 미군의 공습을 피해 숨어있었는데 며칠 지나 인민군들이 후퇴하는 것을 목격하고 포로가 되기로 마음먹었다.

(2) 성기남은 황해도 금천에서 입대해 황주－개미포－물개－서울－대전－공주－보은으로 이동했다. 그는 황주에서 군복을 지급받았고 서울에 8월 18일경에 도착했다. 서울에서 부대 배치를 받았는데 그는 후방경비사령부 내무성부대 102연대 3대대에 배정을 받았다.

> 내무성부대 102연대 3대대를 배정을 받아가지고 그 부대가 대전 짝에 어디 있었는데 거기까지 열차로 못가고 천안까지 열차를 타고 내려와 가지고 천안서부터 행군을 해가지고 부대를 찾아갔었던 거 같애.[17]

성기남은 부대 배정을 받자 다시 열차를 타고 천안까지 내려 와서 천안에서부터는 도보로 소속 부대로 이동하였다. 그는 후방경비사령부 소속이라 전투에는 직접 참가하지 않았다. 후방에서 인민군의 위력을 시위하기 위해 밤중에 이 마을에서 저 마을로 행군을 하면서 이동했다.

> 그 당시에 기억이 뭐 주로 이저 공주나가는 유구 그 짝에 와가지고 또 며칠 있었던 거 같고, 거기서 돌아와 가지고 무주 짝에 가가지고 또 며칠 있었고, 뭐 그럭저럭 한 군데 가면 한 3~4일씩 뭐 주둔하면서 동네사람들 밤에만 모아놓고 뭐 노래도 가르치고 무슨 뭐 그런 걸로 부대 역할이 했던 거 같애요.[18]

• • • • •

16) 길두만 구술, 앞의 글 25쪽.
17) 성기남 구술, 앞의 글, 26쪽.
18) 성기남 구술, 앞의 글, 26~27쪽.

그는 공주에서 보은까지의 지역을 왕복하면서 후방경계 활동을 하였다. 저녁에 마을 사람들을 모아 인민군가를 가르치고 공산주의와 북한 정권을 홍보하는 역할을 하며 9월 하순까지 지냈다.

(3) 양제호는 평양의 3국민학교에서 군복을 받고 병력 증원을 오는 부대 가운데 소규모 인원의 차출에 지원하였다. 100명의 인원을 선발하는 부대에 지원한 그는 용성으로 이동해 한 달 가까이 훈련을 받았다. 당시 받았던 훈련은 주로 제식훈련, 총검술 등 기초적인 군사훈련이었다. 이후 그는 양덕까지 기차로 이동한 다음 도보로 문천까지 가서 부대 배치를 받고 다시 송전의 휴양소 경비로 파견되었는데 그가 송전에 왔을 시기가 9월로 접어든 때였다. 송전휴양소에서의 그의 임무는 휴양소 보초였다.[19] 보초의 임무를 맡아 경계근무를 선 지 얼마 되지 않은 9월 15일 그는 친구 여계식으로부터 미군이 인천에 상륙했다는 소식을 들었다. 그리고는 며칠 후 그의 부대도 후퇴하기 시작하자 탈출하기로 결심했다.

(4) 오용삼은 전쟁 발발 직후인 6월 29일 입대해 신의주－서울－평택－대전으로 남하하던 중 평택 부근에서 자기 마을 출신 5명과 같이 탈출하여 공주의 반포리로 숨어들었다. 그는 그곳에서 인민군 정보부대라고 속이며 한 달 가까이 그곳에 머물다 후퇴하는 인민군과 조우했다. 그 자리에서 인민군으로부터 북한으로 후퇴하자고 종용당하자 마을로 찾아오는 상인의 소개를 받고 신도안으로 옮겼다.

(5) 이창번은 양덕고등학교에서 입대하자마자 북한의 특수부대인 945 육전대로 배속되었다. 그는 부대를 따라 동해안의 원산에서 해상 침투하여 왜관으로 이동하였다가 부상을 당해 광주로 이동했다. 그가 속한 945 육전대가 다시 광주의 사월산의 남해방호여단에 소속되자 그곳에서 활동하였다.[20] 그가 속한 남해방호여단은 거의 다 인민군 장교 출신들로만

• • • • •

19) "보초 서는 거지 …… 2시간 서면 이제 2시간 대기, 2시간 취침, 그래요 그건 고대루 시간을 지키죠" 양제호 구술, 앞의 글, 33쪽.

구성된 부대였다. 남해방호여단의 성격은 소위 문화부대로 전투원이 아니고 선전과 선동을 위주로 하는 부대였다. 그 부대에는 민청 지도부, 노동당지도부 등 인민군의 고위 간부들로 가득했다. 그는 그곳에서 선전 업무를 맡았다.

(6) 임운길은 평안북도 진남포－신한주－순천－양덕으로 이동했다. 임운길은 9월 초 진남포에서 미군의 공습을 겪었고 10월 17일 양덕에 도착했을 때 원산으로 유엔군이 상륙하였다는 소식을 들었다. 그가 속한 부대는 양덕에서 국군과 조우해 총격전을 벌였으나 그는 부상당하지는 않았다.

(7) 양택조는 평안북도 영변에서 신체검사를 받고 입대하였다. 이후 정주－신의주－황해도－그리고 낙동강 지역으로 남하하였다. 양택조가 황해도까지 이동한 경로는 부대기동훈련을 실시하면서 전쟁을 위해 전방으로 전개한 이동로이다. 그는 팔공산전투에 참전했다가 직속상관으로부터 부상을 당하였다.[21] 양택조는 팔공산전투에 투입되어 전투 중 같이 입대

• • • • •

20) "왜관으로 빠졌고 그런데 여기에 내가 다시 갔으니까 그 부대에 그냥 속한 거에요. 그래서 그 이제 그 사월산에 있은 그 부락에서 이제 며칠 있다가 그 같이 있던 애들이랑 거기에 있다가 바로 여단 본부로 간 거예요 남해. 그런데 거기에 가가지고 945육전대가 아니고 남해방호여단으로 바뀐 거예요. …… 그래가지고 그 여단 본부에 가가지고 민청 지도부라는 데 거기에 들어갔어요. 그런데 거기가 어디에 있었냐면 그 무등산 밑에 그 저 증심사, 증심사에 들어가서 사령부가 거기에 있었어요. 거기에 들어가서 근무를 했죠. 근무를 했는데 거기서 한 달가량 근무했나 그랬어요. 그때는 뭐 그 무등산 골짜기 안에 절간에 있었으니깐 뭐 커다랗게 활동을 하거나 한", 이창번 구술, 앞의 글, 37쪽.

21) "아버지가 인제 인민군으로, 인민군으로 나오셔 가지고 팔공산전투에 이제 직접 참여를 하셨는데 그 팔공산 저 능선 거기서 전투를 하셨다구 그래요, 저쪽 맞은편 쪽에 국군이 있고 능선에서 이렇게 쭉 인민군들이 있는데 위에서는 계속 그 소대장인가 하는 사람이 계속 총 쏘면서 나가라구 ……계속 막 총을 쏘니까 앞에서 그 막 거기 고향에서 나온 몇 분이 계셨데요. 친구도 있구 근데 막 앞에서 누가 친구가 막 이케 쓰러지더래요 그러니까 아버지는 이제 아 나도 이케 죽겠구나 이런 생각이 드셔가지고 그 친구를 업고 부상당한 친구를 업으려고 업혀라 그러니까 뒤에서 소대장이 …… 소대장이 나가서 총 쏘라는데 왜 환자를 업느냐? 그면서 총을 쏴가지고 다리에 총을 맞고", 양택조 구술, 앞의 글, 47쪽. 이 부분은 양택조의 장녀인 양영자의 보조 구술이다. 양영자는 어려서부터 부친으로부터 6 · 25전쟁에 관한 이야기를 양택조로부터 들어 그 내용을 자세히 기억하고 있었다.

한 마을의 친한 친구가 부상을 당하자 그를 들쳐 업고 치료하기 위해 뒤로 물러나오자 직속상관인 인민군 장교가 그에게 앞으로 진격을 하지 않고 왜 후퇴를 하느냐고 하면서 그에게 총을 쏴서 다리에 총상을 입었다. 그 후 그의 부대는 후퇴하였고 그는 후송당하지 못한 채 낙오병으로 남겨졌다. 그가 있던 곳이 격전지라 포격이 심했는데 그는 부상당한 몸으로 주변의 바위에 의지해 몇 시간 지속된 유엔군의 포격을 견디었다. 그는 유엔군의 포격으로 머리에도 부상을 입었다. 그는 부상상태에서 살아남기 위해 마을 논 가운데 있던 농막에 숨어 지내면서 인민군이 급식소로 사용하던 집까지 기어가 인민군이 남기고 간 누룽지를 먹으며 힘겹게 지냈다. 치료를 하지 못한 상처는 벌레들이 들끓을 정도로 상태가 좋지 않았다.

2) 담당 임무

구술자들의 증언을 정리하면 천도교계 인민군의 주요 임무는 크게 두 가지였다.

먼저, 전투 투입과 후방 경비였다. 초기 전투에 투입된 인원은 길두만과 이창번 2명뿐이었다. 이들의 구술을 바탕으로 속했던 부대를 찾아보면, 길두만은 2사단에 배치되어 임무를 수행했는데 2사단은 소련계 이청송이 사단장으로 있던 부대로 원산에서 창설되어 화천으로 이동하여 부대를 전개하였다.[22] 2사단은 이후 춘천–수원–보은–의성지역을 공격하였다. 이창번이 속했던 북한의 특수부대인 945부대는 길원팔이 부대장으로 갑산에서 성진을 거쳐 이동하였다. 이 부대는 정동진에서 해상으로 침투하여 부산을 목표로 후방지역에 침투한 특수전 부대이다.

둘째, 후방지역 경계 및 예비대 임무수행이었다. 성기남은 13사단에서

22) 장준익, 『인민군대사』, 한국발전연구원, 1991, 24~26쪽.

경계임무를 수행했다. 13사단은 만주계인 최용진이 사단장으로 평양에서 창설되었고 금천으로 이동하여 예비임무를 수행하다 8월 공세시 낙동강지역에 투입된 부대이다. 양제호가 소속된 부대는 7사단으로 보이는데 동해안 문천에 위치하여 예비임무를 수행한 후 남원지역으로 투입되었다. 양택조, 임운길이 속한 10사단은 이방남이 사단장으로 숙천에 주둔하여 후방지역을 담당하다가 8월 공세시 무주를 거쳐 낙동강 왜관지역으로 투입되었다. 오용삼의 3사단은 만주계인 이영호가 사단장으로 전쟁 발발 당시 인민군의 주력사단으로 서울을 공격한 부대로 서울－평택－천안－무주－왜관지역으로 투입되었다. 인민군 내에서 천도교인들은 중요한 임무가 아닌 단순 임무를 수행하였다.

이상에서 구술자들이 인민군으로 입대하여 배치된 부대와 임무를 정리하면 〈표 3-5〉와 같다.

〈표 3-5〉 구술자의 부대 배치 및 임무

성명	소속 부대	이동 경로	임무	비고
길두만	(2사단)	용강－개성－서울－의성	낙동강 전투	
성기남	(13사단)후방경비사령부	황주－서울－대전－공주－보은	후방 경계	
양제호	(7사단)문천에서 부대 배치	용성－양덕－문천－송전	휴양소 경비	
양택조	(10사단)	정주－신의주－황해도－팔공산	팔공산전투 참전	
오용삼	(3사단)대전 집결 예정	신의주－서울－평택 부근에서 탈출		
이성운				민간인
이창번	945육전대	원산－왜관－광주	특수 임무	
임운길	(10사단)진남포 부대 배치	신한주－순천－양덕		

※비고: 이 표는 구술자들의 증언을 바탕으로 작성하였다. ()의 부대는 구술자의 구술을 바탕으로 추정한 인민군의 편성이다.

정리하면, 먼저 이들은 북한지역에서 입대하여 3~7일의 훈련을 받았다. 그리고 부대 배치를 받고 전방으로 전개되었는데 그 방법은 일정 거리는 기차를 이용하고 소속 부대가 가까워지면 도보로 이동하였다. 이동은 주로 야간을 이용하였다. 이들이 전개한 남한지역은 영남으로는 낙동강 지역까지 그리고 호남의 광주지역까지 다양하게 이동했음을 알 수 있다. 또 천도교인들은 주로 전투임무에 투입되기 보다는 후방에서 예비대 임무, 그리고 시설경계임무를 수행했다. 인민군내에서도 천도교인들을 전투에 투입하면서 주요임무는 부여하지 않았다는 것을 알 수 있다. 인민군 수뇌부는 공산주의 사상을 거부한 천도교인들은 언제든지 인민군을 이탈할 수 있는 가능성이 있다는 것으로 판단하고 있어서 군의 핵심 보직이나 임무는 맡기지 않았다.

제4장

천도교계 포로의 전향

제4장

천도교계 포로의 전향

1. 천도교계 포로의 규모

1) 인민군 포로의 규모

6 · 25전쟁이 발발한 후 최초의 인민군 포로의 수용은 1950년 7월 2일에 이루어졌다.[1] 동해안의 주문진 근방에서 미국과 영국 해군에 의해 인민군 5명이 첫 포로가 되었다. 처음 포로는 각 부대에서 자체적으로 처리하였으나 포로의 수가 증가하면서 포로수용소를 설치하게 되었다. 국군은 1950년 7월 7일 대전형무소 내에 대전포로수용소를 만들었고 이튿날인 7월 8일 5명의 인민군 포로가 수용되면서 포로수용소가 가동되었다. 7월 말부터 8월 말까지 전투가 치열하게 전개되었던 왜관 · 안강 · 기계 등 낙동강 전선에서 발생한 인민군 부상자나 포로를 포함하여 9월 초까지 약 2천 명의 인민군 포로가 수용되었다. 그러나 이때까지만 해도 인민군 포로는 소수에 지나지 않아 한국군이나 유엔군사령부의 큰 관심을 끌지 못하였다.

[1] 1950년 6월 26일 UP통신의 「성조기」에 1950년 6월 26일 한국군 제8사단 예하부대에서 인민군 4명을 포로로 했다는 기사가 있지만 이에 대한 자료가 전사에 나타나지는 않는다.

9월 15일의 인천상륙작전으로 전쟁의 상황이 완전히 뒤바뀌었다. 인천상륙작전의 성공으로 퇴로가 막힌 인민군은 무질서하게 패퇴하면서 전투력을 상실하였고 이 과정에서 포로의 발생이 급증하였다. 9월 한 달 동안에 약 9,000명의 포로가 생겨나 부산의 제1포로수용소의 포로는 1만 1천 명으로 늘어났다. 38선을 돌파한 10월 1일 하루에 6,765명의 포로가 발생하는 등 포로의 증가는 상상을 초월했다. 10월 말까지 한국군과 유엔군이 획득한 포로의 수는 116,822명으로 10만 명을 돌파하였다.

〈그림 4-1〉 급증하는 인민군 포로

※출처: 길광준, 『사진으로 읽는 한국전쟁』, 예영커뮤니케이션, 2005, 179쪽. 인민군포로를 국군이 감시하고 있다.

10월 들어 중국군이 참전[2]하면서 전쟁은 국제전의 양상으로 변모되어

2) 중공군과의 최초의 전투는 10월 25일의 평안북도 운산에서 발생하였다.

갔다. 12월 3일 미 극동군사령부가 파악한 인민군과 중국군 포로를 포함한 전체 포로의 수는 146,135명에 이르렀다. 포로의 급격한 증가와 함께 이들을 수용하고 관리하는 일이 유엔군의 주요 문제로 대두되기 시작하였다. 1950년 10월 25일 유엔군사령관은 포로 가운데 원래 거주지가 남한이고 신분이 확인된 자들은 한국정부로부터 안전에 대한 보장을 받는 즉시 모두 석방할 것을 고려하도록 미8군사령관에게 지시하면서 포로 문제를 본격적으로 개입하기 시작하였다. 한국군은 이러한 미군의 방침에 따라 11월부터 포로 심사에 들어갔다.

포로 처리 문제에 대한 논의가 본격화되자 미 극동군사령관 맥아더는 북한 당국에 대해 미군 부대가 포획한 북한인들을 인도주의적 원칙에 따라 대우할 것을 보증한다는 방송을 내보냈다. 그러면서 그는 인민군에 수용된 미군 포로들도 같은 대우를 받기를 희망했다. 1950년 7월 5일 우리 정부도 1949년의 제네바협정을 준수할 것이라고 약속하였고, 8일 후 북한 측도 포로 처리를 제네바협정의 내용을 따를 것이라고 천명했다. 전쟁 기간 동안 유엔군과 한국군은 이를 충실히 따랐지만 북한은 이에 따르지 않았다.

국군에 의해 포로 수용시설로 처음 만들어진 것은 앞에서 언급하였듯이 1950년 7월 7일 대전포로수용소였다. 하지만 전세가 불리해지자 대전포로수용소는 7월 14일 대구 효성초등학교로 이동해 제100포로수용소라는 명칭으로 조정되었다. 당시 포로의 관리는 육군 헌병사령부에서 파견된 소수의 인원이 담당하였다. 한국군은 포로수용소가 이동하는 것이 불합리하다고 판단하고 가장 안전한 곳인 부산에 포로수용소를 이전하기로 결정하였다. 8월 1일 부산 영도의 해동중학교를 징발해서 포로수용본부를 설치하고 대구의 시설은 포로의 집결소로 운영하기로 하였다.

〈그림 4-2〉 부산 해동중학교

※ 출처: 한국향토문화전자사전. 1950년 8월 1일을 기해 국군에 의해 포로수용본부로 징발되었으나 유엔군이 포로를 관리하면서 얼마 후 해제되었다.

미군의 포로수용 시설은 사단별로 흩어져있었다. 미 24사단이 대전에 설치한 임시 포로수용소는 제9연대전투단이 관리하여 공주, 조치원 등에서 수집되는 포로를 수용하였다. 그러나 인민군의 남하로 미 24사단의 대전 임시 포로수용소는 7월 16일에 영동에서 이동하여 정식으로 개소하였다. 미 25사단 포로수용소는 7월 16일 영천에 만들어졌다. 미군에 의해 수집된 포로들은 대구의 미8군 포로수용소로 보내졌다.

포로를 통합적으로 관리하기 위한 미군의 움직임도 진행되었다. 미군은 7월 10일부터 부산에 포로수용소를 설치하고자 장소 물색에 들어갔다. 미군 부산 병참기지사령부의 헌병대장이 사령관의 지시에 따라 장소 물색과 자재 확보에 들어갔으나 전황이 급박하여 쉽지 않았다. 7월 14일 미 8군사령부 요원들이 부산으로 파견되어 부산군수사령부 관할 지역에 수용소를 설치하기로 결정하였다. 수용소의 장소는 거제리[3]로 결정되었고 7월 18일부터 공사에 들어갔다. 7월 24일까지 부산의 거제리포로수용소의 철조망이 가설되었고 여기에 27명의 포로들이 수용됨으로써 부산 포로수용소가 운영되기 시작하였다. 관리는 제563 헌병중대가 맡았고 공식 명칭은 '주한미 제8군사령부 제1포로수용소(Camp EUSAK No.1)'이라 이름 붙여졌는데 통상 '제1포로수용소(POW Enclosure 1)'라고 불렀다. 이 수용소는 최대 15,000명 정도를 수용할 목적으로 만들어졌다. 거제리포로수용소가 설치됨으로써 한국군과 유엔군은 전쟁 중에 포획한 포로 전체를 통합적으로 수용하고 관리하고자 하였다.

〈그림 4-3〉 부산 거제리포로수용소

※출처: 표용수, 『부산 역사의 현장을 찾아서』. 선인, 2010, 433쪽. 사진 가운데 보이는 고개가 만덕고개이다.

3) 부산광역시 연제구 연산5동 1000번지 일대로 현재 부산광역시청과 부산지방경찰청이 위치한 지역이다.

전쟁 초기에는 한국군과 미국군이 별도의 포로수용소를 설치해 운영하였으나 전시 작전권이 미국으로 이양됨에 따라 포로 수용과 관리도 전적으로 미군이 담당하였다. 1950년 8월 12일 한국군이 운영하던 포로수용소는 미 제8군수용소로 통합되는 동시에 5만 명을 목표로 한 확장 작업이 시작되었다. 포로에 관해 한 · 미 간은 협의를 통해 포로의 급양과 경비는 한국군이, 시설과 보급, 포로 관리는 미국이 분담하기로 정했다.

거제리포로수용소가 설치된 직후인 7월 30일 주한 미 제8군사령부는 이 지역을 사령부 건물로 사용하기로 결정하였지만 사령부는 이동하지는 않았다. 몇 차례의 우여곡절 끝에 부산의 포로수용소는 동래의 거제초등학교 일대로 5만 명을 수용하고자 하였다. 부상포로가 발생하자 이들을 위한 시설도 증설되었다. 초기 부상포로는 일본으로 후송되어 치료를 받았는데 이를 위해서 병원수용소가 설치되었다. 병원수용소는 수용소 내의 제3야전병원과 제14야전병원에 설치되었다.

부산에 거제리포로수용소가 설치되자 전장에서 발생한 포로들은 모두 부산으로 후송되어 집결되었다. 그러면서 부산의 포로수용소는 한동안 한국군 및 유엔군의 포로 전부를 통합하고 관리하는 역할을 담당하였다. 하지만 인천상륙작전으로 포로가 급증하여 1950년 말에는 13만5천 명에 육박하자 부산의 수용소는 이렇게 급증하는 수많은 포로를 수용할 공간과 시설에 한계가 드러났다. 포로들이 급증하자 부산은 거제리에는 제2, 제3, 제6 수용소가 증설되었으나 그래도 부족하여 수영 대밭 제1, 제2, 제3 수용소와 가야 제1, 제2, 제3 수용소가 증설되었다.

〈표 4-1〉 유엔군 포로수용소 수용인원 현황(1950년 말 현재) (단위: 명)

수용소	수용 인원				합계
	장교		하사관 이하		
	남자	여자	남자	여자	
주수용소 No.1	173	3	10,298	441	10,915
보조수용소 No.2	1,990		33,070		35,060
보조수용소 No.3	182		39,575		39,757
보조수용소 No.4	4		10,812		10,816
보조수용소 No.5	29		32,161		32,190
제3야전병원	83		4,587	32	4,702
제4포로작업반	117		979		1,096
스웨덴병원[4]	2		22	2	26
제14야전병원[5]	39		2,512		2,551
제3포로작업반	3		561		564
제3의무대			13		13
계	2,622	3	134,590	475	137,690

※비고: 김행복, 『한국전쟁의 포로』, 국방군사연구소, 1996, 30쪽의 표를 바탕으로 정리하였음.

부산은 전쟁 중에 임시수도가 되면서 행정기관이 주재해 있었고 피난민들까지 몰려 포화상태가 되었다. 포로의 증가로 인한 관리 문제가 힘들어지자 유엔군사령부에서는 수용소의 이전 문제를 논의하게 되었다. 미 제8군사령관 리지에이는 1951년 벽두에 맥아더 유엔군사령관에서 수용소 이전에 관한 건의를 하였고 맥아더는 이에 대해 포로를 미국 본토나 일본으로 이주시키려는 구상을 하였지만 여러 가지 문제점이 나타나 제주도로 이전하는 것을 고려하라고 결정하였다. 그러자 리지에이는 제주도가 용수가 부족하고 4·3사건 등 사회적 문제로 적합하지 않다는 부정적 견해를 보였다. 하지만 중국군의 반격으로 서울을 상실하

4) 부산광역시 부산진구 부전동 503번지 서면의 롯데백화점 코너에 있었던 스웨덴병원 자리에 스웨덴참전비가 서있다.

5) 거제리포로수용소 안에 있었고 거제도로 포로가 이동한 후에는 육군기술병학교가 되었다. 현재 부산아시아드선수촌아파트로 추정된다.

자 제주도 포로수용소안이 결정되었다.

제주도 포로수용소 안을 보고받은 미 육군본부에서는 합동참모본부에 의뢰하여 인민군 포로 문제를 논의하였는데 포로를 유엔군사령부에 두는 것은 좋으나 어떠한 포로도 미국 영토로 옮기는 것은 반대하였다. 그리고 포로의 분산 수용을 위한 제주도 포로수용소 안은 폐기하고 거제도 안이 급부상하여 결국 결정되었다. 이에 따라 거제도의 몇 개 읍을 수용소 부지로 선정하고 본토의 유엔군 관할하에 있는 포로를 이동시키는 이른바 "알바니 작전"이 수립되어 거제도로의 포로 이동이 본격 시행되었다. 거제도 포로수용소는 처음에는 6만 명 수용 규모로 계획되었으나 나중에는 22만 명의 포로를 수용하고 지원하는 것으로 바뀌었다. 이렇게 6·25전쟁의 모든 포로를 거제도로 수용하는 것으로 결정되었다.

2) 천도교계 포로의 수치

천도교계 인민군으로 입대하여 포로가 된 천도교 포로의 수를 정확히 파악하는 것은 불가능하다. 포로의 명부를 작성할 때 종교를 기재하지 않았던 것도 파악의 어려움을 더해주었다. 이는 다른 종교의 경우도 마찬가지여서 포로들을 종교에 따라 분류하는 것은 쉬운 작업이 아니다. 앞에서도 언급했듯이 포로 명부에 종교에 대한 기록이 없었기 때문이다. 포로수용소에서 종교부일지가 작성되었지만 이는 주로 행사 위주로 이루어졌기 때문에 정확한 포로의 종교별 인원을 확인할 수 없다. 기독교의 경우는 포로와 군목 활동을 했던 목사들의 증언을 토대로 기독교 포로의 수를 추계할 뿐이었다. 결국 수용소내의 종교 인원은 구술로 추정할 수밖에 없는 상황이다.

기독교인 포로의 인원을 살펴보면 다음과 같다. 기독교의 6·25전쟁 시기의 선교는 1950년 북장로교회 선교사 보켈(Haolrd Voelkel, 옥호열)이 민간인 문관 군목으로 임명되어 인천상륙작전부터 선교를 하면서 시작되었다. 보켈과 같이 활동했던 강신정 목사는 1952년 4월경 1년간의 포로 선교 실적으로 1951년에 4,527명이었던 기독교의 교인수가 이듬해인 1952년에 이르면 15,012명으로 약 3배 늘어났다고 하였다. 인민군 포로 출신이었던 임한상 목사는 분산기 포로수용소에서의 기독교 신자 포로가 16,937명이라고 하였고,[6] 남장로교의 커밍 선교사는 광주와 논산의 기독교인 포로의 비율이 16%라고 하였다.[7] 그러나 이들 증언은 정확한 수치를 바탕으로 한 것이 아니라 개인적 경험을 바탕으로 한 것에 지나지 않아 신뢰도에는 문제가 있다.

거제도포로수용소의 군목이었던 박지서는 거제도포로수용소에서 세례를 받아 기독교인이 된 포로가 17,000명이라고 하였다.[8] 박지서가 말한 이 기독교 포로의 숫자는 강신정 목사가 주장한 15,000여 명과 2,000여 명 차이가 나서 비슷하다고 할 수 있겠으나 정확한 근거를 바탕으로 한 것은 아니었다. 포로수용소에서 다른 종교에 비해 지원을 가장 많이 받은 기독교 포로의 숫자도 목회자 개인에 따라 교인의 수가 다르게 기록되어 있어 정확하게 계산할 수 없다. 기독교 선교는 반공 이데올로기의 강화라는 측면에서 유엔군과 미국 교단의 지원 아래 이루어졌음에도 기독교 포로에 대한 정확한 수치를 확인할 수 없는 상황이다.

유엔군의 지원 없이 포로수용소에서 자생적으로 조직을 갖추어 활동했던 천도교 포로의 숫자 또한 기독교와 마찬가지로 정확히 파악할 수 없다. 몇 가지 문헌 기록과 천도교 포로들의 구술 증언에 의존해 추계할 수밖에 없다. 한 예로 구술자인 이성운은 1953년 1월 30일 기준으로 대한반공청년단에서 조사해 확인한 천도교 포로는 약 3,340명에 이른다고 하였다.[9] 그

• • • • •

6) 강신정, 「한국의 포로선교」, 『기독교대백과사전』 15권, 기독교문사, 1985, 899쪽.

7) 김승태, 앞의 글, 62쪽.

8) 『민족의 증언7』, 중앙일보사, 1983, 243쪽.

는 당시 부산의 가야포로수용소에서 있으면서 대한반공청년단 중앙단의 서기로 활동하였다. 그는 각 수용소의 대한반공청년단을 통해 천도교 포로를 수집하였는데 그는 이렇게 해서 천도교 포로의 명부를 작성하였다. 하지만 갑작스럽게 이루어진 6 · 18 반공포로 석방으로 명부를 갖고 나오지 못하였다고 하였다. 대한반공청년단에서 파악한 명부라서 적극적인 반공 활동을 한 천도교 포로 가운데 일부였을 것으로 추정할 수 있으나 명부가 분실되어 그 내용을 확인할 길이 없다.

구술자들의 증언과 문헌 자료를 바탕으로 추계한 송환 거부 북한 출신 천도교 포로는 〈표 4-2〉와 같다.

〈표 4-2〉 송환 거부 천도교 포로 추계[10] (단위: 명)

포로수용소명	전체 포로	천도교계 포로수	수용소 종리원장	비고
광주	12,052	500	제2수용소 백재택	
		500	제3수용소 김응몽	
논산	11,939	1,253	제2수용소 강기섭	
		850	제3수용소 정중기	
부산 가야	4,380	600		
부산 거제리	2,638	100		병원 수용소
마산	3,891	52	김택룡	
영천	536			미상
대구	480			미상
계	35,436	3,855		

※비고: 성강현, 「6 · 25전쟁 시기 북한 출신 반공 포로의 천도교 활동」, 동의대학교 대학원 석사학위논문, 2013, 31~32쪽에서 밝히지 못한 논산지구 천도교인 포로명부는 천도교 자료실에 보관된 논산수용소의 간부 이름과 대조한 결과 제2수용소로 밝혀졌다. 마산수용소 천도교 포로 52명은 역시 천도교 자료실에서 확인하였다. 포로는 수치는 1953년 2월 1일을 기준으로 하였다.

9) 이성운은 부산의 가야수용소에서 천도교 포로 명부를 갖고 있었지만 반공포로 석방으로 인해 명부를 분실하였다고 하였다. 그는 천도교 반공포로가 6천~7천 명에 이를 것으로 추정하고 있다.

10) 성강현, 앞의 논문, 31~32쪽.

〈표 4-2〉는 송환을 거부한 천도교계 포로의 추계이다. 먼저, 광주포로수용소는 1,000명으로 추계된다. 광주포로수용소에는 제2수용소와 제3수용소에 천도교종리원이 설치되어 있었음을 확인하였다. 김응몽은 제3수용소의 천도교인이 처음에 100명이었으나 포덕을 하여 500명 정도까지 늘어났고 제2수용소는 더 활발하였다고 하였으나 제3수용소와 같이 500명으로 계산하여 총 1,000명으로 추계하였다. 이는 광주포로수용소 포로의 8.3%를 차지했다.

둘째, 논산포로수용소는 제2수용소의 포로 명부에 올라 있는 1,253명과 성기남, 오용삼, 양제호이 수용되었던 제3수용소의 천도교대대인 7대대와 다른 대대의 인원을 합해 850명으로 잡아 총 2,103명으로 추계하였다. 이는 논산포로수용소 포로의 17.6%에 해당한다.

셋째, 부산의 가야포로수용소에는 B대대에 천도교종리원이 구성되어 있었고 다른 대대의 인원을 합해 600명으로 추계하였다. 이는 부산포로수용소 포로의 13.7%를 차지한다. 부산 거제리 병원수용소는 『신인간』의 기사를 통해 10여 명이 확인되며 길두만의 증언으로 2개 대대에 종리원이 구성되어 있었고 각 수십 명의 교인이 있었다고 해서 100명으로 추계하였다. 이는 전체 포로의 3.8%이다.

넷째, 마산포로수용소에는 김택룡을 책임자로 52명의 포로가 있었다는 명부가 천도교자료실에 소장되어 있다. 이는 마산수용소 포로의 1.3%에 해당한다. 이외 영천과 대구의 포로수용소의 천도교계 포로는 확인되지 않는다. 이상의 내용으로 3,855명의 천도교계 포로를 추계하였다.

정리하면, 증언과 자료를 통해 추계한 천도교계 포로의 인원은 3,855명으로 송환 거부 포로 35,916명의 10.73%에 해당된다. 이들은 모두 북한 출신으로 6 · 25전쟁에서 포로로 수용된 후 송환 거부 의사를 밝혀 남한으로 전향한 천도교계 포로이다.

2. 포로 수용의 특징과 사례별 수용 과정

1) 구술자의 포로 경력

천도교계 포로들의 수용 과정과 특징을 살펴보기에 앞서 구술자 8명의 신상에 관하여 확인해 보고자 한다. 이들의 정확한 신상을 확인해야 하는 이유는 포로 수용의 진위와 진술의 신뢰성을 확보하기 위해서이다. 이는 구술 자료를 연구에 활용하기 위해 선행되어야 할 작업이다. 구술자 8명은 인민군으로 참전하여[11] 포로로 수용되었다고 증언하고 있으나 이들의 증언이 신빙성을 갖기 위해서는 이를 확인하는 작업이 우선되어야 한다.

〈그림 4-4〉 국방부 군사편찬연구소 정보자료실 거제도 포로수용자 DB

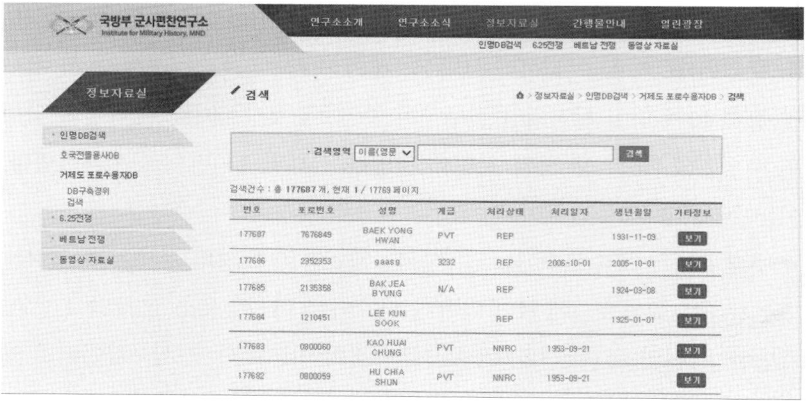
국방부 군사편찬연구소
Institute for Military History, MND
연구소소개
연구소소식
정보자료실
간행물안내
열린광장
인명DB검색 6.25전쟁 베트남 전쟁 동영상 자료실
정보자료실
검색
정보자료실 > 인명DB검색 > 거제도 포로수용자DB > 검색
인명DB검색
호국전몰용사DB
거제도 포로수용자DB
DB구축경위
검색
6.25전쟁
베트남 전쟁
동영상 자료실
검색영역 이름(영문
검색
검색건수 : 총 177687 개, 현재 1 / 17769 페이지
번호 포로번호 성명 계급 처리상태 처리일자 생년월일 기타정보
177687 7676849 BAEK YONG HWAN PVT REP 1931-11-09 보기
177686 2352353 gaasg 3232 REP 2006-10-01 2005-10-01 보기
177685 2135358 BAK JEA BYUNG N/A REP 1924-03-08 보기
177684 1210451 LEE KUN SOOK REP 1925-01-01 보기
177683 0800060 KAO HUAI CHUNG PVT NNRC 1953-09-21 보기
177682 0800059 HU CHIA SHUN PVT NNRC 1953-09-21 보기

6·25전쟁의 인민군 포로는 유엔군에서 관장하였고 포로에 대한 명부도 작성하였다. 미군이 작성한 177,687명에 이르는 거제도 포로수용소 수용자 명부는 해방 후 국군에게 넘겨졌고 국방부에서는 이를 데이터베이스화하

11) 구술자 가운데 이성운은 인민군이 아니었으나 포로로 수용되었다.

였다. 국방부는 이 명단을 직속 연구기관인 군사편찬연구소 홈페이지[12]를 통해 제공하고 있다. 인민군 포로 명단은 〈그림 4-4〉와 같이 군사편찬연구소 정보자료실의 인명 DB 검색 항목에서 거제도 포로수용자 DB에서 확인할 수 있다. 거제도 포로수용자 DB는 〈그림 4-4〉에서 볼 수 있듯이 미군이 작성한 영어를 그대로 DB화하여 제공하고 있다. 본 연구에서는 영어로 작성된 명부를 한글로 바꾸어서 활용하였다.

〈표 4-3〉은 국방부 군사편찬연구소의 거제도 포로수용자 DB에서 확인한구술자 8명에 대한 검색 내용이다.

〈표 4-3〉 구술자 거제도 포로수용자 DB 검색 내역

<table>
<tr><th rowspan="2">이름</th><th>포로 번호</th><th>계급</th><th>처리 상태</th><th>처리 일자</th><th>생년월일</th><th>부친 성명</th></tr>
<tr><th colspan="6">주 소</th></tr>
<tr><td rowspan="2">길두만</td><td>93666</td><td>사병</td><td>중립국송환위원회</td><td>1953.9.21</td><td>1927.4.12</td><td></td></tr>
<tr><td colspan="6">평안남도 맹산군 지덕면 용산리</td></tr>
<tr><td rowspan="2">성기남</td><td>24826</td><td>사병</td><td>탈출</td><td>1953.6.18</td><td>1932.6.25</td><td></td></tr>
<tr><td colspan="6">황해도 금천군 좌면 북산리</td></tr>
<tr><td rowspan="2">양제호</td><td>86386</td><td>사병</td><td>탈출</td><td>1953.6.18</td><td>1930.8.8</td><td>양봉진</td></tr>
<tr><td colspan="6">평안남도 평양시 5A 동 2리 769</td></tr>
<tr><td rowspan="2">양택조</td><td>101384</td><td>사병</td><td>탈출</td><td>1953.6.18</td><td>1919.10.10</td><td></td></tr>
<tr><td colspan="6">평안북도 영변군 남신현면 석우리</td></tr>
<tr><td rowspan="2">오용삼</td><td>37083</td><td>사병</td><td>중립국송환위원회</td><td>1963.9.21</td><td>1925.3.29</td><td></td></tr>
<tr><td colspan="6">평안북도 창성군 창성면 상리</td></tr>
<tr><td rowspan="2">이성운</td><td>64345</td><td>민간인</td><td>탈출</td><td>1953.6.18</td><td>1929.4.23</td><td></td></tr>
<tr><td colspan="6">황해도 수안군 천곡면 탈촌리</td></tr>
<tr><td rowspan="2">이창번</td><td>53964</td><td>사병</td><td>중립국송환위원회</td><td>1953.9.21</td><td>1934.1.17</td><td></td></tr>
<tr><td colspan="6">평안남도 성천군 대구면 원편리 265</td></tr>
<tr><td rowspan="2">임운길</td><td>92124</td><td>사병</td><td>탈출</td><td>1953.6.18</td><td>1923.9.8</td><td>임창도</td></tr>
<tr><td colspan="6">평안북도 박천군 용계면 운봉리</td></tr>
</table>

※비고: 국방부 군사편찬연구소의 거제도 포로수용자 DB를 검색하여 정리하였다. 영문으로 된 검색을 한글로 옮겼다.

〈표 4-3〉을 통해 구술자 8명이 포로로 수용되었음을 유엔군이 작성한 포

12) http://www.imhc.mil.kr/user/indexMain.action?siteId=imhc

로 명부를 통해 확인할 수 있었다. 포로 수용에 관한 구술 증언은 구술자 8명의 명단을 확인함으로써 사실로 판명되었다. 특히 구술자들이 증언한 생년월일, 출생지 등의 기본 정보와 반공포로 석방, 중립국송환위원회 이송 등의 내용이 거제도 포로수용자 DB와 일치하고 있어 구술자들의 증언이 신빙성을 갖고 있음을 확인할 수 있었다.[13] 이로써 구술자 8명의 구술 증언에 대한 신뢰도를 1차적으로 확보할 수 있었다.

거제도 포로수용자의 DB는 미군의 정보를 그대로 입력하여 영어로 기록되었다. 검색은 영문 이름, 이름(영문), 포로번호, 처리일자, 생년월일, 통지자주소, 처리상태 등 6개의 항목으로 가능하다. 〈그림 4-5〉는 구술자 8명 가운데 1명인 성기남의 상세 검색 내용이다. 검색은 생년월일로 하였는데 거제도 포로수용자 DB의 포로 가운데 같은 생년월일을 가진 포로는 45명이었다. 45명을 주소로 다시 상세 검색을 해서 성기남에 관한 정확한 정보를 확인할 수 있었다. 성기남은 영문으로 SEONG KI NAM으로 기록되어 있었다. 다른 구술자들도 이와 같은 방법으로 검색하였다.

〈그림 4-5〉 거제도 포로수용자 DB의 성기남 상세검색

거제도 포로 수용자 SEONG KI NAM 기타정보

포로번호	0024826
성명	SEONG KI NAM
계급	PVT
처리상태	ESC
처리일자	1953-06-18
생년월일	1932-06-25
아버지 성명	N/A
통지자 주소	HWNG HAE DO GEUM CHON GUN JWA MYON BOOK SAN RI

※비고: 검색은 생년월일을 조건으로 하였다. 포로 가운데 1932년 6월 25일생은 총 45명이었다.

[13] 구술자 8명에 대한 인적 사항은 〈부록 2〉에 정리하였다.

성기남의 포로번호는 24826이었고 계급은 PVT로 기록되어 있는데 이는 사병인 privite의 약자이다. 처리 상태는 ESC인데 이는 escape의 약자로 탈출을 뜻한다. 처리일자는 1953년 6월 18일로 기록되어 있는데 이는 반공포로 석방 당시 탈출하였음을 뜻한다. 생년월일은 1932년 6월 25일로 그가 18세가 되던 생일날 전쟁이 발발하여 참전하였다. 아버지 성명 항목의 N/A는 not applicable의 약자로 해당 없음으로 기록되어 있지 않았다는 의미이다. 통지자의 주소는 포로로 수용되었음을 통지하는 주소로 성기남의 집주소를 의미한다. 성기남의 주소는 황해도 금천군 좌면 북산리로 기록되어 있어 그가 구술에서 말한 주소와 동일하다. 포로의 명부는 이렇게 정리되어 있다.

요컨대 구술자 8명은 거제도포로수용소 검색을 통해 포로로 수용되었음을 확인할 수 있었다. 따라서 이들의 포로 생활에 관한 구술은 신빙성을 갖고 있다고 할 수 있다.

2) 포로 수용의 특징

앞 장에서 구술자들이 포로로 수용되었음을 확인할 수 있었다. 이제부터 구술을 바탕으로 이들의 포로 수용의 과정과 사례별 특징에 대해 살펴보고자 한다. 먼저 이들의 포로 수용 과정에 관해서 살펴보고자 한다.

6·25전쟁 발발 직후 발생한 포로는 1950년 9월 15일 인천상륙작전의 성공 이후 전세가 역전함에 따라 급증하였다. 인민군 포로들은 각지에서 수용되어 부산의 포로수용소로 집결되었다. 구술자들도 포로로 수용된 후 각지의 임시수용소와 집결소를 거쳐 부산의 포로수용소로 이송되었다.

〈표 4-4〉 구술자의 포로 수용 과정

성명	수용 장소	수용 시기	이송 과정	집결 수용소	비고
길두만	평안남도 순천	1950년 10월	평양－인천－부산	가야수용소	1차 안동
성기남	덕유산	1950년 9월 말	보은－대구－부산	동래수용소	
양제호	평안남도 강동	1950년 10월 24일	강동－인천－부산	수영수용소	
양택조	팔공산 부근	1950년 9월	낙동강－부산	동래수용소 (병원수용소)	참전 중 부상
오용삼	충청남도 신도안	1950년 9월 말	신도안－대전－부산	동래수용소	
이성운	황해도 사리원	1950년 10월 초	사리원－인천－부산	수영수용소	
이창번	함경남도 원산	1950년 10월 말	원산－대전－부산	동래수용소	참전
임운길	평안남도 순천	1950년 10월 말	순천－평양－인천－부산	동래수용소	1차 양덕

※비고: 이 표는 구술자의 증언을 바탕으로 작성하였다.

〈표 4-4〉는 구술자들의 포로 수용 과정을 요약한 것이다. 먼저 수용 지역별로 보면, 북한에서 수용된 포로가 5명, 남한에서 수용된 포로가 3명이었다. 길두만은 1차에 경상북도 안동에서 포로로 수용되었으나 노무자로 고향인 평안남도 맹산까지 올라가 치안대로 활동하였다. 그는 이후 중국군의 개입으로 피신 중 순천에서 재차 포로로 수용되었다. 임운길도 양덕에서 포로가 된 후 국군의 도움으로 치안대 활동을 하다 순천에서 다시 포로로 수용되었다. 구술자 8명의 포로 수용 시기는 1950년 9월 말에서 10월 말 사이였다. 이 시기는 인천상륙작전의 성공으로 남북 간의 전세가 역전되어 가장 많은 포로가 수용되었던 때였다. 성기남·양택조·오용삼 3명은 9월 말에, 나머지 5명은 10월에 포로로 수용되었다.

둘째, 수용 루트를 보면 처음에는 가까운 수집소나 임시수용소에 영치되었으나 이후 대부분 부산으로 이송되었다. 평안남도와 황해도에서 포로가 된 길두만·양제호·이성운·임운길 4명은 인천을 경유하였고, 함경도에서 수용된 이창번은 대전을 경유하였다. 남한에서 포로가 된 오용삼은 대전을 경유하였고, 덕유산에서 포로가 된 성기남은 대구를 거쳐 부산포로수용소로 수용되었다. 팔공산전투에서 부상당한 양택조는 부산 동래의 병원

수용소로 바로 이송되었다. 동래포로수용소에는 9월에 수용된 성기남과 오용삼, 10월에 수용된 이창번과 임운길 4명이 수용되었다. 길두만은 증설된 가야포로수용소로, 이성운과 양제호는 수영대밭포로수용소로 보내졌다. 이렇게 구술자들은 각지에서 포로가 된 후 부산의 포로수용소로 집결되어 본격적인 포로 생활을 시작하였다.

그렇다면 수용 당시 구술자들의 증언을 통하여 포로화 과정의 특징을 살펴보자. 인터뷰에서 구술자들은 포로화가 되는 과정을 두 가지 계기로 설명하고 있다. 하나는 적극적으로 포로가 되려는 경우, 즉 귀순을 한 포로가 있었고 다른 하나는 전투 속에서 어쩔 수 없이 포로로 수용된 경우였다.

먼저, 적극적인 포로화 과정을 겪었던 사례를 살펴보자.

> (A) (평안남도 맹산에서) 그 치안사업을 했기 때문에 나중에 그 사람들이 위험하고 또 중공군들이 개입한단 말이 있고 해서 그 남하할 목적으로 이제 피난을 나오다가서[14]

> (B) 태극기도 만들고 그래 갖구서 환영 나갔더니 국군들이 보더니 어, 이제 옷을 우아긴 벗고 바지는 인민군 바지를 입고 그카고 갔더니 너들 인민군이 왜 왔어 그렇다고 거시니 이케서 환영하러 나왔다구 프랑카드도 보여주고 태극기도 보여줬더니 자기가 이제 중대장 있는데 우릴 데리고 가더라구요[15]

> (C) (형무소에서 탈출한 후 해주에서) 국군들하고 마주친 거예요. 그래서 어떻게 됐냐고 그 국군들이 의심할 거 아녜요 이거. 그때 인민군들 자꾸 후퇴할 때니까. 인민군이 아니요 그래 우린 사실 이런 사람이라구 그러니까 여기 손에 묶였던, 묶었던 자리가 다 있어 그냥 다 있어 이거보라고 그러냐고 어이구 수고했다고. 이러면서 국군들이랑 같이 쫓아가는 거예요 국군들이랑 같이, 같이 가는 거예요 고향을 찾아가는 거예요.[16]

• • • • •

14) 길두만 구술, 「북한 출신 천도교 반공포로의 포로생활」, 국사편찬위원회, 2014. 27쪽.
15) 양제호 구술, 「북한 출신 천도교 반공포로의 포로생활」, 국사편찬위원회, 2014. 35쪽.
16) 이성운 구술, 「북한 출신 천도교 반공포로의 포로생활」, 국사편찬위원회, 2014. 27쪽.

(A)는 길두만의 증언으로 그는 고향인 평안남도 맹산에서 국군 점령 아래 맹산군에서 치안대 활동[17]을 하였기 때문에 중국군의 개입으로 월남하였고 적극적으로 포로로 수용되었다. 길두만은 1차로 포로로 수용될 당시 후퇴하는 인민군 대열에서 벗어나 귀순하였던 경험도 있었다.

(B)는 양제호의 증언으로 그는 친구인 여계식과 후퇴 중 신창에서 탈출하여 강동에서 국군과 유엔군을 환영한다는 현수막을 만들어 거리로 나가 국군과 유엔군을 반기다가 국군에게 포로로 수용되었다. 그는 현수막을 만들어 시민들의 환영대회에 참가할 정도로 적극적인 활동을 하였다.

(C)는 이성운의 증언으로 그는 해주형무소 수감 중 탈출한 후 북상하는 국군을 만나 자신의 수감생활을 설명해 국군과 같이 고향으로 가다가 사리원에서 미군에 의해 포로로 수용되었다. 그는 해주형무소 수감생활을 통해 체제 저항적 색채를 갖게 되었고 해주에서 국군을 환영하는 거리 행사에 참여하였다.

그밖에 인민군 장교로부터 총상을 당하고 귀순한 양택조도 적극적인 귀순사례로 분류된다. 즉, 길두만, 양제호, 이성운, 양택조 등 4명은 적극적인 귀순 혹은 전향자로 포로가 되었다고 평가해도 무방하다.

둘째, 비자발적으로 포로화가 된 사례를 보자.

> (D) 그저 가다보니깐 하루 굶고 나니까 혼자 떨어지니까 굶는 거예요. 여럿 있을 땐 어떡하든지 먹는데 그래서 굶고 있었는데 고 도로에 미군들이 차가 막 지나가요. 그래서 아 안 되겠다 싶어서 미군한테 손들고 나가는 수밖에 없다 해서 거기서 차가 GMC 손들고 따발총 여기다 놓구 손들고 그랬더니 미군 내리더니 얘들은 겁을 안내. 그냥 총만 쓱 하더니 운전석에다 그냥 태우는 거예요. 옆에다가[18]

• • • • •

17) 치안대는 6·25전쟁 당시 점령지역에서 치안관리를 위해 한국군이 조직했던 무장단체이나 통일적 조직은 갖추어지지 않았고 지역에서 자발적으로 결성되었다. 해방 이후 현준혁을 비롯한 국내 공산주의자들이 소련군에 호응하여 공산당의 조직 활동을 활발히 전개하면서 조직한 치안대와는 무관하다.

(E) 동네사람 주인이 요 앞에 조금 나가면 큰 길이 있는데 큰 길에 가서 서 있다가 손들면 그 차가 댕기고 사람, 군인들이 많이 지나다니니까 손 들으라고 그렇게 가르켜주드라고. 밥 먹고 길에 나가서 좀 서 있다 보니까 사람은 한 200명 되는 거 같애요. 그저 패잔병 쫙 붙잡아 가지고 인솔해가지고 보은군청까지 가는 거 같애요. 그래 가 손들고 있으니 '저 뒤에가 서 있어, 서서 따라와' 그러드라고[19]

(D)는 이창번의 증언으로 그는 광주에서 인천상륙작전으로 인민군이 고립되었다는 삐라를 보고 남한으로의 귀순을 생각했지만 고향을 갈 수 있다는 희망에 귀순을 포기하였다. 왜냐하면 그는 작전병으로 북한으로의 후퇴로 작전지도를 갖고 있었는데 그 후퇴로가 고향으로 가는 것을 확인하였기 때문이었다. 하지만 후퇴로를 통해 북상 중인 국군이 황해도 지역을 차지하고 있어 고향으로 가지 못하고 원산 방면으로 후퇴하자 부대를 탈출하여 혼자 고향으로 가던 중 귀순하였다.

(E)는 성기남의 증언으로 그는 후방경계 근무 중 후퇴명령을 받고 덕유산을 경유하다 국군과 총격전이 나자 산속에 숨어 이틀간을 보냈으나 후퇴가 불가능하다는 것을 깨닫고 마을로 내려와 자수하였다. 이창번과 성기남 이외에 오용삼과 임운길도 후퇴 중 어쩔 수 없이 포로가 된 경우였다. 이들 4명은 모두 전투 중에 퇴각하다가 포로로 수용되었다.

그러나 이창번과 오용삼과 임운길 3명은 포로수용 당시의 상황으로는 어쩔 수 없이 포로가 되었지만 전쟁 중에 인민군 부대를 탈출하였기 때문에 포로가 된 이후 반공으로 전향할 가능성이 많은 포로들이었다. 이처럼 구술자 8명 중 7명은 이념적으로 우익적 성향을 가진 포로라고 추정할 수 있다.

• • • • •

18) 이창번 구술, 「북한 출신 천도교 반공포로의 포로생활」, 국사편찬위원회, 2014. 39쪽.

19) 성기남 구술, 「북한 출신 천도교 반공포로의 포로생활」, 국사편찬위원회, 2014. 28쪽.

3) 사례별 포로 수용 과정

구술자들의 포로 수용 과정은 이들의 수용소에서의 전향과 관련이 있기 때문에 상세하게 살펴볼 필요가 있다. 구술자들의 포로 수용 과정을 사례별로 살펴보면 2번에 걸친 포로 수용과 치안대 활동, 퇴각 중 귀순, 탈출 후 귀향 중 포로 수용, 참전 중 부상과 포로, 민간인 포로의 5가지로 분류할 수 있는데 그 내용은 다음과 같다.

(A) 사례: 2번에 걸친 포로 수용과 치안대 활동

이 사례에 해당하는 포로는 길두만과 임운길이다.

먼저 길두만은 포로에서 노역자로 급전환한 경우였다. 그는 두 번에 걸쳐 포로가 되었는데, 경상북도 의성에 후퇴 중 안동에서 귀순하였다. 그가 귀순한 부대는 후방보급부대인 8사단 10연대였다.[20] 귀순 당시 그는 "내 이제 생명만 살려 달라. 이북 공산당이 싫어서 이렇게 나와 가지고서 인민군 강제로 나와 가지고 지금 이렇게 귀순한다."[21] 라고 하였다. 그러자 그 부대에서는 귀순자는 죽이지 않는다고 하면서 자기 부대를 따라 같이 북상하자고 해서 길두만은 포로로 수용되자마자 노역자가 되어서 그들과 같이 행동하였다. 그가 귀순한 부대가 전방의 전투지원을 하는 부대여서 많은 인력이 필요하였기 때문에 그는 귀순과 동시에 포로에서 전쟁노역자 신분

• • • • •

20) "근데 이제 장교들이, 상사가 "포로를 잡았어도 안 죽이는 너 같은 귀순하는 사람은 안 죽이니깐 우리를 따라서 같이 북진하자" 그거야. 포로수용소 안보내고 그 사람들이 계속 데리고 다녔어요. 맨 처음에는 상사 배낭을 지고 다니다가, 그 다음에 군인들 식사를 날라주는 그 옛날에는 방위대라고 아마 알았을 거예요. 방위대 역할을 했는데 그 식사를 날라줬죠. 이제 그 후방에서 식사를 싣고 오며는 그 전투지역까지 올라갈 수 없어 산에, 그러면 거기서 식사를 짐통에다 지고서 고지까지 올라가서 그 자기 부대, 분대에 그 맡은 데가 있어 거기다가 노놔 주고 내려가서 또 후방에 있다가 그렇게 있다가 …… 그케해서 8사단 10연대예요." 길두만 구술, 앞의 글, 28쪽.

21) 길두만 구술, 앞의 글, 27쪽.

으로 바뀌었다.[22]

그는 국군의 식사를 지원하는 보급부대의 노무자가 되어 전투부대에 식사를 짊어지고 운반하는 방위대 역할을 하면서 북진하였다. 그는 강원도 이천을 지나 평안남도 평양, 양덕, 성천을 경유해 고향인 맹산에 있는 자신의 집을 지나 영원까지 올라갔다. 영원에 도착하자 그는 국군에게 자신의 집이 맹산이라고 하면서 집으로 보내달라고 요청하였다. 부대장은 그간의 노력을 인정하여 그의 귀가를 허락하였다.[23]

중공군의 개입은 그의 운명을 또 한번 바뀌게 하였다. 중공군이 본격적으로 개입해 국군이 후퇴를 거듭하는 상황으로 전황이 바뀌게 되자 치안대 활동을 했던 그는 위협을 느껴 다시 피난을 나오게 되었다. 그는 맹산을 출발한지 얼마 지나지 않아 순천에서 미군에게 포로로 다시 붙잡혀 포로수용소로 옮겨졌다. 그는 그 당시를 1950년 10월로 기억하고 있었다. 그는 다시 포로로 붙잡힌 후에도 바로 풀려날 것이라고 기대하고 있었으나 미군과 의사소통이 되지 않는 상황에서 풀려나지 못하고 포로로 수용되었다.[24]

순천에서 포로로 수용된 그는 목에 포로를 뜻하는 PW라는 글자가 써진 카드를 걸고 포로 생활을 시작하였다. 그곳에서 그는 평양에 가서 심사를 받으면 집으로 돌아갈 수 있다는 기대를 안고 평양 방직공장의 수용소로 옮겨졌다. 평양에서 면회심사가 이루어졌지만 그가 속한 15대대는 심사를 받지 못

• • • • •

22) "이제 그 후방에서 식사를 싣고 오며는 그 전투지역까지 올라갈 수 없어 산에, 그러면 거기서 식사를 짐통에다 지고서 고지까지 올라가서 그 자기 부대, 분대에 그 맡은 데가 있어 거기다가 노놔 주고 내려가서 또 후방에 있다가 그렇게 있다가", 길두만 구술, 앞의 글, 27쪽.

23) "그게 맹산까지 우리 집 앞에 갔는데 집에 가고 싶다고 보내주라고 그랬어요. 그까 보내줬거든요. 그래 집에 가니까 이제 식구들이 없고 그래서 큰집이 쪼매 딴 곳에, 큰집을 가니까 거게가 다 모여 있어가지고 이제 참 식구들 만나가지고 거기에 며칠 있었죠." 길두만 구술, 앞의 글, 28쪽.

24) "뭐 카드를 이렇게 썼는데 PW라고 이제 영어로 포로라고 써가지고 목에다 걸어놓고. 거기서 한 이틀 동안 있으니까 한국인 헌병장교가 와서 강연을 하데요? 여기는 죄 있는 사람도 있고 죄 없이 들어온 사람도 있는데 평양 가서 심사해가지고 죄 없는 사람들은 다 집으로 돌려보낸다 그거야." 길두만 구술, 앞의 글, 29쪽.

했다. 중공군이 청천강을 넘어 국군은 더 이상 평양을 방어할 수 없어 철수를 할 수밖에 없었다.[25] 그가 속한 평양의 포로들은 인천으로 이송되었다.[26]

인천으로 이송되고 나서 하루 만에 그는 부산의 가야포로수용소로 옮겨졌다. 부산의 가야포로수용소는 동래포로수용소가 포화 상태가 되자 만들어진 수용소였다. 그는 너무 많은 포로들이 수용된 가야포로수용소의 비좁은 천막에서 편하게 잠을 잘 수 없을 정도로 열악한 상황이었다고 기억하고 있었다. 또한 그는 이곳에서 미군들에 의해 추운 겨울 밤 목재 운반에 동원되어 밤새도록 목재를 날라야 했던 힘든 기억도 갖고 있었다.[27]

임운길을 1950년 8월 14일 천도교의 기념일인 지일기념식을 지내고 군당위원장의 권유로 인민군에 입대하였다. 그는 진남포에서 부대에 배치되어 신안주까지 후퇴했다가 10월경 양덕에서 국군과 전투 중 귀순하였다. 그는 처음부터 북한정권에 대한 반감을 갖고 있어 기회가 있으면 귀순하겠다고 마음먹고 있었다. 귀순 후 우문악의 도움으로 치안대 활동을 하였다. 그러다 치안대원증을 발급받아 국군과 함께 평양으로 해서 고향인 박천으로 가려고 마음먹고 귀향 가던 중 순천에서 포로가 되었다.[28] 포로가 된

• • • • •

25) 중공군의 인해전술로 이루어진 청천강전투는 1950년 11월 26일부터 시작되었다. 이 전투에서 유엔군이 패하였고, 그 결과 1950년 12월 4일 국군이 평양에서 철수하였다.

26) "그래서 평양 가서 그때는 뭐 그 평양방직공장 거기 있는데 거기는 폭격을 해가지고 위가 훤하게 하늘이 다보여요. …… 그때 한 수만 명이 거기가 집결해 있었어요. 그냥 면회심사를 이제 처음부터 하루에 한번 하는데. 근대 우리가 15대대인데 7대대까지 했다는데 중공군들이 청천강으로 넘어와 버렸거든요. 청천강까지 나오니까 인천으로 이동시킨 거예요." 길두만 구술, 앞의 글, 28쪽.

27) "미군 천막 하나에 한 60명 내지 70명을 수용시키거든요. 그리고 그 논밭을 이렇게 떼다갔다 천막을 쳐 놓고 가운데를 이 홈을 파가지고 사람이 왔다 갔다 해 만들고 조금 돋아가지고 언덕이 있어요. 그리고 언덕에 요기 양짝에서 사람이 자는 거예요. 자는데 나갔다 들어오면 자리가 없어요." 길두만 구술, 앞의 글, 28쪽.

28) "치안대, 치안대 오문악이라구, 게 치안대 우문악이다, 우문악이 치안대원증을 한 일주일 있다가 받아 가지고 국군차를 타고 평양으로 갔다가 평양에서 걸어서 평안남도 순천까지 순천서 쪼금 한 5, 60리가면 고향이거든 아 거 가다가 포로가 딱 됐어", 임운길 구술, 「북한출신 천도교 반공포로의 포로생활」, 국사편찬위원회, 2014, 23쪽.

그는 평양을 거쳐 인천으로 다시 부산의 동래포로수용소로 이송되었다.[29]

길두만과 임운길 2명은 두 번에 걸쳐 포로가 되는 경험을 하였는데 이들은 1차 포로로 수용된 후 국군으로부터 풀려난 뒤 다시 포로로 수용까지의 시기에 치안대 활동을 하였다. 인용문은 치안대 활동에 관한 이들의 증언이다.

> A) 그 평양을 거쳐서 저기 야 강원도 이천, 양덕, 성천으로 해서 맹산, 맹산을 지나가게 됐어요. 맹산까지 (맹산의 큰집에) 있었는데 그때 그 이제 완전히 우리 고향도 국군들이 점령 했을 때거든요. 그 청우당 간부들이 그 평안도 면당부로 내려오라고, 오라고 그거야. 가니까 거기서 거 그 치안대 조직해가지고 치안사 하자. 그래가지고 같이 치안대, 거의가 천도교인들이 치안대를 맡았었어요.[30]

> B) 치안대, 치안대 오문악이라구, 게 치안대 우문악이다, 우문악이 치안대원 증을 한 일주일 있다가 받아 가지고[31]

A)는 길두만의 증언이다. 앞에서 언급했듯이 길두만은 경상북도 안동에서 후방보급부대인 8사단 10연대에 귀순하였다. 길두만이 이 부대에 귀순의사를 밝혀 포로로 수용된 후 군대 노무자, 곧 방위대로 길두만을 편성하였다. 길두만은 방위대로 북진하는 국군을 따라 고향인 평안남도 맹산까지 올라가 가족을 만났다.[32] 길두만은 입대 이전에 천도교종리원의 지방 기초 책임자인 부령(部領)을 맡고 있었다. 고향으로 돌아온 그는 맹산의 북

29) "(고향으로 가다가 순천에서) 포로가 되가지고 어쩔 수가 있나 포로가 됐으니 …… 평양수용소 ……인천형무소가 포로수용소가 됐거덩 …… 거기가 몇 천 명 됐다 그 다음 동래수용소", 임운길 구술, 앞의 글, 24쪽.

30) 길두만 구술, 앞의 글, 28쪽.

31) 임운길 구술, 앞의 글, 23쪽.

32) 조봉휘, 『6 · 25전쟁 시기 다부동지역에서 한국군의 군수지원에 관한연구』, 동의대학교 대학원 사학과 박사학위논문, 2015, 189~193쪽에서 국군의 보급품을 운반하는 노무자 동원에 대해 서술하고 있다. 노무자는 피난민과 인근 마을 주민, 그리고 법규위반자로 구성되었는데 길두만은 포로였지만 노무자로 편입되었다.

조선청우당 면당부 소속 천도교인의 권유로 치안대 활동을 권유받고 맹산의 치안대[33]에 가담하였다. 당시 맹산의 치안대는 천도교인들이 중심이 되어 운영되었다. 그가 밝힌 치안대의 주요 임무는 마을의 질서를 유지하고 공산당원 중 피난을 가지 못한 사람들을 붙잡아서 심문하는 것이었다. 그가 활동하던 맹산에서 치안대는 공산당원 가운데 심하게 주민을 다룬 사람들은 경찰서에 가두어 두기도 하였으나 그들을 살해하는 등의 폭압적인 방법을 사용하지는 않았다. 고향인 맹산에서 치안대 활동을 하던 그는 중공군의 공세로 전황이 다시 바뀌자 치안대 활동에 대한 인민군의 보복이 두려워 다시 피난길에 나서다 평안남도 순천에서 미군에 의해 포로로 수용되었다.

B)는 임운길의 증언이다. 임운길도 두 차례에 걸쳐 포로가 되었는데 1차로 포로가 된 다음에 국군으로부터 치안대 활동을 권유받고 치안대 활동을 하였다. 임운길은 1950년 10월 17일 평안남도 양덕에서 유엔군과의 교전 중 귀순해 포로가 되었는데 그도 바로 포로수용소로 가지 않고 양덕에서 치안대 활동을 하였다. 당시 그곳의 치안대도 천도교인들로 구성이 되어 있어 그는 그들과 함께 치안대 활동을 하다가 치안대원증을 발급받아 고향인 박천으로 가던 중 다시 포로로 붙잡혔다. 길두만과 임운길은 포로로 수용된 후 바로 포로수용소로 이송되지 않았고 현지 부대의 상황에 따라 자신의 진로가 결정되었다.

이렇듯 길두만과 임운길은 처음 포로로 수용된 후 치안대 활동을 하였다. 당시 북한에서의 치안대는 북한 출신 청년들로 구성된 반공치안대로 이들의 주요 임무는 국군과 경찰, 대한청년단이 들어온 이후 그들과 협력

• • • • •

33) 치안대는 6·25전쟁 당시 점령지역에서 치안관리를 위해 한국군이 조직했던 무장단체이나 통일적 조직은 갖추어지지 않았고 지역에서 자발적으로 결성되었다. 해방 이후 현준혁을 비롯한 국내 공산주의자들이 소련군에 호응하여 공산당의 조직 활동을 활발히 전개하면서 조직한 치안대와는 무관하다.

하여 공산주의자를 색출하는 것이었다.[34] 북한에서의 치안대 활동에 천도교도 관여되어 있었음을 이들의 구술을 통해 확인할 수 있었다. 그중 길두만은 치안대 활동에 깊이 관여하였고 중공군의 공습으로 맹산이 공산화될 위기에 처하자 남쪽으로 피난을 내려오다 포로가 되었다.

인민군이 포로가 되면 바로 포로수용소로 인계되는 것이 원칙이었으나 길두만과 임운길처럼 바로 포로수용소에 인계되지 않는 경우도 있었다. 이는 포로를 수용하는 부대와 지휘관의 성향에 따라 포로 처리가 달랐기 때문이었다.

천도교인 중심의 치안대 활동을 보여주는 대표적인 곳이 평안남도 성천이다. 천도교인인 한동환은 성천에서 6 · 25전쟁 전에 보국단[35]이라는 반공지하단체에 가담해 활동하다가 국군이 성천을 점령하자 치안대 활동을 하였는데 당시 성천의 치안대 활동에 중심적 역할을 하였던 인물들은 천도교인이었다고 회고하였다.[36] 이렇게 국군 점령하 북한에서 치안대 활동을 했던 천도교인들은 전황이 또다시 역전됨에 따라 북한 정권의 탄압을 피해 남쪽으로 피난을 나서게 되었다.

(B) 사례: 퇴각 중 귀순

여기에는 성기남과 오용삼이 해당된다.

먼저 성기남은 1950년 9월 말 태백산을 경유해 북한으로 집결하라는 후퇴 명령을 받았다. 그는 부분대장을 맡아 간부들과 함께 덕유산과 태백산을 경유해서 북한으로 후퇴하였다. 그러나 얼마가지 못하고 덕유산에서 국

• • • • •

34) 한성훈, 「전시 북한의 반동분자 처리」, 『사회와 역사』 제93집, 한국사회사학회, 2012, 120쪽.

35) 보국단은 반공정신이 투철하고 인민군 입대를 반대하던 반공청년들의 모임으로 그 핵심적인 역할을 한 인물인 이재순, 손두동 등이 천도교인이었다. 보국단의 근거지는 향풍산에 두고 활동했다. 천도교중앙총부, 『80여 성상을 회고하다』, 2008, 380쪽.

36) 천도교중앙총부, 『80여 성상을 회고하다』, 2008, 380쪽.

군과 교전이 벌어지자 동료 1명과 산으로 도망하였다. 이들은 이틀간 산속에 숨어있으면서 산 아래의 상황을 지켜보았으나 이 지역을 이미 국군과 미군이 점령해 퇴각이 불가능하다는 것을 알고 포로로 귀순하기로 결심했다. 굶주린 상태에서 마을로 내려와 민가에 들어간 그는 굶주린 배를 채우고 이장의 권유로 포로가 되었다. 그는 이장의 권유로 큰길로 나가 손을 들고 있자 국군에 이끌려오는 수십 명의 포로대열에 합류해 후 보은군청으로 집결된 후 군용트럭에 실려 대구로 이동하였다. 대구에서도 하루 만에 부산수용소로 옮겨졌다.[37]

그는 전쟁에 강제 동원되었으나 포로가 된 것에 대해 죽지 않고 다행히 생명은 부지할 수 있게 되어 안심했다고 하였다. 그리고 전쟁이 끝나면 석방이 되어 고향으로 돌아갈 수 있으리라는 기대를 하였다. 부산의 거제리포로수용소에서 포로번호를 받았다. 그는 아직까지 자신의 포로번호를 정확하게 기억하고 있었다. 거제리포로수용소에서 3, 4일을 보낸 후 그는 다시 동래포로수용소의 남수용소로 옮겨졌다. 남수용소에서의 생활은 먹는 것은 다소 부족했지만 폭행을 당하는 등 포로로 강압적인 대우를 받지는 않았다고 하였다. 동래수용소에 서 그는 국군 경비병으로 근무하던 같은 성을 가진 국군 성 하사를 만났는데 그로부터 포로 생활의 도움을 받았다고 기억하고 있었다.[38]

이렇게 포로 생활을 하던 그는 다른 포로들이 경험하지 못한 특별한 경험을 부산의 포로수용소에서 겪었다. 그는 포로 관리병에게 요청하여 관리

37) "그 당시에는 그 당시 국군이 인솔했던 거 같애. 그렇게 해서 보은군청 있는데 가가지고 트럭 그러니까 GMC 그 때 당시에 그걸 전부 거기서 싣고 대구 형무소 자리로 갔던 거 같애요. 거기서 하룻밤 자고 그 이튿날 부산(거제리)수용소로 이송했다고" 성기남 구술, 앞의 글, 28쪽.

38) "거기에 이제 가서 한해 겨울을 나면서, 거기에 이제 그 한 개 대대에 관리 국군들이 관리를 한 사람씩 들어왔는데 그 사람이 바로 그 저 우리 같은 종씨, 성씨 성기? 하여튼 기억은 잘 안 나는데 성씨라. …… 하사였던 거 같애요. 장교는 아니고 그 사람 덕을 많이 봐서 그래도 편하게 있었던 거 같애." 성기남 구술, 앞의 글, 29쪽.

병의 인솔하에 10여 명의 포로들과 함께 포로수용소 밖으로 나갈 수 있었다고 하였다. 수용소 가까이에 규모가 큰 일본인 가옥이 있었는데 그곳에 가서 장작으로 불을 때 물을 데워 목욕을 하였다고 한다. 그곳을 드나들면서 수용소 가까운 지역의 부산 시내 구경도 하였다고 기억하고 있었다.[39)]

다음으로 오용삼은 1950년 6월 29일 강제 동원되어 남하 중 평택 부근에서 동료 4명과 함께 탈출하여 충청남도 공주군 유구면 반포리에 들어가 후방조사 임무를 맡았다고 속이고 마을에 눌러앉았다. 그곳에서 지내던 그는 9월 25일 추석을 맞아 후퇴하는 인민군을 만나게 되자 위급함을 느끼고 반포리에 행상을 하러 왔다가 알게 된 신도안의 상인이 안전하다고 일러준 신도안으로 피신하였다.[40)]

그는 신도안이 안전하다고 숨어 있었지만 그곳에도 인천상륙작전 이후 후퇴하는 인민군과 북상하는 유엔군이 진격해 왔다. 그는 이곳도 안전하지 못하자 동료들과 함께 피난에 나섰으나 얼마 되지 않아 귀순하기로 결심했다. 그 이유는 첫째, 그는 자신의 의사와 무관하게 전쟁에 동원되었고 직접 전투에 참가하지는 않았기 때문에 특별한 잘못을 했다고 생각하지 않았다. 둘째, 당시 전세가 뒤집힌 상황에서 더 이상 피난을 가는 것이 무의미하다고 생각하였다. 이렇게 그는 귀순을 결심하고 일행을 설득해 도로로 내려갔다.

> 그런데 이제 그 뒤에 만세들을 부르고 이제 그러더라구. 그래서 뭐 우리가 잘못한 게 뭐 있어 도로 내려가자 우리도 이제 우리도 만세나 부르러 내려가자 그래서 내려가는데, 그 이제 거기 큰 거기 뭐야 저 그 대궐인가 저 큰 집 질라

• • • • •

39) "남수용소에 있을 적에 밖에를 그 관리하는 그 국군 관리병이 인솔하에 나갈 수가 있는데 한 십, 한 열 명 정도씩을 데리고 이따금 나가서 한 바퀴 돌아오고 했는데 그중에 나도 그 사람 덕으로 했는지 끼여서 한 두어 번인가 나갔던 거 같애. 나가서 뭐 목욕도 하구 들어오고" 성기남 구술, 앞의 글, 29쪽.

40) "어디로 갔냐믄 저 신도안으로 들어갔지. 그래서 들어가서 한 일주일 있으면서 의복을 전부 다 사복을 이렇게 맨들어서 입고 그렇게 하구선 아닌 게 아니라 후퇴하는 바람에" 오용삼 구술, 앞의 글, 33쪽.

고 이제 그 바윗돌 들을 주춧돌 하고 쓰려고 마다놓은 것들이 널려있는 벌판인데 글루 다가서 다 내려갔지 뭐야.[41]

그는 반포리에 있을 때 인민군복을 버리고 피난 간 마을 주민의 옷을 입고 있었다. 포로로 수용될 당시 그는 머리는 깎고 농민의 옷을 입고 농민모를 쓰고 있었다. 흑인 병사 한 명이 그의 농민모를 툭 쳐 벗기고는 따귀를 한 대 심하게 때렸다. 그는 속에서는 화가 났지만 어쩔 수 없는 상황이라서 참을 수밖에 없었다. 이렇게 포로로 수용된 그는 여자와 어린이 등 민간인과 분류되어 트럭에 실려 대전으로 옮겨졌다.[42]

대전의 포로수용소로로 옮겨진 오용삼은 그곳에서 미군 장교로부터 포로에 대한 대우에 관해 설명을 들었는데 미군 장교는 포로에 대한 대우를 잘 해줄 것이라고 안심하라는 말을 하였다. 설명을 들은 후 그는 부산의 동래수용소로 옮겨졌다.[43]

(C) 사례: 탈출 후 귀향 중 포로

여기에 해당되는 포로는 양제호와 이창번 2명이다.

양제호는 1950년 7월에 인민군에 입대해서 강원도 송전의 중국군휴양소의 보초를 서다 친구로 함께 입대한 여계식으로부터 9월 15일 인천상륙작전이 있었다는 소식을 듣고 그와 탈출을 모의하였다. 10월 달에 들어 부대의 퇴각이 시작하자 후퇴 중 신창에서 탈출하였다. 고향인 평양으로 가기 위해 신창에서 강동을 지나 열파를 지나가던 중에 북상하는 국군을 만났다. 그는

41) 오용삼 구술, 앞의 글, 33쪽.

42) “거기서 아닌 게 아니라 전부 젊은 사람들은 이제 다 이렇게 세워놓고 이제 부인들, 여자들은 다 저쪽으로 가고 그리고 이제 GMC를 갔다 대더니 GMC에 타라고 해서 그래서 대전으로 나간 거예요.” 오용삼 구술, 앞의 글, 33쪽.

43) “대전에 나가서 했는데 그게 미군 장교가 당신네들 이제 살았습니다. 우리 이제 지금까지는 여기서 머 어떻게 할 수 없고 부산에 내려가면 여하튼 잘 대접해주고 저거 할 테니까 걱정하지 말고 야튼 타라고 그러더라구. 그래서 부산” 오용삼 구술, 앞의 글, 34쪽.

그때를 10월 23일로 기억하고 있었다. 그의 친구 여계식은 동경대 법대를 나와 영어를 할 줄 알아서 미군을 환영한다는 플래카드와 태극기를 만들어 유엔군과 국군의 거리 환영에 나섰다. 미군을 환영하는 행사에 참석했던 양제호와 친구 여계식은 국군 중대장에 끌려가 위기를 맞게 되었다.[44]

중대장은 양제호와 친구의 복장을 보고 인민군임을 직감하고 강압적으로 무기의 소재를 탐문했다. 그런데 선임하사가 이들이 인민군이지만 환영 플래카드와 태극기를 만들어온 것을 말해 중대장을 무마시켰다. 그때 다른 국군이 와서 양제호와 친구를 심문하는 과정에서 평양의 같은 동네 출신으로 국군에 입대한 친척을 만나 신원을 확인받고 위기를 넘겼다.[45]

친척인 국군은 그에게 자신이 평양에 진격하면 가족에게 소식을 전하겠다는 말과 함께 인민군이기 때문에 수용소로 가야 한다고 해서 수용소로 옮겨졌는데 그곳이 바로 포로수용소였다. 그는 처음에 수용소가 포로수용소 인지도 알지 못한 채 포로가 되었다. 그곳에서 강동군으로 수송되어 트럭을 타고 서울 용산의 헌병사령부를 거쳐 인천으로 옮겨졌다. 강동에서 옮겨질 때 30여 대의 포로수송 차량 행렬이 이어졌다고 기억하는 것으로 보아 당시 많은 포로들이 수용되었음을 알 수 있다.[46]

그는 인천의 소년헌병소에 마련된 포로수용소로 와서 하룻밤을 보내고

• • • • •

44) "바지는 인민군 바지를 입고 그카고 갔더니 너들 인민군이 왜 왔어 그렇다고 거시니 이케서 환영하러 나왔다구 플래카드도 보여주고 태극기도 보여줬더니 자기가 이제 중대장 있는데 우릴 데리고 가더라구요 …… 그러더니 중대장이 거기 너희 무기다 어켔느냐 이거야 바른대루 대라구 다 쏴 죽인다구 권총을 탁 들더라구" 양제호 구술, 앞의 글, 35쪽.

45) "근데 거기가 아니고 이짝 앞이다 그니까 사진관 짝이냐 그래서 사진관 바로 옆집이라구 했더니 그러면 양춘관집이냐? 그래 그렇다구 하니까 야씨 하더니 따귀를 두 대 때리더라고 살짝 하더니 저녁에 저녁 먹은 데 우린 저짝에 초가집에 가서 저녁을 먹는데 와서 하니 미안하다고 자기가 우리 둘째형의 4촌인가 6촌이 돼" 양제호 구술, 앞의 글, 36쪽.

46) "그래 갔구서는 이제 강동 군소재지에 가서하니 거서 집결해갖고 아마 그때 추럭이 일본 릿산추럭 새 건데 거의 한 30대 줄달아서하니 이짝으로 나왔어요. 다 포로된 사람들이죠. …… 저 서울 용산 헌병사령부 들렀다가 거기서 또 인천으로 전환해 갔죠." 양제호 구술, 앞의 글, 36~37쪽.

다시 인천의 사발공장을 개조한 수용소로 이송되었다. 그는 그곳에서 20여 일을 보냈다. 인천의 임시 포로수용소에서 그는 평양의 친척을 만났고 그의 추천으로 포로 경비를 직책을 맡게 되었다. 포로 가운데에서 선발된 포로 경비는 특별대우를 받아 일반포로보다 양질의 식사를 제공받았다. 양제호는 이렇게 인천에서 경비 직책을 맡아 활동하다 부산의 수영수용소로 왔다.

다음으로 이창번은 1950년 7월 8일 평안남도 양덕고등학교 2학년에 재학 중 강제로 인민군에 동원되었다. 그가 배속된 부대는 인민군의 특수부대로 945육전대였다. 왜관까지 내려와 낙동강전투의 특수작전에 투입될 예정이었던 945육전대는 이미 전황이 바뀌어 특별한 활동을 하지 못하고 왜관전투를 목도하며 지냈다. 그는 그곳에서 연락병 임무를 맡아 전투부대로 가던 중 미군의 폭격에 허벅지 부상을 당해 945육전대의 본부가 있던 광주 사월산의 인민군 위생부대로 보내졌다. 그 후 그의 부대가 남해방호여단에 포함되자 그는 여단 본부 내 민청지도부로 배속되었다.

그는 이곳에서 유엔군의 인천상륙작전이 성공했음을 알았다. 그의 임무는 선전 선동 활동이었는데 하루는 선전 활동을 하고 돌아오던 중 유엔군이 뿌린 삐라를 발견했다. 당시 삐라에는 인천상륙작전이 성공해 도망갈 수 없으니 귀순하라는 내용이 적혀 있었다. 그는 처음에는 유엔군의 인천상륙작전의 성공을 믿지 않았으나 전선사령부의 지령으로 철수하라는 명령을 받고 삐라의 내용이 사실이라는 것을 알아차리고 남쪽으로의 귀순하기로 마음먹었다.[47]

47) "시내에 나갔다가 연락 이제 다니면서 갔다 오다가 삐라를 주었는데 이 삐라에 한반도를 그려 놓고 북한에서부터 가는 실로 해 가지고 낙동강에 인민군을 포위한 걸로 위에서부터 포위한 걸로 나오고 뒤에 하얀 줄이 다 연결이 된 거에요. 거기에 인천 상륙하면 가위로 뚝 자른 게 나왔어요. 이젠 완전히 포위됐다는 말이죠. 그래서 그때 삐라에 귀순해랴 너희들 갈래야 가지 못 하고 고향에 가지 못 한다. 죽음만이 기다린다. 귀순하면 뭐 대우해준다 그 삐라를 가지고 온 거예요 처음엔 믿지 않았던 거예요." 이창번 구술, 앞의 글, 38쪽.

〈그림 4-6〉 유엔군이 뿌린 삐라들

※출처: 『조선일보』, 2010년 3월 8일.

하지만 그는 생각을 바꿔 북한의 고향으로 돌아가 탈출하기로 생각을 바꾸었다. 그 이유는 그가 지닌 배낭에 북한으로의 탈출로를 표시한 지도가 있었는데 그 지도의 탈출 경로에 자신의 고향 성천 인근인 양덕을 지나간다는 것을 확인하고 양덕에서 탈출해 고향까지 가서 입대할 때 인사도 드리지 못한 부모 형제를 만나보기로 결심했기 때문이었다.[48]

48) "내가 그 졸병으로 있으니까 작전지도 같은 걸 내가 전부 짊어지고 이제 가는데 그 지도에 보게 되면 후퇴코스를 그려 놓은 게 춘천에서부터 저쪽으로 빠져 게지고 그저 그 어데 안악, 안악 있는 쪽으로 해가지고 양덕으로 들어가서 맹산 쪽으로 해서 북으로 올라가는 그 코스에요. '그러면 양덕만 가면 나는 집에 간다. 이것 때문에 악을 쓰고 쫓아 간 거에요.", 이창번 구술, 앞의 글, 39쪽.

그는 부대원들과 함께 광주에서 북으로 후퇴하였다. 그러나 그의 생각대로 고향으로 갈 수 없었다. 평강까지 후퇴하고 보니 후퇴로 지도에 표시된 신계 곡산은 이미 유엔군과 국군에 점령하여 그의 부대는 원산으로 방향을 틀수밖에 없었다. 신계 곡산을 지나 고향인 양덕과 성천으로 가려던 꿈이 수포로 돌아가자 탈출하기로 결심했다.

> 거기(평양)에서 양덕으로 넘어가는 길이 평원선이 이제 있는데 거기서 한 70리 정도 그 고갯길 내려가면 양덕이에요. 거기에서 탈출했어요. 그래 난 사실 양덕까지 가볼려고 했던 거예요. 거기서 산을 통해가지고 양덕까지 내려가면 내가 집에 갈 수 있다는 생각에서 그렇게 탈출했는데 결국은[49]

그는 원산에서 탈출하여 평원선을 따라 양덕에 도착해 고향인 성천으로 가겠다고 다짐하고 출발하였다. 그러나 원산에서 출발한지 얼마 못 가서 귀순하기로 마음먹었다. 그는 혼자 떨어져 하루를 보내며 굶게 되자 해결 방법을 찾지 못했다. 여러 명이 함께 움직일 때는 먹는 것도 어렵지 않게 해결했지만 혼자 떨어져서는 먹는 문제를 해결할 방법이 없어 귀순하기로 마음먹었다. 그는 미군들이 있는 도로로 내려가 순순히 귀순하였다.[50]

그는 미군 지프차를 타고 원산까지 가서 포로로 수용되었다. 원산에서 기차로 대전형무소의 수용소로 이송되어 하룻밤을 보낸 그는 부산 거제리포로수용소로 보내졌다. 이창번은 부산 거제리포로수용소에서 포로번호를 받고 수영의 대밭포로수용소로 다시 넘겨졌다. 그는 부산의 수영대밭포로수용소에 도착했을 당시를 1950년 12월로 기억하고 있었다.[51]

• • • • •

49) 이창번 구술, 앞의 글, 39쪽.

50) "그래서 굶고 있었는데 고 도로에 미군들이 차가 막 지나가요. 그래서 아 안 되겠다 싶어서 미군한테 손들고 나가는 수밖에 없다 해서 거기서 차가 GMC 손들고 따발총 여기다 놓구 손들고 그랬더니 미군 내리더니 얘들은 겁을 안내. 그냥 총만 쓱 하더니 운전석에다 그냥 태우는 거예요. 옆에다가" 이창번 구술, 앞의 글, 39쪽.

(D) 사례: 참전 중 부상과 포로

양택조가 팔공산전투에서 부상당한 친구를 업고 부축하자 인민군 소대장은 "나가서 총을 쏘라는데 왜 환자를 업느냐?"[52]라고 하면서 그를 향해 총을 쏘았다. 그는 소대장이 쏜 총에 다리를 맞고 전쟁터에서 버려졌다. 인민군은 후퇴하면서 부상당한 그를 데리고 가지 않았다. 부상당한 그는 기어서 주변의 바위에 의지하였지만 심한 포격 속에 머리에도 부상을 입었다. 그는 부상당한 머리와 부러진 다리를 끌고 마을로 들어가 인민군이 먹고 남은 밥을 긁어서 누룽지 덩어리를 만들어 마을의 논 가운데 만들어진 움막에 들어가 누룽지와 주변에 심어진 호박 등을 먹으며 목숨을 부지하였다. 그는 자신이 부상당한 시기를 음력 8월 초를 지난 때라고 기억하고 있었다.[53]

그는 인민군에게 버림받고 마을의 움막에서 힘들게 사나흘을 버텼다. 움막에서 그는 전쟁으로 마을을 떠난 사람들이 추석을 맞아 마을로 돌아온 사람들이 두루마기를 입고 다니는 것을 보게 되었다. 부상으로 인해 몸 상태가 더욱 나빠지고 총상당한 다리에는 구데기가 쓸기까지 하였다. 그래서 그는 이렇게 있으면 죽을 수밖에 없으니 어떻게 라도 해봐야겠다고 생각해 마을 주민으로 보이는 아주머니가 자신이 숨어있던 움막을 지나가자 도움을 요청했다. 그런데 아주머니가 놀라 마을로 되돌아가 갔고 얼마 후 마을

• • • • •

51) "(원산에서) 그때 그래가지고 바로 이제 그 저쪽에 대전으로 어떻게 열차에다 태워가지고 대전에 왔다가 대전에 하룻밤 그 형무소에서 재워가지고 부산으로 내려가지고 그 거제리 수용소라고 있는데 거제 거기 도착한 게 아마 12월 달쯤 되서, 50년 12월 달쯤에 거제리 수용소에 도착했을 거예요." 이창번 구술, 앞의 글, 40쪽.

52) "그 마실에 집이 하나 있는데 배가 고프니까 한정간에서 자다가 그 집에 들어가서 뭐 먹을 게 있나 뒤져 보니까 먹을 건 없고 인민군대들이 밥을 해 먹고선 그 누룽지가 아주 솥에 눌러 붙었는데 이 새끼들 어케 밥을 해 먹었는지 아주 누룽지가 손바닥 것에 두꺼운 게 그런 걸 들어가서 긁어서 이 만큼 어데서 싸가지고 나와서 그걸 한정간에 나와서 한참 먹고 물을 한 사발씩 먹으면 뭐 꽤 살갔어 그걸 가지고 아마 한 사나흘 살았어" 양택조 구술, 앞의 글, 47쪽.

53) 양택조 구술, 앞의 글, 32쪽.

사람의 신고로 국군이 와서 그를 체포하였다.

> 그래서 그러더니 한참 있더니 그 국군이 왔대요. 와 가지구 국군도 와 가지구 거기서 끌어내니까 이게 뭐 다리는 다 부러졌지 어떻게 할 수 없으니까 그 동네 가서 지게를 져가지고 어떤 남자 분을 데려다가 아버지를 지게에 태웠대요. 지게를 지고 어디까지 가서 거기에서 이제 다시 차를 타고 거쳐서 부산까지 갔다 그러더라구요.[54]

국군은 다리와 머리에 부상을 입은 그의 처참한 상황을 보고 마을로 가서 지게를 가져와 그를 옮겼다. 이렇게 힘든 상황에서 그는 포로가 되어 부산이 야전병원 수용소로 옮겨졌다. 부산의 야전병원 수용소로 옮겨져 그는 치료를 받았다.[55]

(E) 사례: 민간인 포로

이성운은 황해도 수안군 북조선청우당 천곡면 면당위원장으로 일하면서 특수접 활동을 했다는 명목으로 1950년 10월 초 해주형무소에서 수감되었다. 인천상륙작전 이후 유엔군이 북진하자 인민군은 해주형무소에 불을 지르고 후퇴하였다.[56]

그는 해주형무소의 긴박한 상황 속에서 같이 수감된 사람들과 협조

54) 양택조 구술, 앞의 글, 49쪽.

55) “포로가 되가지구 포로가 되니 그때는 편안하더라고 다리 부러졌으니까 그놈들이 업고가 …… 다리 부러졌으니까 내가 가지 못하니까 업고 가서 포로수용소에 갖다 놓았는데 포로수용소에 갖다 놓으니까 뭐 그때는 밥 잘 주고 하니 편안하지 뭐 우리는” 양택조 구술, 앞의 글, 32쪽.

56) “자 그러니 복도에서 불이 나니까 불은 활활 붙지 감방에서는 아우성이나 죽겠다고 그러니 가만히 살 궁려가 없어 그러면서 그저 이 문 있죠. 감방에 문이 있는데 밥을 넣어주는 요요 조그만 구멍이 있어요. 구멍이 있는데 그것이 어느 정도 요렇게 얇은 거로 돼 있어요. 바깥에 보니까 바깥에 나간 사람들이 있어 벌써 그 거기서 그래서 돌을 들여보내라 돌을 받아가지고서 요 얇은 델 따고서 그래서 하나하나 기어 나온 거지.” 이성운 구술, 앞의 글, 26쪽.

해 감방을 탈출하였다. 형무소 입구에 인민군 경비병이 있었지만 한꺼번에 쏟아져 나오는 수감자를 막아낼 수 없었다. 그는 탈출하면서 김재호 북조선청우당 군당위원장을 만나 같이 해주의 수양산으로 피신하였다. 수양산에 피신하고 있을 때 유엔군 정찰기가 해주 곳곳을 폭격하면서 함께 뿌린 삐라를 보고 국군이 해주로 들어온다는 것을 알게 되었다. 감옥을 탈출한 뒤 그는 자신이 인민군의 손아귀에서 벗어난 것에 만족했다.

그는 수양산에서 먹을 것을 해결하기 위해 마을로 내려오면서 몇몇 집에는 태극기가 꽂혀있는 것을 목격하기도 하였다. 그는 마을에서 식사를 해결하다가 국군과 마주쳤다. 국군은 젊은 사람들이 마을에 서성이자 이성운을 인민군으로 의심했다. 이성운은 국군에게 그간의 사정을 말하며 자신의 손목에 있는 고문 자국을 보여주며 인민군이 아니라고 국군을 설득하였다. 그러자 국군은 수고했다고 하면서 의심을 거두었다.[57]

그는 국군의 의심을 해소하고 국군을 쫓아 같이 북진을 하면서 고향으로 올라가고자 했다. 고향으로 가는 도중에 형무소에 같이 수감됐던 사람의 권유로 그 집을 가서 며칠을 지낸 후 다시 국군을 따라 사리원으로 올라갔다. 그런데 고향을 얼마 남기지 않은 사리원에서 미군에게 포로로 수용되었다. 미군에게 그간의 사정을 말했지만 미군은 기다리라고 한 뒤 군용트럭을 태웠다. 그때 미군에 통역하는 일본군이 있어 그에게 사정을 말했지만 일본군 통역은 미군이 이성운을 포로로 수용하려 한다고 말했다. 일본인 통역은 큰일이라며 안타까워했지만 지금은 방법이 없다고 하면서 조

57) "그 사람들이랑 헤어지면서 벌써 내가 내려오니까 부락에 벌써 태극기부터 이제 꽂혀져있었지. 그래 내려와서 이제 그 이것저것 뭐 얻어먹기도 좀 얻어먹었지. 그런데 국군들하고 마주친 거예요. 그래서 어떻게 되냐고 그 국군들이 의심할 거 아녜요 이거. 그때 인민군들 자꾸 후퇴할 때니까. 인민군이 아니요 그래 우린 사실 이런 사람이라구 그러니까 여기 손에 묶였던, 묶었던 자리가 다 있어 그냥 다 있어 이거보라고(하니 국군이) 그러냐고 어이구 수고했다고." 이성운 구술, 앞의 글, 27쪽.

금만 가면 심사를 해서 당신과 같은 사람을 돌려보내니 심사를 잘 받아서 고향에 돌아가라고 할뿐이었다.[58]

그는 사리원에서 미군에 의해 포로로 수용되어 금천으로 갔으나 만원이라고 해서 다시 개성으로 이송되었다. 개성에서도 포로가 많아 수용할 수 없다고 해서 또다시 인천형무소의 포로수용소로 보내졌다. 금천이나 개성에서 심사를 받아 고향으로 돌아가리라 기대했던 이성운은 꿈을 접어야 했다. 인천에서 이성운은 수용된 사람들에게 물으니 전부 인민군 포로라고 하여 포로수용소에 수감되었음을 확인할 수 있었다. 그는 인천형무소에서 일주일을 보내고 부산의 수영대밭포로수용소로 보내졌다.[59] 인천에서 기차에 포로들을 태우고 알랑미밥을 싣고서 출발했는데 3일간이나 걸린 수송시간에 밥이 쉬어서 제대로 먹지도 못하고 부산의 수영대밭포로수용소까지 열악한 환경 속에서 이송되었다. 수영대밭포로수용소에서 포로 심사를 받았는데 그곳에서는 이전에 무엇을 했던지 상관하지 않고 모두 포로로 취급하였다. 그는 인민군으로 동원되지 않았다고 심사 과정에서 이의를 제기했지만 그의 주장은 받아들여지지 않았다.

이상에서 구술자들의 포로 수용을 5가지 사례로 살펴보았다. 이들의 포로 수용 후 부산의 포로수용소까지의 집결 경로를 요약하면 〈표 4-5〉와 같다.

58) "그런데 나중에는 이제 추럭, GMC 추럭이 2댄가 3댄가 와요. 그걸 타라는 거야. 그래 왜 그러냐니까 그 일본놈이 하나 있어 일본놈이 통역이 있어요 일본놈 통역이. 일본말은 어느 정도 하니까 일본말로 물어봤어요. 이거 뭐냐하니까 이게 사실 다 포로들이라는 거야." 이성운 구술, 앞의 글, 27쪽.

59) "그러니까 방통[기차]을 들이대구서 도라무깡에다 알랑미 밥을 하나 실어 그래가지고 그걸 타라고 해서 탔는데 한 사흘 동안인가 가요. 부산 내려가는데 그 알랑미 밥이 나중에는 변하고 뭐 그랬더라구 그 밥을 먹으면서 가는데 나중에 수영비행장" 이성운 구술, 앞의 글, 28쪽.

〈표 4-5〉 구술자의 포로 수용 후 이송 경로

구분	이름	포로 수용 후 이송경로	비고
A	길두만	안동(1차)－맹산－순천(2차)－평양－인천－부산 가야수용소	노무자, 치안대
B	성기남	보은－대구－부산 동래수용소	
C	양제호	강동－인천－부산 수영대밭수용소	
D	양택조	낙동강－부산 거제리 병원수용소	
E	오용삼	신도안－대전－부산 동래수용소	
F	이성운	사리원－인천－부산 수영대밭수용소	
G	이창번	원산－대전－부산 거제리－수영수용소	
H	임운길	양덕(1차)－순천(2차)－평양－인천－부산 동래수용소	치안대

※비고: 이 표는 구술자들의 녹취를 바탕으로 정리하였다.

요컨대 구술자 8명의 포로수용 과정은 5가지 사례로 정리할 수 있다. 길두만과 임운길은 2차에 걸쳐 포로가 되었고 치안대 활동을 한 공통점을 갖고 있었다. 성기남과 오용삼은 북한으로 퇴각 중 포로로 수용되었다. 양제호와 이창번은 부대를 탈출하여 고향으로 가다가 포로로 수용되었다. 양택조는 팔공산전투에서 인민군 장교에 의해 총상을 입고 마을 사람들에게 자신의 처지를 알렸다. 이성운은 민간인이었지만 포로로 수용되었다. 8명의 포로 수용은 자발적으로 이루어졌다. 민간인이었던 이성운을 제외하고 포로수용을 자연스럽게 받아들였다.

3. 천도교 포로의 규합

1) 수용소의 변동

거제도는 부산 서남쪽에서 약 70km에 위치하여 부산의 포로를 옮기기에 크게 어려움은 없었다. 거제도에 들어선 포로수용소는 섬의 중앙인 임운면 고현리를 중심으로 용산, 장평, 문동, 양정, 수월, 제산리와 연초면의 임전,

송정리, 그리고 동부면의 저구리 일대의 약 360만 평이었다.[60] 1951년 2월 초에 시작된 공사는 빠르게 진행되어 2월 말에 기초 공사가 거의 마무리되었다. 수용소가 건설 중인 2월에 부산의 각 수용소 포로들이 거제도로 이송되기 시작하여 2월 말까지는 부산의 제2, 제4 수용소의 포로들이 거제도로 옮겨졌다. 〈표 4-6〉는 1951년 2월 말 현재 포로수용소 현황이다. 이때까지 부산에 약 8만 명의 포로가 있었음을 알 수 있다.

〈표 4-6〉 포로수용소 이동 시기의 포로 현황(1951년 2월 28일 현재) (단위: 명)

포로수용소		인원수	비고
부산	제1수용소	5,787	
	제3수용소	38,395	3월 12일 거제도로 이동
	제5수용소	31,880	
	병원	10,146	
거제도		53,588	부산의 제2, 제4수용소 포로
합계		139,796	

※출처: 김행복, 『한국전쟁의 포로』, 국방군사연구소, 65쪽. 표의 통계는 제3군수사령부에서 집계한 것이다.

3월 1일에는 주요 본부 및 부대가, 3월 12일에는 제3수용소가 거제도로 옮겨갔다. 5월 말까지 거제도로 이동한 포로는 98,799명이었다. 5월 말까지 전체 유엔군 포로 154,734명 중 115,884명의 포로가 거제도로 수용되어 거제도가 포로수용소를 대표하는 곳으로 자리 잡게 되었다. 상대적으로 부산의 포로는 7,000명에서 10,000명 사이를 오르내렸다. 포로가 거제도로 이동함으로 해서 부산은 포로 문제로부터 자유로울 수 있었고 시민의 안전도 담보되었다. 부산의 수용소가 거제도로 이동함에 따라 한국군 경비대대도 같이 옮겨졌다. 부산의 포로수용소는 주로 질환이 있는 포로를 비롯해 여성포로, 민간인 억류자 등이 남았다. 부산의 포로수용소는 제10구역(Enclosure No.10)

60) 현 거제시 계룡로 일대로 거제도포로유적공원은 그 일부이다.

으로 재지정되었고 제14야전병원의 통제를 받았다. 환자의 규모는 1952년 10,800명으로 최고조에 이르렀다가 52년 말에는 7,574명으로 줄어들었다.

거제도의 포로수용소는 크게 구역(Enclosure)[61]으로 나뉘어졌다. 구역은 60, 70, 80, 90의 단위로 설정되었다. 1개 단위 구역에는 6,000명의 포로를 수용할 수 있었고 그 아래에 수용동(Compound)이 있었다. 거제도는 전체 4개의 구역과 28개의 수용동으로 만들어졌는데 중앙 계곡에 제6구역이 동부계곡에 제7, 8, 9 구역이 있었다.[62] 거제도로 이송된 후 포로들은 수용소 부지 정리 및 시설의 확장, 부산으로부터 배편으로 수송되어 오는 포로들을 배차하는 작업을 하는 등 새 포로수용소에 적응하며 생활하였다.[63]

〈그림 4-7〉 거제도포로수용소 전경

※출처: 길광준, 『사진으로 읽는 한국전쟁』, 예영커뮤니케이션, 2005, 354쪽.

구술자의 개별 사례를 보면, 먼저 성기남은 1952년 2월 26일 거제도로

61) 예를 들어 74수용소라고 부를 때는 구역의 수용동를 뜻한다. 전체 수용소와 혼동되지 않을 때는 통상 구역 수용소를 수용소라고 불렀고 포로들은 수용동을 수용소라고 하였다.

62) 김행복, 앞의 책, 65쪽.

63) 위의 책, 111쪽.

이송되었다. 그는 거제도로 이송되었을 당시의 상황을 다음과 같이 증언하고 있었다.

> 뭐 그러니까는 그때 당시에 가니깐 추워서 뭐 얼음이 바짝바짝 얼 때도 있었거든. 봄이 봄이지만 그래서 그렇고 논바닥에다 물이 질쩍질쩍한데다 뭐 깔개라는 게 에 천막 같은 거, 그 군인들 천막 치는 요 그거 가지고 깔고 하니깐 습기가 차가지고 뭐 많이 병들도 났어. 후송들 되는 사람들도 꽤 있었고. 그래서 사월 달쯤 들어서면서 정리가 되어가지고 거스끼니 그 하수구제도 치고 마른땅이 되고 하니깐 그때부터는 뭐 생활하는데 그렇게 어렵지 않게 생활한 거 같애.[64]

위의 증언에 의하면 성기남이 거제도에 온 1952년 2월 말은 아직 추위가 풀리지 않은 시기였다. 포로수용소가 다 정비되지 않은 상태에서 거제도로 이송된 포로들은 자신들이 기거할 수용소를 자신의 손으로 만들어야 했다. 수용소는 물이 질퍽한 논바닥에 만들어져 생활하기가 불편하였다. 처음에는 미군들의 우의를 깔고 지내야 할 정도로 환경이 열악하였다. 수용소 건설이 완벽하게 이루어지지 않은 상황에서 거제도로 이송된 포로들은 추위와 습한 수용소 환경으로 인해 환자가 발생하였고 적지 않은 포로들이 다시 부산으로 후송되었다. 이런 열악한 환경을 포로들은 자력으로 정비할 수밖에 없었다. 성기남의 구술에서 나타나듯이 포로들은 질편한 수용소 바닥에는 흙을 깔아 돋우고, 천막 주위로는 배수로를 만들었다. 이렇게 수용소의 정돈과 하수도 시설을 만드는 등 수용소를 정비하는 데 2달 가까이 걸렸다. 거제도로 건너온 후 몇 달은 수용소를 정비하는 시기였다.

거제도포로수용소 초기에는 친공포로와 반공포로 간의 문제보다 포로와 한국군 경비병 사이의 다툼이 주로 발생하였다. 그 이유는 한국군 경비병보다 포로들에 대한 대우가 더 양호해 한국군 경비병들의 입장에서 포로들을 마냥 좋게 볼 수가 없었다. 따라서 한국군 경비병과 포로와의 감정적인

• • • • •

64) 성기남 구술, 앞의 글, 30쪽.

충돌이 발생하는 경우가 많았다. 또한 국군 경비병들이 포로들을 강압적으로 대하는 것에 포로들이 반발하는 경우도 있었다. 이렇듯 거제도의 초기에는 수용소 정비에 바빴고 포로와 경비병의 감정 갈등을 표출되기도 하였으나 수용소는 조용하였다.

증언을 토대로 구술자들의 수용소 변동 상황을 정리하면 〈표 4-7〉과 같다.

〈표 4-7〉 구술자의 거제도 포로수용소 수용 현황

성명	소속 수용소	주요 활동
길두만	77 → 73 → 64야전병원	결핵이 발병해 병원 수용소로 이동
성기남	73 → 74	황해도 출신 포로들과 생활, 74수용소에서 친공포로 축출
양제호	61 → 85 → 74	거제도에서 시일식, 85수용소에서 9 · 17폭동 목격, 74에서 천일기념식
양택조	76 → 85 → 91	76에서 친공포로에 타격, 포로 심사시 천도교강령을 외워 살아남
오용삼	74	천도교 포로로부터 천덕송 1권을 선물 받음
이성운	64 → 96	78에서 천도교인 7~8명 만남, 96에서 친공포로 색출
이창번	72 → 91	포로심사시 천도교인 만나 감찰대 활동, 91수용소 2대대 경비대 전체가 천도교인으로 구성, 시일식, 포로의 암송으로 프린트 경전 제작
임운길	72 → 96	전덕범 등과 함께 천도교 활동

※비고: 구술자들의 거제도의 수용소 이동은 녹취록을 바탕으로 정리하였다.

먼저, 처음에 이들이 거제도에서 배속된 수용소는 60단위와 70단위 수용소였다. 양제호와 이성운은 처음에 61, 64수용소의 6구역에 수용되었다. 이들 수용소는 남한의용군 수용소였다. 양제호는 85수용소로 옮겨졌고 이성운은 96수용소로 이송되었다. 이창번과 임운길은 72, 성기남은 73, 오용삼은 74, 양택조는 76, 길두만은 77수용소의 7구역에 수용되었다. 7구역은 인민군 포로의 수용소였다.

둘째, 오용삼을 제외한 7명이 구술자가 거제도로 와서 1번 이상 수용소를 옮겼다. 수용소를 옮긴 이유는 처음 배속된 수용소가 포로의 성분과 맞지 않았기 때문이었다. 양제호와 이성운이 처음 수용되었던 61수용소와 64수용소는 남한 출신 의용군 포로가 수용된 곳이어서 그들은 85수용소와 96수용소로 옮겨졌다. 임운길과 이창번이 처음 수용되었던 72수용소는 중국군 포로 수용소여서 이들은 91수용소와 96수용소로 옮겨졌다.

셋째, 양제호와 양택조가 소속되었던 85수용소는 소위 9·17폭동으로 다수의 천도교인이 살해된 사건이 일어났다. 양제호는 9·17폭동을 목격하였는데 반해 양택조는 9·17폭동 이후에 85수용소로 옮겨와서 사건을 목격하지는 못하였다. 양택조는 얼마 후 91수용소로 다시 이송되었다.

넷째, 이성운과 임운길이 수용되었던 96수용소는 천도교 반공포로가 중심이 되어 친공포로의 수용소 장악을 막았다. 96수용소는 처음에 고학력자를 대상으로 신설한 수용소였다. 그런데 각 수용소의 상황에 따라 친공수용소에서는 반공포로가 옮겨왔고 반공수용소에서는 친공포로가 옮겨왔다. 친공포로들이 96수용소를 장악하려는 것을 이성운 등 천도교 포로들이 정보를 입수하여 이를 저지하였다.

다섯째, 성기남, 양제호, 오용삼이 수용되었던 74수용소는 포로수용소 가운데 처음으로 친공포로가 제거된 수용소이다.[65] 74수용소의 친공포로들의 수용소 장악 시도를 사전에 인지한 반공포로들은 친공포로들을 색출하여 수용소를 반공수용소화시켰다. 이렇게 구술자들은 수용소의 내외의 상황에 따라 수용소가 옮겨졌다. 구술자들은 자신이 속한 수용소 상황에 따라 천도교 활동과 반공 활동을 하였다.

2) 천도교 포로의 규합 과정

구술자들의 증언에 의하면 수용소에서의 종교 활동은 부산의 수용소에

65) 74수용소에서의 반공 활동은 성강현, 앞의 논문, 36쪽에 기술되어 있다.

서 시작되었다.

(A) (부산 동래포로수용소) 그때 당시에는 머 교, 종교 관계 같은 것도 거의 형성이 안 돼 있었고 기독교 계통도 들어와 있지 않았었고 천도교도 형성이 되지 않았었고[66)]

(B) 차츰 수용소안의 분위기도 온화해졌다. 그때부터 미국인 군목들이 수용소에 들어와 예수교나 천주교 신자들을 모아놓고 포교 활동을 시작했다.[67)]

(A)는 초기 종교 활동에 대한 성기남의 증언이다. 그가 수용되었던 동래포로수용소에서는 천도교뿐만 아니라 기독교 등 다른 종교의 활동도 보지 못했다고 기억하고 있었다. 이 시기에는 포로의 수용이 이루어지던 시기였고 미국인 군목도 소수에 지나지 않아 모든 수용소에서 활동하지는 못할 때였다. 그는 거제도로 옮길 때까지 동래포로수용소에서 어떠한 종교 활동도 보지 못하였다고 기억하고 있었다. 그는 이 시기에는 식사 문제의 해결이 포로들의 가장 큰 관심사였다고 하였다. 그렇기 때문에 이 시기의 포로들은 종교에 관심이 없었다고 하였다.

(B)는 초기 종교 활동에 관한 김응몽의 증언이다. 김응몽은 수영대밭포로수용소에 미국인 군목이 들어와 기독교와 천주교의 포교를 목격한 것이 수용소 내에서의 최초의 종교 활동이었다고 증언하고 있다. 그에 의하면 수용소가 안정이 된 이후에 미국인 군목이 들어와서 기독교와 천주교 포교를 시작하였다. 이것이 수용소에서의 최초의 종교 활동이었다.[68)]

66) 성강현, 위의 논문, 98쪽.

67) 석농, 「삼변기(5)」, 『신인간』 통권 제274호, 1970.4, 130쪽.

68) 김승태, 앞의 글, 2004, 52~56쪽에서 1950년 부산의 포로수용소에서 활동한 미국인 군목은 미국 남장로회 선교사 보켈(Harold Voelkel, 옥호열), 미국 북장로회 선교사 힐(Harry J. Hill, 허일), 북장로교 캠벨(A. Campbell, 감부열), 남장로회 선교사 텔미지(John. E. Talmage, 타요한), 커밍(Bruce A. Cumming, 김아열) 등이 있었다.

포로수용소 내에서 천도교 활동의 시작은 부산의 포로수용소에서 이루어졌다. 천도교 포로를 규합하는 데 핵심적인 역할을 한 자들은 역시 북한에서 간부로 활동했던 천도교 포로들이었고, 수용소 내에서 천도교 포로를 찾아다니며 수용소의 상황에 최적화하는 방식으로 소규모 활동을 전개하였다.

> (C) (부산 수영대밭포로수용소에서) 저마다 노래를 한 마디씩 부르는데 내 차례에 돌아오자 나는 천덕송(天德頌)[69]을 한 곡 불렀다. 그랬더니 이곳저곳에서 몇 사람이 천덕송을 따라 부른다. 그리해서 내가 있는 천막 안에서는 5, 6명의 천도교인을 찾아냈다. 그 후 서로 연락하여 수십 명의 천도교인을 알게 되었다. 그중에는 경비로 있는 사람도 있었고 중대간부로 있는 교인도 있었다.[70]

> (D) 그 다음에 여기저기서 왔다 갔다 하며 알아봤더니 바로 모잘 썼는데 궁을 마크를 새겨서 쓴 사람들이 있어 …… 궁을마크를 단 사람들이 있더라구. 그래 그 사람들을 접촉을 했지요, 그 사람들을 보고[71]

(C)는 김응몽의 수영대밭포로수용소에서의 천도교 활동에 관한 증언이다. 포로수용소에서 김응몽은 우연한 기회에 천도교 포로를 찾았다. 하루는 일과가 끝나고 밤중에 불도 켜지 못한 상태에서 포로들이 서로 돌아가며 장기자랑을 하며 무료함을 달랬는데 김응몽은 자기 순서가 되자 다른 장기가 없어 북한에서 즐겨 부르던 천도교 노래인 천덕송을 불렀다. 그런데 같은 막사의 몇몇 포로가 자신이 부르는 천덕송을 따라 부르는 것을 보고 천도교 포로가 있음을 알게 되었다. 그는 이들 천도교 포로를 규합하여 수용소에서 천도교 활동을 시작하였다. 그는 처음에는 5, 6명 정도의 천도교 포로를 모으는 데 지나지 않았지만 시간이 지나면서 수십 명의 천도교 포로들을 규합하였다.

69) 천도교의 송가(頌歌).
70) 석농, 앞의 글, 132쪽.
71) 이성운 구술, 앞의 글, 29쪽.

(D)는 이성운의 증언이다. 그가 처음 만난 천도교 포로는 자신의 모자에 천도교를 상징하는 궁을(弓乙) 배지를 새긴 포로였다. 그는 궁을(弓乙) 표식을 한 포로와 함께 수용소 내에서 7, 8명의 천도교 포로를 더 찾았다. 그는 이렇게 모인 천도교 포로들과 수용소 내에서 소규모로 간단한 천도교 의식을 갖는 한편 수용소 내에서의 정보도 교환하면서 천도교 활동을 시작하였다.[72)]

정리하면, 포로들이 부산의 수용소로 집결한 이후에 종교 활동도 시작되었다. 종교 활동은 기독교와 천주교를 중심으로 이루어졌는데 당시 미국인 선교사가 군목이 되어 수용소에서 종교 활동을 이끌었다. 천도교 포로들은 포로수용소에서 다양한 방법으로 천도교인들을 찾기 위해 노력하였다. 이렇게 해서 만난 천도교 포로들은 비록 소수였지만 같은 신앙을 하는 교인이라는 동질감을 갖고 포로 생활의 어려움을 견뎌나갔다. 이 시기 천도교 활동은 김응몽의 경우처럼 의도하지 않은 상황에서 천도교 포로임을 확인하고 소규모로 천도교 활동을 시작하였다. 천도교 포로의 규합은 포로들의 자발적인 노력으로 이루어졌다.

거제도포로수용소에서 천도교 활동이 나타나기 시작한 것은 수용소의 정비가 이루어진 이후였다.[73)]

> 근데 내가 들어가가지구 심문하는 사람하고 얘기를 하다가 천도교라고 그랬더니 그 뒤에 앉았던 사람이 "야 너 천도교야?"그래요. "예 천도교입니다.", "너 일루 나와 봐" 그래서 그 앞으로 갔어요, 그게 그 감찰대 부대장이에요. 이동찬 씨라고 그분이 그 후에도 나하구 막역한 관계에 있었는데 그분이 "너 천도교 했어?" 그래요, "예, 천도교 했습니다." "1세 교조가 누구야?" "아 수운대신사입니다." "2세 교조는?" "해월신사입니다." "어 요 새끼 진짜 하나 왔네" 그러는 거예요. "하하하, 너 일루 나와 봐" 그리고 나서 감찰대 쇼리루 들어간 거예요.[74)]

72) 천도교중앙총부, 『파란만장한 세월을 돌아본다』, 2009. 안명록, 이성운 편 참조.
73) 성강현, 앞의 논문, 53쪽.
74) 이창번 구술, 앞의 글, 41쪽.

위의 증언에 따르면 이창번이 포로수용소 내에서 천도교 포로를 만났던 기억이다. 그는 91수용소에서 천도교 활동을 시작하였는데 그 계기는 포로 심사 과정에서 포로 감찰대 부대장을 하던 이동찬[75]을 만나면서였다. 이창번은 포로 심사 과정에서 포로 심사를 담당하는 감찰대원들에게 고향, 나이, 계급, 정당 등에 대한 질문을 받았다. 이창번은 소속 정당을 천도교청우당이라고 하자 감찰대의 부대장인 이동찬이 그를 따로 불러 심층 심문을 하였다. 당시 포로 심사를 하는 감찰대는 포로로 구성되어 있는데 감찰대가 친공이냐 반공이냐에 따라 포로들의 진로가 결정되다시피 하였다. 따라서 포로들은 감찰대의 구성을 미리 알고 거짓으로 심사를 받는 경우가 있었기 때문에 심층 신문을 하는 경우가 있었다. 감찰대원들은 이런 과정을 거쳐 포로의 성분을 파악했다.

이창번은 심층 심문을 통해 천도교인임이 확인되자 감찰대 부대장인 이동찬은 그를 바로 감찰대대원으로 편입시켰다. 그는 91수용소의 감찰대 2대대에 배속된 후 2대대의 대대원이 전부 천도교 포로로 형성되었음을 알게 되었다. 그리고 그곳에서 천도교 활동을 시작하였다.

> 그래서 거기(감찰대) 있으면서 근데 그게 감찰대 있다가 보니깐 2대대가 우리 91연대 그저 91수용소에 2대대가 전부 천도교인들이 고저 그 경비대 경비 2대대 경비대가 전부 천도교인들로 돼있는 거예요.[76]

위의 증언은 91수용소에서의 천도교 활동에 관한 이창번의 증언이다. 그가 소속된 91수용소 감찰대 2대대는 매주 일요일 시일식(侍日式)을 경비실에 모여 거행하였다. 시일식에 참석한 인원은 30명 정도였다. 감찰대의

• • • • •

75) 이동찬은 1928년 평남 평원군에서 출생하였다. 도호는 명암(明菴)이고 해방후인 1946년 순안에서 천도교에 입교하였다. 북조선청우당 평원군당 및 평잉시당부에서 활동하다 인민군으로 입대하여 포로가 되었다. 반공포로로 석방되어 대구에 정착해 천도교 신앙을 지속하였다. 이동초 편, 『동학천도교 인명사전』, 모시는사람들, 2015, 1080쪽.

76) 이창번 구술, 앞의 글, 41쪽.

천도교 포로들은 당시 이를 미군에게 알리지 않고 음성적으로 거행하였다. 거제도에서는 천도교 포로들은 미군에게 천도교 종교 행사를 알리지 않고 자체적으로 시행하였다. 당시 기독교 포로들은 수용소의 지원 아래 활발히 움직였지만 천도교 포로들은 자신들의 존재를 드러내는 데 주저하였다. 그 이유는 자신들의 천도교 활동이 포로 생활에 득보다 실이 많다고 판단했기 때문이었다.

요컨대 천도교 포로들은 여러 가지 방법으로 서로를 확인하여 수십 명씩 모여 자체적으로 소규모 활동을 하였을 뿐이었다. 또한 이들은 미군의 천도교에 대한 인식 부재와 천도교 활동이 다른 탄압으로 나타나지도 않을까하는 두려움 때문에 수용소 측에 천도교 활동을 지원해달라고 요구하지도 못하였다. 부산에서의 천도교 포로들은 자신들의 모습을 드러내지 않은 채 수용소 생활만 이어갈 뿐이었다. 그리고 이념 갈등이 나타나지 않은 수용소의 분위기에서 체제 저항적이었던 자신의 색채를 드러낼 필요도 없었다. 다만 북한에서 간부로 활동했던 포로들을 중심으로 비공식적으로 활동했을 뿐이었다. 거제도로 옮겨온 이후로도 천도교 포로들은 옷과 모자, 그리고 노래 등 천도교 포로임을 알 수 있는 표식을 통해 규합을 시작하였다. 이렇게 규합된 포로들은 각각의 수용소에서 소규모로 천도교 활동을 하며 천도교라는 동질감을 바탕으로 수용소 생활을 하였다. 하지만 여전히 천도교 활동을 공식화 하지는 못하였다.

4. 이념 대결과 '9 · 17폭동'

1) 구술에 나타난 '9 · 17폭동'

거제도포로수용소에서는 포로들의 이념적 성향을 고려하지 않고 포로의 출신만을 기준으로 포로를 분류해 수용하였다. 포로는 남한 출신 의용군, 북한 인민군, 중국군, 민간인 등 크게 네 가지 분류로 이루어졌다. 포로의 이념적 성향을 고려하지 않은 거제도포로수용소는 겉으로 보기에는 평온한 상태를 유지하고 있었다. 초기 수용소 내의 충돌도 포로와 경비병의 갈등과 포로 간의 배식 문제 등이 주를 이루었다. 그러나 내면적으로는 친공포로와 반공포로의 수용소 장악을 위한 움직임이 진행되고 있었다.

포로수용소에서 친공포로와 반공포로들의 갈등이 표면화된 것은 1951년 여름의 하복사건 직후였다.[77] 친공포로들은 이 사건 이후 62수용소에서 반공포로를 학살하고 수용소의 주도권을 장악하였다.[78] 1951년 7월 휴전회담이 시작되자 거제도포로수용소에서는 친공포로와 반공포로의 갈등이 표면화하기 시작하였다. 수용소 내에서 북한으로의 송환을 주장하는 친공포로와 북한으로의 송환을 거부하고 남한으로의 전향을 주장하는 반공포로들의 갈등이 본격화되었다. 친공포로와 반공포로는 서로 수용소를 장악하기 위한 행동에 나서면서 포로 문제는 새로운 국면으로 접어들었다.

수용소 내에서 먼저 조직화를 시도한 것은 친공포로였다. 친공포로들은 해방동맹[79] 등 친공포로 조직을 만들어 수용소를 장악하고자 활동하였는데 85수용소를 비롯한 76~78에서 일어난 9·17폭동도 친공포로의 과업 중

• • • • •

77) 조성훈, 앞의 책, 217쪽. 유엔군은 포로들에게 하계 내의로 빨간색을 지급하였는데 친공포로들은 자신들을 '빨갱이'로 몬다고 반대하였다. 반공포로들은 일제강점기 죄수들에게 붉은 옷을 입혔다면서 이에 반대했다. 이때는 친공과 반공 모두가 반대해 철회시켰다.

78) 위의 책, 217쪽. 62수용소에서 1951년 7월 19일 공산포로들이 반공포로 10여 명을 공격하여 2명을 살해하고 수용소를 장악해 친공 수용소로 만들었다.

79) 해방동맹은 1951년 4월부터 거제도포로수용소 내에 결성된 친공포로 비밀조직으로 일명 '용광로'라고도 불렸다. 해방동맹의 본부는 제77수용소에다 두고 각 수용소 단위로 지부를 두었다. 해방동맹은 내부 조직으로 군사행동부, 정치보위부, 내무부, 민청행동결사대, 당간부학교, 인민재판소 등을 편성하였다. 해방동맹의 핵심 인물은 홍철, 이학구였다. 김행복, 앞의 책, 116~117쪽.

하나로 벌어졌다. 친공포로들의 조직적인 수용소 장악 기도로 포로들은 자신의 정체성을 드러내야 했다. 또 친공포로의 조직에 대항한 반공포로 조직도 만들어져 수용소는 또 하나의 전장으로 변해갔다.

9 · 17폭동에 대한 기존의 성과를 종합해보면, 친공포로들은 77수용소에 있던 해방동맹 본부에서는 비밀리에 친공포로들을 모아놓고, '북한 공산군과 중공군이 대공세를 취하여 부산이 벌써 북한 공산군 수중에 들어갔으며, 그중 선봉대로서 1개 대대가 거제도에 상륙하여 포로들을 해방시키려고 전진 중에 있다.'고 거짓으로 친공포로들을 현혹시켰다. 그리고 거제도에 상륙할 그 선봉부대를 맞이하기 위해서는 투쟁 실적이 있어야 한다는 논리를 폈는데 그 투쟁 실적이란 것이 다름 아닌 '반동분자들을 색출하여 처단'하는 것이었다.[80] 이렇게 친공포로의 선동으로 이루어진 것이 9 · 17폭동이었다.

해방동맹의 지령과 선전 선동은 즉각적으로 친공포로들을 자극했고 각 수용소에서는 수용소의 반공 세력을 제거하고 친공 수용소로 만들기 위한 작업이 이루어졌다. 1951년 추석을 전후한 이른바 9 · 17폭동으로 76~78, 85수용소의 우익포로 500여 명이 학살되었다고 반공포로들은 주장하고 있다.[81] 즉 9 · 17폭동은 초기 수용소를 장악하려는 친공포로의 반공포로에 대한 의도적인 학살 사건으로 규정되었다.

그러나 85수용소에서의 9 · 17폭동사건은 76~78수용소에서와는 다른 내용이 구술자의 증언과 천도교단 자료에 나타난다. 전덕범과 정승도 등 당시 85수용소에 있었던 천도교 포로들에 의하면 85수용소는 평안북도 정주 출신의 포로들이 많이 있었다. 정주는 기독교와 더불어 천도교 교세가 두드러진 곳이었는데 85수용소 포로의 약 90% 정도가 천도교인 포로였다. 특히 천도교 포로들은 85수용소의 3대대를 천도교인들로 구성된 천도교대

• • • • •

80) 김행복, 앞의 책, 141쪽.

81) 위의 책, 217쪽.

대로 만들고 평안남도 안주 출신 오이홍을 대대장으로 선출하여 수용소 내에서 천도교 활동을 전개하였다. 여기에 평안남도 출신인 천도교인들까지 합쳐 약 5~600명의 천도교인으로 구성되어 있었다.[82] 85수용소는 천도교 포로들이 수용소의 주도권을 잡고 있었다.

구술자의 증언과 천도교단 자료에 의하면 85수용소에서 발생한 9 · 17폭동은 단순한 반공포로 학살이 아니라 수용소 내에서 조직적으로 활동하던 천도교 포로의 움직임과 관련이 있었다. 천도교 포로의 움직임이 바로 반공 활동과 관련되어 있었다.

85수용소에서 발생한 9 · 17폭동의 배경에 관해서는 구술 증언과 천도교단 자료에 잘 드러나 있다.

> (A) 그때가 무더운 8월 하순경으로 생각되는데 좌익 포로들이 모르게 하느라 밤에만 사흘 동안 한 사람씩 불러서 혈서(血書)를 받았습니다. 당시 이를 주동한 분이 정주군 안흥면 종리원에 계시던 박찬호 선생을 비롯한 우리 교인이 있는데, 혈서를 다 받고 박 선생이 철조망 보초책임자를 통해서 유엔군사령부와 우리 정부, 미국 정부 등 각 요로에 진정했습니다.[83]

> (B) 구술자: (85수용소가) 그냥 애초땐 평범했는데 좌익이 잡았죠.
> 면담자: 85수용소를 좌익이?
> 구술자: 그 다음에
> 면담자: 그래서 어떻게 됐습니까?
> 구술자: 그 다음에 이제 폭동이 났는데 에 우익이, 천도교인이 14명이 맞아 죽었어요. 몽둥이로 때려죽인 거예요.[84]

(A)는 85수용소에서 송환거부 혈서를 작성하는 데 주도적 역할을 했던

82) 전덕범 외, 앞의 글, 45쪽.
83) 위의 글, 45쪽.
84) 양제호 구술, 앞의 글, 40쪽.

정승도의 증언이다. 그는 85수용소에서의 9 · 17폭동사건의 원인은 천도교 포로의 북한 송환을 거부한 천도교 포로가 주도한 혈서 사건으로부터 비롯되었다. 평안북도 정주군 안흥면의 천도교종리원 원장으로 활동하다 인민군으로 입대해 포로가 되었던 박찬호[85]는 8월 하순부터 북한으로 돌아가지 않고 남한으로 가겠다며 북한으로의 송환을 거부하는 포로들의 혈서를 비밀리에 받고 있었다. 이 송환 거부 혈서를 작성하는 주동자들이 대부분 천도교 포로였다. 박찬호가 주도한 송환거부혈서 사건이 85수용소에서의 9 · 17폭동의 직접적인 원인이었다고 정승도 등은 기억하고 있었다.

천도교 측 자료에 나타난 85수용소에서의 9 · 17폭동사건에 관한 내용이 (B)의 구술 증언으로 확인되었다. 정승도와 함께 85수용소에 수용되어 있었던 앙제호는 당시 85수용소의 분위기를 생생하게 기억하고 있었다. 그는 거제도 초기의 85수용소에서는 친공과 반공의 갈등이 없는 평온한 상태였는데 9월 17일에 느닷없이 좌익, 즉 친공포로들이 수용소를 장악하고자 천도교 포로 14명이 학살하는 사건이 발생하였다고 기억하고 있었다. 뿐만 아니라 그는 85수용소에서의 9 · 17폭동은 친공포로에 의한 천도교 포로 학살 사건이었다고 기억하고 있었다.

이상의 구술 자료를 통해 85수용소에서의 9 · 17폭동은 친공포로의 수용소 장악을 위해 반공 활동을 한 천도교 포로를 학살한 사건이며 사건의 직접적인 발단은 박찬호를 중심으로 한 천도교 포로의 북한 송환 반대혈서 작성이었음을 확인할 수 있었다.

휴전회담이 시작되고 포로를 전부 송환한다는 정보가 입수된 1951년 8월 85수용소에서는 천도교 포로 박찬호가 중심이 되어 송환 거부 활동을 전개하였다. 전쟁 전 북한에서 천도교 간부로 활동했던 박찬호는 수용소 내에서 북한으로의 송환을 거부하는 '송환결사반대'라는 혈서를 쓰게 하였

• • • • •

85) 박찬호의 천도교 활동은 『동학 · 천도교 인명사전』, 모시는 사람들, 2015, 708쪽에 1945년 정주군 안흥면 종리원장을 역임했다고 기록되어 있다.

다. 당시 친공과 반공의 갈등이 있었기 때문에 그는 한밤중에 1명씩 불러 비밀리에 혈서 작성을 진행하였다. 그는 혈서 작성 시 신중을 기해 믿을만한 사람들에게 혈서에 서명하게 하였는데 그가 믿을 수 있는 사람들은 북한에서 천도교 활동을 하였던 천도교 포로였다. 이렇게 작성한 '송환결사반대' 진정서 명부는 거제도포로수용소 철조망 보조책임자인 국군을 통해 유엔군사령부 등 관계 요로에 진정을 하였다. 그런데 극비리에 진행된 진정서 명부가 친공포로에게 유출되어 학살이 자행된 것이다.[86]

구술 증언과 천도교단 자료에는 9·17폭동의 전개 과정이 자세히 언급되어 있다.

> (C) 아니 그날 뭐 어떻겠냐므는 다 광장으로 밤이 어두웠는데 다 광장으로 나오라 그러더니 그날 뭐 그 안에 학교 같은 강당이 하나 있어요. 집에 …… 거서 인민군 노래를 막 부르고 하니까 국군들이 총을 쐈는데 야! 그것도 하나도 안 맞데 그냥 거시니 콘센튼데 그걸 뚫었는데도 사람은 하나도 안 맞았어요. 그래 갖구서 밖으로 나와서 때려죽이기 시작하는데[87]

> (D) 추석날 밤 갑자기 좌익포로들의 선제공격을 받아 한 사람씩 불려가 인민재판을 받고 초죽음이 되었습니다. 그리하여 그날 밤 10시부터 다음날 4시 반까지 간부급 우리 교인 18명이 타살되었습니다.[88]

> (E) 천도교인이 14명이 맞아 죽었어요. 몽둥이로 때려죽인 거예요. …… 최기선이라는 사람만 천도교인이다라고 하는 것을 알고 있었는데 하룻밤 자고 나니까 천도교인 14명이 그냥 몰살 …… 예, 그니까 저 목도채 있자나요 목도채, 목도할 때 메는 목도채, 또 천막 세울라면 가운데 옆으로 세우는 이런 막몽둥이 있자나요 달려서 끼워서. 이거로 때려 죽었어.[89]

• • • • •

86) 정승도는 85수용소 내의 프락치에 의해 명단이 친공포로에게 넘어갔다고 한다. 85수용소에 있었던 석영록은 진정서를 통역을 통해 수용소 측에 전달했는데 통역이 좌익이라서 그 명단이 친공포로에게 넘어갔다고 증언하였다.(2015.4.19. 면담)

87) 양제호 구술, 앞의 글, 41쪽.

88) 전덕범 외, 앞의 글, 45쪽.

(C)는 양제호의 증언으로 친공포로들에 의한 천도교 포로 학살이 조직적으로 이루어졌음을 증언하고 있다. 친공포로들은 강당에 모여 인민군 노래를 부르며 집회를 연 후 광장으로 이동하여 천도교 포로를 학살하였다고 기억하고 있다. (D)는 85수용소 학살의 또 다른 목격자인 정승도의 기억이다. 그는 양제호와 마찬가지로 천도교 포로들이 소수의 친공포로에 의해 암암리에 학살당한 것이 아니라 친공포로들이 인민재판을 열고 천도교 포로를 학살하였다고 기억하고 있었다. 이처럼 양제호와 정승도 두 사람은 9월 17일 저녁의 상황에 대해 비교적 상세히 기억하고 있다. (C)와 (D)를 통해 9 · 17폭동사건은 우발적으로 일어난 사건이 아니라 친공포로에 의해 조직적으로 이루어졌음을 알 수 있다. (E)도 양제호의 증언인데, 그는 친공포로들은 인민재판을 하고 목도채와 막사의 기둥 같은 몽둥이로 천도교 포로의 머리를 때려 죽였다고 그날의 학살 장면을 명확하게 기억하고 있었다. 85수용소에서는 이렇게 밤새도록 천도교 포로들이 친공포로들에게 살해되었다.

이상의 증언을 토대로 볼 때, 사건의 주동자들은 우선 수용소가 어두워지는 밤이 되기를 기다려 친공포로를 규합해 광장으로 소집한 후 인민군가 등 노래를 부르며 분위기를 고조시켜 경비병들의 시선을 유도하였다. 친공포로들의 소란에 놀란 경비병은 공포탄을 쏘며 위협사격을 가해 포로들을 해산시키려고 했지만 친공포로들은 해산하지 않고 자리를 옮겨 집회를 이어갔다. 주동자들은 수용소 안에서 송환 거부 진정서에 서명하거나 북한에서 반공활동을 한 천도교 포로를 뒤져서 붙잡았다. 그리고 천도교 포로들을 친공포로들이 모여 있는 광장으로 끌고 온 후 1명씩 인민재판의 형식으로 살해하였다.

89) 양제호 구술, 앞의 글, 41쪽.

〈그림 4-8〉 친공포로에 의해 학살된 포로

※출처: KBS 6 · 25전쟁 40주년 특별제작반, 『다큐멘터리 6 · 25전쟁』(하), KBS 문화사업단, 1991, 142쪽.

85수용소에서 자행된 9 · 17폭동은 천도교 포로의 반공 활동으로 위기를 맞은 친공포로의 대응이었다. 85수용소는 반공포로가 수용소의 주도권을 장악하고 있었고 그 중심에 천도교 포로가 있었다. 85수용소에서 박찬호 등 천도교 포로들을 중심으로 북한으로의 송환을 반대하는 혈서 진정서를 작성하였다. 반공적 성향의 천도교 포로들의 수용소 장악과 반공 활동은 친공포로들을 자극하였다. 특히 진정서 명단이 친공포로들에게 넘어가자 해방동맹 등 친공포로 조직들은 85수용소를 친공포로 수용소로 만들기 위한 공작에 들어갔다. 천도교 포로의 송환거부 진정서 작성은 친공포로에게 좋은 구실을 주었다.

정리하면, 휴전회담이 개최되고 포로들의 송환 문제가 제기되자 수용소는 친공포로와 반공포로의 갈등 속에 빠져들었다. 수용소 내에서 천도교 포로들 중 북한에서 간부로 활동했던 인물을 중심으로 흩어져 있던 천도교 포로를 규합하기 시작하였다. 85수용소에서는 송환거부를 주장하던 천도교 포로들이 조직화하여 반공 활동을 강화하자 친공포로들의 표적이 되었다. 이렇게 해서 1951년 9월 17일 거제도 85수용소에서의 9·17폭동사건이 발생하였다. 지금까지의 9·17폭동은 친공포로와 반공포로의 수용소 장악을 위한 이념대결로만 알려졌는데 구술자들의 증언에 의하면 85수용소의 9·17폭동으로 학살당한 포로는 반공활동을 하였던 천도교 포로였다. 9·17폭동은 앞에서 언급했듯이 여러 수용소에서 발생했지만 특히 85수용소의 9·17폭동은 반공활동을 한 천도교 포로에 대한 학살 사건이라는 점에서 다른 수용소의 반공포로 학살 사건과는 차이가 난다.

2) '9·17폭동 사료'의 구성

구술 증언에 의하면 85수용소에서의 9·17폭동사건으로 천도교 포로가 14~18명이 살해되었다. 85수용소에서의 9·17폭동사건에 관해 문서상으로는 국사편찬위원회의 전자사료관에서 9·17폭동사건 자료 파일을 통해 확인할 수 있었다. 이 자료는 미국국립문서기록관리청(NARA)의 문서인데, 문서명은 '1951.9.17. 거제 포로수용소 포로 간 집단 곤봉 구타 살인 사건의 사료(이하 '9·17폭동 사료')'[90]라고 이름 붙여져 있다.

'9·17폭동 사료'는 다음과 같이 구성되어 있다.

[90] RG 153, Records of the Office of the Judge Advocate General (Army) 1792 – 2010, Far East Command, Criminal Investigation Report, "1951.9.17. 거제 포로수용소 포로 간 집단 곤봉 구타 살인 사건", 1 April 1952, Entry No. 308, Box 4.

〈표 4-8〉 '9·17폭동 사료'의 구성

페이지	구분	주요 내용
1~48	고소장 및 선서서(宣誓書)	살해 포로 12명에 대한 영문 및 한글 고소장, 선서서
74~87	위원회의 사건 검토보고서	임원위원회 보고서, 소송절차 보고서 검토, 소집당국의 조치, 군의관 진술서
88~107	진술서	17명의 사건 목격 진술서, 실험보고서
108~134	사망증명서 및 검토보고서	사망증명서, 검토보고서, 살해 현장도면

※비고: '9·17폭동 사료'를 바탕으로 분류하였다. 49~73쪽은 9·17폭동과 관련이 없어 제외하였다.

이 사료는 총 134쪽 규모이며, 이 중 9·17폭동사건 관련 부분은 1~48쪽, 74~134쪽 등 총 109쪽이다. 사료는 네 개 부분으로 구성되었는데 (1) 살해사망자 12명에 대한 영문 및 한글 고소장과 선서서(宣誓書)로 1~48쪽의 48쪽 분량이다. 여기에는 박찬호 등 학살자 12명의 고소장과 선서서가 영문과 한글로 각각 1부씩 작성되었다. (2) 임원 위원회의 사건 보고서로 여기에는 임원위원회 보고서, 소송절차 보고서의 검토, 소집당국의 조치, 군의관 진술서 등이 74~87쪽까지 14쪽의 분량으로 작성되었다. (3) 사건 목격자의 진술서로 이 사건을 목격한 17명의 진술서와 군의관의 실험보고서 등으로 88~107쪽의 20쪽의 분량으로 작성되었다. (4) 사망진단서 및 사건 검토 보고서로 사망증명서, 검토보고서, 살해 현장도면 등 108~134쪽의 27쪽의 분량으로 작성되었다. 이 자료 가운데 49~73쪽은 1951년 12월 26일 64수용소에서 친공포로에 의해 살해된 임환 관련 내용으로 9·17폭동사건과 무관하다.

3) 항목별 사건 내용

(1) 항목은 사건 제9-1호 박찬호부터 사건 제9-12호 오이홍에 이르기까지 9·17폭동으로 학살된 12명의 살해 사건에 관한 고소장과 선서서로 각각 한글과 영문으로 한 부씩 작성되었다. 고소장에는 '전쟁 법규 및 전쟁 관습법과

1949년 8월 12일부, 전쟁포로 취급에 관한 주니-바[제네바] 협정의 조항과 국제연합의 전쟁포로관리조항 제17조 위반으로 고소함.'으로 기록되어 있다.

〈표 4-9〉는 '9 · 17폭동 사료'의 미 수사기관에서 발행한 피고 포로의 고소장의 내용을 정리한 것이다.

〈표 4-9〉 9·17폭동사건 고소장 현황

사건 번호	살해 포로	포로 번호	피고 포로	살해 방법
제9-1호	박림우	204806	강만인, 라성철, 김충환, 강인호, 김낙재	곤봉 구타
제9-2호	김도덕	204675	허영관, 전성철, 박영철	〃
제9-3호	김정용	94230	강만인, 박인호, 최찬호, 남도원, 전종식, 강우빈, 송길섭	〃
제9-4호	박찬호	204838	강만인, 허영관, 라성철, 김충환, 강인호, 박영칠	〃
제9-5호	김금연	16273	이정찬	〃
제9-6호	최신주	200527	강만인, 박인호, 최찬호, 김부욱	〃
제9-7호	박춘하	204495	송길섭, 김부욱	〃
제9-8호	백인승	200508	강만인, 송길섭, 김부욱, 강우빈	〃
제9-9호	강홍모	201715	강만인, 심상학	〃
제9-10호	한인덕	204811	강만인, 남도원, 김부욱	〃
제9-11호	박상연	94006	김용수, 강만인, 최찬호, 송길섭, 김부욱	〃
제9-12호	오이홍	123510	유원칠, 김용수, 심세희, 한창보, 이덕진, 강만인	〃

※비고: '9 · 17폭동사건 사료'의 고소장 부분을 정리하였다.

고소장은 사건 번호 제9-1호에서 사건번호 제9-12호까지 사망자 1명당 1건의 고소장이 작성되어 총 12건이다. 따라서 고소장에 나타난 사망자는 제9-1호 박림우를 포함해 12명이다. 사건번호 제9-5호 김금연은 피고 포로가 이정찬 1명이었고 사건번호 제9-3호 김정용은 강만인을 포함해 7명의 포로가 피고가 되어 있어 사건의 피고 포로는 1~7명 선이었다. 피고는 사건번호의 각 원고의 살해자였다. 고소장에는 살해 방법이 곤봉 구타라고 간략하게만 기록되어 있다.

피고의 범죄 내용은 박림우의 사례와 같이 수감번호와 이름을 적고 '공통의 목적, 공동의 행동'의 이유를 달아 살해한 사실을 기술하고 있다.

'국제연합의 전쟁 포로 강만인 아이. 에스. 엔. 63북한인 201618번, 라성철 아이. 에스. 엔. 63북한인 130450번, 김충환 아이. 에스. 엔. 63북한인 214659번, 강인호 아이. 에스. 엔. 63북한인 200312번, 김낙재 아이. 에스. 엔. 63북한인 114154번, 등은 북조선인민공화국과 국제연합 간의 무력 충돌 기간 중, 국제연합의 전쟁 포로로서 합법적으로 수감되어 오던 중, 1951년 9월 17일경, 대한민국, 거제도에서 공동적 행동과 공통적 목적을 이행하여 국제연합의 전쟁 포로 박림우 아이. 에스. 엔. 63북한인 204806번에 대하여 곤봉으로 구타함으로서 살인을 감행하였던 것임.'

고소장은 〈그림 4-9〉와 같이 영문과 한글로 각각 1부 작성되었다.

〈그림 4-9〉 영문과 한글 고소장

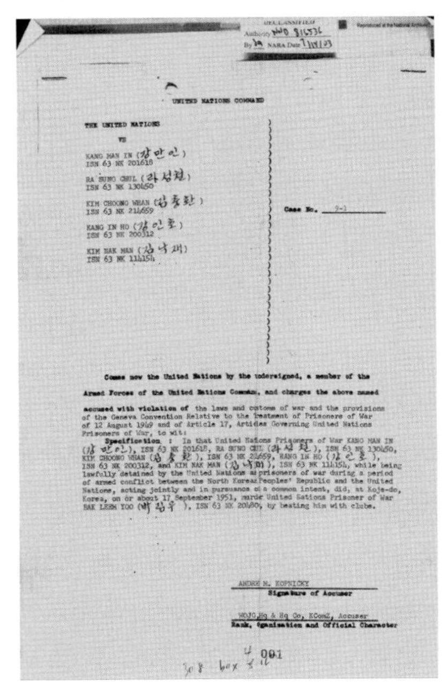

UNITED NATIONS COMMAND

THE UNITED NATIONS

vs

KANG MAN IN (강만인)
ISN 63 NK 201618

RA SUNG CHUL (라성철)
ISN 63 NK 130450

KIM CHOONG WHAN (김충환)
ISN 63 NK 214659

KANG IN HO (강인호)
ISN 63 NK 200312

KIM NAK MAN (김낙재)
ISN 63 NK 114154

Case No. 9-1

Comes now the United Nations by the undersigned, a member of the Armed Forces of the United Nations Command, and charges the above named accused with violation of the laws and customs of war and the provisions of the Geneva Convention Relative to the Treatment of Prisoners of War of 12 August 1949 and of Article 17, Articles Governing United Nations Prisoners of War, to wit:

Specification : In that United Nations Prisoners of War KANG MAN IN (강만인), ISN 63 NK 201618, RA SUNG CHUL (라성철), ISN 63 NK 130450, KIM CHOONG WHAN (김충환), ISN 63 NK 214659, KANG IN HO (강인호), ISN 63 NK 200312, and KIM NAK MAN (김낙재), ISN 63 NK 114154, while being lawfully detained by the United Nations as prisoners of war during a period of armed conflict between the North Korean Peoples' Republic and the United Nations, acting jointly and in pursuance of a common intent, did, at Koje-do, Korea, on or about 17 September 1951, murder United Nations Prisoner of War BAK LEEM YOO (박림우), ISN 63 NK 204806, by beating him with clubs.

ANDREW M. KOPNICKY
Signature of Accuser

WOJG, Hq & Hq Co, KComZ, Accuser
Rank, Organization and Official Character

4 001
308 box 3 12

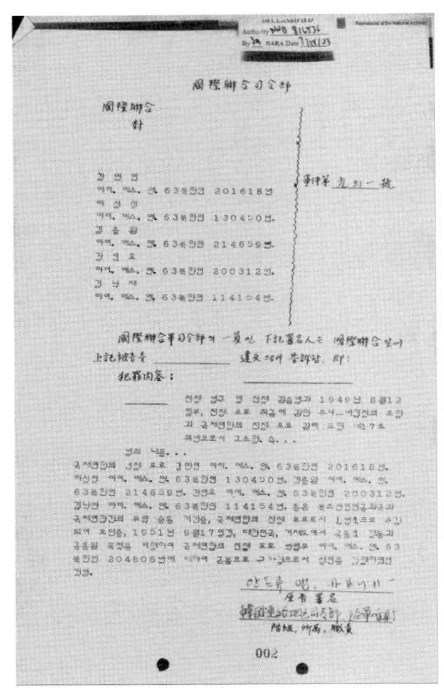

國際聯合司令部

國際聯合
對

강만인
아이. 에스. 엔. 63북한인 201618번
라성철
아이. 에스. 엔. 63북한인 130450번.
김충환
아이. 에스. 엔. 63북한인 214659번.
강인호
아이. 에스. 엔. 63북한인 200312번.
김낙재
아이. 에스. 엔. 63북한인 114154번.

事件第 九의一號

國際聯合軍司令部의 一員인 下記署名人은 國際聯合 앞에 上記被告를 ________ 違反에 告訴함. 即:

犯罪內容 :

________ 전쟁 법규 및 전쟁 관습법과 1949년 8월12일부, 전쟁 포로 취급에 관한 주네-바협정의 조항과 국제연합의 전쟁 포로 관리 조항 제17조 위반으로서 고소함. 즉...

범죄 내용...

국제연합의 전쟁 포로 강만인 아이. 에스. 엔. 63북한인 201618번. 라성철 아이. 에스. 엔. 63북한인 130450번. 김충환 아이. 에스. 엔. 63북한인 214659번. 강인호 아이. 에스. 엔. 63북한인 200312번. 김낙재 아이. 에스. 엔. 63북한인 114154번. 등은 북조선인민공화국과 국제연합간의 무력 충돌 기간중, 국제연합의 전쟁 포로로서 합법적으로 수감되어 오던중, 1951년 9월17일경, 대한민국, 거제도에서 공동적 행동과 공통된 목적을 이행하여 국제연합의 전쟁 포로 박림우 아이. 에스. 엔. 63북한인 204806번에 대하여 곤봉으로 구타함으로서 살인을 감행하였던 것임.

안드류 엠. 카프니키
原告署名
韓國通信地帶司令部 [illegible]
階級, 所屬, 職責

002

고소장은 12명의 살해사건에 관한 것이다. 하지만 이 사료의 사건 요약에 의하면 85수용소에서의 9·17폭동사건으로 학살당한 포로는 15명으로 기록되어 있다. 15명의 사망자 중 고수진, 조성준, 이예형 3명에 대해서는 미 수사기관에서 고소장은 제출하지 않았다. 그 이유를 살펴보면 고수진과 조성준 두 명은 누구에 의해 살해되었는지 특정되지 않았기 때문에 고소를 할 수 없었던 것으로 추정된다. 하지만 이예형은 강만인, 송길섭 그리고 다수의 신원미상자에 의해 살해당하였다는 내용이 진술서에 나타났지만 그들에 관해 고소장을 작성하지 않았다. '9 · 17폭동 사료'에서는 이 부분에 관한 기록이 남아 있지 않아서 그 이유를 정확히 확인할 수 없었다.

(2)항목 즉, 임원 위원회의 검토 보고서는 사건 보고서, 소송 절차에 관한 보고서의 검토와 사건 요약 등으로 구성되었다. 80~83쪽에는 사건 요약이 작성되어 있는데 여기에 기록된 살해당한 포로의 명단과 사인, 그리고 이들을 살해한 포로의 명단은 〈표 4-10〉과 같다.

〈표 4-10〉 85수용소 사망 포로의 사인과 살해자

성명	사인	살해자
박찬호	compound fracture temporal and parietal bones(측두골과 정수리뼈 복합 골절)	김충환, 라성철, 박용칠, 강만인, 허용환
박춘하	besilar skull fracture(두개골 골절)	송길섭, 김부욱
최신주	compound fracture of the left frontal bone(왼 전두골 복합 골절)	최찬호, 강만인, 박인호, 김부욱
김종용	fracture comminuted of the left frontal bone(왼 전두골 분쇄 골절)	강만인, 남두완, 강우빈, 전종식, 송길섭, 최찬호, 박인호
김도덕	fracture comminuted of the frontal bone and parietal bone(전두골과 정수리뼈의 복합 골절)	라성철, 허용환, 박용칠
김금연	fracture comminuted of both frontal bone(양 전두골 분쇄 골절)	이정찬, 신원미상자들
강홍모	compound comminuted fracture of the right frontal bone(우 전두골 복합 분쇄 골절)	강만인, 심상학, 신원미상자들
박림우	compound comminuted fracture of the left mandible with brain contusion and hemorrhage(뇌타박상과 출혈로 왼 하악골 복합 분쇄 골절)	김중환, 라성철, 강만인, 신원미상자들
이예형	contusion left frontal lobe(왼 전두엽 타박상)	강만인, 송길섭, 신원미상자들
백인승	besilar skull fracture(두개골 골절)	강만인, 송길섭, 김부욱, 신원미상자들

박상용	depressed compound comminuted fracture of the right frontal bone(우 전두골 함몰 복합 분쇄 골절)	김용수, 강만인, 최찬호, 송길섭, 김부욱
오이홍	compound fracture of the temporal bone(측두골 복합 골절)	유원칠, 김용수, 신세희, 한장보, 이독전, 강만인, 신원미상자들
한인덕	depressed fracture compound comminuted of both frontal bone(양 전두골 복합 분쇄 함몰 골절)	강만인, 남두원, 김부욱, 신원미상자들
고수진	delpressed fracture of the left occipital bone(후두골 함볼 골절)	신원미상자(들)
조성준	compound fracture, maxilla and contusion of the brain(상악과 뇌타박상 복합 골절)	신원미상자(들)

※비고: '9 · 17폭동사건 사료' 의 80~83쪽의 사건 요약을 바탕으로 정리하였다.

먼저, NARA기록의 '9 · 17폭동 사료'에 의하면 살해당한 천도교 포로는 15명이었다. 그 이름은 박찬호, 박춘하, 최신주, 김종용, 김도덕, 김금연, 강홍모, 박림우, 이예형, 백인승, 박상용, 오이홍, 한인덕, 고수진, 조성준이다. 고소장에는 12명의 살해사건이 작성되어 이예형, 고수진, 조성준 3명은 사건 요약에 처음으로 살해자 명단이 등장하였다.

둘째, 이들의 사인은 몽톡한 몽둥이로 머리를 여러 번 내리쳐 발생한 두개골 복합 골절이었다. 포로들의 사인에 측두골, 정수리뼈, 하악골, 전두골, 상악, 뇌타박상 등의 부위가 기록되어 있는데 이들 부위는 머리 부분이다. 천도교 포로 15명은 머리의 앞, 뒤, 옆 부분과 턱 부분을 맞아 잔혹하게 살해당하였다. 이들은 살해당한 후 암매장되었는데 진술서에 의하면 김정용은 죽지 않은 상태에서 생매장되었으나 이튿날 사망하였다.

셋째, 15명은 많게는 7명에서부터 적게는 1명에게 살해당했는데, 고수진과 조성준 2명을 살해한 가해자들이 고소되지 않은 것은 사건 요약에 의하면 학살자의 신원을 정확하게 특정하지 못했기 때문이었다. 사건 요약은 진술을 바탕으로 작성되었는데 진술 내용에 이들을 학살한 사람을 특정하지 못하였다.

넷째, 이예형은 강만인, 송길섭 등과 신원미상자들 등 여러 명에 의해 집단으로 살해당했지만 살해자가 고소당하지 않았는데, 주모자는 강만인, 최찬호, 송길섭, 김부욱 등이었다. 고수진과 조성준은 살해 가해자를 특정하지 못해 고소하지 못했지만 이예형의 살해 가해자는 강만인, 송길섭 등 특정된 포로가 있었지만 고소되지 않았다. 그 이유는 확인할 수 없었다. 살해 가해자 중 강만인은 총 9명의 학살에 가담했고 인민재판을 주도하였다. 최찬호, 송길섭, 김부욱 등은 4~6명의 학살에 가담하였다. 85수용소의 학살은 이들의 주동으로 이루어졌다.

(3)항목은 진술서이다. 진술서는 총 17명의 사건 목격자의 진술서로 구성되어 있다. 진술서는 9 · 17폭동사건의 전모를 밝혀줄 수 있는 중요한 자료이다. 따라서 이들의 계급과 학력 등에 대해 살펴보는 것이 필요하다. 〈표 4-11〉은 진술서에 기록된 진술자에 관한 기본 신상 정보이다.

〈표 4-11〉 9·17폭동사건의 진술자 신상

진술자	포로 번호	계급	생년월일	학력	소속	진술 일자	특이 사항	페이지
장영준	46931	사병	1925.3.7	고졸	85	1951.10.22		88~89
진양주	132042	사병	1928.11.17	초졸	85	1951.10.30		90
장정관	506964	사병	1929.9.24	고졸	95	1951.11.16		91~92
임종보	123310	사병	1922.12.5	고2	95	1951.11.16		93
방창선	204826	사병	1926.3.3	초졸	95	1951.11.17	살해 대상자	94
임원복	111335	사병	1928.10.16	고졸	95	1951.11.17		95
정창근	201217	사병	1924.11.15	초졸	95	1951.11.18		96
박정혁	94151		1928.5.8	초졸	95	1951.11.19		97
배용화	506815	민간인	1929.9.24	초졸	95	1951.11.19	살해 대상자	98
김승희	204572	사병	1921.12.2	고졸	95	1951.11.20	살해 대상자	99
임광현	200616	사병	1924.1.20	고졸	95	1951.11.20		100
이기호	94005		1932.6.14	고졸	95	1951.11.24		101
임석지	20618	사병	1916.10.11	초졸	95	1951.11.25	살해 대상자	102
조동선	93971	민간인	1929.5.26	초졸	95	1951.11.25		103
임학천	94666	민간인	1920.11.7	무	95	1951.12.9		105
강준걸	94135	민간인	1923.10.27	초졸	85	1951.12.19		109
양기준	94141	민간인	1931.3.2	고졸	96	1951.12.20		110

※비고: '9 · 17폭동사건 사료'의 진술서의 기본 정보를 바탕으로 정리하였다. 빈칸은 검색 내역에 나타나지 않는 것이다.

먼저, 진술서를 작성한 포로는 장영준을 포함한 17명이었다. 군 범죄수사대(CID)에서는 85수용소에서 9 · 17폭동을 목격한 포로 17명으로부터 사건에 관한 진술을 받았다. 진술서에는 한국군 수사관인 김승철과 김문교가 받아 번역관이 영어로 번역한 것이다. 당시 군 범죄수사대의 조사관인 Phillip P. Davis가 참관하였다.

둘째, 진술자들의 계급은 사병이 10명으로 진술자의 59%에 해당한다. 민간인 출신 포로가 5명으로 29%이고 계급이 기록되지 않은 포로가 2명이었다. 이는 전체 포로 가운데 사병의 수가 많았기 때문이었다. 생년월일을 기준으로 진술자의 나이는 20대가 13명으로 전체의 76%에 해당한다. 30대는 4명으로 24%를 차지하였다. 이 역시 포로의 비율이 20대가 많았던 것으로 볼 수 있다.

셋째, 학력은 고등학교 재학생 이상의 고학력자가 8명, 초등학교 졸업자가 8명으로 각각 전체의 47%를 차지했다. 학력이 없는 포로가 1명에 불과했다. 군 수사기관에서는 사건을 목격한 고학력자의 진술을 받았음을 알 수 있다. 당시 9 · 17폭동의 목격자는 2, 4, 6대대 앞의 광장에서 이루어져 3개 대대원이 목격하였다. 이들 중 진술자는 기초 학력을 갖고 있어 사건에 대해 체계적으로 파악할 수 있는 지식을 소유하였고 사망자와 살해자를 기억하는 포로를 위주로 이루어졌다.

넷째, 진술자들의 소속은 사건 이후에도 85수용소에 그대로 잔류하고 있는 포로가 3명으로 17%를 차지했다. 그리고 85수용소에서 95수용소로 이송된 포로가 14명으로 전체의 82%를 차지하였다. 9 · 17폭동사건 이후 포로들은 95수용소로 이송되었다. 천도교 포로들은 95수용소에서 다시 96수용소로 옮겨 졌다고 진술하였다. 진술자 중 3명은 85수용소에 남아있었던 것을 보아 모든 포로가 이송된 것은 아니었음을 알 수 있다.

다섯째, 포로들의 진술은 1951년 10월 22일부터 12월 20일까지 약 2개월간에 걸쳐 이루어졌다. 10월에는 2명으로 11.7%, 11월에는 13명으로 76.4%, 12월에 3명으로 17.6%의 진술이 이루어졌다. 진술자 가운데 살해대상자 목록에 들어있던 포로가 방창선, 배용화, 김승희, 임석지 등 4명이 있었다. 이들은 친공포로와 친밀한 관계로 사전에 살해대상자임을 인지하여 수용소에서 피신해 살해당하지 않았다. 그리고 진술서 중간에 64야전병원의 증명서와 실험보고서가 포함되어 있다.

9 · 17폭동사건을 목격한 진술자 17명의 진술 내용을 요약하면 〈표 4-12〉와 같다.

〈표 4-12〉 진술 내용 요약

진술자	폭동 시간	살해 가담자	목격한 사망자	살해 사유
장영준	21시~22시	박인호, 강만인, 최찬호 (총 20명)	15명 중 8명	반공주의자, 청우당, 서북청년단
진양주	22시	최찬호	1명	반동분자
장정관	21시	강만인, 김용수, 신세희, 한창보, 유원칠, 이정찬, 라성철, 허영관, 정용후 외 1명,	강홍모, 오이홍, 물분대장, 연대장, B중대장	강: 포로독살, 오: 칼 30개 밀반입, 반공당 조직
임종보	22시경	김기준, 조국성, 강만인	박림우, 김도덕, 박찬호,	박찬호: 반공조직 리더
방창선	21시경	유원칠, 김용수, 김기준, 이덕전, 한창보, 김충관	오이홍 외 1명	보안대원
임원복	21시경	남두원	김정용 외 몇 명	보안대원
정창근	22시경	허영관, 정용화, 김충환, 오병렬, 라성철	박찬호	
박정혁	21시	강만인, 김용수, 최찬호	박상연	보안대장
배용화		강우빈, 권충식, 송길섭, 김부국	김정용	반동분자
김승희	21시	강만인, 남두원, 김부욱, 송길섭	이예형, 배식반장, 백인승, 박상연	이: 반동분자, 보안대
임광현	저녁 후 2시간	김용수, 이원길, 조국성, 한금남, 김충환, 라성철, 강만인, 박용칠 외 수명	오이홍, 박림우, 김도덕, 박찬호, 강홍모	박찬: 반공조직 오: 반공조직 강: 반공조직
이기호	〃	김용수, 최찬호	박상연	반동분자, 보안대
임석지	20시	김부욱	최신주	
조동선	22시	김용수 외 4명	박상연	보안대원
임학천	22시	김충환, 라성철, 허영관, 정용화, 박영철	서기장	
강준걸	21시	강만인, 박인호, 심상학, 이정찬, 남두원, 동기혁, 최찬호, 라성철	강홍모, 김정용	반공주의자
양기준	23시	이정찬, 강만인, 외 4명	박상연, 연대장	

※비고: '9 · 17폭동사건 사료'의 진술서를 바탕으로 정리하였다. 살해가담자 가운데 김부욱과 김부국, 정용화와 정용후, 김충환과 김충관은 동일 인물로 보인다.

먼저, 진술자들이 기억하는 폭동 발생 시간은 20시에서 23시 사이였다. 17명의 진술자의 41.2%인 7명이 21시에 폭동이 발생하였다고 했으며, 5명(29.4%)은 22시에 폭동이 발생했다고 증언하였다. 기타가 5명이었는데 23시가 1명, 20시가 1명, 저녁 식사 후 2시간 이후가 2명, 기록이 없는 진술자가 1명이 있었다. 식사 후 2시간은 식사를 마친 18시 이후 2시간을 경과한 20시 내외로 추정할 수 있다. 진술 내용을 종합하면 폭동은 20시에서 23시의 3시간에 걸쳐 자행되었다.

둘째, 목격자는 적게는 1명의 학살을 목격했고 많게는 15명 학살 전부를 목격하기도 하였다. 그 가운데 박상연의 죽음을 목격한 진술자가 5명, 박찬호와 김정용의 살해를 목격한 진술자가 각각 3명이었고 그 외에는 2명 이하의 살해를 목격했거나 학살자의 이름을 모르는 경우가 있었다. 진술자들은 살해 가담 포로에 대해서는 자신이 속한 대대원의 경우에는 특정하였지만 다른 대대 소속은 인원과 소속만 기억하였다.

셋째, 학살 가담자는 총 26명이었다.[91] 살해가담자로 가장 많이 언급된 포로는 강만인으로 8명의 진술자가 그를 지목하였다. 다음으로 김용수가 6명, 최찬호와 라성철이 5명, 김충환이 4명의 살해에 가담하였고 나머지는 1~3명의 살해에 가담하였다. 진술서에 강만인은 인민재판을 주재하고 천도교 포로들의 사형을 언도하는 등 실질적인 주동자로 기록되어 있었다. 박인호가 인민재판을 주도했다는 진술도 있었다. 강만인을 포함한 김용수, 최찬호, 라성철, 박인호 등이 학살을 주도하였다.

넷째, 친공포로의 천도교 포로 살해 사유는 반공 활동이었다. 구체적으로 천도교청우당 활동, 서북청년단, 보안대, 수용소 내 반공조직 구축 등이었다. 북한에서의 청우당 활동 이외에 오이홍은 수용소 밖에서 칼 30자루를 밀반입해 친공포로를 학살하려 하였다는 사유로, 강홍모는 포로들이 먹

91) 동일인물로 추정되는 김부욱과 김부국, 정용화와 정용후, 김충환과 김충관은 1명으로 계산하였다.

을 국에 독약을 타서 85수용소의 포로 전체를 독살하려 하였다는 사유로 학살되었다.

다섯째, 살해는 인민재판의 형식으로 이루어졌다. 강안인 등 주동자들은 광장에 모인 친공포로들로 하여금 천도교 포로를 둘러싸고 1명씩 불러 인민재판을 하였다. 강만인은 친공포로들에게 천도교 포로가 북한에서의 천도교 활동과 반공활동에 관여한 사실을 폭로하고 사형을 요청하면 친공포로들은 이를 승인하는 형식을 통해 살해하였다.

여섯째, 살해한 후 친공포로들은 시신을 유기하였다. 강만인 등은 공개적으로 15명을 처형한 후 이들의 시신을 암매장하였다. 인민재판을 통해 살해 장소에서 그리 멀지 않은 곳에 시신을 옮겨 이들을 암매장하였다. 이들 중 김정용은 죽지 않은 상태에서 암매장되어 이튿날 아침까지 살아 있었다.

아래의 인용문은 송환반대 혈서 진정서 작성을 주동한 박찬호의 살해를 목격한 정창근의 진술서이다.

> 1951년 9월 17일 22시경 나는 내 막사에서 내가 맡은 일을 하고 있을 때 8, 9명의 포로가 우리 막사 앞을 지나갔다. 그리고 나는 강당 근처의 뒤로 가서 어떤 포로가 박찬호의 손을 붙잡고 잡아 가고 있는 것을 보았다. 그들은 2대대 소속이었고 그들의 이름은 허영관, 정용화(배식반원), 김충환(2대대 서기), 그리고 오병렬이었다. 2대대장, 경비 박영칠, 강인호, 세탁소대장과 목수 라성철은 몽둥이를 잡고 그들을 따라 갔다. 그들이 내 앞을 지나갈 때 박찬호는 그들에게 자기의 팔을 놓으라고 소리쳤다. 그때 그들 중 한 명이 입 닥치라고 말하고 빨리 걸어갔다. 그가 누군지는 모르겠다. 3대대 앞의 강당 근처에서 그들은 박찬호를 군중 속으로 끌고 갔다. 그 후 나는 내 막사로 돌아왔다. 다음날인 1951년 9월 18일 아침에 나는 3대대 앞에서 5, 6명의 시신이 스트로 매트에 덮여있는 것을 보았다. 박찬호의 시신이 그중에 있었는데 나는 정확히 그의 얼굴을 보았다.[92]

92) 앞의 사료, 96/134. 원문은 다음과 같다.

즉, 박찬호는 1951년 9월 17일 오후 10시경 85수용소 2대대 소속 친공포로인 허용관, 정용화, 김충환, 오병렬 등 4명에 의해 3대대의 강당 근처에서 붙잡혔다. 4명 이외에 박용칠, 강인호, 라성철 등 3명이 몽둥이를 들고 박찬호를 위협했다. 박찬호는 이들로부터 벗어나려고 소리를 지르며 정창근에게 도움을 청했지만 그들은 박찬호를 윽박지르며 걸음을 재촉해 박찬호의 팔을 낀 채 끌면서 3대대 강당 앞 광장의 친공포로의 군중 속으로 데리고 들어갔다. 박찬호는 그곳에서 살해당했다. 정찬근은 다음날 3대대 앞에서 스트로 매트에 덮여있는 5, 6명의 시신 가운데 박찬호의 얼굴을 확인했다. 박찬호는 이렇게 학살되었다. 다른 천도교 포로들도 박찬호와 같은 방식으로 친공포로들에 의해 잔혹하게 살해되었다.

(4) 항목은 사망증명서 및 검토보고서, 사건 요약이다. 사망진단서는 64야전병원에서 군의관 대위 I. Wikler가 서명하였다. 사망진단서는 이름, 계급, 나이, 확인일자, 사인, 사망진단일자로 되어 있다. '9·17폭동사건 사료'에는 진단서와 함께 학살 장소에 관한 도면이 그려져 있다. 〈그림 4-10〉는 85포로수용소의 학살 현장을 그린 것이다.

• • • • •

"Approximately 2200 hours, 17 September 1951, at Compound #85, when I was on my way to my tent, I saw eight or nine PW's were in front of my tent- I then walked back to the vicinity of the school and saw some PW's were taking BAK Chan Ho, holding BAK's hands. they belonged to our 2nd Bn, and their names are HEO Yung Kwan, JUNG Yung Hwa, (Kitchen workers), KIM Choong Hwan, (Clerk of 2nd Bn.) and O Byeong Yool. The Chief fo 2nd Bn, police PAK Yung Chil, KANG In Ho, Chief of cleaning section, and a carpenter RA Sung Chul were following them carrying sticks. When they were passing in front of me, BAK Chan Ho told them to take their hands off his arms. At that times one of them told him to shut up and walk fast. I do not know who said it. In front of the 3rd Bn, near the school, they walked into the crowd with BAK. After that I went back to my tent. The next morning on 18 September 1951, when I was in front of the 3rd Bn- I saw five or six bodies were covered with straw mats. BAK Chan Ho's body was among them and I saw his face clearly."

〈그림 4-10〉 85포로수용소 학살현장도93)

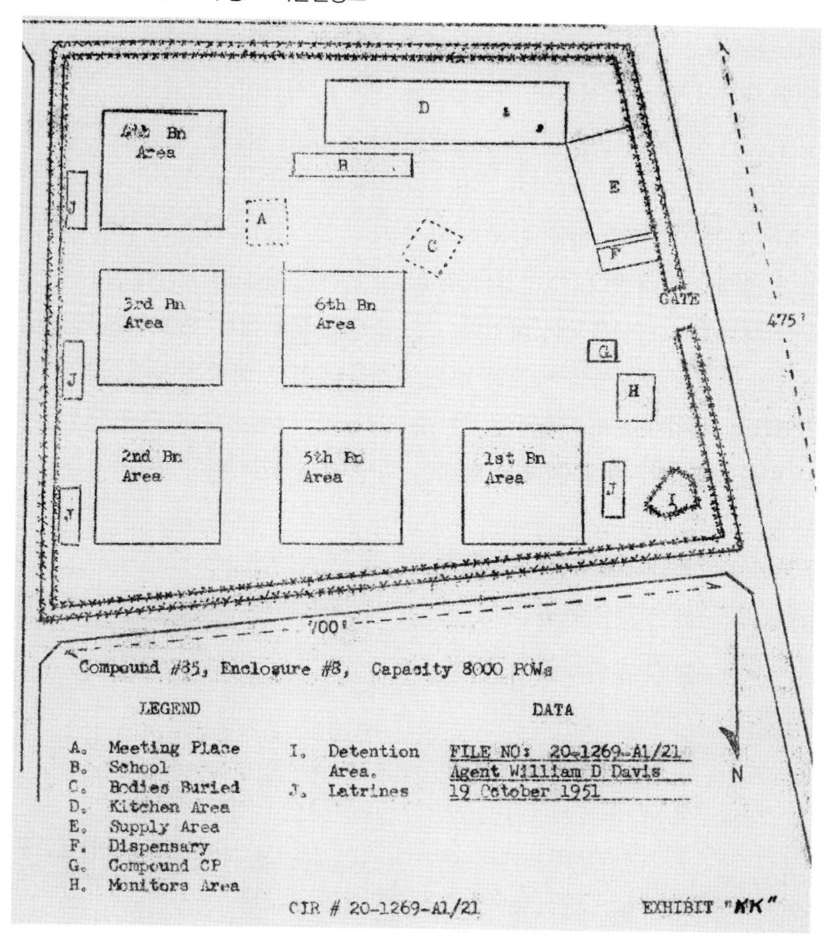

이 학살현장도는 사건이 발생한 지 한 달 정도 지난 1951년 10월 19일 포로들의 증언을 바탕으로 만들 것이다. 그림에서 왼쪽 윗부분인 A가 인민

93) 앞의 사료, 126/134. 범례: A 집합장소(인민재판장소), B 강당, C 시신매장장소, D 식당, E 보급소, F 의무실, G 수용소본부, H 감시소, I 유치장, J 화장실.

재판이 열린 광장이었다. 이곳은 3대대와 4대대, 6대대 사이에 위치해 수용소 본부(G)에서는 6대대 건물에 가려 잘 보이지 않는 사각지대이다. 특히나 사건이 발생한 시각이 저녁 9시를 전후한 시간이라서 수용소 본부에서는 사건 상황이 식별되지 않는 공간이었다. 또한 살해는 친공포로 200여 명이 둘러싼 가운데 진행되어 수용소 경비들도 제대로 파악하지 못하였다. A에서 친공포로들은 반공 활동을 한 천도교 포로를 둘러싸고 인민재판을 열어 공개 처형하였다. 그리고는 친공포로들은 운동장의 가운데인 C에 학살한 포로들의 시신을 매장하였다. C는 수용소 본부에서 잘 보이는 곳으로 이들이 이곳에 포로들을 매장한 것은 자신들의 포로 학살을 자랑스러운 성과였음을 나타내려고 하였음을 알 수 있다. 이 그림으로 85수용소에서의 9 · 17폭동사건의 학살과 매장 현장을 확인할 수 있었다.

〈그림 4-11〉 85포로수용소의 친공포로 집회

※출처: KBS 6 · 25전쟁 40주년 특별제작반, 『다큐멘터리 한국전쟁』(하), KBS 문화사업단, 1991, 145쪽. 9 · 17폭동사건이 일어났던 85포로수용소의 인민군 포로 집회 모습(1952.5.30). 단상의 지도자가 노래 지도와 연설을 하고 있다.

군 수사기관에서는 2개월에 걸쳐 9 · 17폭동사건을 조사한 후 사건의 전체적인 내용을 적은 사건 보고서를 작성하였다.

> 1951년 9월 17일 저녁, 21시에서 22시경, 연합국 제1포로수용소 8구역, 군사우체국 59, 85수용소에서 희생자들은 강압적으로 동료 포로들에 의해 그들의 막사에서 붙잡혀 85수용소의 3대대 구역과 강당 사이에서 인민재판을 열었다. 희생자들은 각각 한 명씩 "의장" 또는 주모자에 의해 반공 활동으로 고발되었고 사형 판결이 내려졌다. 그리고 막사 기둥, 몽둥이, 돌멩이, 주먹으로 때려 죽였다. 살인자들의 활동으로 15명의 희생자를 매장하는 것은 부분적으로 성공했다. 적어도 1명의 희생자는 산 채로 매장되었다. 시신들은 운동장 왼쪽에 놓여있었고 다음날 구타 현장 가까이에서 발견되었다. 모두의 사망 원인은 뭉퉁한 기구를 이용해 희생자의 머리 가격에 의해 만들어진 복합 골절이었다. 모든 희생자는 1951년 9월 18일, 64 야전병원에 도착했을 때 사망했다.[94]

인용문은 '9 · 17폭동사건 사료' 129쪽의 사건 보고서이다. 미 수사기관에서는 사건 보고서를 통해 85수용소에서의 9 · 17폭동사건을 다음과 같이 결론지었다. 즉, '9 · 17폭동사건은 1951년 9월 17일 오후 9시에서 10시 사이에 이루어졌다. 천도교 포로들은 자신의 막사에서 친공포로들에 의해 붙

• • • • •

[94] 앞의 사료, 129/134. 영어로 된 진술서를 한글로 번역해 실었다. 원문은 다음과 같다. "On the evening of 17 September 1951, at approximately 2100 to 2200 hours, at Compound Number 85, Enclosure Number 8, United Nations Prisoner of War Camp Number One, APO 59, the victims were forceably brought by fellow Prisoners of War from their tents to a meeting being held between the school and the 3rd Battalion Area of Compound 85(Exhibits "P" thru "R", "T", "U", and "KK"). One by one each victim was accused of anti-communist activities and sentenced to die by the "chairman" or ringleaders, and beaten to death with tent poles, sticks, stones and fists.(Exhibits "C" thru "R", "T", "U", and "KK"). Efforts by the murders to bury the 15 victims were only partially successful – at least one victim was buried alive (see Exhibit "K") - as 6 bodies were left lying on the ground and seen the next morning near the scene of the beatings (Exhibits "C" thru "R"). Cause of death in all cases was compound fractures of head bones of victims produced by blunt instruments (Exhibits "Q", "V" thru "JJ"). All victims were dead on arrival at the 64th Field Hospital, on 18 September 1951 (Exhibits "Q", "V" thru "JJ")"

잡혀 3대대와 강당 사이의 운동장에서 열린 인민재판에 회부되었다. 이곳에서 친공포로의 우두머리는 잡혀온 천도교 포로들이 반공 활동을 했다는 이유로 이들을 고발하고 사형을 언도하였다. 그리고 친공포로들은 천막 기둥과 몽둥이, 돌과 주먹으로 15명을 내리쳐 죽였다. 그리고는 이들을 그곳에서 멀지 않은 운동장 왼쪽에 시신을 옮겨 매장해 완전범죄를 하고자 하였는데 심지어 한 명[95]은 산 채로 매장하였다. 다음날 아침에 발견된 사망자들은 64 야전병원으로 옮겨졌고 산 채로 매장된 천도교 포로는 야전병원에 도착하자마자 사망하였다. 이들의 사망 원인은 몽둥이 등 뭉퉁한 기구로 머리를 내리쳐 만들어진 복합 골절이었다. 친공포로들은 수용소를 장악하기 위해 반공 활동을 한 천도교 포로를 무참히 살해하고 시신을 유기하려 하였다.'

〈표 4-13〉는 85포로수용소에서 학살당한 포로들의 기본 자료이다. 이들의 자료는 국방부 군사편찬연구소의 거제도 포로수용자 DB 검색을 통해 확보하였다. 이를 통해 9·17폭동으로 살해당한 천도교 포로들의 출신지 등 기본 정보를 확인할 수 있다.

〈표 4-13〉 85수용소 사망 포로의 포로수용자 DB 검색 내역[96]

포로 번호	성명	계급	처리 상태	처리 일자	생년월일	통지자 주소
204806	박림우	사병	사망	1951.09.18	1929.04.04	평남 평양시
204675	김도덕	사병	사망	〃	1926.02.08	함북 철산군
94230	김정용	사병	사망	〃	1923.03.06	함남 영흥군 영흥읍 도정리
204838	박찬호	사병	사망	〃	1921.04.19	평북 정주군
16273	김금연	사병	사망	〃	1917.03.29	함남 북천군 양화면 부창리
200527	최신주	사병	사망	〃	1922.09.26	황해도 해주시
204495	박춘하	사병	사망	〃	1924.06.28	함북 청진시
200508	백인승	사병	사망	〃	1926.08.12	평북 용천군 부라면 종단리 #55

95) 배용화는 진술서에서 친구였던 김정용은 산채로 매장되어 다음날 아침에 자신이 발견했을 때 숨을 쉬고 있었다고 하였다. 배용화는 사전에 자신도 살해자 명단에 있다는 것을 알게 되고 숨어서 화를 면할 수 있었다고 진술하였다. 배용화의 진술로 보더라도 '9·17폭동'은 사전에 계획된 것임을 알 수 있다.

201715	강홍모	사병	사망	〃	1921.10.24	함경북도 나진군 나진면
204811	한인덕	사병	사망	〃	1929.07.13	평양시 시성리 성기드리 106
94006	박상연	민간인	사망	〃	1922.12.07	평남 성천군 삼림리
123510	오이홍	사병	사망	〃	1914.04.23	평남 안주군 안주면 남천리
205185	고수진	민간인	사망	〃	1921.10.04	황해도 평산군
121380	이예형	민간인	사망	〃	1925.**.24	평북 용천군 대상면 석옹
79306	조성진	하사	사망	〃	1924.05.11	함남 이원군 이원면 송호리

※비고: '9 · 17폭동 사료'를 바탕으로 국방부 군사편찬연구소의 거제도 포로수용자 DB를 검색한 내역이다. 영어로 제공되는 내용을 번역하여 실었다.

먼저, 학살당한 15명은 인민군 포로 12명(80%)과 민간인 포로 3명(20%)으로 구성되었다. 인민군 포로 가운데 장교는 없었고 하사 출신은 조성진 1명이었고 그를 제외한 11명은 사병 출신이었다. 장교들은 별도로 수용되어 있어 85수용소는 하사관과 사병만 수용되어 있었다. 군 편제상 사병이 다수를 차지하기 때문에 이들의 희생이 많았던 것을 볼 수 있으나 천도교 인민군들은 주요 보직에 임명되지 않아 사병일 가능성이 많았을 것으로 추정할 수 있다.

둘째, 학살 포로 15명 모두 사망 처리되었으며, 처리된 날짜는 1951년 9월 18일이었다. 이들은 학살이 일어난 다음날인 9월 18일 64야전병원으로 옮겨져 군의관에 의해 사망진단서가 발급되었다. 사망진단서는 '9 · 17폭동 사건 사료'에 포함되어 있다. 15명 가운데 김정용은 9월 18일 아침까지 살아있었으나 병원으로 옮겼을 때는 죽었다고 한 것으로 보아 이송과정에서 사망한 것으로 보인다.

셋째, 사망자는 30대가 5명(33.3%), 20대가 10명(66.7%)이었다. 최연장자는 1914년생으로 38세인 오이홍이었고 최연소자는 1929년생으로 23세였던 한인덕과 박림우 2명이었다. 민간인 희생자 3명은 30대가 1명, 20대

96) 포로DB는 영문으로 작성되었으나 한글로 옮겼다. 검색 내용 중 부친 항목에 박찬호는 부친의 이름이 백항차(BACK HANG CHOA), 강홍모의 부친은 석후(SUK HOU), 오기홍의 부친은 오광운(O KWANG UN), 고수진의 부친 이름은 고한독(KO HAN DOOK). 조성진의 부친은 조경화(JO KYONG HWA)로 검색된다.

가 2명이었다. 민간인 희생자인 오이홍은 85수용소의 포로 연대장을 맡고 있었는데 이는 그의 나이와도 관련이 있어 보인다. 군인이 아닌 민간인이 연대장을 맡았던 것은 천도교 활동과 관련이 있을 것으로 추정할 수 있다.

넷째, 이들의 주소지는 북한 지역에 고르게 분포되어 있다. 평안남도가 4명(26.6%), 평안북도가 3명(20%), 함경남도가 3명(20%), 함경북도가 3명(20%), 황해도가 2명(13.3%)이었다. 지역별로 보면 서북지역이 9명이고 동북지역이 6명이다. 도시 지역의 거주자는 4명이었고 나머지 11명은 군 단위에서 거주하였다.

4) '9·17폭동'의 진상

(1) 사건의 재구성

NARA 문서의 RG 153의 '9·17폭동사건 사료' 기록은 미군 수사기관에 의해 2개월간에 걸쳐 이루어진 사건 보고서이다. 여기에 구술증언을 더하여 당시 사건을 재구성하면 다음과 같다.

첫째, 9·17폭동사건으로 살해당한 포로는 천도교인으로 15명이었다. 구술자의 증언은 14~18명으로 나오지만 미군 기록은 15명이었다. 미군은 군 범죄수사대를 통해 17명의 진술을 받는 등 세밀하게 이루어진 것으로 보아 15명이 학살된 것이 정확하다고 할 수 있다.

둘째, 학살 주모자는 강만인과 최찬호였다. 진술서와 고소장을 분석하면 살해자로는 강만인이 9명의 살인에 가담했고 김부욱이 5명, 송길섭과 최찬호가 4명, 라성철, 김충환, 강인호, 허영관, 김용수, 남도원, 박인호 등이 2명의 살해에 가담했다. 김낙재 외 8명이 1명의 살해에 가담했다.[97] 그 외

• • • • •

97) 살해자에 대해서는 보고서와 고소장의 내용이 조금 차이가 난다.

에도 많은 가담자가 있었지만 목격자가 신원을 알 수 없어 밝히지 못했다. 특히 진술서에 의하면 강만인은 학살 당시 인민재판을 주재하며 군중들에게 천도교 포로들이 반공활동을 했음을 자아비판하게 하고 포로들로부터 학살을 승인받는 등 학살사건을 진두지휘하였다.

셋째, 9 · 17폭동은 사전에 계획되었다. 진술 내용 중에 9월 17일 오후에 폭동이 일어날 것이라는 것을 사전에 들었던 포로가 있었던 것으로 보아 9 · 17폭동은 사전에 모의된 사건이었다. 9 · 17폭동사건은 단위 수용소에서 일어난 우발적 학살이 아니라 친공포로들에 의한 거제도 포로수용소 전체를 장악하기 위한 공작의 일환으로 이루어졌다. 9 · 17폭동은 당시 거제도의 친공포로 조직이었던 해방동맹 등의 사주로 주도면밀하게 이루어진 반공포로 학살 사건이었다. 당시 각 수용소에서는 10명 내지 30명씩 반공포로들이 무참하게 학살당했는데 전체 수용소에서의 희생자는 300명에 달했다.[98]

넷째, 살해 사유는 반공 활동이었다. 85수용소에서는 수용소 내에서의 송환결사반대 혈서 진정서 작성과 반공 조직 결성 그리고 북한에서의 북조선청우당 활동과 치안대 활동, 서북청년당 등의 이유를 들었다. 그리고 수용소 내로의 암살용 칼 30자루 밀입과 포로 독살 혐의 등 비상식적인 사유도 있었다.

다섯째, 살해 방법은 막사의 기둥, 몽둥이, 돌, 주먹 등으로 머리를 가격해 죽였다. 친공포로들은 200여 명의 포로가 운집한 인민재판을 통해 이들의 살해 사유를 밝히고 옷을 벗기고 무릎을 꿇인 채 몽둥이로 내리쳐 죽였다. 몇 번 때려 죽지 않으면 발길질을 하기도 하고 돌로 내리치고 주먹으로 때려 바닥에 쓰러질 때까지 무참하게 학살하였다.

98) 김행복, 앞의 책, 122쪽.

(2) 사건 이후의 수습 과정

9·17폭동사건으로 공포에 떨고 있던 85수용소의 반공포로들은 9월 18일 날이 밝자 철조망에 매달려 살려달라고 경비병에게 소리쳤다. 이에 유엔군이 사태의 심각성을 인식하고 수용소에 들어와 수용소를 진압하였다. 그러나 유엔군이 들어왔을 때는 이미 친공포로에 의해 무참히 살해된 15명의 시신이 속옷만 입은 채 널브러져 있을 뿐이었다.[99] 유엔군은 9월 말에 85수용소의 천도교 포로를 포함한 우익 포로를 분리시켜 96수용소로 이동시켰다.

당시 박찬호와 함께 진정서 서명을 주도한 전덕범과 정승도는 피신하여 위기를 모면했다. 또한 진술자 가운데 방창선, 배용화, 김승희 등 3명도 동료로부터 살해자 목록에 올라가 있었다고 증언한 것으로 보아 친공포로들이 학살하려고 했던 천도교 포로들은 더 많았을 것으로 보인다. 그러나 이들은 친분이 있었던 친공포로의 사전 고지를 받고 피신해 위기를 모면했다.

9·17폭동사건의 학살자 명단에 올랐다가 극적으로 살아난 전덕범은 당시의 상황을 천도교 기관지를 통해 밝혔다. 그는 당시 3대대 서기를 맡고 있었는데 3대대의 서기실은 대대 천막의 한 쪽에 커튼으로 별도의 공간을 만들어 사용했다고 하였다. 친공포로들이 전덕범을 잡으러 3대대 서기 사무실로 들어오자 그는 재빨리 커튼 밑으로 사무실을 빠져나와 일반 대대원들에 섞여 있었다. 친공포로들이 사무실에서 전덕범을 잡지 못하자 다시 일반 천막으로 나와 그를 찾으려하자 그는 다시 천막 밑으로 사무실에 들어가 숨었다가 친공포로들이 천막을 나가자 국군이 있는 위병소로 대피해 간신히 목숨을 건질 수 있었다고 하였다.[100]

99) 전덕범 외, 앞의 글, 45쪽. 당시 85수용소에서 구사일생으로 살아남은 정승도와 전덕이 이 사건에 대해 진술하였다. 이 좌담회에 구술자인 이성운도 참석했다.

100) 전덕범의 생존에 관해서는 석영록이 증언하였다.(2015.4.19.)

5) 다른 수용소의 '9 · 17폭동'

다른 수용소에서도 85수용소에서의 9 · 17폭동과 비슷한 상황의 증언이 있었다. 76수용소의 반공포로도 친공포로에 의해 학살당했는데 양택조는 당시 76수용소에 있었다.

> 기냥 사람 쭉 세웠거덩 때리는 사람을 하나씩 끌어내다가 때려 사정 안 보거덩 그또 곡괭이자루로 힘대로 대가리를 내 때리는데 안 죽을 재간 있나 아 나도 여길 3대 그저 곡괭이자루로 세게 맞았는데 아 처음에는 죽었, 죽었, 죽었지 뭐 이 새끼 죽었구나. 들어냈지 죽어서 내치고 죽어서 내치고 그러거덩 내쳤는데 송장 무대기에 가서[101]"

양택조는 친공포로에 의해 반공포로로 인식되어 친공포로에게 붙잡혀 곡괭이 자루로 머리를 세 차례나 두드려 맞고 기절해 가사(假死) 상태에 빠지자 친공포로들은 그를 죽었다고 송장 더미에 버렸다는 증언을 하고 있다.

하지만 그는 3일 만에 시체 속에서 동료들이 자신의 이름을 부르며 장례에 관해 논의하는 소리를 듣고 깨어났다고 한다. 그가 사흘 만에 송장 무더기에서 기어 나오자 친공포로들은 더 이상 그를 죽이려하지 않았다. 76수용소에서도 친공포로에 의한 반공포로 학살인 9 · 17폭동사건이 자행되었는데 양택조는 친공포로에 의해 학살자로 지목되어 가격을 당했지만 구사일생으로 살아났다.

1951년 9월 중순 거제도포로수용소에서 일어난 9 · 17폭동사건은 친공포로에 의한 반공포로 학살 사건으로 76~78수용소에서 집중적으로 일어나 수백 명이 학살당했다고 반공포로들은 주장하고 있으며 85수용소에서도 발견된 시체가 한 트럭 가득이었다고만 하였다.[102] 그러나 반공포로의 증

101) 양택조 구술, 「북한출신 천도교 반공포로의 포로생활」, 국사편찬위원회, 2014, 35쪽.
102) 조성훈, 앞의 책, 217쪽.

언과는 달리 미군보고서에는 20명 사망, 31명 부상으로만 기록되어 있고 9월 전체 학살 포로가 115명이라고 밝히고 있다.[103)]

요컨대 9·17폭동사건은 수용소가 이념 갈등의 국면으로 접어들면서 발생하였다. 수용소를 장악하려했던 해방동맹 등 친공포로 조직이 계획적으로 반공포로를 학살한 사건이었다. 다른 수용소와는 달리 85수용소에서의 9·17폭동사건은 천도교 포로가 학살되었음을 구술증언과 NARA 문서를 통해 확인할 수 있었다. 85수용소에서의 9·17폭동사건은 천도교라는 종교적인 요소와 반공이라는 정치적 요소가 맞물려 발생하였다. 그러면 수용소 내에서 천도교 포로들은 왜 반공 활동을 하였던 것일까에 대해 의문을 제기하지 않을 수 없다. 이 시기에는 유엔군이 포로교육을 시작하던 시기이라 유엔군의 인도주의적 감화를 받았다고 하기에는 시간적으로 역부족이었다.[104)] 천도교 포로의 반공 활동은 유엔군의 인도주의적 정책보다는 천도교 포로들이 북한에서 겪었던 경험이 직접적인 원인이었음을 추정할 수 있다. 따라서 해방 공간에서 북한 천도교의 활동과 구술자들의 경험에 대해 살펴볼 필요가 제기된다. Ⅲ장에서는 해방 공간에서의 북한 천도교와 천도교 포로들의 북한에서의 행적을 추적해 이들의 수용소 내에서의 반공 활동의 내적 원인을 찾아보고자 한다.

103) 위의 책, 220쪽.

104) 85수용소에서 유엔군의 포로 교육이 처음으로 시작된 것은 1951년 8월 6일이었다. 조성훈, 앞의 책, 156쪽.

제5장

포로수용소에서의 천도교 활동

제5장
포로수용소에서의 천도교 활동

1. 천도교 활동의 공식화

1) 전향과 주도권 장악

앞 장에서 천도교계 포로들이 포로수용소에서 북한으로의 송환을 거부하고 남한으로의 전향을 선택하게 된 과정에 대하여 살펴보았다. 지금까지 반공포로의 전향은 이승만 정권의 포용정책과 유엔군의 인도주의적 반공포로 양성 정책의 효과에 의한 것이었다고 보는 연구가 대부분이었다. 즉, 외적 요인에 의한 전향이 이루어졌다고 보았다. 하지만 천도교 포로의 전향은 북한에서의 천도교 활동을 바탕으로 이루어졌다는 증언도 보인다.

8명에 대한 구술 녹취가 포로수용소에서의 천도교 활동을 중심으로 이루어졌기 때문에, 북한에서의 천도교 활동에 관해서는 구술의 도입 부분에 구술자를 이해하기 위한 차원에서 간략하게 이루어졌다. 때문에 북한에서의 천도교 활동에 대한 구술 증언은 소략한 편이다. 북한에서의 천도교 활동에 대한 구술 질문은 구술자의 천도교 입교, 지역의 천도교 교세, 천도교 강습회의 강습 내용, 천도교에서의 직책과 활동, 천도교종리원과 청우당 활동, 공산당과의 갈등 등에 관한 것이었다. 즉, 해방 이후 지역에서의 천도교 교세와 천도교 활동을 위주로 질문하였다. 구술자들은 자신의 입교와 신앙생활 그리고 북한 천도교의 교세와 활동, 그리고 공산당과의 갈등에 대해 상세히 기억하고 있었다.

다소 미흡한 부분이 있지만 8명의 구술 증언은 북한에서의 천도교 활동과 구술자들의 전향의 내적 요인을 밝히는 데 단서를 제공할 것이다. 아울러 천도교기관지의 자료들과 기존의 연구 성과를 바탕으로 천도교 포로의 전향의 배경과 원인을 살펴보고자 한다.

거제도 85수용소에서 발생한 9 · 17폭동사건 이후 수용소는 천도교 포로를 포함한 반공포로들을 96수용소로 이동시켰다. 진술서에 의하면 사건 다음날인 9월 18일 오후에 친공포로와 반공포로를 분리해 반공포로들을 다른 수용소로 옮겼다고 하였다. 96수용소로 옮긴 천도교 포로들은 수용소 내에서 반공 활동을 강화하였다. 중도적 성향의 천도교 포로들도 반공 활동에 가담하였다. 결국 9 · 17폭동사건을 계기로 천도교 포로들은 '전향'을 선택하였다.

〈그림 5-1〉 이념으로 나뉜 포로수용소

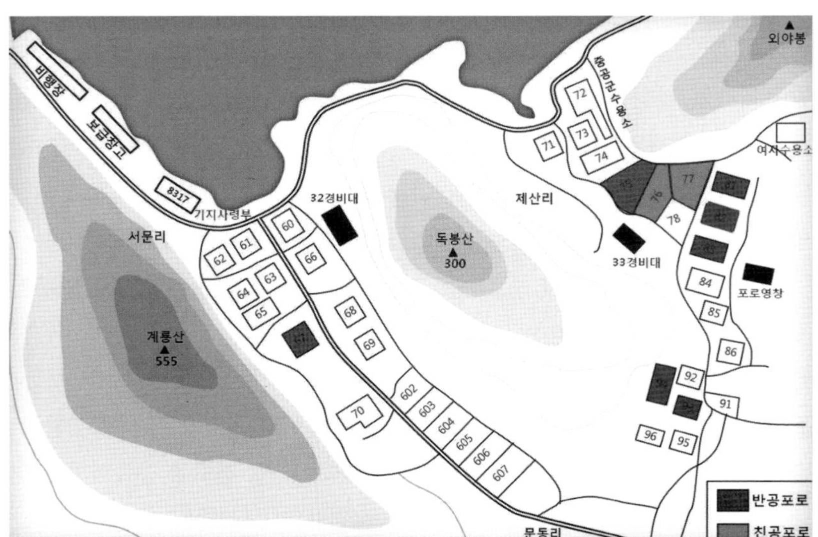

※출처: 『6 · 25전쟁사⑩ 휴전회담 고착과 고지쟁탈전 격화』, 국방부 군사편찬연구소, 2012, 290쪽.

양제호의 증언과 천도교 측 자료에 의하면, 96수용소로 이동한 천도교 포로들은 전덕범을 대변인으로 선출하고 반공 결사대를 조직해서 친공(親共)포로와 맞서기로 하였다. 전덕범이 맡은 포로 대변인은 수용소 안에서 수용소장과 공식적으로 접촉할 수 있는 직책이어서 포로들을 대표해 의견을 표출할 수 있는 요직이었다. 포로의 대변인은 포로들이 다수결로 선출했는데 전덕범이 96수용소에서 대변인이 될 수 있었던 것은 천도교인 포로가 많았던 요인도 있었지만 9 · 17폭동사건 이후로 천도교 포로들이 이전보다 더욱 단결했기 때문이었다. 전덕범은 북조선청우당 중앙당 선전부장인 전찬배[1]의 아들이었는데 전찬배의 명성은 북한 내에 자자하였다.

당시 61수용소의 천도교인 포로들도 95수용소로 옮겨졌다. 당시 61수용소에서 옮겨온 포로 중에는 북조선청우당 평안북도 경원군당위원장 김병욱, 나진군당 선전부장 장정관, 온성군당 부위원장 김사빈 등의 지역 군당의 지도급 인사들이 포함되어 있었다. 61수용소에서 95수용소로 전입한 천도교 포로들은 김사빈을 2대대의 중대장으로 선출해 주도권을 장악하고자 했으나 친공포로들의 반발로 중대장에서 해임되었다.

김사빈 등 천도교 포로들은 자구책을 강구하기 위해 3대대에 천도교 포로들이 많다는 것을 듣고 3대대의 대변인인 전덕범을 만나 2대대 안의 천도교 포로 백여 명을 3대대로 옮기는 방안을 알아보자고 논의하였다. 김사빈은 장정관의 소개로 3대대의 전덕범을 만나 부친과의 인연을 말하면서 서로 천도교인임을 확인하였다. 김사빈은 2대대의 사정을 말하고 전덕범에게 협조를 구했다. 당시 수용소에서는 대대별로 독립적 공간에서 생활하고 있었기 때문에 대대를 옮기는 것은 쉽지 않았다. 수용소

• • • • •

1) 전찬배는 평안북도 정주 출신으로 1919년에 천도교에 입교하였다. 도호는 정암(定菴)이며 경력으로는 정주군 농민사 비서, 청년당 정주당부 수도부장 등을 역임하였다. 『동학천도교 인명사전』, 1385쪽.

측에서는 포로들이 다른 수용소나 대대 간 이동을 요구해도 잘 들어주지 않았다. 살해 사건 등 큰 문제가 발생하지 않는 한에서는 기존의 틀을 벗어나려고 하지 않았다. 그러나 전덕범은 친밀한 관계를 유지하던 95수용소장인 윌슨 대위를 만나 2대대 천도교 포로의 3대대로의 이송을 요구하자 윌슨 대위는 전덕범의 건의를 받아들여 2대대의 천도교 포로를 3대대로 옮겨주었다. 이듬해인 1952년 1월 천도교 포로들은 다시 96수용소로 이송되었다.[2]

이성운에 의하면 처음 96수용소는 각 수용소에서 중학교 이상의 학력을 가진 고학력자를 선발해 설치할 목적으로 만들어졌다. 그런데 각 수용소에서 좌익과 우익의 갈등이 깊어지자 친공 수용소에서는 반공포로가, 반대로 반공 수용소에서는 친공포로가 탈출하기 위해 96수용소에 모여들어 처음 설치의 의도와는 다른 방향으로 수용소가 구성되었다. 이런 상황에서 수용소는 겉으로는 평온해 보였지만 내부에서 친공포로는 친공포로들끼리 뭉쳤고, 반공포로는 반공포로들끼리 뭉쳐 세력을 확장해 나가면서 수용소를 장악하기 위한 기회를 엿보고 있었다.

> 하루는 내가 있는데 어떤 놈이 찾아왔어. 무슨 대대 무슨 뭔가 어떤 놈이 찾아와 가지고선 나보고 “동무 어디 있었어?” 그래 “나 당에 있었다고” 했지요. 그래 당에 있었다고 하니까 저놈들은 여기서 교회하면 기독교 교회로 치는 것과 마찬가지로 그 새끼들도 당에 있었다고 하면 공산당, 노동당에 있었다는 줄로 알지 청우당이라고는 안 알거든 …… 그렇지 일부러 당에 있었다고 했지. 청우당이라 뭐 들키면 안되지. 그랬더니 그놈이 하는 소리가 여기도 지금 세포조직이 다 돼있고 어느 날에 폭동을 일으켜 가지고서 이거 지금 여기 수용소 좌익이 잡으려고 그런다 이제 이런 정보를 주는 거예요. 아 그래 알았다구 그리고선 그 고 이전에 95라는 데가 있었어요. 95가 그 좌익인데 거기 한 대대 거긴 정주사람들.[3]

• • • • •

2) 전덕범 외, 앞의 글, 46쪽.
3) 이성운 구술, 앞의 글, 30쪽.

이성운은 96수용소에서의 친공포로의 수용소 장악 시도와 직접 관련이 있었다. 하루는 노동당 출신의 친공포로가 이성운에게 당(黨)에 속해 있느냐고 물으니, 북조선청우당 활동을 하였던 이성운은 공산당 가입여부를 묻는 것임을 짐작하고, 자신의 신분을 속이고 그렇다고 대답하였다. 친공포로는 이성운이 공산당에 들어 있는 것으로 착각하고 조만간에 수용소에서 폭동을 일으켜 96수용소를 친공 수용소로 만들 것이라는 기밀을 이성운에게 누설하였다. 이성운은 이를 경비대에 알렸고 경비대에서 이성운에게 수용소 폭동을 발설한 친공포로를 붙잡아 심문하였다. 경비대는 친공포로의 자백을 받아 96수용소 내의 친공포로들을 색출하였다.

또한 73수용소에서 96수용소 2대대로 옮겨온 김광호는 반공청년당의 조장으로 각 소대에 정보원을 두고 있었는데, 어느 날 저녁 정보원으로부터 내일 새벽 4시에 친공포로가 폭동을 일으킨다는 정보를 듣고 경비대와 전덕범이 있던 3대대에 연락하여 카투샤를 투입해 극렬 친공포로들을 4일간에 걸쳐 색출하였다. 당시 96수용소에서 전덕범과 친밀하게 지내던 월슨대위가 96수용소장으로 전보와 있었기 때문에, 전덕범은 이 사실을 수용소장에게 급히 연락해 친공포로의 수용소 장악 시도를 사전에 대비할 수 있었다. 전덕범은 85수용소에서의 9 · 17폭동사건 이후 96수용소로 이동한 뒤부터는 매일 1대대와 2대대의 정보를 수집하고 있었기 때문에, 2대대에 있던 김광호와도 연락이 가능하였다. 이렇게 수용소 내의 천도교 포로와 반공포로들은 서로 연락을 취하면서 친공포로의 수용소 장악 시도를 좌절시켰다.

2) 공식적 천도교 활동의 시작

전덕범에 의해 친공포로의 수용소 장악 음모가 96수용소장인 월슨대위에게 전달되자마자 4일간에 걸친 친공포로 색출이 진행되었다. 그 결과 96

수용소에서 약 400명 정도의 포로가 극렬 친공포로로 밝혀져 다른 수용소로 이송되었다. 이후 96수용소는 천도교 포로들이 주도권을 장악하였다.[4) 96수용소의 주도권을 천도교 포로들이 장악하게 되자 천도교 포로들은 수용소를 천도교적 이념을 실현하는 공간으로 변모시켰다. 96수용소는 일시에 천도교 세상이 되었다.

가장 대표적인 사례가 급식 부분이었다. 포로수용소에서 포로들이 가장 불만이 많은 것이 급식이었다. 포로 간부들에 의해 불공평하게 이루어지는 배식으로 인해 포로들은 항상 불만을 토로하였다. 96수용소에서는 이렇게 포로들의 불만이 가장 많던 배식을 공평하게 실시하였다. 간부라고 해서 특별히 배식에서 특혜를 누리지 않고 모든 포로들이 순서를 정해 공평하게 하여 불만을 없앴다.

다음으로 배급되는 물품도 골고루 나누어 썼다. 간부들은 미군이 주는 보급품을 착복해 이를 외부로 빼돌리는 경우가 많았다. 또 간부라고 해서 새로운 보급품이 내려오면 이것을 독차지하고 일반 포로에게는 자신이 쓰던 헌 물건들을 주는 경우도 허다했다. 96수용소에서는 간부라고 해서 배급품을 많이 갖지 않도록 하고 물품을 내다 팔아 착복하는 경우도 없게 만들었다. 이렇게 96수용소에서는 비록 수용소라는 한계가 있었지만 천도교의 이념인 공평과 평등이 잘 지켜질 수 있도록 노력하였다.

96수용소가 천도교 포로들이 주도권을 장악한 이후 안정을 찾자 미군들도 96수용소를 인정하였다. 미군들은 특별히 96수용소를 작업 동원에서 제외하는 특혜를 베풀기도 하였다. 수용소의 포로들은 매일 작업에 동원되는데 작업에 나가지 않는 것은 포로들에게는 상당한 특전이었다. 당시 96수용소는 미군이나 한국군으로부터 가장 모범적인 수용소로 평가받았다. 대변인인 전덕범은 미군 수용소장과의 교섭을 통해 다른 수용소보다 많은 물

• • • • •

4) 전덕범 외, 앞의 글, 49쪽.

자를 지급받을 정도로 인정을 받았다.

> 1952년 3월경에 천도교인들이 주도권을 잡으면서부터 그 안에 천막을 치고 시일식을 봉행하면서 활발한 활동을 했습니다. …… 그래서 이만하면 천도교 간판을 내걸 수 있다고 판단되었습니다. 그래서 전덕범씨가 미군과 교섭을 해서 시일식을 거행할 수 있도록 천막을 지원받아 시작하게 된 것입니다.[5)]

천도교 포로가 96수용소의 주도권을 장악한 시기는 1952년 3월경이었는데, 이때부터 수용소 안에서 활발하게 천도교 활동을 하였다. 그러자 그동안 숨죽이며 자신이 천도교인을 밝히지 않았던 포로들이 나타나기 시작하였다. 여기에는 강원도 이천군당위원장 출신인 박영수, 개천 천도교종리원장을 지낸 이모 씨 등을 비롯해 덕천의 손성룡, 임헌 등과 같은 포로들이 있었다. 이들은 기존의 천도교 포로들과 합심해 천도교 활동에 적극 참여하였다.

활발한 천도교 활동은 수용소 내에서의 공식적인 천도교 활동으로 성과를 맺었다. 96수용소에서 기독교와 천주교, 불교 등의 종교 활동이 이루어졌지만 천도교 포로의 수가 월등히 많았다. 소수의 기독교인들도 예배를 보는 상황에서 천도교도 시일식(侍日式)을 하지 못할 이유가 없다고 해서 시일식을 시작하였다. 전덕범을 위시한 간부급들은 이만하면 천도교 간판을 걸어도 되겠다고 판단해 윌슨 대위에게 천도교 활동을 할 수 있는 천막을 요청하였고, 윌슨 대위는 천도교 포로들의 요구를 받아들여 천도교 활동을 위한 천막을 제공하였다. 이렇게 해서 포로수용소 내에서의 최초의 공식적인 천도교 활동이 시작되었다.

천도교 포로들은 천도교 천막에 천도교종리원이라는 간판을 설치하고 천도교를 상징하는 궁을기(弓乙旗)를 만들어 천막 앞에 게양하였다. 이후

• • • • •

5) 위의 글, 49쪽.

매 일요일마다 시일식을 봉행하는 등의 본격적이 천도교 활동이 시작되었다. 96수용소의 천도교종리원의 간부는 전덕범, 김사빈, 정승도 등 북한에서의 지도급 인사들이 중심이 되었다. 당시 포로 가운데 유엔군의 지원을 받는 기독교가 가장 활발하게 활동하였지만 포로들이 가장 많이 몰리는 곳은 천도교 천막이었다.[6)]

정리하면, 9·17폭동사건 이후 천도교 포로들은 85수용소에서 95수용소를 거쳐 다시 96수용소로 옮겨졌다. 95수용소에서는 61수용소의 김사빈 등 천도교 포로를 3대대로 옮겨와 천도교 포로의 세력을 확장했으며 96수용소로 옮긴 이후에는 수용소 내의 친공포로를 색출하여 수용소의 주도권을 장악하였다. 수용소의 주도권을 잡은 천도교 포로들은 수용소에서 천도교 이념을 실천하여 모범적으로 운영하여 미군으로부터 최초로 공식적인 천도교 활동을 승인받았다. 미군은 수용소 내에 별도의 천막을 설치해 천도교 활동을 지원하였다. 이렇게 포로수용소에서 천도교 이념이 실현되고 난 후 진행된 포로심사에서, 천도교 포로들은 '전향'을 택하였다. 96수용소를 비롯해 많은 천도교 포로들은 남한으로의 전향을 선택하였다. 이 가운데는 구술자 8명도 포함되어 있었다. 천도교 포로들은 전향 이후 결사대 조직 등 반공 활동을 강화했다. 이성운이 증언한 96수용소에서의 친공포로 색출은 대표적 반공활동이었다. 전향 후 수용소내의 천도교 포로들은 공개적으로 천도교 활동을 할 수 있었다.[7)] 천도교 포로의 전향의 배경이 북한에서의 천도교 활동에서 기인한 것이라면, 9·17폭동사건은 천도교 포로 전향의 직접적인 전환점이 되었다.

• • • • •

6) 위의 글, 49쪽.

7) 임운길의 증언에 따르면 거제도포로수용소의 83, 84, 87수용소에서 천도교 활동을 하였다고 한다. 그 시기는 1951년 봄부터 이루어졌고 52년 5월 거제도를 떠날 때까지 지속되었다고 한다.

2. 성향별 분리 수용 시기의 천도교 활동

1) 포로의 분리 수용

거제도포로수용소에서 1952년 2월에만 약 20건의 친공포로와 반공포로의 갈등이 폭발한 사건이 일어났고, 3월과 4월에도 각각 25건의 사건이 발생하였다. 상황이 심각해지자 유엔군사령부는 수용소를 개편해 포로 전체를 반공포로와 친공포로로 분리하고 이들을 분산 수용하는 정책을 세웠다. 이를 위한 포로 심사가 1952년 4월 8일부터 시작되었다. 이 시기 포로 심사를 거쳐 송환 희망과 송환 거부, 즉 전향 여부를 결정했는데 끝까지 심사를 거부한 일부 친공포로 수용소를 제외하고 개별심사가 끝난 후 송환 희망자는 6만7천여 명, 송환 거부 포로는 약 3만 3천여 명으로 집계되었다.[8] 구술자 8명은 모두 남한으로의 전향 즉, 송환 거부를 선택하였다.

〈그림 5-2〉 포로 심사

※출처: KBS 6 · 25전쟁 40주년 특별제작반, 『다큐멘터리 한국전쟁』(하), KBS 문화사업단, 1991, 137쪽.

8) 김행복, 앞의 책, 146쪽.

심사 후 유엔군은 친공포로와 반공포로를 소규모 수용소를 신설해 분리 수용하기로 포로 정책을 바꾸었다. 분리 수용의 결과는 〈표 5-1〉과 같다.

〈표 5-1〉 분산기 수용소별 포로 수용 인원(1953년 2월 1일)[9] (단위: 명)

포로의 성격	수용소 위치	수용인원
인민군 친공포로	No.1 거제도	47,299
	No.1a 거제도 저구리	11,895
	No.1b 용초도(거제의 남쪽)	8,054
인민군 반공포로	No.4 영천	536
	No.4a 대구	480
	No.5 광주	12,052
	No.6 논산	11,939
	No.7 마산	3,891
	No.9 부산 서부	4,380
중국군 반공포로	No.8 제주도 제주시	5,809
공산 측 민간인	No.1c 봉암도(거제의 남쪽)	9,109
비공산 중국인	No.3 제주도 모슬포	14,314
병원(중국 및 한국인 혼합)	No.2 부산병원 및 부속건물	2,638
계		132,396

※비고: 김행복, 『한국전쟁의 포로』, 국방군사연구소, 76쪽의 표를 재구성하였다.

〈표 5-1〉에 따르면 분산기의 인민군 친공포로와 공산 측 민간인은 거제도의 기존 포로수용소와 저구리, 용초도, 봉암도 등 4개 수용소에 남겨졌다. 인민군 반공포로는 내륙으로 이동시켜 영천, 대구, 광주, 논산, 마산, 부산 서부 등 6개의 수용소에 분산 수용되었다. 이 중 광주포로수용소와 논산포로수용소에는 약 1만 2천 명 내외의 포로가 수용되어 있었고, 부산 서부포로수용소와 마산포로수용소에는 약 4천 명 내외의 포로가 수용되었다. 대구와 영천은 약 500명 전후의 포로가 수용되어 수용소 여건에 따라 포로 규모의 편차가 컸다. 중국군 반공포로 5천 8백여 명과 비공산 중국인

9) 성강현, 앞의 논문, 29쪽.

1만 4천여 명은 제주도로 이송되었다. 환자 포로는 부산의 병원에 수용되었다.

구술자 8명은 모두 남한으로의 전향을 선택한 반공포로였다. 이들은 포로심사 이후 송환거부를 선택하였고 이후 내륙의 수용소로 이송되었다. 구술자들이 분산기에 수용되어 있었던 수용소의 현황은 〈표 5-2〉와 같다.

〈표 5-2〉 구술자의 분산기 수용 현황

성명	소속 수용소	비고
길두만	부산 거제리 2수용소→동래 5수용소	병원수용소
성기남	논산 3수용소 8대대	
양제호	논산 3수용소 7대대	천도교대대
오용삼	논산 3수용소 7대대	소대장
양택조	영천수용소→마산수용소	
이성운	부산가야 B대대	대한반공청년당 서기
이창번	부산가야 B대대	미군부대 식당보조
임운길	부산가야 B대대	

※비고: 구술자들의 분산기 행적은 녹취록을 바탕으로 정리하였다.

길두만은 거제도에서 결핵이 발병하여 부산 거제리의 병원 수용소로 옮겨져 치료를 받았다. 성기남, 양제호, 오용삼 3명은 논산의 3수용소에 소속되어 있었다. 양제호와 오용삼 2명은 논산 3수용소의 천도교대대인 7대대에 같이 소속되어 있었다. 하지만 이들은 당시 같은 수용소에 있었다는 사실을 알지 못했다. 성기남은 7대대가 아닌 8대대로 갔는데, 그 이유는 8대대에 황해도 출신 포로가 많아 이들과 지내고자 하였기 때문이었다. 양택조는 분산기가 되어 처음에는 영천포로수용소로 왔다가 다시 마산포로수용소로 이송되었다. 이성운과 이창번 그리고 임운길은 부산의 가야포로수용소로 이송되어 포로생활을 이어나갔다.

2) 부산 수용소: 반공의 거점

(1) 병원수용소

부산 거제리 병원수용소 천도교 활동에 대한 길두만의 증언을 정리하면 다음과 같다.

> (A) 근데 그것은 이제 그 양덕 사람 최향락이라는 사람하고 한 3사람이 각 호실을 다니면서 과거에 이북에서 천도교 한 사람이 있냐? 그거를 물어봤더니 7명밖에 안 나와요.[10]
>
> (B) 그 광주에서 한문언 선생이라고 평안남도 덕천 분인데 그분하고 김문제 선생하고 양 선생하고 그런 분이 천도교 이북에 그 활동을 많이 하던 분이 왔어요. 와가지고[11]
>
> (C) 포로로, 근까 포론데 광주에서 일반으로 살다 그 병이 걸려가지고 치료받으러 부산으로 온 거지. 근데 그 사람들이 한문언 선생이 달변가고 청우당 군당 그 선전부장하던 사람이에요. 어찌나 말을 잘하는지 그 3·1절 그 날 밤에 거기는 밤에 불이 없어요, 캄캄해요. 다니면서 3·1절과 의암성사에 대해서 그때 열변을 토했어요. 열변을 토해서 강의를 했는데 그 후에 많은 사람들이 천도교로 들어왔어요. 아 들어와 가지고 A대대도 교구를 설립하고, B대대도 교구를 설립해가지고, 두 개 대대가 교구를 설립해서 그때 중앙총부에서 오익제 선생이 그 많은 교서도 가지고 면회까지 온 사실이 있어요.[12]
>
> (D) 그때는 연락을 그 사회에 의사나 간호사가 낮에 들어와서 치료해주고 밤에 나가요. 그러기 때문에 그 돈이 있으면 뭣이든지 구입해 올 수도 있고 그 어느 정도 자유가 있어요. 자유가 있었기 때문에 그렇기 때문에[13]

• • • • •

10) 길두만 구술, 앞의 글, 34쪽.
11) 길두만 구술, 앞의 글, 34쪽.
12) 길두만 구술, 앞의 글, 35쪽.
13) 길두만 구술, 앞의 글, 35쪽.

거제리 병원수용소에서의 천도교 활동은 평안남도 양덕 출신 최향락을 시작으로 이루어졌다. (A)처럼 최향락 등 3명이 병동을 돌아다니며 7명의 천도교인을 찾은 것이 천도교 활동의 시작이었다. 그리고 (B)처럼 광주수용소에서 넘어온 한문언과 김문제 등 천도교의 지도자급 포로들이 병원으로 이송되고 난 이후부터 활동이 활발해졌다.

(C)에서 한문언의 활동이 두드러지는데, 당시 병원수용소의 두 개 대대에 천도교종리원이 설립되었는데, 여기에는 북조선청우당 군당 선전부장 출신으로 달변가였던 한문언의 역할이 컸다. 길두만에 의하면 한문언은 좌중을 휘어잡을 수 있는 역량이 있었다고 한다. 특히 1952년 3 · 1절을 맞아 한문언은 밤중에 불이 꺼진 병실을 찾아다니며, 3 · 1독립만세운동을 주도한 천도교 제3세 교주 의암 손병희와 독립만세운동에 대해 설명하였다. 그 결과 천도교에 입교한 포로가 늘어 이후 병원수용소의 A, B 두 개 대대에 천도교종리원이 설립되었고 이 소식이 서울의 천도교중앙총부에까지 알려져 오익제가 면회를 오기도 했다.

(D)를 보면, 당시 병원수용소에는 외부의 의사와 간호사들이 포로들의 치료를 위해 출퇴근을 했는데 천도교 포로들은 이들을 통해 천도교중앙총부에 종리원 설립을 알렸고 오익제가 부산의 병원수용소까지 내려와 이들에게 천도교 경전과 관련 책자를 전달해 천도교 활동을 지원하였다.

병원 수용소에서의 천도교 활동은 마땅한 공간이 없어서 기독교의 예배당을 사용하였다. 기독교 예배당에서 일요일 오전 집회를 마치면 오후에 천도교 포로들이 그곳에 모여 시일식을 봉행했다. 당시 40여 명의 천도교 포로들이 모여 시일식을 집행하였다.[14)]

14) 길두만 구술, 앞의 글, 35쪽.

〈그림 5-3〉 부산 포로수용소

※출처: 부산역사문화대전. 1958년 부산 거제리포로수용소 자리에 있었던 부산수용소로 병원수용소도 이곳에 있었다.

당시 거제리의 병원수용소에서의 천도교 포로가 결속했던 모습에 대해 이재순은 다음과 같이 증언하고 있다.

> 면회실은 한참동안 수라장이 되더니 별안간 실내는 조용해진다. 그것은 서로 손에 손을 잡고 아무 말 없이 눈물에 첫 인사가 오고가는 장면으로 침묵이 계속되는 까닭이다. 나 역시 북한에서 공산역도들과 생명을 내걸고 투쟁하던 동지 라인웅 군과 서로 손을 잡게 되었다. …… 그중에는 성천 이병숙 형제, 양덕에 최성락, 맹산 김용선, 강계 김덕현, 덕천 한문언, 용강 이동창, 정주 탁무열 동덕 등 10수 명이 모였는데 모두 눈자위가 젖어있었다.[15]

평안남도 성천 출신 이재순은 1952년 11월 30일 부산의 거제리 병원수용소를 찾아 동향 출신인 라인웅을 위시한 10여 명의 천도교 포로를 면회하였는데, 이때 『동경대전』과 월간지 『신인간』, 『천도교창건사』 등의 천도교 관련 책자를 수용소 종리원장인 김취선에게 전달하였다.

평안남도 맹산 출신의 김취선은 거제리 병원 수용소에서 종리원장을 맡고 있었다. 당시 김취선과 함께 천도교 활동을 주도했던 포로들은 성천군 치안대장으로 활동하던 라인웅과 같은 성천 출신이었던 이병숙 형제, 양덕 출신 최성락, 맹산 출신 김용선, 강동 출신 김덕현, 덕천 출신 한문언, 용강 출신 이동창, 정주 출신 탁무열 등이었다.

이재순은 거제리에서 천도교 포로를 면담 하기 앞서 수용소의 경비대장인 육군소령 이병욱을 만났는데, 그는 평안북도 출신으로 천도교 교인이었다.[16] 그는 수용소 경비대장으로 천도교 포로에 대한 호의를 보였다. 당시 이재순은 가야와 논산수용소에도 면회를 신청했지만, 두 수용소에서는 면회를 엄금하고 있어 천도교 포로를 만나지 못했다.

이처럼 당시 거제리 병원수용소에서는 처음 천도교 포로가 7명에 불과

• • • • •

15) 이재순, 「거제리 포로 수용소 방문기」, 『신인간』 통권 제196호, 1953.1, 17~18쪽.

16) 위의 글, 17쪽.

했지만, 한문언, 김문제 등 지도급 인사들이 수용되면서 천도교 활동이 활발히 전개되었다. 특히 한문언은 포로들에게 천도교와 민족정신을 고양시켰는데, 이것은 병원의 포로들이 천도교로 입교하게 되는 계기가 되었다. 천도교 입교자가 늘어난 병원 수용소에서는 두 개의 종리원이 설립되어 천도교 활동을 전개하였다. 김취선은 그중 한 곳의 종리원장으로 활동하였는데, 이런 사실을 이재순의 기사를 통해 확인할 수 있었다. 수용소의 포로들은 이재순을 통해 경전과 천도교 관련 도서를 공급받았다.

(2) 가야수용소

가야수용소는 개금동 가야산 밑 비탈진 곳에 500명 단위의 8개 대대로 구성되어 있었다. 지금의 부산광역시 부산진구 개금동의 가평초등학교에서 동주초등학교 일대에 해당된다. 이곳에 수용된 포로는 거제도포로수용소의 96수용소와 83수용소에서 분리된 송환 거부 포로들이 주류를 이루었다.[17] 96수용소에는 정주 출신의 천도교인들이 주축이 되어 천도교 포로들이 많이 있었다. 83수용소는 대한반공청년단 본부가 조직된 곳으로 반공활동의 중추적 역할을 했던 곳이다. 이 두 곳의 포로가 부산의 가야포로수용소로 옮겨왔는데, 그중에서 96수용소의 천도교 포로들을 주축으로 가야포로수용소에서의 천도교 활동이 시작되었다.

구술자 가운데 이성운, 임운길, 이창번 등 3명이 부산의 가야포로수용소로 이송되었다. 이들은 가야포로수용소 내에서 천도교 활동에 적극 참여하였다. 인용문 (E), (F)는 부산 가야포로수용소의 천도교 활동에 관한 증언이다.

> (E) (부산수용소에서) B 컴퍼니 …… 천도교인들이 아무래도 좀 많은 편이라 그걸 가릴 순 없었어요. …… 천도교 교구라고 거기다 만들어 놨었죠. …… 정주분이 누군가 교구장도 하고, 나중에는 강원도 누군가가 교구장도 하고

17) 이성운, 앞의 글, 33쪽.

그랬어요. 그때 그 저 박암장(임운길)하고도 같이 있었습니다.[18]

(F) 그때 처음에는 철조망을 그리 높이 치지 않고 낮춰서 구분만 해논 거예요 뭐 그 반공포로들이니깐 걔들도 그렇게 감시 같은 거 안하고 마주 쳐 놓고서 이제 뭐인가 했는데 B 캄파운드가 그 천도교인들만 B 캄파운드로 모였어요. …… 예예 거기들 모였는데 그건 완전히 천도교인들만 모였어요. B 캄파운드는 천도교인들만 그니깐 밤에 철조망 타고 넘어서 글로 가는 거에요.[19]

(E)에 따르면 가야포로수용소의 B대대에 천도교종리원을 설치해 전체 천도교 활동을 주관하였다. 임운길과 이성운은 B대대의 대부분이 천도교인이었다고 증언하고 있다. (F)는 거제도에서 부산의 가야포로수용소로 옮긴지 얼마 되지 않은 시기의 초기 천도교 활동에 관한 증언이다. 당시 수용소의 철조망이 1m 정도 높이밖에 되지 않아 뛰어넘으면 다른 대대로 갈 수 있었는데, 천도교 포로들은 밤이 되면 철조망을 뛰어넘어 B대대에 모여서 함께 9시 기도식을 봉행하며 천도교 활동을 하였다. 그러나 대대별로 2중 철조망이 설치된 이후로 이곳에서는 각 대대별로 시일식 등의 종교행사를 실행할 수밖에 없었다. 대대 가운데 천도교인이 많은 막사에 종리원을 설립하고 일요일이면 막사 밖에 궁을기를 게양하였다.

시일식은 대대 단위로 이루어졌다. 종교행사에 필요한 경전은 수용소 내에서 제작한 프린트본 경전을 사용하였다. 천도교의 교리에 관한 설명은 백세명의 『천도교경전해의』를 활용하였다.[20] 당시 가야포로수용소의 각 대대에 분산되었던 지도급 포로는 단천 출신 강응인, 박천 출신 임운길, 순천 출신 김월해, 성천 출신 이창번, 정주 출신 전덕범과 정승도, 임석지, 덕천 출신 손성룡, 수안 출신 이성운, 의주 출신 김광호, 함북 출신 김사빈 등이 있었다. 이외에도 많은 포로가 있었으나 반공포로 석방 당시 명단과

• • • • •

18) 이성운 구술, 앞의 글, 39쪽.

19) 이창번 구술, 앞의 글, 44쪽.

20) 이성운, 앞의 글, 33쪽.

자료를 분실하여 상세한 활동 상황을 알 수 없다.[21]

전체적으로 가야포로수용소에서는 거제도의 96수용소와 83수용소 출신들이 많았다. 초창기 철조망이 낮았을 때에는 일요일마다 철조망을 넘어 B대대에서 시일식을 보았지만, 이후 경비가 강화되자 각 대대별로 시일식을 보았다. 부산의 가야포로수용소는 부산교당과 연락을 주고받아 천도교 책자 등을 공급받았고, 포로들은 교당에 성미를 내기도 하였다. 가야수용소의 B대대에 대한반공청년단본부가 구성되어 있었는데, 이성운을 비롯한 천도교 포로들은 이 조직에 가담해 반공활동을 전개하였다.

3) 논산수용소: 천도교대대

논산포로수용소에는 제1, 2, 3수용소가 편성되어 각 수용소마다 500명 단위로 대대 조직이 이루어졌다. 이 가운데 제3수용소의 7대대와 8대대가 대부분 천도교 포로가 집결하여 조직되었다. 논산포로수용소의 천도교 활동에 대해선 오용삼과 양제호의 증언을 통해 알 수 있다.

> (G) 논산 처음에 왔을 때 1수용소에 있다가 거기서 이제 3수용소로, 그때는 이제 500명 단위로 하는데 …… 500명 중에 결국은 천도교인이 한 7대대는 천도교인이고 몽땅 …… 500명이 다 천도교인이었고, 그 다음엔 다 반반이야 즉 8대대는 반반 있었는데 원장이 내가 하튼 거기 가서 할 테니 그래서 원장이 됐고 그렇게 맨든 거야[22]

> (H) 우리 천도교대대는 7대대, 8대대가 있었고 …… 우리 반 맞은 편 천주교대대는 5대대가 있었고 …… 3, 4대대가 아마 기독교대대[23]

• • • • •

21) 위의 글, 35~36쪽.
22) 오용삼 구술, 앞의 글, 37쪽.
23) 양제호 구술, 앞의 글, 46~47쪽.

(G)는 오용삼의 증언인데, 논산의 제3수용소에서는 처음부터 포로의 단위 부대를 구성할 때 천도교 포로들은 수용소 측에 요구해 천도교 포로들로만 구성된 대대를 만들었다. (H)는 양제호의 증언으로 당시 천도교뿐만 아니라 다른 종교도 대대별로 분류하여 포로들이 원하면 같은 종교를 신앙하는 포로끼리 집단적으로 수용하였음을 알 수 있다.

〈그림 5-4〉 논산포로수용소

※출처: 슈트름게슈쯔의 밀리터리와 병기(http://blog.naver.com/pzkpfw3485/220422992436).

논산의 제3수용소의 경우 천도교 포로들은 7대대와 8대대, 기독교 포로들은 3대대와 4대대, 천주교 포로들은 5대대 그리고 나머지 대대는 종교와 관계없는 일반 포로들로 구성되었다. 7, 8대대가 천도교대대라고 해서 천도교 포로가 7대대와 8대대에만 있었던 것은 아니었다. 포로들의 대대 선택은 종교뿐만 아니라 교우관계, 혈연, 지연, 학연 등 다양한 요소가 반영되었기 때문이었다.

(I)~(K)는 오용삼과 성기남의 증언을 통해서 본 논산포로수용소의 천도교 포로의 활동 상황이다.

(I) 이제 천도교 아하 교구장을 나보고 허라고 해서 천도교를 이제 내가. 몇이 (하라고) 했어요. 그래서인지 황(해도) 평(안도) 싸움이 되가지고서 여단에서 이거 이젠 안 된다 거 소대장 그 사람을 경비로 가서 챙기고 경비하던 사람을 경비로 다가서 하고 그래서 며칠 안 됐는데 경비로 또 내가 경비를 했지 경비를 하게 돼가지고서 경비로 있으면서부터 그때에는 종리원을 만들어가지고 아닌 게 아니라 뭐든지 열심히들 거기서[24]

(J) 그 이자 처음에 논산 가가지고 거기에서는 이제 천막을 하나 배정 받아가지고 교회를 활동을 했거든 처음에. 그 활동을 했는데 거기에는 뭐 참 일요일이면 시일식 하느라 가서 그래도 한 4~50명씩 모여서 시일 보고 그랬던 거 같고. 뭐 많을 때는 한 100명도 됐던 거 같고[25]

(K) 궁을기를 맨들어 달았던 것도 같고 거스끼니 수용소에서는 그 천막 가빠 그걸 베끼면 잘 베껴진다고 그거 살 베끼면 잘 베껴지는데 그러면 안에 나일론이 참 좋거든 그걸로 거기다 이제 그러가지고 물감 같은 거 같다가 궁을기 만들고 태극기도 그렇게들 만들고 어디서 보급을 받아서 하는 게 아니고 자체적으로[26]

(I)는 수용소 안에서 친공과 반공의 알력이 없어지자 포로들이 출신 지역 별로 주도권 다툼이 이루어졌었는데 오용삼이 이를 잘 중재하자 천도교 포로들이 그를 천도교종리원장으로 추대했다는 내용이다. (J)는 논산 포로수용소 3수용소 광장에 천도교 천막이 있어 이곳에서 천도교 포로들이 일요일 모여 시일식을 봉행했는데, 구술자는 시일식 참가 인원을 50~100명 정도로 기억하고 있다. (K)는 천도교 포로들이 수용소 내의 물건을 이용하여 천도교를 상징하는 궁을기를 제작해 천도교 천막 앞에 게양하였다는 내용이다. 수용소 측에서 천도교 활동을 위한 천막을 하나 제공하였고, 천도교 포로들은 일요일 시일식과 함께 담소를 나누기도 하고, 천도교를 알릴

24) 성강현, 위의 논문, 85쪽.
25) 성기남 구술, 앞의 글, 34쪽.
26) 성강현, 위의 논문, 134쪽.

수 있는 궁을기를 제작하는 등의 활동을 하였다.

〈그림 5-5〉 논산포로수용소 제3수용소 약도[27]

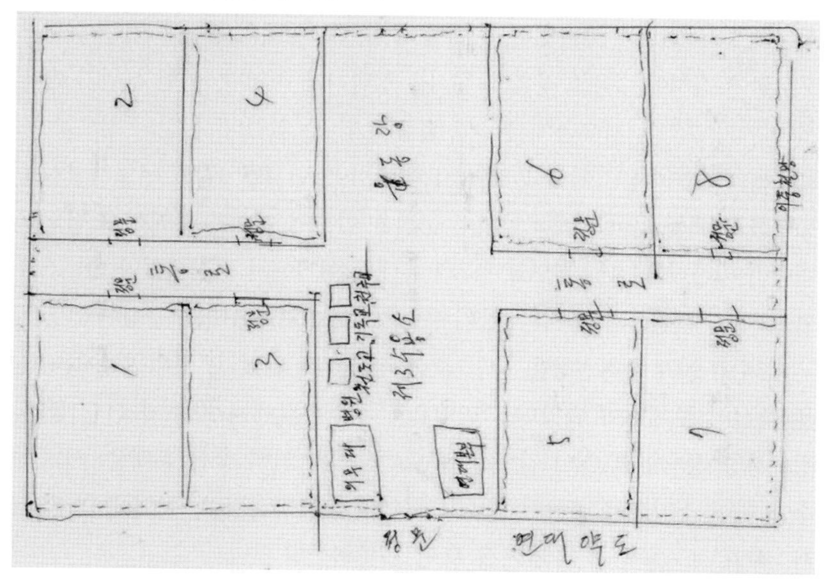

※출처: 성강현, 앞의 논문, 46쪽. 그림 중앙 연대본부 앞에 의무대와 각 천도교, 기독교, 천주교의 천막이 있다.

〈그림 5-5〉은 성기남이 그린 논산 제3수용소 약도이다. 이 그림에 따르면 2중 철망이 쳐진 수용소 내에는 다시 대대별로 2중으로 철망이 처져 있었다. 성기남에 따르면 월요일부터 토요일까지 포로들은 대대별로 생활하였고 일요일 오전에 대대의 정문을 열어주면 여단 본부의 운동장을 사용할 수 있었다. 포로들은 운동장에서 축구 등의 운동경기를 하며 보냈다. 여단 본부 앞에는 의무대와 함께 천도교, 기독교, 천주교 천막이 각 하나씩 설치되어, 포로들은 자신의 종교에 해당하는 천막을 찾아 신앙생활도 할 수 있

27) 위의 글, 46쪽.

었다. 천도교 포로들은 오전에 천도교 천막에 모여 시일식을 보고 오후에는 대화를 하며 포로 생활의 어려움을 이겨나갔다.

천도교대대라 불린 7대대와 8대대는 7대대장인 유래운과 8대대장인 허신관이 모두 천도교 포로였다. 이들을 중심으로 대대의 간부를 전부 천도교 포로로 조직하여 수용소 생활의 질서를 전담하게 하였다. 이런 분위기 속에서 천도교 포로는 자유롭게 천도교 활동을 할 수 있었다. 논산의 천도교 포로들은 거제도수용소에서 분리 심사 이후, 1952년 4월 5일의 천일기념일을 봉행한 여세를 몰아 천도교인끼리 군집을 이루어 대대를 조직하고 천도교대대라 이름하였는데, 천도교대대의 유래가 여기에서 시작되었다. 이 조직이 그대로 논산으로 옮겨와 제3수용소의 7대대와 8대대를 결성하였다.

제3수용소의 종리원장은 용천 출신 정용기가 맡았고, 부위원장에는 은율 출신의 주제명이 맡았다. 그 밑으로 성도부장에는 강동 출신 김봉초, 경도부장에는 영변 출신 김형신, 법도부장에는 연백 출신 유래운, 서기는 수안 출신 소지우가 맡았고 연락은 노철우가 담당하였다. 이외에 황주 출신 현창만과 순천 출신 강기섭 등이 활동하였다.

제2수용소는 천도교 명부를 작성하여 서울의 천도교 본부에 보내 1천명 이상의 천도교 포로가 있었음은 확인할 수 있으나, 활동 내용에 대해서는 파악할 수 없는 상황이다. 제3수용소에서 천도교 활동이 활발하게 이루어졌음은 구술자들의 증언을 통해 확인할 수 있다. 이곳의 7대대와 8대대는 천도교 포로들이 대부분이었다. 포로들은 이 두 대대를 천도교대대라고 불렀으며, 정용기와 주제명을 중심으로 활발한 활동을 하였다. 이렇듯 논산수용소에는 제2수용소와 제3수용소에 천도교 포로들이 많았다.

4) 광주수용소: 광삼종리원

광주는 3개 수용소로 나누어져 있었는데 제1, 2수용소는 광주비행장 안에 있었다. 이곳에서 3km 떨어진 곳에 있었던 사월산 후면에 신설 수용소가 건설되었는데, 이곳이 바로 제3수용소였다.[28] 제1수용소에도 소수의 천도교인이 있었지만. 여단장이 기독교인인 홍익찬인 관계로 천도교 포로들이 교당을 세우고 활발하게 천도교 활동을 하기에는 적합하지 않았다. 천도교 포로들은 제3수용소에는 다른 수용소에 있던 교인들이 많이 옮겨와 500명 단위의 8개 대대에 분산되었다. 그중 사월산 부대라 불리는 1대대는 100여 명의 천도교 포로들이 함께 생활했다. 따라서 대대장과 여러 간부진들이 천도교 포로로 구성되었고, 이곳에 여단 천도교종리원을 설치하였다. 이곳에서 매 시일에는 8개 대대의 교인들이 전부 1대대의 중앙종리원에 모여 시일식을 보았다.

〈그림 5-6〉 광주중앙포로수용소

※출처: 광주시, 『사진으로 본 광주100년』, 1989, 165쪽. 현재 전남대학교 병원이 되었다.

28) 석농, 「삼변기(7)」, 『신인간』 통권 제277호, 1970, 7 · 8, 121쪽.

종리원은 행정체제도 정비하여 중앙에는 중앙종리원장을 두고 각 대대에는 대대 종리원장을 두었다. 초대 종리원장으로 4대대의 성천 출신 석상연이 선출되었으나, 76수용소에서의 친공포로의 탄압에 대한 트라우마로 취임을 승락하지 않아 다시 김응몽이 선출되었다. 종리원의 이름을 광주와 제3수용소의 머리글자를 따서 광삼종리원이라고 간판을 내걸었으며, 광삼종리원의 이름으로 교빙(敎憑)을 발급하기도 하였다. 이곳에서 포로들에 대한 포덕 작업이 이루어져 처음의 교인수보다 2, 3배나 많은 포로들이 천도교에 입교하였다.[29]

천일기념일을 비롯한 각 천도교 기념일에는 수백 명의 천도교 포로들이 한 자리에 모여 수용소 여단장을 비롯한 각급 간부를 초청하여 성대히 기념식을 거행하였으며, 식후에는 다채로운 여흥과 잔치도 벌였다. 그리고 아침저녁으로 포로들을 대상으로 천도교 수련을 시켜 신앙심을 높였고, 천도교 교리 강좌와 교리 연구도 하였다.

김응몽은 수용소 안에서 천도교 활동을 더 활발히 하고자 했으나, 가장 아쉬운 부분은 천도교 관련 서적의 부족이었다고 하였다. 이 문제를 해결하기 위해 김응몽은 당시 사회에서 들어오는 강사 등을 통해 천도교 서적을 구입하려고 했지만, 여의치 않자 천도교 경전인 『동경대전』과 『용담유사』만 가지고 지도할 수밖에 없었다. 당시 수용소에서 포로들이 천도교에 대한 관심을 많이 보이고 있어 김응몽은 방법을 찾던 중 제2수용소에 『천도교창건사』가 있다는 정보를 듣고 여단본부와 교섭하여 제2수용소 종리원장인 백재택을 찾아갔다. 그러나 그곳에서도 천도교 관련 책자는 찾을 수 없었다. 그는 제2수용소의 천도교의 기세가 대단했다는 것만 확인하고 돌아왔다.[30]

전체적으로 광주수용소에서의 천도교 활동은 제3수용소의 김응몽을 중

29) 위의 글, 122쪽.

30) 위의 글, 126쪽.

심으로 이루어졌다. 제3수용소의 1대대에 중앙 종리원을 만들고 광삼수용소라고 명명하였다. 그리고 광삼수용소 이름의 교빙을 제작해 천도교 포로를 등록하였다. 각 대대별로 대대 종리원장을 두는 행정체계를 갖추고 천도교 활동을 조직적으로 하였다. 처음 100여 명의 천도교인들은 약 3배까지 불어나 왕성하게 활동하였다. 미군 측에서도 천도교 활동에 대해 공인하여 광주수용소에서의 천도교 활동에 힘을 실어주었다. 제2수용소에도 백재택이 종리원장이 되어 제3수용소에 비슷한 규모의 천도교 활동이 이루어졌다.

그밖에 마산포로수용소에는 제2포로수용소 내 제3대대에 52명의 천도교 포로가 기록된 자료가 천도교 자료실에 보관되어 있으며 이곳의 천도교 포로의 대표는 태천 출신 김택룡이었다.

3. 천도교종리원의 구성과 천도교대대 활동

1) 천도교종리원의 발족

전향 이후 수용소별 천도교 활동은 각 단위 수용소에서 조직한 종리원을 중심으로 이루어졌다. 분산 수용기의 논산, 광주, 부산 등 내륙의 수용소에는 북한으로 송환을 거부하는 반공포로만으로 구성되어 있어서 이들은 친공포로의 방해를 받지 않아 안정적인 생활을 할 수 있었다. 또한 각 수용소 별로 친공포로의 눈치를 볼 필요 없이 적극적으로 천도교 활동을 전개할 수 있는 조건이 마련되었다. 이에 천도교 포로들은 각 단위 수용소별로 천도교종리원(天道教宗理院)[31]을 구성하였다. 포로수용소 내 종리원

• • • • •

[31] 천도교종리원은 제3세 천도교 교조 손병희(孫秉熙)의 사후 중앙과 지방에 있었던 천도교의 사무 행정 기관이었다. 1955년부터 교구로 개칭해 사용하고 있다. 서울에는

에는 종리원장, 부원장, 상무 등 간부직을 두었다. 그리고 예하 각 대대에 총무[32]를 두고 대대별로 천도교 포로의 활동의 진작과 포덕 그리고 성미를 거출하였다. 수용소 내 천도교 활동은 종리원장을 비롯한 종리원의 간부를 중심으로 체계적으로 이루어졌다.

〈표 5-3〉은 포로수용소 내 천도교종리원을 도표화한 것이다.[33]

〈표 5-3〉 포로수용소 천도교종리원[34]

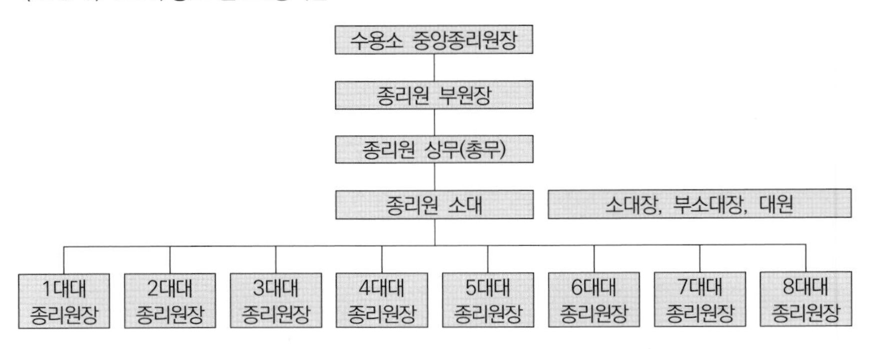

※비고: 포로수용소 내의 종리원은 구술자의 증언을 토대로 작성하였다.

〈표 5-3〉을 보면 단위 수용소(Compound) 내의 천도교를 총괄하는 조직이 수용소 중앙종리원임을 알 수 있다. 중앙종리원의 책임자인 중앙종리원장은 천도교 포로에 의해 선출되어 수용소내의 천도교 활동을 관장하였다.

천도교중앙종리원이 있었고 지방에는 지역별 종리원이 구성되어 시일식의 집행, 성미의 수납, 포덕활동 등 전반적인 천도교 활동이 여기에서 이루어졌다. 종리원 조직은 몇 차례 변하였는데 6·25전쟁당시의 지방 종리원의 조직체제는 종리원장을 책임자로 해서 그 아래 교화원, 교무원, 경리원, 감사, 순회교사를 두었다. 그리고 원로교인은 지도원으로 추대하였다. 종리원의 구성 단위는 50호였다. 50호가 되지 못하면 전교실이 설치되어 종리원의 지도를 받아 운영하였다.

32) 대대 종리원장이라고도 불렀다.

33) 포로수용소 내의 천도교종리원은 김응몽이 있었던 광주 제3수용소을 기준으로 정리하였다. 다른 수용소에서도 이와 비슷한 체제의 천도교종리원이 구성되었다.

34) 성강현, 앞의 논문, 55쪽.

부원장 역시 원장과 마찬가지로 포로들에 의해 선출되었다. 수용소에 따라서는 부종리원장을 중앙종리원장이 임명하는 경우도 있었는데, 임무는 중앙종리원장을 보좌하면서 중앙종리원장과 함께 수용소내의 천도교 활동을 권장하는 역할을 하였다. 효율적인 천도교 활동을 하기 위해 천도교 종리원 소대가 따로 구성되어, 종리원의 간부인 교화원, 교무원, 경리원, 지도원 등의 간부들이 여기에 소속되어 있었다.

둘째, 종리원의 실질적인 업무는 중앙종리원의 총무가 맡았다. 총무는 중앙종리원장의 명령을 받아 시일식의 집행, 수련 활동, 성미의 거출, 포덕 활동, 외부와의 연락 등 천도교 활동의 전반을 실행하는 역할을 맡았다. 단위 수용소 내의 8개의 대대에는 각각 대대별 종리원장이 임명되어 대대별 천도교 활동을 관장하였다. 종리원의 간부는 북한에서 군, 면의 종리원장, 북조선청우당위원장 등 천도교의 간부를 맡았던 포로들이 선출되거나 임명되었다. 하지만 수용소에서 천도교에 입교한 포로가 맡는 경우도 있었다.

이렇게 천도교종리원이 체계화되자 천도교 활동도 더 활발해졌다. 그러나 수용소 내에서 천도교 경전이나 시일식 집행 등 천도교 활동에 관한 지원이 이루어지지 않아 포로들은 서로 힘을 모아 천도교종리원의 운영에 필요한 경전을 만들고 시일식과 수련 활동 등을 하였다.

중립국송환위원회 시기에는 천도교 포로들이 분리 수용되어 대대별로 천도교종리원을 만들어 활동하면서 천도교대대라는 명칭은 사용하지 않았지만 몇몇 천도교 포로가 많은 대대에서는 천도교대대라고 불렀다.[35)]

〈표 5-4〉는 중립국송환위원회 시기 각 대대별로 구성된 천도교종리원의 교인수와 간부진의 현황이다.

• • • • •

35) 이창번 구술, 앞의 글, 49쪽.

〈표 5-4〉 중립국송환위원회 시기 대대별로 구성된 천도교종리원

교직별 / 교구별	교직						교인수	비고
	종리원장	교화부원	교무부원	경리부원	감사원	전교사		
34대대	라인웅						81	
35대대	김지선	전치종	탁무열	남창훈	강원철		120	이창번
36대대	최주한	이천열	이동창				122	
38대대	이항섭						87	
40대대	김성환						84	
44대대	이주문	배영준	김계근	탁수언	전형선		23	
45대대	황순우	송순영	이종규				30	
46대대	한문언	김원재	양명기	여춘길	최석홍	송시희	168	길두만
48대대	현창만	박효철	양승칠	이상훈	염기조		110	
49대대	김억종	안두흡	김용천	윤한성	강운섭		110	
50대대	이동익	김한규	박복열	이문조			74	
51대대	허서경	한효준	박대원	방종국			42	
52대대	이종진	길승주	김정칠	현병성			111	
53대대	윤두성	황택겸	김원학		김익룡		165	
54대대	방병찬	석종식	신필정	이만식	이재우	차형룡	172	
55대대	주광효	염원섭	임인겸	김윤철	유래운	최가용	168	
계							1,667	

※비고: 천도교 자료실의 포로명부를 정리한 것이다. 오용삼은 어느 수용소에 있었는지 기억하지 못하였다.

〈표 5-4〉를 통해 중립국송환위원회 시기의 천도교 활동의 특징을 살펴보면 다음과 같다. 먼저, 중립국송환위원회의 북한 인민군 출신 송환 거부 포로가 있었던 16개 대대에는 모두 천도교종리원이 구성되어 있었다. 종리원장만 있는 대대도 있었지만 종리원장, 교화부원, 교무부원, 경리부원, 감사원 등 종리원 조직이 잘 갖추어진 곳이 8곳으로 전체의 절반을 차지할 정도였다. 이렇게 체계적 조직으로 100명 이상의 천도교 포로가 있었던 대대가 9개였다. 이중 3개 대대는 150명 이상의 천도교 포로가 있어 대대원의 1/3 정도를 차지하였다.

둘째, 100명 이상의 대대가 있는 경우는 북한 출신으로 열성적인 활동을 하던 인물이 있었다. 35대대의 전치종은 평안남도 순천 출신으로 1945년 입교한 인물로 기록이 남아 있었다.[36] 46대대에서는 평안북도 덕천 출신

의 한문언과 성천 출신으로 부령을 맡았었던 김원재가 중심이 되어 적극적으로 활동하였다.[37] 48대대의 현창만은 황주군 출신으로 북조선청우당 천주면당 선전부장 출신이었다.[38] 49대대의 안두흡은 평북 정주 출신으로 1939년에 입교하였던 인물로 그를 중심으로 천도교 활동이 이루어졌다.[39] 54대대의 방병찬은 정주군 출신으로 1945년 입교해 접대표로 활약하던 인물이었다.[40] 55대대의 주광효는 황해도 은율 출신으로 군종리원의 성도부장을 역임한 인물이었다. 그를 중심으로 55대대의 천도교 활동의 이루어졌다.[41] 북한에서 천도교 간부로 활동을 하던 인물들을 중심으로 해서 중립국송환위원회에서 각 대대별로 천도교종리원을 만들어, 천도교 활동이 조직적으로 활발하게 이루어졌다.

2) 천도교대대의 편성

수용소내의 천도교종리원 활동은 천도교 포로들로 구성된 천도교대대를 중심으로 이루어졌다. 천도교대대는 포로수용소라는 공간에서 만들어지고 운영된 독특한 제도였다. 이 용어는 포로수용소에서 포로의 단위 대대가 천도교 포로들로만 구성되면서 자연스레 만들어진 말이었다. 처음에는 천도교대대라는 말이 공식적인 용어는 아니었다. 천도교 포로들이 천도교 포로가 많은 대대를 천도교대대라고 부르면서 생겨났다. 그러다가 분산기 이후에 천도교인들이 수용소 측에 요구하여 대대원 전체를 천도교인으로 구성하면서 수용소 측에서도 이를 천도교대대라고 불렀다.

36) 이동초, 『동학 · 천도교인명사전』, 모시는 사람들, 2015, 1378쪽.
37) 위의 책, 353쪽.
38) 위의 책, 1729쪽.
39) 위의 책, 887쪽.
40) 위의 책, 737쪽.
41) 위의 책, 1500쪽.

〈표 5-5〉는 지금까지 확인한 포로수용소 내 천도교대대의 현황이다.

〈표 5-5〉 포로수용소내의 천도교대대 현황

수용소 구분	설치 수용소	주요 인물	구술자 수용 여부
거제도포로수용소	85수용소 3대대	오이홍	양제호
	96수용소	전덕범, 정승도	양제호
	91수용소 감찰대	이동건	이창번
논산지구포로수용소	제2수용소	강기섭	
	제3수용소 7대대	정중기, 주제명	오용삼
광주지구포로수용소	제2수용소	백재택	
	제3수용소 1대대	김응몽	
부산지구포로수용소	가야수용소 B대대	이성운, 임운길	이성운, 임운길, 이창번

비고: 포로수용소 내 천도교대대의 현황은 구술과 문헌 자료를 바탕으로 정리하였다.

먼저, 포로수용소의 대대의 구성원은 대체로 500명 수준으로 나타난다. 따라서 한 단위 수용소 전체 인원 4,000명 가운데 천도교대대는 단위 수용소의 12.5% 비율을 자지하였다. 그러나 수용소의 인원이 많을 때는 5,000명이상을 수용할 때도 있어 단위 수용소에 천도교대대가 있으면 단위 수용소에 약 500명의 천도교 포로가 있다는 추정을 할 수 있다.

둘째, 천도교 포로가 집중 수용되면서 천도교 포로의 수도 증가하였다. 즉, 수용소에서 천도교에 입교하는 포로도 있었기 때문에 이들 모두가 북한에서 천도교 활동을 하였다고 보기는 어렵다는 문제도 있다. 일단 천도교대대는 대대장부터 예하 간부가 모두 천도교인으로 구성된 특수한 조직이었다.

셋째, 천도교대대의 창설은 거제도포로수용소 시기부터 시작한 것으로 나타난다. 구술자들은, 포로들의 분리 심사가 이루어지기 이전의 천도교대대는 9 · 17폭동사건이 발생했었던 85수용소의 3대대에 있었다고 증언하였다. 3대대는 천도교인이었던 오이홍을 중심으로 박찬호, 전덕범 등 북한에서 간부로 활동했던 포로를 중심으로 천도교대대 활동을 전개하였다. 특히 박찬호를 중심으로 한 '송환거부결사반대'의 혈서(血書) 진정서 작성은 9·17 폭동의 원인이 되었다. 분리 심사 이후에는 85수용소의 천도교인이 옮겨간 96수용소와 이창번이 있었던 91수용소의 감찰대에 천도교대대가 구성되었다. 96수용소에서는 김사빈과 전덕범을 중심으로 천도교 이념을 실현해 모범적인 수용소로 불렸다.

이렇게 천도교대대 활동이 본격화된 시기는 거제도포로수용소에서의 특정한 경우를 제외하고는 대체로 성향별로 분리된 분산시기에 해당한다. 논산의 제3수용소에서는 평안북도 성천 출신의 정중기가 중앙 종리원장을, 황해도 은율 출신의 주제명이 부원장을 맡았다. 총무에는 노철우가 맡아 실질적인 연락과 천도교 활동을 집행하는 등 천도교대대 활동이 이루어졌다. 제2수용소에서는 강기섭이 천도교대대 포로대대장으로 활동하였다. 광주의 제2수용소에서는 백재택이 중앙 종리원장을, 제3수용소에서는 김응몽이 중앙 종리원장을 맡아 각각 천도교대대 활동을 하였다. 특히 제3수용소는 광삼종리원을 만들어 천도교 경전의 제작과 포덕교화 활동에 힘썼다. 부산의 가야포로수용소에서는 B대대가 천도교인 포로들로 구성되어 있어 전덕범이 종리원장을 맡아 천도교대대 활동을 하였다. 이렇게 천도교대대가 구성되고 천도교종리원이라는 체계적인 조직이 만들어지자 천도교 활동은 더욱 활발해졌다. 앞서 말했듯이 천도교를 믿지 않았던 포로 가운데 천도교에 입교하는 자가 많이 생겨 천도교 포로의 수는 더욱 늘어났다.

전반적으로 천도교대대는 포로수용소 내에서 천도교 포로들의 안식처였으며 반공 활동의 중심지였다. 천도교대대에서는 포로 중 명망이 있거나 북한에서 천도교 간부로 활동을 했던 포로를 대대장으로 선출하였다. 이렇게 선출된 천도교대대의 포로대대장과 간부들은 북한에서 지도자로 활동하였던 포로를 선출하거나 임명하여 수용소를 천도교적인 분위기로 만들려고 하였다. 그리고 천도교대대에 구성된 천도교종리원의 활동을 지원하였다. 천도교종리원장과 천도교대대장은 유기적인 관계를 유지해 수용소 내에서 천도교 활동을 주관하였다. 특히 천도교대대장은 천도교 활동에 필요한 물품의 반입 등 수용소 측과 협의해야할 사항을 맡았다. 천도교대대는 북한에서 종교적 자유의 압박을 경험한 천도교 포로들이 수용소에서 마음껏 천도교 활동을 할 수 있는 공간으로 만든 천도교적 이상향인 궁을촌이었다.

3) 기억으로 만든 경전

천도교 활동을 위해서는 제일 급선무가 경전의 수급이었다. 따라서 종리원에서 가장 먼저 이루어진 것이 천도교 경전의 제작이었다. 외부로부터의 경전 유입이 곤란한 경우 경전은 수용소 내에서 만들 수밖에 없었다. 이는 주로 포로들의 기억에 의존했다. 다행히 포로 가운데 경전을 암송하는 포로들이 있었는데 이들의 기억을 모아 수용소 내에서 경전을 제작하였다. 인용문은 수용소 내에서 포로들이 자체적으로 경전을 제작하는 방식에 관한 증언이다.

> (A) 김월해가 있었고 그저 황승훈씨라고 구성 사람이 있었는데 이분도 그래 이분도 경전을 다 외운 거예요. 다 외운 걸 경전에 갖다가 쓰는 거예요 이제 써놓으면 이자가 틀리면 이게 맞다 이게 틀리다 이러면서 경전을 만들었어요.[42]

> (B) 이제 경전을 대부분 외워 와서 이제 어케 다 안심가 하면 안심가 어디까지 해라. 그럼 난 모르겠다 하면, 딴 사람이 알면 그 대목을 이어가서 그렇게 해서 그것을 써가지고 처음에 경전봉독을 했어요, 천덕송도…[43]

42) 이창번 구술, 앞의 글, 42쪽.
43) 길두만 구술, 앞의 글, 37쪽.

(A)는 이창번의 증언이다. 이창번이 속한 수용소에서는 경전을 통째로 외우고 있는 포로가 있었다. 김월해와 평안북도 구성 출신의 황승훈이 그들이었데, 천도교 경전은 이들을 중심으로 만들어졌다. 정확하게 경전을 제작하기 위해서 김월해와 황승훈은 자신이 외우고 있는 경전의 구절을 종이에 적어 놓는다. 그러면 다른 포로들이 그 글을 보고 틀린 부분이 있으면 그 부분을 수정해 경전을 만들었다. 이렇게 만든 경전으로 시일식 때 경전 봉독을 하였다.

(B)는 길두만의 경우이다. 길두만이 소속되어 있는 수용소에서는 이창번의 수용소와 다른 방식으로 경전을 만들었다. 어떤 포로가 자신이 외우고 있는 경전의 구절을 부르면 그가 아는 부분까지 받아 적는다. 그리고 그 다음 부분은 또 다른 포로가 이어서 적으면서 경전의 한 편 한 편을 정리해 경전 전체를 만들어 나갔다. 경전이 다 만들어지고 난 이후에는 천도교 송가인 천덕송도 같은 방식으로 정리해 만들었다. 정리된 경전과 천덕송은 인쇄판에 긁어서 프린트본 책자로 만들어 시일식에 사용하였다.[44]

이렇게 경전을 자체 제작해 사용하다 분산기 이후 포로의 수용소 밖 서신 교환이 가능해진 뒤에는 외부로부터 경전과 천도교 관련 책자를 공급받아 사용하였다. 포로들은 서울의 총부나 수용소 인근의 천도교종리원을 통해 경전과 『신인철학』 등 천도교 책자들을 유입하기도 하였는데, 외부에서 들어온 교서의 수량은 몇 권 되지 않아서, 수용소 내의 천도교 포로가 갖기에는 턱없이 부족하였다. 길두만의 경우 부산의 병원수용소에서 천도교중앙총부로 연락해 오익제가 면회를 왔고, 이때 천도교 경전과 책자가 수용소로 유입되었다고 하였다. 양제호는 논산포로수용소에 있을 때 백세명, 장세덕 등의 천도교인들이 면회 왔을 때 천도교 경전을 받았다고 증언하였다. 성기남은 대전의 교인들이 논산포로수용소를 방문해 성미를 받아가기

• • • • •

44) 성강현, 위의 논문, 39쪽.

도 하고 경전 등 외부의 책자가 유입되기도 하였다고 증언하였다.

요컨대 천도교 포로들은 수용소 측의 지원이 없는 상황에서 종교 활동을 시작하였다. 천도교 활동을 위해 가장 필요한 것이 경전의 마련이었다. 포로들은 서로의 기억을 통해 경전을 제작하고, 이를 프린트본으로 만들어 종교 활동에 활용하였다. 이후 총부와의 연락이나 주변 교당의 도움으로 천도교 경전과 책자가 수용소로 공급되기도 하였다.

4) 체계적인 시일식

시일식(侍日式)은 천도교 종교 활동의 핵심인 5관(五款)[45]의 하나이다. 5관은 1909년 12월 18일에 반포된 종령(宗令) 제91호부터 시행되기 시작하여 이후 종규로 확립되었다. 여기에서 시일식은 '일요일마다 성화회에 참석하여 교인의 자격을 발표하는 것이니, 아무쪼록 교당이나 전교실에 나가서 한울님과 스승님을 지성으로 생각하고 설교하는 말씀을 자세히 들으며 교리를 공부함.'[46]이라 정의하고 있다. 즉, 시일식은 일요일에 교인들이 교당에 모여서 행하는 단체 종교 의식이다. 시간은 오전 11시를 기준으로 해서 상황에 따라 조절할 수 있었다. 시일식의 식순은 개식, 청수봉전(淸水奉奠), 심고(心告), 주문(呪文) 3회 병송(竝誦), 경전봉독(經典奉讀), 천덕송(天德頌) 합창, 설교(說敎), 천덕송 합창, 심고, 폐식의 순서로 이루어졌다. 시일식에 소요되는 시간은 1시간 내외이다. 시일식의 가장 중요한 순서인 설교는 주로 종리원장이나 교회의 원로가 천도교의 역사, 교리 등을 교인들에게 지도하는 시간으로 가장 중요하게 여겨졌다.

45) 오관은 천도교인의 기본 수행 덕목인 주문(呪文), 청수(淸水), 시일(侍日), 성미(誠米), 기도(祈禱)의 다섯 가지 정성을 말한다.

46) 조기주, 『동학의 원류』, 천도교중앙총부출판부, 1979, 277쪽.

그 활동을 했는데 거기에는 뭐 참 일요일이면 시일식 하느라 가서 그래도 한 4~50명씩 모여서 시일 보고 그랬던 거 같고. 뭐 많을 때는 한 100명도 됐던 거 같고.[47]

성기남의 경우 일요일마다 빠짐없이 시일식에 참석했는데 당시 설교의 주제는 포로수용소라는 특수한 환경과 반공포로 석방 등의 문제가 부각되면서 종교적인 내용보다는 정치적인 내용이 많았다고 하였다. 이는 포로수용소라는 특수한 환경에서 송환 거부를 주장하는 천도교 포로들의 상황 때문이었다.

시일식을 봉행하는 장소는 수용소 여단본부 앞의 천도교 천막에서 이루어졌다. 이렇게 천막을 지급받아 시일식을 실시한 곳은 거제도 96포로수용소, 논산 제3수용소 등이 있었다. 부산의 가야수용소에서는 B대대에 천도교 종리원을 설치해 일요일 B대대 내무반에서 시일식을 실시하였다. 그리고 철조망이 높아진 이후에는 각 대대별로 시일식을 거행하였다. 대대의 천도교 포로가 많은 막사에 교당을 설립하고, 일요일이면 막사 밖에 궁을기를 단 후 대대별로 천도교 포로들이 모여 시일식을 거행하였다. 부산 거제리의 병원수용소에서는 기독교 예배당을 빌려 시일식을 봉행하였는데, 일요일 오전 기독교 예배가 끝나면 오후에 예배당에서 천도교 포로들이 시일식을 실시하였다.

천도교 천막의 설치와 시일식의 실시는 수용소 측의 허가 없이는 불가능했다. 거제도 96수용소에서는 대변인인 전덕범이 수용소 경비대장과 친근한 관계를 유지하고 있어서 천도교 천막을 지급받을 수 있었다. 논산의 제3수용소에서도 천도교인들의 건의를 수용소 측에서 받아들여 천도교 천막을 통한 종교활동을 보장해주었다.

그러나 수용소 측에서 천도교 활동은 언제나 용인해 준 것은 아니었다.

47) 성기남 구술, 앞의 글, 35쪽.

때로는 천도교 활동을 보이코트했다. 그 대표적인 예가 1953년 6월 18일 반공포로 석방 이후 논산의 제3수용소에서 있었다.

> (6 · 18 반공포로 석방 이후) 인근에 옮겨진 후 기독교인들은 목사가 들어와서 예배를 보는데 우리 천도교는 미군들이 인정하지 않아 전 대원들이 대성통곡을 하며 내 나라 내 땅에서 우리나라 종교를 믿겠다는데 왜 못 믿게 하느냐고 떠들어댔으나 허사였습니다.[48]

위의 인용문은 당시 논산 제3수용소 천도교종리원 부원장을 맡고 있던 주제명의 증언이다. 반공포로 석방에 대한 원인이 천도교종리원에 있다고 판단한 수용소 측에서 천도교 활동을 중지시켰다. 그러나 기독교에는 활동의 자유가 지속되었다. 이것을 차별로 느낀 천도교 포로들은 우리나라에서 우리나라 종교를 왜 믿지 못하게 하느냐고 강력하게 시위를 하였지만, 수용소 측에서는 끝내 천도교 포로들의 주장을 받아들이지 않았다.

전체적으로 시일식은 매 일요일마다 이루어지는 통상적인 천도교 활동이었다. 포로들은 수용소의 지원을 받아 천도교천막이 구비되었던 논산과 광주에서는 체계적인 시일식이 진행되었다. 하지만 부산의 경우 초기에는 종리원이 설치된 B대대에서 합동으로 시일식이 이루어졌지만 경비가 강화된 이후에는 대대별로 소규모로 이루어졌다. 특별한 장소가 없었던 거제리의 경우에는 기독교 교회를 이용해 일요일 오후에 시일식을 갖기도 하였다.

5) 다채로운 기념일

천도교의 활동 가운데 하나가 기념일 행사이다. 모든 종교가 창시자의 탄신일, 또는 특정한 의미가 있는 날을 정해 그 종교의 의미를 찾는다. 천

• • • • •

48) 천도교중앙총부, 『80여 성상을 회고한다』, 2008, 364쪽.

도교는 창시자 최제우의 득도일인 4월 5일은 천일기념일(天日紀念日), 제2세교조 최시형의 승통일인 8월 14일을 지일기념일(地日紀念日), 제3세교조 손병희의 승통일인 12월 24일의 인일기념일(人日紀念日)이라고 정해 3대 기념일이라고 중시한다. 이 외에 여러 기념일이 있지만, 3대 기념일을 가장 중요하게 여겨 성대하게 기념식을 치른다.

천도교 포로들의 증언에도 기념일 행사에 관한 증언이 가장 먼저 나타나는 곳은 이성운과 임운길이 속해 있던 거제도의 96수용소였다. 분리 심사 이후 천도교 포로들이 주도권을 잡은 96수용소에서는 천도교 포로들이 1952년 4월 5일 천일기념식을 거행하였다. 천일기념식을 거행하고 얼마 지나지 않아 96수용소의 천도교 포로들은 부산의 가야수용소로 분리 수용되었다.

기념일 활동이 가장 활발히 이루어진 곳은 판문점 시기였다. 판문점의 관리를 맡은 인도군은 천도교 활동에 대해 전폭적인 지원을 해 통상적인 시일식 활동은 물론 기념일 활동도 지원하였다. 길두만이 소속된 46대대에서는 1953년 12월 24일의 인일기념식에 대해 상세히 기억하고 있다.

> 인일기념일을 기해가지고 한문언 선생님이 그 1984년 동학혁명 그걸 주제로 해가지고 '봉화'라는 영화[연극]를 3막 4장을 …… 연극을 연출을 했어요.[49]

46대대에서는 인일기념식에 기념식 후 동학혁명을 주제로 한 연극 '봉화'를 공연하였다. 당시 연극 공연의 주도적 역할을 한 인물은 김문제와 한문언이었다. 두 사람은 직접 원고를 쓰고 포로들에게 배역을 맡겨 1달 동안 연습을 시켜 무대에 올렸다. 포로들은 하루 종일 모여서 연습과 공연 무대 설치 등의 준비를 하였다. 특히 김문제는 포로들의 연습 지도는 물론 복장과 분장까지도 도맡아서 책임졌다. 수용소 내에서 구하기 어려운 공연

• • • • •

49) 길두만 구술, 앞의 글, 38~39쪽.

에 필요한 복장과 염색 등의 물품은 당시 수용소에 출퇴근하는 간호사를 통해 조달했다. 이렇게 준비한 연극은 인도군 장교는 물론 다른 종교를 가진 포로들까지 초대해 공연했다. 길두만은 이 공연에 직접 공연자로써 참가하였다.[50] 이 공연은 참석한 사람들로부터 큰 찬사를 받았다. 46대대의 연극단은 이후 수용소를 돌아다니면서 공연을 했을 뿐 아니라, 이듬해 1월 석방이 된 이후에는 전국 각지를 돌아다니며 공연을 했다. 포로수용소 내에는 46대대의 천도교 연극단과 같은 연극단이 몇 개 구성되어 있었다.

이창번이 소속된 35대대에서도 인일기념식을 성대하게 치렀다. 35대대에서는 인일기념식 이후의 행사로 중대 대항 웅변대회가 열렸다. 각 중대를 대표하는 포로들이 참가한 웅변대회에서 이창번은 중대 대표로 참가하여 2등에 입상하였다.

전체적으로 기념일 행사는 종교 활동의 특별한 영역이다. 천도교는 교조의 승통일을 기념일로 정해 경축행사를 하였다. 포로들은 수용소 내에서 천일기념식과 인일기념식을 거행했는데 특히 중립국송환위원회 시기였던 1953년 12월 24일의 인일기념식을 성대히 치렀다. 길두만이 소속된 46대대에서는 연극을, 이창번이 소속된 35대대에서는 웅변대회 등이 기념식후 행사를 통해 이루어졌다. 천도교 포로들은 이 행사를 통해 천도교인으로 자긍심을 가졌고, 수용소 내에서의 포덕 활동에 활용하였다.

6) 특별했던 수련

천도교의 종교적 수행인 기도(祈禱)는 천도교인의 의무인 오관 가운데

• • • • •

50) "그 전봉준장군 역에는 여선덕 선생이 이제 …… 그까 전봉준 장군 역할을 하고 에 헤헤 그케 오덕훈씨 역에는 뭐 한상준인가 하고 그케 뭐 조병갑이 역에는 누구고 다 일일이 해가지고 연극을 아주 본격적으로 해서 그리고 그 천도교뿐만 아니고 수용소에 있던 사람들은 연극을 많이 그 안에서 했어요." 길두만 구술, 앞의 글, 39쪽.

하나이다. 천도교에서는 기도를 통상기도와 특별기도로 나눌 수 있다. 통상 기도는 심고와 일상적인 수행을 의미하고 특별기도는 특정한 목적과 기간을 정해 행하는 일종의 목적 기도이다. 특별기도의 기간은 7일, 21일, 49일, 105일로 정한다. 천도교에서는 이런 기도 활동을 통틀어 수련(修鍊)이라고 한다.

천도교 포로들은 수용소에서 송환 거부와 남한 정착을 목적으로 하는 수련 활동을 실시하였다. 오용삼은 수용소에서의 기도 활동에 대하여 다음과 같이 말하고 있다.

> 주제명씨가 나보고 저 경비대장 나하고 저 같이 수련하자구 그래서, 그래서 그때부터 내가 수련하기 시작했죠. …… 그래서 이제 딴 사람들은 자는데 송명석이라는 사람이 평안남도 사람이 있었어요. …… 그 사람하고 그 다음에 강원도 한분이 있었는데 이이 내 이름을 잊었어. 이모씬가 넷이서 (부)원장 자는 자리 거기서 이제 청수 모셔 놓고[51]

오용삼은 논산 제3수용소의 천도교종리원 부원장인 주제명의 제안으로, 간부급 4명과 함께 매일 수용소에서 포로들의 하루 일과가 시작되기 전인 새벽 5시에 주제명의 취침 자리에 모여 기도식을 갖고 1시간 동안 주문 수행을 하였다. 이들은 105일간을 수행기간으로 정하고 특별기도를 하였다. 논산에서의 105일 기도를 마치기 얼마 전에 6 · 18 반공포로 석방이 이루어졌다는 증언으로 보아, 특별기도는 1953년 3월 초순에 시작한 것으로 보인다. 그러나 7대대는 석방을 하지 못하였기 때문에 이들의 특별기도는 이후에도 계속되었다.

중립국송환위원회 시기의 수련은 새벽시간에 이루어지는 간부급의 특별기도도 있었지만, 일상수련 활동이 거의 매일 이루어졌다. 길두만에 의하

• • • • •

51) 오용삼 구술, 앞의 글, 39쪽.

면 중립국송환위원회에서의 포로들의 일과는 특별한 것이 없었다. 중립국송환위원회 이전까지는 수용소에서 작업이 있어서 포로들이 동원되는 경우가 많았는데, 판문점에서는 그러한 일이 없었다. 포로들은 낮에는 주로 송환거부 시위를 하거나 체육활동을 하는 것이 전부였다. 이런 분위기에서 일과가 끝난 저녁 시간에 천도교 수련 활동을 하였다. 천도교 수련은 저녁 7시부터 9시까지 2시간 동안 진행되었고, 지도는 종리원의 간부들이 하였다. 길두만이 있었던 46대대에서는 한문언, 김문제 등이 수련을 지도하였다.[52] 이들의 수련은 중립국송환위원회 시기 120일 동안 매일 이루어졌다.

간부들은 특별히 새벽 기도를 하였다. 오용삼은 중립국송환위원회로 넘겨진 이후에도 간부급 10여 명과 함께 49일 특별기도를 실시하였다. 간부들의 특별기도는 천도교종리원 책임자로서 역할을 다하기 위해서였던 것으로 해석할 수 있다. 천도교 포로의 수련 활동은 천도교인으로서의 정체성 확립을 위해서이다.

천도교 포로의 수련은 정치적 목적도 함께 갖고, 있었다. 따라서 판문점의 천도교 활동은 종교 활동에 그치는 것이 아니고 정치적 활동과 연관되어 있었다. 길두만의 증언에 따르면 46대대의 천도교 간부인 한문언은 천막의 꼭대기에 올라가 태극기를 흔들며 송환 거부 의사를 밝혔다. 천도교 포로들은 낮에는 송환거부 시위에 참여했는데, 시위는 격렬했다고 하였다. 그리고 밤에는 천도교 수련을 하면서 판문점에서 생활했다.

전체적으로 수련 활동은 천도교 신앙의 기본인 5관 중 하나로 특별한 목적을 위해 기간을 정해 이루어진다. 포로들은 수용소 내에서 49일, 105일을 정해 수련 활동을 하였다. 기상시간 이전인 새벽 5시부터 6시까지 1시

• • • • •

52) "한문언 선생 지휘하에 그 이제 낮에는 데모를 해요. 그 막 현수막 걸어놓고 막 계속 공산당아 물러가라 뭐 그 이렇게 데모를 하는 거지. 사회에서 학생들이 (하는) 데모보다 더 샘하지. 그렇게 하교 천막 꼭대기에 올라가서 태극기 휘두르면서 하고, 밤에 저녁밥 먹거 한 7시에서 9시까지 이제 수련을 해요." 길두만 구술, 앞의 글, 38쪽,

간 종리원장 등 간부를 중심으로 수련 활동이 이루어졌다. 그리고 천도교 대대에서는 오후 일과가 끝나고 취침 이전에 1~2시간 동안 수련 활동을 하였다. 천도교 포로들은 수련 활동을 통해 천도교인이라는 동질감을 가졌고 포로생활의 어려움을 이겨나갔다.

4. 대전교당 건립 기금 모금

포로들에게 급료나 노동에 대한 대가는 지급되지 않았다. 이는 포로들에게는 수용소 내에서 어떤 금전도 지급되지 않았음을 의미한다. 그러나 포로들은 수용소 내에서 경제활동을 하였다. 그들이 경제활동을 할 수 있었던 이유는 그들에게 지급되는 보급품과 담배가 있었기 때문이었다. 그리고 포로들에게 제공하는 보급품이 넉넉하였기에 가능하였다. 포로들에게 제공되는 물품이 풍부하였음을 보여주는 사례도 있었다. 1951년 5월 31일 공산포로들이 부산시내 서면에서 범일동으로 이르는 도중 인도에서 보행을 멈추고 구경하는 통행인들에게 "우리는 인민을 사랑한다."라고 외치며 비누, 셔츠, 양말, 담배 등 물품을 던져주었다. 그리고 1951년 12월 10일 제74수용소 포로들은 부상당한 국군에게 담배를 보내겠다고 제안하기도 했다.[53] 이러한 사례를 보면 포로들은 수용소에서 제공하는 보급품이 풍부하였음을 알 수 있다.

포로에게는 소모품인 피복, 담요, 비누 등이 넉넉히 지급되었다. 증언에 의하면 유엔군은 포로들의 물품을 조사해 부족하면 특별하게 사유를 묻지 않고 보급했다. 포로들은 이렇게 보급품의 배급이 이루어지자 이를 빼돌려 활용하기 시작했다. 먼저 포로들은 수용소 안에서 물물교환을 통

53) 조성운, 앞의 책, 130쪽.

해서 자신들이 필요한 것들을 구했다. 옷이나 신발은 미군들이 자주 배급을 해주었기 때문에, 담배만 조금 있으면 옷이나 신발은 마음대로 구할 수 있었다.[54]

〈그림 5-7〉 천도교 대전교당

다음으로 포로들은 빼돌린 소모품을 수용소 밖으로 유출해 금전화하였다. 수용소 내의 포로 지도자들이 소모품과 담배들을 빼돌려 수용소 밖의 민간인과 거래하여 개인적으로 축재하였다. 일부 포로들은 수용소를 지키는 경비병과 거래하기도 하였다.[55] 포로들은 수용소에서 돈을 만들기 위해 수용소 외부로 나가는 작업을 주로 이용하였다. 포로들은 보급받은 담배와 피복을 수용소 밖에 작업을 나갈 때 은밀히 숨기거나 경비를 매수하였다. 이렇게 수용소를 통과한 물품과 담배는 민간인들과 교환하여 필요한 물품을 반입하기도 했다. 성기남은 포로들이 옷이나 담요 등을 수용소 밖에 내다 팔아 돈을 만들어 성금을 내었다고 하였다.[56]

54) 석농(김응몽), 「삼변기(4)」, 『신인간』 통권 제273호, 1970.3, 85쪽.
55) 조성훈, 앞의 책, 129쪽.

포로들의 경제 활동에서 가장 중요한 부분을 차지한 것은 담배였다.

> 수용소 안에서 담배는 참으로 귀중한 물건이었다. 그러므로 많은 물건을 주고 담배를 조금씩 바꾸는 것도 작업대원을 잘 알아야 교환할 수 있었다. …… 몇 회전하니까 차츰 담배가 많아졌다.

김응몽이 증언하듯이 담배를 갖고 몇 회전만 하면 큰 이익을 볼 수 있었다.[57] 담배는 수용소 내에서도 유용하게 활용되었지만, 수용소 밖으로 가지고 나기기에 편리하여 물품 가운데에서 가장 유용하게 활용되었다. 포로들은 담배를 가지고 밖으로 나가 금전으로 바꾸어, 자신이 원하는 물품이나 수용소에서 돈을 벌 수 있는 물품으로 바꾸어 수용소로 들어왔다. 그러나 포로들은 종일 작업을 하고 수용소로 들어올 때에도 일일이 센타를 통해서 혹시 담배나 신문 같은 것이 발견되면 전부 압수당했다. 그러므로 담배를 수용소 안으로 가지고 들어오려면 몸에다 교묘한 방법으로 숨겨가지고 들어오거나 경비병의 묵인이 있어야 했다.

양제호는 작업을 나갈 때 바지를 두 벌 입고 가서 한 벌을 팔아 돈을 만들었다. 또 수용소에서 배급으로 주는 세탁비누를 한번에 10장을 갖고 나가 팔았다. 그렇게 해서 모은 돈으로 그는 포로들이 필요로 하는 물품이나 간식 등을 사서 수용소로 가지고 들어와 팔아 2배의 이득을 올렸다.[58]

• • • • •

56) "그때 당시에 여유가 있는 게 옷가지 이제 주고 담요 주고 그런 거 이제 좀 몰래 팔아가지고 그걸로 성금내고 그랬던 거 같아요.", 성기남 구술, 앞의 글, 35쪽.

57) 위의 글, 85~86쪽.

58) "나의 경우는 헌 바지 있자나 작업복 바지 너덜너덜한 거 그걸 절반 뜯어가지고서니 한짝씩 고무줄 딱 묶어서 갖구 나가믄 이렇게 보무는 봐두 안보이거덩 두짝이 바지하나 되자나 내가 들고 간 바질팔구 그걸 바늘로 쓱쓱 꿰메 오바는 입으니까 관계가 없죠 또 세탁비누 같은 거는 거참 힘들어 열장을 갖구 나갈라믄 너무 힘들어요 요기다[팔을 가리키며] 나에 석장씩 한거에다 두 개 또 주머니 어디에다 어케 넣어서니 열개 갖구 나가 팔구 또 팔고 또 갔다 들어올 제는 떡이나 엿, 연필, 공책 뭐 이런 거 사가지고 들어오믄 또 곱절이 남겨", 양제호 구술, 앞의 글, 51쪽.

그는 이렇게 해서 만든 돈 600원을 면회를 온 부친에게 전해 주었다. 북한에서 장사를 했던 그는 수완이 뛰어나서 수용소에서도 탁월한 경제 활동을 해서 돈을 모을 수 있었다.

포로수용소에서의 경제 활동의 장은 밤에 열리는 야시장이었다. 포로들은 일과가 끝난 저녁에 야시장을 열어 자신들이 필요한 물품을 구입하였다. 이렇게 이루어진 경제활동은 부작용을 낳기도 하였다. 다음은 이에 대한 양제호의 증언이다.

> 수용소 내 간부급들은 사지(?), 쯔봉, 담요 등을 뭉치로 철조망 밖에 보초서고 있는 국군들에게 보내주고 수용소에 반입금지되는 술과 화폐 및 금 등을 공급받아 호화 생활을 하며 그 돈을 가지고 낮에 일반 포로들과 함께 사역장에 나가 감시하는 국군 양해하에 별별 짓을 맘대로 할 수 있었으니 이것이 포로수용소 생활의 한 단면이었다.[59]

양제호의 증언에서도 드러나듯이 포로들의 수용소 출입은 국군 경비병의 허락 없이는 할 수 없었다. 따라서 포로들이 수용소 안의 물품을 가지고 수용소 밖으로 나가서 판매하는 경제 활동은 국군 경비병의 양해나 지원이 없으면 불가능했다. 국군 경비병과의 커넥션 속에서 이루어진 경제활동의 댓가를 지불하기 위해 포로들은 자신들이 얻은 수익의 일부를 국군에게 넘겨주었다. 이런 방식으로 포로들은 돈을 모을 수 있었다. 특히 포로 간부들은 국군 경비병들에게 판매 금액의 일정액을 주고 불법적으로 모은 돈으로 포로수용소에서 호화생활을 했다. 포로수용소 내에서 국군과 포로와의 경제적인 커넥션은 이렇게 작동하고 있었다.

논산포로수용소에서 천도교 활동을 하던 성기남과 양제호는 천도교대대 포로들과 함께 천도교 대전교구에서 추진하던 해월회관 건립 성금 모금 활

• • • • •

59) 천도교중앙총부, 『파란만장한 세월을 돌아본다』, 2009, 177쪽.

동을 하였다. 포로들에게는 경제적인 수입이 없었지만 앞장에서 언급한 것처럼 담배를 모아 성미와 성금을 만들었다. 천도교대대에서는 포로들로부터 받은 담배를 팔아 금전을 만들었다. 성기남은 담배를 통한 성미를 납부했다고 증언하고 있다.[60)]

다음으로는 앞에서 언급하였듯이 포로들에게 지급되는 의류와 담요 등 소모품을 빼돌려 성금을 만들었다. 성기남과 양제호의 증언에 의하면 당시 유엔군은 수용소의 물품을 검사했는데, 부족한 것이 있으면 언제나 보충해 주었다고 한다. 유엔군이 보충해준 새 물품은 따로 보관해두었다가 이것을 내다 팔아 돈을 만들 수 있었다.[61)] 포로들이 빼돌려 둔 물품이나 담배 등을 수용소 보초를 서는 국군 감시병들을 통해 금전으로 바꾸었다. 이렇게 논산포로수용소의 포로들은 금전을 모아 대전의 천도교당 건립 기금으로 보냈다. 다음은 당시의 포로들의 대전교당 건립 성금 모금에 관한 성기남의 증언이다.

> 그 군인들 국군들 감시병들이 쭉 서있으니까 그 사람들을 통해서 매매를 해가지고 자본을 돈을 만들어 가지고 그렇게 해가지고 대전에 그 교당을 짓는다고 해서 모금을 꽤 많이 핸 걸로 아는데[62)]

양제호도 이와 비슷한 방법으로 금전은 모았다. 북한에서 장사를 했었던 그는 수완이 좋아서 새 군복 위에다 헌 군복을 겹쳐 입고 작업에

• • • • •

60) "수용소에 또 담배를 주니까 담배 자유라는 담배를 주었는데 그것들도 안 피고 모아놨다가 그것도 내보내서 그걸로 또 하고 그래서 돈을 만들어서 상당한 아주 큰돈은 아니지만 상당한 돈을 제공한 걸로 기억이 납니다." 성강현, 앞의 논문, 104쪽,

61) "수용소에서 돈을 맨들 수 있는 게 그저 의류 뭐 담요 같은 거 이런 것들을 자꾸 그거는 소모품이니까 가서 와서 저희네들이 와서 점검하고 없으면 또 주고, 그러니까 하는데 그런 거를 주로 새거 들어오면 요렇게 거스끼 감춰났다가 그걸 내다 팔아가지고", 성강현, 위의 논문, 104쪽.

62) 성강현, 위의 논문, 104쪽.

나가 새 군복을 팔아 돈을 만들거나 비누, 엿 등 수용소에서 필요로 하는 물품을 구입해 수용소에서 포로들에게 되팔아 경제적 이득을 올렸다. 이렇게 만든 돈을 천도교 대전교구로 보내어 대전의 해월회관 건립에 보탰다.[63] 특히 양제호는 석방 이후 대전에서 살고 있었고 부친이 대전교구 건립에 관여했기 때문에 포로들의 천도교당 건립에 관해 자세히 기억하고 있었다.[64]

백세명과 장세덕이 논산포로수용소에 면회를 와서 천도교 간부로부터 성금을 받아 천도교 대전교당을 건립하였다. 성기남과 양제호 등 논산의 천도교 반공포로들은, 자신들이 포로라는 열악한 환경에 있었지만 천도교를 위해 자신들이 할 수 있는 최선의 노력을 하였다. 이들은 자신들에게 지급되는 물품을 빼돌리는 불법적인 방법까지 동원하여 모금 활동을 전개하였다. 포로들은 자신에게 배급되는 담배와 의류로 성금을 만들어 대전의 해월회관 건립 모금에 참여하는 등 종교적인 활동을 꾸준히 하였다. 해월회관 건립을 위한 모금 활동은 반공포로로 석방될 때가지 지속적으로 이루어졌다. 이렇게 포로들이 모은 성금은 5백만 환에 이르렀다.[65]

이밖에 부산 가야포로수용소의 천도교 포로들도 자신에게 지급되는 일용품을 판 돈으로 성금을 모아 당시 화폐로 5백만 환을 물통에 담아 수용소 밖으로 보내 부산 초량의 천도교당으로 보냈다.[66]

63) 천도교 대전교구 원로인 김인선은 천도교 대전교구의 태동은 반공포로 출신 천도교인 정기준 등 10여 명이 어려운 논산수용소 생활에서 배급된 담배를 절약하고 기타 물품을 팔아서 적립된 기금으로 추진하였다고 증언한 바 있다.

64) "그때 또 참고해서 말씀드릴 것은 뭐이냐 거트믄 그때 대전교구를 짓기 위해서 애초때 백세명씨하고 장세덕씨가 왔다 가고 나서 …… 우리가 대전을 와 살았어요 우리 아버님이…… 대전에 교구가 없으니까 수용소에서 돈을 내다 대전교구를 산거예요, 양제호구술, 앞의 글, 48쪽.

65) 천도교중앙총부교서편찬위원회, 앞의 책, 448쪽.

66) 이성운, 위의 글, 33쪽.

5. 반공 활동의 강화

1) 대한반공청년단에 가담

포로들이 친공과 반공의 편갈림이 생기고 양자 간의 대립이 발생하기 시작한 것은 거제도로 이동한 이후부터였다. 시간이 지날수록 이들의 대립은 심화되었고 각 수용소 마다 친공과 반공으로 명백히 구분되기 시작하였다. 휴전회담에서 포로교환 문제로 쌍방 간의 논란이 벌어지게 되자, 우익계인 반공포로들은 휴전 성립 이후 자신의 의사와 관계없이 북한이나 중국으로 돌아갈지 모른다는 불안감에 휩싸이게 되었다.

여기에 더해 친공포로들은 '해방동맹'과 같은 조직을 만들어 포로들을 규합하고 통제하면서 점점 더 세력을 키워나갔다. 그러면서 친공포로수용소에서 반공포로를 찾아내어 구타하거나 죽이는 일이 다반사로 일어났다. 친공포로들은 휴전 회담의 진행과 더불어 반공포로를 파악해 일시에 섬멸하고 수용소 폭동을 일으켜 탈출을 감행하고, 특수공작대로 하여금 수용소의 발전소를 파괴해 미군 무기고를 습격, 무기 탈취 후 거제도를 장악한 다음 지리산의 유격대와 합류한다는 계획을 세우기에 이르렀다.[67]

반공포로들은 친공포로들의 세력이 커지는 상황에서 자신들의 신변보호와 송환 거부 의사의 확산을 위해 대한반공청년단을 구성하기에 이르렀다. 대한반공청년단은 해방동맹 등 친공포로 조직에 대항하기 위해 만든 반공포로 조직으로 1951년 8월 7일 만들어졌다. 거제도의 83수용소에 본부를 둔 대한반공청년단은 반공수용소를 중심으로 문화 활동과 결속을 다지다 분산기 이후 재정비되었다.[68] 반공청년단은 반공 수용소에

67) 김행복, 앞의 책, 138쪽.

68) 조성훈, 앞의 책, 111~113쪽. 대한반공청년단은 북한 출신의 반공포로 조직이었고 남한 출신 포로들은 '대한청년회'를 조직했다.

서 반공 시위를 벌이며 친공포로들과 대항하였다. 이러한 친공포로와 반공포로의 갈등은 포로 심사에 따른 분리 때까지 지속적으로 일어났고, 심지어 분리 이후 송환을 위장한 친공포로들로 인한 문제가 발생하기도 하였다.[69)]

천도교 포로들은 전향 이전부터 반공활동을 하였다. 그로 인해 85수용소에서의 9·17학살 사건을 겪기도 하였다. 이후 96수용소로 옮긴 천도교 포로들은 반공 결사대를 조직하는 등 반공활동에 앞장섰다. 성기남은 74수용소에서 송환거부 진정서 작성에 참여하기도 하였다. 개인적 차원을 벗어난 포로수용소 내에서의 반공 활동은 대한반공청년단을 중심으로 이루어졌다. 천도교 포로들은 대한반공청년단에 가담해 반공 활동에 참여하였다. 천도교 포로 중 대한반공청년단의 서기를 맡았던 이성운은 대한반공청년단의 반공 활동의 중심적 역할을 하였다. 이 절에서는 이성운을 중심으로 천도교 포로의 반공 활동을 살펴보고자 한다.

대한반공청년단은 수용소 분리 이후 부산의 가야포로수용소 B대대에 본부를 설치하고 재구성에 들어갔다. 단장에는 이관순, 부단장에 서의섭, 중앙당 비서에 한광호 등 5개 부서와 서기, 그리고 각 수용소별 지부를 설치해 운영하였다. 천도교 포로 중 이동창이 조직부장, 이찬영이 훈육부장을 맡았고 이성운은 서기를 맡았다. 지부의 간부 중에는 논산 제1지부 이찬영, 부산 거제리지부 이동창,[70)] 하이자루특별조의 안명록이 천도교 포로였다.

이들 중 가장 활발하게 활동한 인물인 이성운은 천도교 포로였다. 이성운은 96수용소에서 친공포로 색출에도 주도적 역할을 하였다. 이성운은 대한반공청년단의 활동에 대해, 단장이었던 이관순은 평안남도 순천 출신으로 중학교를 졸업한 엘리트여서 단장이라는 직책을 맡았으며 실질적인 업

69) 위의 책, 146쪽.

70) 중앙당 조직부장 이동창과 동일인이다.

무는 중앙당비서였던 한광호가 주도했다고 하였다.[71] 이성운은 변형옥과 같이 중앙당 서기로서 활동하면서 한광호와 함께 대한반공청년단의 업무를 실질적으로 담당했다.

이성운에 의하면 대한반공청년단 업무의 가장 중요한 부분은 진정서 작성이었다. 그는 수십 통의 진정서를 작성했는데 그 진정서를 한·미 대통령, 유엔군사령관, 장관, 휴전회담 대표 등 60여 곳에 보냈다. 이들은 석방에 조금이라도 도움이 되는 사람이라면 가리지 않고 진정서를 보냈다.

> 석방운동을 하는 거예요. 그래서 이제 이 진정서……건의서, 이런 걸 대통령에게 하고, UN사령관에게 하고, 또 장관에게 하고, 하여간 그저 휴전회담 대표에게도 하고 이렇게 여러 군데로 아마 그 내가 쓴 거만 해도 몇 십 통 아마 될 겁니다.[72]

그는 진정서의 내용이 반공포로의 석방을 요청하는 것이 주를 이루었다고 하였다. 반공포로는 포로가 되어서는 안 되는 사람들이기 때문에 하루 빨리 석방시켜 주면 국군에 입대해 인민군하고 싸울 수 있는 혈기 넘치는 사람이라고 진정하였다.

> 우리는 포로가 될 수 없는 사람들인데 포로를 만든 UN군에서는 이 사람들을 썩히느냐 이 사람들을 복귀를 시켜서 국군으로 내보내면 얼마든지 이북하고 얼마든지 인민군하고 싸울 수 있는 이런 혈기를 가지고 있는 사람들이다.[73]

• • • • •

71) "일 처리를 이 사람은 단장이라는 사람은 중학교나 겨우 나온 사람이고 그러니까 별로 뭐 그렇게 사상만 투철해서 그저 하나의 대표적으로 단장을 맡았지요. 그 내부적인 모든 일은 한광호가 했다고. 그리고 거기에 또 서기로 있던 것이 이 변형옥이라고 있었어" 이성운 구술, 앞의 글, 32쪽.

72) 이성운 구술, 앞의 글, 33쪽.

73) 이성운 구술, 앞의 글, 33쪽.

진정서의 작성은 천도교 포로에게만 국한된 것은 아니었다. 송환을 거부하는 포로들의 의사는 여러 경로를 통해 이루어졌다. 그 하나가 포로 수용소내의 종교 조직이었다. 기독교 조직은 미군의 협조 아래 포로들의 진정서를 작성하였다. 천도교 포로들도 송환 거부를 주장하는 진정서를 작성해 미국대통령을 포함한 각처에 송부하였다. 85수용소에서는 이 사실이 발각되어 천도교 포로 18명이 9·17폭동사건으로 살해되기도 하였다. 그러나 이후 진정서 작성은 대한반공청년단이 조직되어 이 단체를 중심으로 반공포로의 석방 이후 남한으로 송환될 때까지 계속되었다. 천도교 반공포로들도 여기에 주도적으로 가담했다.

정부에서는 이 진정서를 적절히 활용해 자신들의 정치적 목적을 위해 활용하였다. 이승만 정권은 6·25전쟁의 발발과 초기 대응의 실패에 대한 책임에서 자유롭지 못했는데, 이러한 정치적 약점을 극복하기 위해서 반공포로를 유용하게 활용하였다. 특히 반공포로의 석방은 자신의 반공 이미지를 국민들에게 각인시키는 좋은 기회가 되었다.

유엔군의 입장에서 포로는 모두 송환을 바라는 것으로 생각해 친공포로와 반공포로의 이념 갈등이 수용소 내에서 일어나리라고는 상상하지 못했다. 오히려 유엔군 측에 우호적인 '친자유주의' 포로가 나타나게 된 것은 이상한 일이며 비정상적인 사건이라고 여겼다. 그러나 수용소 내에서 이런 성격을 지닌 포로들이 인민군과 중공군에 공통적으로 나타났을 뿐 아니라 그 숫자도 오히려 친공포로의 숫자를 압도할 정도였다.[74] 이렇게 수용소 내에서 반공포로의 활동이 강화되자 유엔군의 입장에서는 북한과의 정전회담의 조속한 체결을 이유로 대한반공청년단에 대한 인식이 좋지 않았다.

• • • • •

74) 김행복, 앞의 책, 136쪽.

(진정서를 60여 곳에) 보냈는데 이게 UN군 측에선 못마땅한 거야. 자기네 말고선 자꾸 석방운동을 하니까. 자기네 하나의 군사정책으로써 뭐야 움직이고 있는데 아이 포로들이 자기네들 석방시키라고 자꾸 이러니까 못마땅하게 생각하지요.[75]

위에서 보듯이 대한반공청년단의 반공포로 석방 운동을 유엔군에서는 못마땅하게 생각하였다. 이렇게 되자 대한반공청년단에서는 이에 대응할 방법을 찾아 고심하였다. 이성운에 따르면 유엔군 측이 대한반공청년단의 석방 운동에 제동을 걸고 대한반공청년단에 대한 지원을 하지 않자, 대한반공청년단에서는 단장인 이관순을 수용소 밖으로 탈출시켜 석방운동을 전개하였다.[76] 수용소 밖으로 탈출한 이관순이 석방운동을 하는 데 필요한 비용은 포로들이 마련해 주었다. 수용소에서 포로들이 옷가지 같은 것을 팔아서 모은 돈을 이관순에게 공급해 석방운동을 계속하였다. 그러자 유엔군은, 이관순을 중심으로 한 대한반공청년단의 반공포로 석방 운동을 막기 위해 한광호와 변형옥에게 이관순을 탈출시킨 혐의를 물어 영창에 집어넣었다. 대한반공청년당 중앙조직이 유엔군에 의해 위축된 가운데 이성운은 수용소 내에서 혼자 대한반공청년단 중앙당의 일을 도맡아보게 되었다.

이성운이 혼자 대한반공청년단의 일을 맡고 있을 때 반공포로 석방이 이루어졌다. 6월 17일 성영창 중령은 거제리 병원수용소를 찾아 가야의 대한반공청년단의 중앙당 간부를 찾았다. 이 소식을 들은 이성운은 병원

• • • • •

75) 이성운 구술, 앞의 글, 33쪽.

76) "그래 가지고선 나중에는 거기서도 한 일 년 남아 있었지요. 그런 걸 한다고 해서 저 이관순이 단장은 사회로 내보냈어요. 사회로, 사회 나가서 사회부 장관이나 뭐 이런 사람 만나서 석방운동해라", 이성운 구술, 앞의 글, 33쪽; 조성훈, 앞의 책, 113쪽에서는 대한반공청년단의 단장인 이관순이 1952년 11월 10일 단원들의 도움으로 탈출했다고만 적고 있다. 『민족의 증언』 7, 중앙일보사, 1983, 247쪽에 이관순이 경위로 특채되었다는 증언이 수록되어 있다.

수용소로 가서 그를 만나 6월 18일 0시를 기해 이승만 대통령의 명령으로 반공포로를 탈출시킨다는 지령을 접하고 가야의 수용소로 돌아왔다.[77] 그는 수용소 각 대대에 반공포로 석방이 있다는 사실을 알리지 않고 태풍이 올라오니 이에 대비하기 위해 완전무장을 하고 취침에 들어가라고 지령을 내렸다. 그가 대대장들에게 반공포로 석방의 지령을 알리지 않은 이유는 혹여 비밀이 새어나가 미군에게 석방 사실이 탄로가 날까봐 염려했기 때문이었다.[78] 이성운은 6월 18일 0시를 기해 이루어진 부산 가야포로수용소 반공포로 석방에 중심적인 역할을 하면서 탈출하는데 성공하였다. 임운길도 이때 이성운과 같이 석방에 성공하였다. 그러나 같은 가야포로수용소에 있었던 이창번은 미군 부대의 식당으로 파견 나가서 일하고 있었기 때문에 반공포로 석방 소식 자체를 알지 못하였다. 반공포로 석방이 비밀리에 진행되고 있었기 때문에 그가 있던 미군 부대에는 지령이 내려지지 않았다.

반공포로 석방 이후 이성운은 부산경찰서의 특수정보과에서 대한반공청년단 단장 이관순과 만났다. 그 자리에서 이성운은 이관순으로부터 6월 18일 석방되지 못한 7~8천 명의 반공포로를 석방시키기 위해 무력시위를 계획하고 있다는 말을 듣기도 하였다. 그러나 이관순의 계획은 실행되지 못했고, 석방되지 못한 반공포로들은 중립국송환위원회로 넘겨져 판문점수용소로 이송되었다. 이관순 등 대한반공청년단의 중앙당 간부들은 석방 이후 경찰이나 공무원으로 특채되어 자신들의 활동에 대한 보상

• • • • •

77) "오후에 각 대대의 조장들을 데리고서 헌병대로 나간거야. 나가니까 그 헌병대에서 하는 얘기가 …… 이 대통령의 특명으로써 이제 우익수용소, 수용 다 석방된다. 오는 6월 18일 0시를 기해서 전부 석방시킬테니까", 이성운, 앞의 글, 34쪽.

78) "공개를 하면은 프락치가 있어서 헌병대에다가 저저 미군에다가 고발만 하면 이건 도로 나무아미타불이라. 이걸 교묘하게 어떻게 위장을 해야 하는데 …… 저쪽에 남쪽에 큰 태풍이 분다는 기상 예보가 있으니까 전부 대원들한테 신발 꽁꽁 신고 옷도 입은 채로 이 텐트가 날아가려고 그런다 그러니까 그렇게 준비하고 있어라.", 이성운 앞의 글, 34쪽.

을 받았다. 그러나 이성운은 충청남도 예천의 부친을 만나기 위해 그들과 헤어졌다.

정리하면 당시 천도교 포로들은 반공활동을 이유로 친공포로에 의해 학살당하는 모습을 겪으면서 전향하였다. 이런 이념 갈등 속에서 만들어진 대한반공청년단에 천도교 포로들도 다수 가담하였다. 대표적 인물이 중앙당 서기로 활동하던 이성운이었다. 이성운은 반공포로 석방을 위한 진정서 작성과 1953년 6월 18일 새벽에 있었던 부산 가야수용소의 반공포로 탈출의 주도적 역할을 하였을 뿐 아니라 그도 탈출에 성공하였다. 천도교 포로들의 반공활동은 수용소 초기부터 시작되었다. 그리고 그 원인은 북한에서의 천도교 활동에서부터 비롯되었을 것으로 보인다.

2) 반공포로 석방

이승만 정부의 반공포로 석방 과정은 순탄하지 않았다. 당시 한국 측의 포로 처리방안은 3가지로 요약할 수 있다.

첫째 방안은 포로를 송환하지 말아야 한다는 것이었다. 최덕신의 주장이 여기에 해당되었다. 그는 포로들이 잘못을 뉘우치고 항복해 온 이상 그들을 석방하고 따뜻하게 포섭하여 선량한 국민이 되도록 하여야 할 것이지 반역집단에 돌려보낸다는 것은 도저히 용납할 수 없다고 했다. 그는 그들이 이미 남한 국민이므로 국민의 생명과 재산을 보호해야 할 의무가 있는 정부가 당연히 그들을 우리 땅에서 석방해야 한다고 주장하였다.[79)]

둘째 방안은 1 : 1 교환을 하자는 것이었다. 이형근의 주장인데 그는 유엔군 포로가 12,000여 명에 불과한 것을 터무니없다면서 “우리가 1만 명을 받고 저들에게 13만 명을 준다면 이는 적에게 10개 사단 병력을 보충해주

79) 최덕신, 『내가 겪은 판문점』, 삼구출판사, 1955, 27쪽.

는 것 이외에 그 무엇이겠는가. 한국군 중 행방불명자의 다수가 인민군에 편입되어 있고, 또 민간인 중에도 납치된 사람이 수없이 많다. 한국군 포로나 유엔군 포로나 그 생명이 귀한 것은 마찬가지다. 그러므로 1 : 1 방식에 의해 교환해야지 전체와 전체를 포괄적으로 교환한다는 것은 어불성설이다.[80]"라고 하였다. 그는 일괄 교환은 비인도적 처사라고 하면서 1952년 1월 25일 휴전회담 대표직을 사퇴하기까지 하였다.

셋째 방안은 자원송환론이었다. 변영태 등의 주장이 여기에 해당하였다. 그는 외무부장관을 맡고 있던 1952년 1월 16일 유엔군사령관 리지웨이에게 보낸 서한에서 포로교환에 있어서는 자발적 송환원칙을 지지한다고 하였다.[81]

이러한 논의가 비등한 가운데 이승만은 유엔군이 한국 정부의 의사와 관계없이 휴전을 진행하는 데 분개했다. 특히 유엔군이 송환 거부 포로들을 중립국송환위원회에 넘겨 각자의 운명을 결정하도록 하였다는 공산 측의 의견을 받아들였다는 것을 불쾌하게 여겼다. 포로관리협정이 결정된 1953년 6월 8일 다음날인 6월 9일 이승만은 미8군사령관 테일러에게 60일 내에 정치회담을 개최하고, 미국과 상호방위조약을 맺고, 한국군을 20개 사단으로 증강하는 것을 분명히 확인해줄 것을 요구했다. 미국은 이승만의 심중을 파악하면서 정전협정을 마무리 지으려고 하였다.

당시 이승만은 미 국무부 장관 덜레스와 향후 한미방위조약에 대해 논의하고, 아이젠하워에게 미국의 한국에 대한 책임을 포괄적으로 강조한 서신을 보냈다. 그리고 이승만은 판문점에서 유엔군과 공산 측은 정전협상의 모든 조항에 대한 완전한 일치에 도달한 다음날인 6월 18일 아침, 미국과의 협의 없이 자신의 명령으로 운용 가능한 한국 헌병을 통해 일방적으로 2만 5천 명의 반공포로를 석방했다. 부산, 마산, 논산, 상무대의 수용소에

• • • • •

80) 이형근, 『군번 1번의 외길 인생』, 중앙일보사, 1994, 73~75쪽.

81) 「임병직이 이승만에게」, 『대한민국사 자료집』 31, 국사편찬위원회, 1996, 11쪽.

서 약 2만 7천여 명의 '반공포로'들이 '석방'되었다.[82] 〈표 5-6〉은 반공포로 석방 현황이다.

〈표 5-6〉 반공포로 석방 현황

수용소 \ 현황	총 수용 인원	석방 포로(%)	미탈출자	탈출 후 체포	부상	사망
부산지구수용소	7,092	4,322(61%)	2,653	116		1
광주지구수용소	10,610	10,432(98.5%)	165		8	5
논산지구수용소	11,038	8,024(72.8%)	2,674	336	2	2
마산지구수용소	3,825	2,936(76.7%)	731	144	8	6
영천지구수용소	1,171	904(77.1%)	150	116	2	1
부평지구수용소	1,486	538(36.2%)	802	39	60	47
대구지부수용소	476	233(48.9%)	61	180		2
계	35,698	27,389(76.7%)	7,236	931	80	64

※출전: 육군본부군사감실, 『6 · 25사변 후방전사(인사편)』, 육군본부, 1956. 부산지구수용소는 거제리와 가야리를 합친 인원임.

위의 표에 의하면 당시 석방된 송환 거부 포로는 35,689명 가운데 27,389명으로 전체 송환 거부 포로의 76.7%에 달했다. 다음날인 1953년 6월 19일 이승만은 유엔군과의 상의 없이 단독으로 반공포로를 석방하였다고 성명서를 발표하였다. 이승만은 제네바 협약과 인권 정신의 발로로 반공 한인 포로를 석방하였다고 하면서, 이들은 진작 석방되어야 마땅하다고 강조하였다. 반공포로 석방 이후에도 휴전 반대 운동은 지속되었고 그 정점에 이승만이 있었다. 그는 반공포로 석방을 한미교섭의 수단이자 자신의 존재를 부각시키는 유용한 카드로 적극 활용하였다.

이 사건 이후 미국은 국무차관보 로봇슨을 한국에 보내 이승만과 회담에 들어갔다. 1953년 7월 11일 로봇슨은 이승만이 휴전회담을 방해하지 않는 조건으로 한미상호방위조약의 체결에 대한 원칙적인 합의에 도달하였

82) 김학재, 앞의 책, 305쪽.

다. 송환 거부 포로문제는 중립국송환위원회에서 3개월간의 활동기간을 수락하며, 이들 포로를 비무장지대로 수송한다는 데 협력한다는 내용이 포함되었다.

이승만은 반공포로 석방을 통해 휴전회담에서 결정권이 없음에도 자신의 존재감을 나타내는 한편, 미국을 압박하여 한미상호방위조약 체결과 군사원조를 확보하였다. 이승만의 반공포로 석방은 전쟁 상황에서 반공의 강화를 통한 이미지 재고와 대중적 인기를 불러일으켜, 부산정치파동의 부정적 이미지를 단숨에 일소하고 반공투사로써의 이미지를 확립하여 자신의 정치적 입지를 강화시킨 사건이었다.

구술자 가운데 논산포로수용소의 성기남과 양제호, 부산 가야포로수용소의 이성운, 임운길, 마산포로수용소의 양택조 등 5명은 이날 반공포로로 석방되었다. 특히 이성운은 부산 가야포로수용소에서의 반공포로 석방에 주도적인 역할을 하였다.

3) 중립국송환위원회에서의 반공운동

포로문제로 어려움을 겪던 휴전회담은 반공포로 석방으로 한층 어려움이 가중되었다. 그러나 1953년 7월 19일 휴전회담이 재개해 유엔군과 공산측은 정전협정에 서명하였다. 송환거부 포로는 정전협정에 따라 판문점의 중립국송환위원회로 넘겨 처리하기로 하였다. 송환거부 포로는 중립국송환위원회의 감독 아래, 모국 정부의 대표로부터 90일간 설득을 들어야 했다. 이를 관리하기 위해 인도군 5,000명이 입국하였고 유엔군은 9월 25일까지 인민군 송환거부포로 7,900여 명과 중국군 14,704명을 넘겼다. 공산측도 한국군 335명을 포함한 총 359명의 송환거부포로가 인도군에게 인계되었다.[83]

〈그림 5-8〉은 중립지대 중립국송환위원회의 포로수용소의 위치이다.

〈그림 5-8〉 중립국송환위원회의 포로수용소 약도

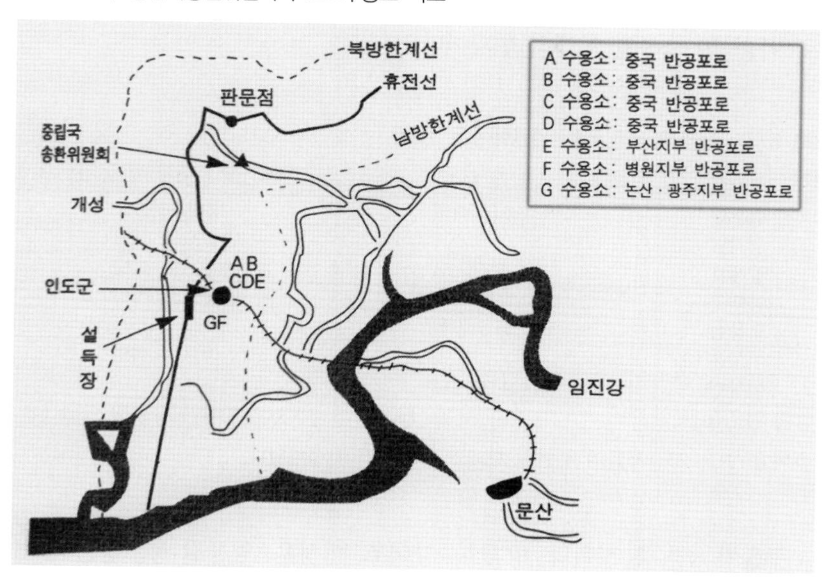

※출처: 이창번, 「중립지대(판문점)에서의 천도교 활동」, 『신인간』 통권 제531호, 1994, 45쪽.

중립지대 포로수용소가 위치한 곳은 문산에서 임진강 철교를 지나 남방한계선에서 1㎞ 정도 북쪽으로 들어간 장단이라는 곳이었다. 이전에 경의선 철도 장단역이 설치되어 있었던 곳을 기준으로 7개의 수용소가 설치되었다. 북쪽의 A수용소에서 B, C, D수용소까지 4개 수용소는 중국군 출신 포로가 30여개 대대로 분산 수용되어 있었다. E수용소와 장단역 남쪽의 병원 수용소인 F수용소, 그리고 G수용소에는 북한 출신 송환거부 포로가 34대대에서 55대대까지 16개 대대에 배치되어 수용되었다.[84]

중립국송환위원회로 인도된 후에도 천도교 포로들에 의한 천도교 활동

83) 조성훈, 앞의 책, 352쪽.

84) 이창번, 「중립지대(판문점)에서의 천도교 활동」, 『신인간』 통권 제531호, 1994, 45~46쪽.

은 더욱 활발하게 이루어졌다. 〈표 5-7〉은 구술자들이 중립국송환위원회로 이송 후 소속된 부대의 현황이다.

〈표 5-7〉 구술자의 중립국송환위원회 수용 현황

성명	소속 수용소	비고
길두만	판문점 46대대	병원수용소
성기남		반공포로 석방
양제호		반공포로 석방
양택조		반공포로 석방
오용삼	판문점 ?대대	
이성운		반공포로 석방
이창번	판문점 35대대	
임운길		반공포로 석방

※비고: 표는 구술자들의 증언을 토대로 연구자가 작성하였다.

구술자 8명 중 성기남, 양제호, 양택조, 이성운, 임운길 등 5명은 1953년 6월 18일 반공포로 석방으로 남한에 정착하였다. 반공포로 석방으로 송환거부를 염원하던 그들의 목적을 이룰 수 있었다. 그러나 길두만, 오용삼, 이창번 등 3명은 탈출하지 못하였다. 그 이유를 살펴보면, 길두만은 병원 수용소에 있어서 반공포로 석방을 알지 못했다. 오용삼은 소속된 논산 3수용소 7대대가 가장 마지막에 탈출하기로 사전에 협의를 했었는데, 8대대가 탈출한 이후 바로 미군이 반공포로 석방을 알아차리고 곧바로 사격이 시작되어 탈출에 성공하지 못했다. 이창번은 미군 식당에 당번으로 나가서 활동하고 있어서 반공포로 석방을 알지 못했다. 이렇게 반공포로 석방에 참여하지 못한 3명은 판문점 중립국송환위원회로 1993년 9월 20일 인계되었다. 당시 중립국송환위원회의 포로 관리는 인도군이 맡고 있었다.

중립국송환위원회에서의 천도교 활동에 대해 길두만은 다음과 같이 증언하고 있다.

(A) 한문언 선생 지휘하에 그 이제 낮에는 데모를 해요. 그 막 현수막 걸어 놓고 막 계속 공산당아 물러가라 뭐 그 이렇게 데모를 하는 거지. 사회에서 학생들이 데모보다 더 심하지. 그렇게 하고 천막 꼭대기 올라가서 태극기 휘두르면서 하고. 밤에 저녁밥 먹고 한 7~9시까지 이제 수련을 해요. …… 수련 지도를 한문언 선생도 하고 그거 뭐 여러 사람이 다한 거예요. 그 평북에 있는 송씨 선생님이라던가? 그 교역자들이 많았어요. 여러 사람이 돌아가면서 해요.[85]

(B) 인일기념일을 기해가지고 한문언 선생님이 그 1984년 동학혁명 그걸 주제로 해가지고 '봉화'라는 영화를 3막 4장을 …… 연극을 연출을 했어요. 아주 그걸 3일 동안 그걸 공연을 했거든요, 그거는 46대대만 한 게 아니고 기독교인 대대가 별도로 있고, 옆 대대를 불러가지고 관람시켜서 찬사를 많이 받았죠.[86]

길두만은 제46대대에 소속되어 있었는데 (A)에서 보듯이 46대대는 한문언을 중심으로 천도교 활동이 이루어졌다. 길두만은 거제리 병원수용소에 치료차 입원해 있어서 반공포로 석방에 관한 지령을 받지 못했다. 길두만은 중립국송환위원회에서 매일 송환 거부를 주장하는 반공 시위에 참여하였다. 천도교 간부인 한문언이 중심이 되어 격렬하게 시위를 하였다. 천도교 포로들의 반공 시위는 민주화운동을 하던 대학생들의 시위보다 격렬하다고 하였다고 길두만은 증언하였다. 이런 반공 활동은 판문점에서 석방될 때까지 지속적으로 이루어졌다. 특히 천도교 포로들은 낮에는 주로 석방 요구 데모를 하고 밤 7~9시까지는 수련 활동을 하였다. 당시 수련 지도는 한문언 등의 교역자가 순번을 정해 돌아가면서 하였다.

(B)는 1953년 12월 24일 인일기념일 행사에 관한 증언이다. 천도교 제3세 교주 의암 손병희의 승통기념일인 인일기념일을 맞아, 천도교 포로들은 몇

• • • • •

85) 길두만 구술, 앞의 글, 38쪽,

86) 위의 글, 38~39쪽.

달을 준비해 동학혁명을 소재로 한 연극 '봉화'를 공연하였다. 당시 천도교 포로뿐 아니라 인도군, 기독교 등 다른 종교의 인사를 초청하여 성대히 공연해 찬사를 받았는데, 길두만은 여기에도 참여하였다. 이 연극에 출연했던 포로들은 1954년 1월 반공포로 석방 이후 전국을 돌아다니며 공연을 하였다.

위의 증언처럼 천도교 포로는 중립지대에 도착하자마자 각 대대별로 종리원을 구성하고 궁을기를 게양하고 정식으로 시일식을 거행하였다. 36대대에는 구성 출신 최주항이 종리원장에 선출되었다. 당시 포로들은 작업에 동원되지 않아 운동이나 소일거리로 시간을 보냈는데, 지도자급 간부들은 천도교 포로를 모아놓고 천도교의 교리, 천도교청우당 활동사, 구전 민담 등을 가르쳤다. 이창번은 북한에서는 몰랐던 천도교에 관한 지식을 이곳에서 많이 배웠다고 하였다. 또한 인도군과 교섭하여 시일에는 종리원장들이 서로 다른 수용소를 방문해 설교를 나가 교인들은 많은 천도교 간부들을 접할 수 있었다. 이런 활동으로 중립국송환위원회 시기에 포로들이 천도교에 입교하기도 하였다.

35대대에 소속되었던 이창번은 12월 24일에 있을 인일기념식을 1달 전부터 준비했는데, 포로들은 만국기를 그리고 식장을 단장하고 상품을 준비하면서 대부분의 시간을 교당에서 보냈다. 인일기념식에는 200명의 천도교 포로를 비롯한 인도군 장교, 타 종교 포로, 일반 포로 등이 참석해 성대하게 치러졌다. 기념식이 끝나고 중대 대항 웅변대회도 열렸고, 천덕송 경연대회도 하였는데, 이창번은 중대 대표로 웅변대회에 참가하여 2등상을 받았다.[87]

중립국송환위원회 시기 송환거부포로들은 앞서 언급했듯이 G수용소의 34대대에서 55대대까지 16개 대대에 배치되어 수용되어 있었다. 당시 16개 대대 전부 천도교종리원이 설치되어 종리원장을 중심으로 천도교 활동이 이루어졌다.

• • • • •

87) 이창번 구술, 앞의 글, 49쪽.

천도교 포로들은 송환을 위해 포로들을 설득하는 북한 측과의 면담 시 격렬하게 대응하면서 송환거부 의사를 확실히 하였다.

> 마지막에 이제 설득장소에 나갈 때 그때 우리 한국 사람들은 2개 수용손가가 설득했는데 우린 안 당했어요. 나머지 두 개 수용소에서 설득 나가서 이제 그땐 뭐 주먹으로 패고 막 그랬어요.…… 그 있는 설득한 놈들 그니까 이쪽에서도 훈련 되개지고 계속 시간 끌어라 그래게지고 떠들고 서로 막 떠들고 하는데 그 다음에 두 번째 나간 데는 인도군이 여기 양쪽을 하나씩 붙들고 뒤에 허리띠꺼정 잡고 세 명이 붙어가지고 움직이지를 못하게 하는 거에요. 침을 막 뱉고 그랬어요. 막 씨발, 개, 막 풀어서 내던지고 설득을 하고 뭐 난장판이 됐어요.[88]

반공포로들은 조직적으로 설득 면담에 대비해 몇 가지 작전을 짰다. 첫째는 시간을 지연하는 것이었다. 중립국송환위원회가 포로들을 관리하는 기관은 120일에 한정되어 있었다. 따라서 처음 면담을 시작하는 포로들이 고의적으로 시간을 끌면 뒤의 포로들은 면담 자체를 하지 못하게 된다는 것을 알고 시간 지연 작전을 폈다. 다음으로는 설득 면담에 참여하는 인민군을 폭행하는 등 면담장 분위기를 험악하게 만드는 것이었다. 위의 이창번의 증언처럼 포로들은 면담장에 들어가기 전에 주머니에 돌을 넣고 면담장에 들어가 인민군에게 돌을 던져 인민군을 맞춰 상처를 내었다. 그러면 면담이 중단되었기 때문에 포로들은 이런 방법을 썼다. 그러자 나중에는 포로의 주머니를 검사하고 인도군이 포로의 겨드랑이를 잡고 면담 장소로 들어갔다. 포로들은 면담하는 인민군에게 욕을 하고 소리를 지르며 면담 자체를 하지 못하게 하였다. 이런 방법으로 반공포로들은 지연작전을 펴 결국 120일 동안 인민군은 전체 포로들을 면담하지 못하였다.

88) 위의 글, 51쪽.

〈그림 5-9〉 판문점 석방 반공포로 열차에 걸린 궁을기

※비고: 사진은 필자가 거제도포로수용소 유적공원에서 촬영하였다(2011년 11월 13일). 사진 왼쪽의 첫 번째 깃발이 궁을기이다.

천도교 포로들은 판문점에서 석방을 준비하며 궁을기를 만들었다. 〈그림 5-9〉는 거제도포로수용소 유적공원의 사진이다. 이 사진 왼쪽에 천도교의 교기인 궁을기가 태극기와 함께 열차에 게양되어 있다. 이 판문점 석방 반공포로 열차에 걸린 궁을기 가운데 하나는 오용삼이 제작하였다.

> 그럼요, 나올 적에 그래서 이제 궁을기, 궁을기를 우리가 내가 들고서 나왔어요.[89]

판문점에서 오용삼은 궁을기를 만들 수 있는 크기의 흰 천이 없어 배급받은 흰 수건 네 장을 실로 꿰매고 염색을 해서 궁을기를 만들었다. 그는 궁을기를 들고 천덕송을 부르면서 1954년 1월 23일 판문점 자유의 다리를 건넜다. 그는 서울에서 열차를 타고 논산으로 가면서 궁을기를 열차에 게

89) 오용삼 구술, 앞의 글, 40쪽.

양하였는데, 그 모습이 사진에 찍혔다고 증언하였다. 길두만도 태극기와 궁을기를 앞세워 판문점을 나섰다.[90]

이처럼 중립국송환위원회 시기에는 천도교 활동이 가장 활발히 전개되었다. 천도교 포로들은 인도군에 요청하여 천도교인만으로 대대나 중대를 구성하여 종교의식과 수련 활동도 하였다. 이곳에서는 매일 일과가 끝나면 특별수련을 1시간 30분하였고 저녁 9시에 기도식을 실시했다. 1953년 12월 24일 인일기념일에는 동학농민혁명을 주제로 연극 공연도 하거나 웅변대회, 천덕송 경연대회 등 다채로운 행사가 열렸다. 이 기념식에는 중립국송환위원단의 간부도 초청하고 기독교 등 다른 종교인들도 초대해 성대하게 행사를 치렀다. 천도교 포로의 반공 활동은 전향 이후 점차 강화되었다. 이들은 북한 천도교의 친사회주의 협력파에 반대하여 포로 수용 후 전향한 자들이었다. 하지만 수용소 내에서의 반공 활동은 남한 체제 옹호로 귀결되었다.

6. 석방과 남한 정착

천도교 포로들은 석방 이후 남한 생활에 적응할 수밖에 없었다. 3,800여 명에 달하던 천도교 포로들의 남한 정착에 관해서는 지금까지 밝혀진 바가 없다. 다만 반공포로들이 석방되어 남한에 정착한 초기 자료가 한두 개 남아 있다. 〈표 5-8〉은 1953년 6월 18일 석방된 반공포로의 석방 이후 각 지역별 분포 현황이다.

• • • • •

90) "아침부터 석방을 했는데 우리는 저녁에 그 땅거미가 질 때 컴컴할 때 우리 차례가 와서 맨 나중이었어요. 천도교대대니까 태극기하고 궁을기를 이제 그 앞에 선두자에 이제 그 어깨에 메고 뒤에 사람들은 태극기하고 궁을기를 수기를 들고 노래를 부르고 막 천덕송을 부르고", 길두만 구술, 앞의 글, 41쪽.

〈표 5-8〉 6·18석방 포로의 남한 분포 현황[91](1953년 8월 1일 현재)

도별	총원	기입대자	현재원	비고
서울	52		52	
경기	490		490	
충북	7		7	
충남	7,970		7,970	성기남, 양제호
전북	84		84	
전남	10,342	1,042	9,300	
경북	2,931		2,931	
경남	5,472	342	5,130	이성운, 임운길, 양택조
강원	19		19	
제주	4		4	
계	27,367	1,384	25,983	

※비고: 『후방전사』(인사편), 육군본부, 1956, 137쪽의 자료 중 잘못된 부분은 수정하였다.

먼저, 석방된 반공포로는 1차적으로 포로수용소 주변에 정착한 것으로 나타난다. 여기서 충청남도 정착 포로 7,970명은 논산포로수용소 석방 포로 8,024명의 99.32%에 해당하고, 기입대자를 제외한 전라남도 정착 포로 9,300명은 광주포로수용소 석방 포로 10,432명의 89.15%에 해당하는 수치로, 석방 당시 남한에 연고가 없는 포로들은 대부분 자신이 수용되었던 포로수용소 근처에 정착하였음을 알 수 있다.

또한 경기도는 부평포로수용소, 경상북도는 영천포로수용소, 경상남도는 부산 가야포로수용소 등 수용소가 있었던 지역에서도 반공포로가 1차적으로 수용소 인근에 정착한 것으로 나타난다. 그리고 광주와 부산의 수용소에서 석방되자마자 국군으로 입대한 인원이 1,384명이었다. 구술자 가운데 성기남과 임운길, 이창번 등은 석방 이후 국군에 입대하였는데, 이창번과 임운길은 수치에 포함되었고 성기남은 포함되지 않은 경우이다. 위의 표를 통해 석방 이후 북한 출신 반공포로의 남한 정착에 관한 석방 초기의 내용은 확인할 수 있지만, 이후 반공포로들이 어떻게 남한에 정착하였는지에 대해서는 자료를 확인할 수 없었다.

91) 『후방전사』(인사편), 육군본부, 1956, 137쪽.

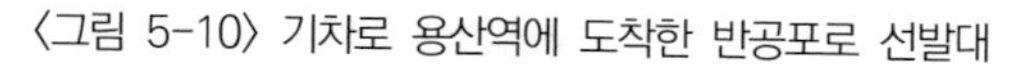
〈그림 5-10〉 기차로 용산역에 도착한 반공포로 선발대

※출처: 천도교중앙총부 자료실. 오른쪽이 궁을기.

〈표 5-9〉는 1954년 1월 판문점에서 석방된 포로들의 남한 정착과 관련한 상황이다.

〈표 5-9〉 판문점 석방 포로 처리 상황 통계[92)]

처리	인원	비고
육군입대	3,040	
공군입대	1	
해군입대	2	
보병학교 입교	188	이창번
군입대예정자	16	
입원	1	
무연고귀가자	1,549	오용삼
유연고귀가자	1,181	
기타	1,613	길두만
총 인원	5,978	

※비고: 『후방전사』(인사편), 육군본부, 1956, 137쪽의 자료 중 잘못된 부분은 수정하였다.

먼저, 석방된 이후에 입대예정자를 포함해 국군에 입대한 포로가 3,247명으로 전체 석방 인원의 42.8%에 해당하였다. 석방 포로들은 반공 활동의 연장으로 군에 입대하였다. 남한에 연고가 있는 곳으로 귀가한 포로가 1,181명이었다. 아무 연고 없이 석방된 포로가 1,549명에 이르렀다. 군대에 입대한 포로들도 남한에 연고가 없는 경우로 추정되어 전체 포로의 85%가 남한에 연고가 없는 포로였음을 알 수 있다. 석방 이후 행적을 파악할 수 없는 인원도 1,613명으로 적지 않았음을 알 수 있다. 위의 두 자료를 통해 북한 출신 포로들의 남한 정착 과정이 쉽지 않았음을 알 수 있다.

천도교 반공포로를 포함한 월남 천도교인들은 부산을 중심으로 활동을 시작했다. 당시 남한 천도교는 천도교 포로와 6·25전쟁을 전후한 월남 교인들이 수십만에 달했지만 제대로 수용하기 어려웠다. 이런 가운데 월남 교인들과 천도교 포로들은 연고자가 있는 경우는 연고자를 찾아 갔고, 그렇지 못한 교인들은 서로를 의지하며 남한 생활에 적응하였다. 이들은 먼저 부산을 중심으로 규합하였다.

부산에서 월남 천도교인들이 모이기 시작한 것은 1951년 1월의 1·4후퇴 이후부터 시작하였다. 피난중인 월남 천도교인들은 부산의 초량에 있었던 부산종리원에 모이기 시작했고, 이곳을 중심으로 서로 정보를 주고받으며 북한에서의 신앙을 다시 잇기 시작하였다.[93] 월남 천도교인들은 당시 부두에서 노동을 했는데, 생활은 부산시립 노무자합숙소에서 해결했다. 여기에 석방된 반공포로들이 가세하였다. 반공포로로 석방되어 부산시종리원에서 활동하던 이찬영을 중심으로 교인 수습에 나서 안관성, 한광석, 이도삼, 김경률, 배병호 등 월남교인들을 찾았다. 이들은 부산진역 앞 합숙소에 좌천동전교실을 마련해 부산종리원의 도움을 받으며 천도교 활동을 시작했다.[94] 당시 좌천동전교실에서 '홀아비교인'이라는 말로 서로를 위로하며 50

92) 위의 책, 137쪽.

93) 교구연혁사편찬위원회, 『교구연혁사』, 천도교부산시교구, 1989, 118쪽.

여 호의 월남교인들이 모여 실향민 교당을 건립하고자 성금을 모았다.

〈그림 5-11〉 천도교청년회의 반공포로 성원대회(1953년 11월 15일)

※출처: 천도교중앙총부 자료실.

이후 부산에 재부교인수습위원회가 발족되어 위원장에 이재전, 부위원장에 이찬영, 홍신희, 총무 한광석, 위원 안관성, 김성학, 최동조 등이 구성되어 교인 100여 호를 수습하였다.[95] 위원회는 열성적으로 활동해 이듬해인 1954년에는 200호로 북한 출신 천도교인이 수습되었다. 교인이 늘어나자 좌천동전교실은 부산진전교실로 이름을 바꾸고 신앙생활을 하였으나 여전히 부산종리원에 더부살이하는 상황이었고 교회 행정 업무는 합숙소에서 이루어졌다. 그러나 부산종리원과 실향민의 부신진전교실 사이에 갈

94) 남부교구연혁편찬위원회, 『교구약사』, 천도교부산시남부교구, 1974, 17쪽.
95) 위의 책, 19쪽.

등이 발생해, 1954년 11월경 월남 천도교인들은 별도의 교당을 설립하기 위해 부산종리원에서 독립하였다. 독립한 일부 교인들은 서울과 대전 등지로 흩어지고 부산에 남은 교인들은 수십 호에 지나지 않았다.

독립한 부산의 월남 교인들은 교당을 마련하지 못한 상태였다. 이들 월남 교인들은 보수동에서 학원을 운영하는 김성학의 건물을 일요일에만 임대해 사용하였다. 그리고 포덕 활동을 전개하면서 한편으로 교당 건립을 위한 기금 모금을 통해, 1957년 7월 14일 부산시 영주동에 일본식 2층 목재 건물을 구입하여 안관성을 교구장으로 선임하고 부산남부교구를 출범시켰다.[96] 이렇게 흩어진 월남 천도교인들과 천도교 포로들은 부산에서 남부교구를 창설해 신앙생활을 이어갔다. 서울로 올라온 월남 천도교인들은 영등포교구, 성북교구, 관의교구 등을 만들어 천도교 신앙을 이어갔으며 지방의 천도교인들은 대전교구, 대구시교구 등 자신이 정착한 지방의 교구를 찾아 신앙생활을 이어갔다.

구술자들의 석방 이후 남한 정착 상황을 정리하면 〈표 5-10〉과 같다.

〈표 5-10〉 구술자의 남한 정착

성명	석방 상황	석방 후 정착지	직업
길두만	판문점 석방	마산요양소→광주요양소→광주	결핵 치료, 비고
성기남	6.18 석방	군입대→경북 문경→강원도 삼척	광부, 상업
양제호	6.18 석방	충청남도 예산→대전→서울	월남한 부친과 만남, 농업, 상업
양택조	6.18 석방	진주→강원도 횡성	농업
오용삼	판문점 석방	수원	자영업(목수)
이성운	6.18 석방	대전→서울	월남한 부친과 만남, 상업
이창번	판문점 석방	군입대→소령으로 전역→서울	직업군인(장교)
임운길	6.18 석방	군입대→서울	상업

먼저, 남한에 연고가 있는 사람은 양택조 1명뿐이었고, 나머지 7명은 연

96) 원곡안관성선생회고록편찬위원회, 『원곡 그 천도의 삶』, 보성사·대산출판사, 2003, 168~173쪽.

고가 없었다. 양택조는 마산에서 석방되어 진주에서 3, 4개월 지내다 먼 친척이 있던 강원도 횡성으로 이주해 정착하였다. 그는 그곳에서 남의 논밭을 빌려 소작을 하면서 남한에 정착하기 시작하였다. 북한에서도 농사를 지었기 때문에 익숙했고, 촌수가 멀지만 친척이 있었기 때문에 그들을 의지하며 횡성에서 생활했다. 그러다 주변의 천도교인을 모아 천도교 둔내전교실을 만들어 천도교 생활을 이어갔다.

둘째, 연고가 없던 구술자들 가운데 양제호와 이성운은 월남해 있던 부친과 만나 남한 생활을 시작하였다. 양제호는 부친이 있던 충청남도 예산으로 가서 부친과 상봉한 후 대전에 정착하였다. 대전으로 정착한 이유는 양제호의 부친이 대전의 천도교당을 찾아 교인들과 같이 활동하고 있었기 때문이었다. 이성운도 부친과 만나 고향 친구들이 있던 대전에 정착하였다. 그는 부친과 함께 상업에 종사하던 중 입대를 위해 신체검사를 받았지만 병종으로 군 면제가 되어, 부친과 함께 양어장 등을 경영했지만 실패하였다. 이후 그는 서울로 올라와서 다시 양어 사업을 했지만 또 실패하였다. 어려운 상황에서 고향 친구의 도움으로 상업에 종사해 어느 정도 기반을 잡고 1961년부터 서울의 동대문교구를 찾아 다시 천도교 신앙생활을 시작하였다.

셋째, 남한에 연고가 없었던 이창번, 임운길, 성기남은 석방과 동시에 국군에 입대하였다. 이창번은 판문점에서 석방되자마자 군산보충대에서 국군에 입대하였다. 논산훈련소에 입소해 빨갱이라는 소리를 들었지만, 출중한 군사훈련 성적을 내었다. 그러자 교관들이 장교 시험에 응시하라고 해서 갑종간부후보생 시험에 합격해 국군 장교로 20년간 근무하였다. 임운길은 가야수용소에서 석방되자마자 국군에 입대하였다. 입대 이전에 잠시 부산의 부두에서 노동자 생활을 하기도 하였지만, 임금을 제대로 받지 못하자 입대를 결심하였다. 제대 후 그는 서울의 동대문시장에서 장사를 시작했다. 성기남은 논산에서 석방된 후 군산의 황해도 월남민수용소를 찾아

아는 사람을 찾아보았지만 실패하자 8240부대에 입대하여 4년간 군생활을 마치고, 같이 군대 생활을 했던 동기의 도움으로 남한 생활을 시작하였다.

넷째, 그 밖의 구술자의 경우 친구나 고향 사람이 있던 곳으로 정착했다. 오용삼은 판문점에서 논산으로 내려와 석방된 후 친구가 있던 수원으로 가서 정착하였다. 친구의 도움으로 생계를 유지하던 그는 목공 일을 배워 목수가 되었다. 북한에서 농사를 짓던 그는 남한에서 땅이 없어 농사를 짓지 못했고, 부득이하게 목수로 생활하면서 천도교 수원교구를 찾아 천도교 생활을 이어나갔다.

다섯째, 길두만은 포로수용소에서 결핵에 감염되어 거제리 병원수용소에 있었다. 그는 그곳에서 결핵에 감염된 동생을 먼저 보내고 힘겹게 투병생활을 하였다. 판문점에서 석방된 이후에도 마산과 광주의 요양소에서 치료를 받았으나 완치되지 않은 상태로 퇴원하였다. 광주에서 동덕상회라는 이름으로 장사를 하면서 결핵도 완치되었고, 천도교 광주교구를 찾아 신앙도 다시 이어나갔다.

〈표 5-11〉은 구술자들이 남한에서 맡았던 천도교 직책을 정리한 것이다.

〈표 5-11〉 구술자의 남한 정착 후 천도교 활동

성명	직책
길두만	광주교구 경리부장, 교화부장, 압해도교구장, 광주교구장, 부안포연원회 도훈
성기남	도계전교실장, 도계교구장, 강릉교구장, 관의교구장, 복호동수도원장, 선도사
양제호	마포교구장, 통일포연원회 도훈, 도정, 중앙총부 종무위원, 중앙감사
양택조	신훈, 둔내전교실장
오용삼	수원교구 교화부장, 수원교구장, 선도사
이성운	동대문교구교구장, 종의원 의장, 중앙총부 종무원장(서리), 선도사
이창번	천도교유지재단 사무국장, 중앙총부 종무원장, 감사원장, 상주선도사
임운길	영등포교구장, 중앙총부 교화관장, 종무원장, 상주선도사, 연원회 의장, 천도교 교령

※비고: 표는 구술을 바탕으로 정리하였다.

먼저, 길두만은 광주교구를 찾아 천도교 신앙을 이어나갔다. 그는 광주교구의 실무자부터 시작해서 교구장까지 교회의 직책을 고루 맡았다. 교구 상근자로써 광주는 물론 전남 지역의 천도교 활동을 주도하였다. 그리고 연원회의 도훈으로 100호를 지도할 수 있는 지역의 중견 간부로 활동하였다.

둘째, 성기남은 강원도에서 정착한 후 서울의 천도교중앙총부를 찾아 신앙을 다시 이어나갔다. 강원도 지역의 전교실장과 교구장을 맡았고, 서울로 이주해 다시 교구장을 맡는 등 교구 활동에 전념하였다. 이후 그는 경상북도 김천의 복호동수도원장으로 천도교인의 수련 지도에 전념하였다.

셋째, 양제호는 서울로 올라와 북한 출신 천도교인들이 모인 마포교구의 실무자에서 교구장까지 직책을 맡았다. 그리고 통일포의 도정으로 200호를 관리하는 단위 연원의 수장으로 활동하였다. 또한 천도교중앙총부의 종무위원과 중앙감사를 맡는 등 천도교단의 핵심적 역할을 하였다.

넷째, 양택조는 강원도 둔내에서 천도교인들을 규합해 신앙생활을 이어나갔다. 연원회의 말단 간부인 신훈과 지역의 단위 활동 지도자인 전교실장을 맡아 활동하였다. 강원도 지역은 천도교인들이 많지 않아 그는 홍천과 원주 등지의 천도교당을 찾아 교인들과 교류하면서 신앙생활을 이어나갔다.

다섯째, 오용삼은 수원에 정착해 수원교구를 찾아 신앙을 이어갔다. 그는 수원교구의 실무자에서 교구장까지의 직책을 두루 맡았다. 그는 수원교구장으로 12년간 재임할 정도로 지역 교인들의 신망이 두터웠다.

여섯째, 이성운은 서울로 이주한 뒤 북한 출신 교인들이 많은 동대문교구를 창설하는 데 주도적인 역할을 하였다. 동대문교구에서 실무자에서 교구장까지의 직책을 맡았다. 그리고 천도교의 의회단체인 종의원의 의장을 맡아 교단의 중추적 역할을 하였다. 또한 천도교중앙총부의 종무원장 서리를 맡아 활동하기까지 하였다.

일곱째, 이창번은 군 재직 중에는 신앙을 유지하다 소령으로 전역한 후 천도교유지재단에 들어와서 사무국장을 역임하였다. 이후 천도교중앙총부의 종무원장과 감사원장, 상주선도사와 의창수도원장 등 교단의 주요 교직을 두루 맡았다.

여덟째, 임운길은 영등포교구을 찾아 천도교 신앙을 다시 시작하였다. 영등포교구의 실무부터 최고 책임자인 교구장까지 교직을 두루 맡았다. 이후 천도교 중앙총부의 교화관장, 종무원장, 상주선도사, 화악산수도원장, 연원회 의장 등 교단의 중책을 거의 맡았다. 그리고 천도교의 수장인 교령까지 역임하였다. 이처럼 8명의 구술자들은 남한에서 주변의 교당을 찾아 신앙생활을 이어갔고 능력을 인정받아 교역자로서 활동하였다.

전체적으로 구술자들의 남한으로의 전향 이후의 삶은 힘들었다. 아무 연고가 없는 곳에서 이들은 머슴, 광부 등 가장 힘든 생활을 하였다. 하지만 이들은 이를 견디면서 다시 천도교를 찾아 신앙생활을 영위했다. 많은 천도교 포로들이 중도에 신앙을 포기한 경우가 있었지만, 이들은 천도교 활동을 통해 남한에서의 힘든 삶을 이겨나갔다. 그리고 이들은 천도교단의 주요 교역자로서의 천도교단의 발전에 기여하였다.

구술자들은 남한에서 정착하면서 천도교 신앙을 회복하기 위해 노력하였다. 그들에게 천도교는 막막한 남한 생활의 유일한 안식처였다. 그들은 지역 천도교의 책임자를 맡아 활동하였고, 일부는 중앙으로 진출하여 교단의 최고위직에까지 올랐다. 하지만 석방 이후 이들의 남한 체제 옹호는 여전하였다. 이들을 포함해 월남한 북한 천도교인들은 남한 천도교단의 중심 세력이 되었고, 이들의 남한 체제 옹호는 천도교단 운영에도 그대로 투영되었다. 천도교단은 반공 활동에 앞장섰고, 이를 정치적으로 이용하려는 역대 정권에 의해 수단화되어 천도교가 지향하던 본연의 종교 활동을 굴절시켰다. 그 결과 사회적 활동의 제약과 교단 침체의 한 원인이 되었다.

제6장

결 론

제6장
결 론

해방 후 북한의 천도교는 오늘날 남한의 기독교와 비슷한 사회적 활동을 하였다. 종교적 활동뿐만 아니라 사회 활동을 통해 북한 주민들의 여망을 실현하고자 하였다. 이는 일제강점기 천도교가 청년운동, 소년운동, 여성운동, 농민운동 등 사회적 활동을 통해 민족 세력으로서의 영향력을 행사했기 때문이었다. 북한의 천도교단은 사회적 열망을 바탕으로 자주국가 건설의 일익을 담당하려 노력하였다. 특히 교인의 70%를 차지하는 북한에서 이러한 활동이 두드러졌다.

해방 당시 약 150여 만 명이었던 북한의 천도교인은 1950년까지 280여 만 명에 이르는 등 무시할 수 없는 교세를 이루고 있었고, 이를 기반으로 1946년 말에 천도교북조선연원회가, 1947년 2월에는 천도교북조선종무원과 북조선청우당이 결성되었다. 당시 천도교는 민족해방과 계급해방 관점에서 좌익 노선과 협조적이었다는 점에서 초기 북한에서의 개혁에도 우호적이었다. 특히 북조선천도교청우당은 북조선노동당, 조선민주당과 함께 북한 정계를 구성하는 중요한 정치 세력이 되었다.

소련군과 북한 집권층은 이러한 북한 천도교의 영향력을 인정하여 자신들의 우당으로 삼았다. 북한 천도교는 민주개혁에 동참하였고 이를 기회로 세력 확장에 나섰다. 그러나 민주개혁은 김일성으로의 권력 집중과 노동당

일당 독재로 귀결되었다. 또한 민주개혁을 위장한 정책으로 천도교 세력의 사회 · 경제적 활동을 제약하였다. 특히 화폐개혁과 정권 내 천도교인의 인사 배제 그리고 각종 천도교 활동 제약 등은 천도교 세력이 사회주의에 반감을 갖게 되는 출발점이 되었다.

천도교 세력의 확장에 대해 김일성은 천도교단 내 반동분자가 있다고 견제하였고 사회주의 정권이 수립된 이후 천도교에 대한 압박의 강도가 심해졌다. 한편 북조선청우당 중앙당의 간부들은 사회주의 정권의 직책을 맡으면서 친사회주의 길을 걸었다. 북조선청우당의 친사회주의 노선의 채택은 천도교적 정치이념의 왜곡을 초래했고 북한의 천도교 세력은 이로 인해 자주파와 협력파로 분화되었다. 자주파는 천도교의 정치이념에 기초한 조선식 신민주주의를 지향하였으나 협력파는 사회주의와의 협력 속에서 천도교의 유지와 발전을 추구하였다.

자주파는 남한의 천도교 세력과 협력하여 남북분단 제지를 위해 1948년 3 · 1절을 기해 3 · 1재현운동을 개최하자고 하였으나 협력파는 이를 북한 상황을 무시한 처사라고 반대하여 무산되었다. 하지만 자주파 일부 세력은 평안남북도를 중심으로 연원 세력을 규합해 운동을 추진하다 적발되어 북한 정권으로부터 처단되었다. 이 사건을 계기로 북한의 자주파 세력은 제거되었고 북조선청우당 등 북한 천도교단은 협력파가 장악하여 친사회주의화 노선을 공식화하였다.

자주파는 중앙에서는 소수에 지나지 않았지만 핵심적 인물이었던 김기전과 이돈화는 지역 시 · 군당의 절대적 지지를 받고 있었다. 특히 김기전의 위상은 상당하였다. 북한 천도교인들은 3 · 1재현운동 직후 실종된 김기전은 북한 정권과 협력파에 의해 제거되었다고 믿고 있었고, 이는 중앙당에 대한 비판과 체제 저항으로 나타나게 되었다. 영우회 사건은 이런 과정에서 자주파 계열의 체제 저항적 움직임이었다. 영우회는 1950년 초까지 30만에 하는 천도교 독신자 비밀회원으로 구성되었으나 6 · 25전쟁 직전에 발각되어 전쟁의 와중에 대부분 처형되었다.

구술자들은 북한의 지역 시 · 군당에서 활동했던 인물들로 자주파의 영향 아래 있었다. 이들은 북조선청우당 강습회에서 이돈화의 『인내천요의』를 중심으로 학습하였고 북한 지역의 당과 종리원의 사무실에는 북한의 북조선청우당 사무실이나 종리원에 걸린 '소아(小我)를 버리고 대아(大我)를 위하자'[1] 는 김기전의 교훈을 보면서 천도교 활동을 하던 인물들이었다. 이렇듯 자주파의 구심점이었던 이돈화와 김기전의 실종은 지역 천도교 세력의 체제 저항적 분위기를 가져왔다. 자주파의 핵심자들의 실종과 함께 지역에서 이루어지는 공산당의 전횡은 천도교인들의 사회적 위축과 종교활동의 제약으로 나타났다.

이런 상황에서 6 · 25전쟁이 발발하였고 천도교인들은 인민군으로 입대하였다. 이들에게 있어서 북한 체제에 대한 반감과 천도교 위상의 하락은 인민군에서도 그대로 드러났으며 천도교계 인민군은 주요 보직에서 제외된 문화부서 등에 배치되어 민사업무에 종사하는 수준이었다. 구술자들은 인천상륙작전으로 전세가 역전된 후 포로로 수용되었다. 이들 중 4명은 적극적으로 귀순하였고 나머지 4명은 퇴각 중 포로로 수용되었다.

천도교 포로의 전향은 사상적인 측면에서 본다면 바로 6 · 25전쟁에 대한 비판적 의식이 출발점이었다. 천도교 자주파는 6 · 25전쟁을 사회주의 공화국 수립의 역사적 과제를 실현하는 데 오히려 역행한다고 파악하였고, 이에 자신들이 가진 정치적 이상과 현실의 차이를 실감한 천도교 인민군은 전쟁에 대한 염증은 물론이고, 포로가 된 후에도 지속적으로 남쪽으로 전향의 뜻을 가지게 되었다. 그러나 여전히 친공산주의 계열의 천도교 인민군들은 남한으로의 전향을 거부하며 반공 천도교인들과 충돌을 일으켰다. 이는 포로수용소 생활에서도 나타났다.

1) 소춘김기전선생문집편찬위원회, 앞의 책, 170쪽.

휴전협정의 시작되고 포로수용소가 이념대결의 장으로 돌변하자 공산주의를 놓고 종래의 협력파적 견지를 유지한 천도교 포로들과 통일정부 의식을 가진 자주파 천도교 포로들은 정치이념을 사이에 두고 상당한 갈등을 빚기 시작하였다. 96수용소, 85수용소 사례를 보았을 때 협력파적 성향의 천도교계 친공포로는 북한에서의 체제 비판의 경험을 문제 삼았고, 자주파적 성향의 천도교 반공포로들은 포로수용소에서 친공포로들의 눈을 피해 송환거부를 주장하며 반공활동을 시작하였다.

이 과정에서 85수용소에서는 '9·17폭동'이 발생하였다. 이는 양제호의 증언을 기초로 NARA의 '9·17폭동에 관한 사료'를 통해 사건의 전모를 밝힐 수 있게 되었다. 9·17폭동은 포로를 각지로 분리하고 전향파 포로를 별도로 관리하는 계기가 되었다.

사건의 전모를 보면, 당시 박찬호 등 천도교 포로들은 혈서로 송환 거부 진정서를 작성해 미국과 한국의 요인들에게 보냈는데 그 명단이 친공포로에게 들어갔다. 당시 거제도에는 해방동맹이라고 불리는 친공포로 조직들이 만들어져 있었는데 85수용소의 천도교 포로가 첫 표적이 되었다. 1951년 9월 17일 저녁 9시경부터 11시까지 친공포로 강만인 외 10여 명은 진정서 서명의 주동자인 박찬호를 비롯해 오이홍, 박림우, 김정용, 백인승, 조성진, 김도덕, 최신주, 김금연, 이예형, 박상용, 고수진, 한인덕, 박춘하, 강홍모 등 15명을 수용소 운동장에 불러 모았다. 그리고 이들을 인민재판의 형식을 빌려 반공 활동 혐의로 그 자리에서 막사의 기둥으로 머리를 구타하여 살해하였다. 이 사건은 천도교 포로의 전향에 결정적 역할을 하였다.

사건 이후 천도교 포로들은 결사대를 조직하여 친공포로에 대항해 자구책을 강구하였다. 이에 96수용소에서는 반대로 천도교 반공포로들이 친공수용소를 만들려고 공작하던 친공포로를 색출하기도 하였다. 반공포로들은 해방동맹에 대항하기 위해 반공청년단을 구성했는데 구술자 가운데 이성운은 대한반공청년단의 서기로 반공청년단 활동의 주도적 역할을 하였다. 그는 부산의 B대대에 본부를 둔 대한반공청년단의 실무를 맡아 미대통령과 한국 대통령 등 한미 정부 요직에 송환 거부와 국군 입대 등을 요청하는 지원서를 보냈다. 그리고 대한반공청년단장인 이관순을 탈출시키는 데 일조하였으며 수용소 밖에서 반공활동을 지원하는 자금을 전달하였다.

포로 심사 이후 전향을 택한 천도교 포로들은 수용소에서 마음껏 천도교 활동을 할 수 있었다. 이들의 천도교 활동은 북한에서 억눌린 종교 활동을 실현하는 것이었다. 이들은 수용소 내에 종리원을 구성해 천도교 조직을 갖추고 천도교대대를 만들어 천도교 포로만으로 구성된 공간을 확보하여 천도교적 이상을 실현하고자 하였다.

이들은 포로들의 기억을 바탕으로 경전을 만들고 일요일 시일식을 진행하고 수련 활동과 기념식 행사 등 천도교 활동을 활발하게 하였다. 이들은 또한 북한에서 실시하고자 했던 천도교 정치이념에 기반을 둔 평등과 공평을 수용소 내에서 만들어 운용하였다. 이런 활동은 수용소 내에서의 천도교세 확장으로 나타났다.

수용소 별로는 논산의 제3수용소에서는 7대대를 천도교대대로 만들어 활동하였고 광주의 제3수용소에서는 광삼종리원을 만들어 활동하였다. 부산의 가야수용소에서는 B대대에 종리원을 설치하였고 동래의 병원수용소에도 2개의 종리원이 만들어졌다. 특히 논산의 수용소에서는 포로들에게 지급되었던 담배와 담요, 옷 등을 수용소 밖에서 팔아 5백만 환을 만들어 대전교당 건립자금으로 보내 석방 이후의 남한 정착을 위한 기반을 다지기도 하였다. 부산 가야수용소의 포로들로 5백만 환을 부산교당으로 보냈다. 이렇게 포로들은 수용소 안에서 석방 이후 남한에서의 정착을 위한 준비 작업도 하고 있었다.

1953년 6월 18일 반공포로 석방에서 이성운은 주도적인 역할을 하면서 협력하였다. 그리고 구술자 8명 중 5명은 탈출하여 남한에 정착하였다. 이들 중 남한의 연고자가 있던 양택조는 강원도 횡성으로 갔고 성기남, 임운길은 국군에 입대하였다. 이성운과 양제호는 부친과 함께 대전에 정착하였다. 양제호의 대전 정착은 논산에서의 대전교당 성금과 관련이 있었다. 반공포로 석방에 실패한 길두만, 이창번, 오용삼은 판문점 중립국송환위원회로 이송되어 120일간의 체류를 거쳐 남한에 정착하였다.

판문점의 천도교 포로들은 16개 대대에 모두 종리원을 설치하고 1,667명의 교인수를 자랑하며 인도군의 지원을 받으며 천도교 활동을 하였다. 특히 1953년 12월 24일의 인일기념식은 성대히 거행하여 각 대대의 종리원별로 연극과 웅변대회 등 부대행사도 거행하였다. 그리고 이들은 1954년 1월 20일 궁을기를 들고 천덕송을 부르며 남한으로 넘어왔다.

전향 이후 수용소 내에서의 천도교 활동은 종교적 측면보다 정치적 측면이 강화되면서 반공활동의 강화로 나타났다. 이들은 북한에서의 체제 저항이 남한에 대한 체제 옹호로 나타나 천도교적 정치이념의 실현과는 다른 방향으로 수단화되었다. 결국 이들 역시 남한 체제를 굳건히 지키는 반공투사로 남았다는 측면은 전쟁 이후 천도교의 쇠퇴의 한 요인으로 작용하였을 가능성이 있었다.

전체적으로 볼 때, 남한으로 전향한 천도교 포로는 북한 정권이 보인 단독정부 책동과 천도교도의 자유로운 종교 활동이 사회주의 권력에 의해 무참히 억압된 상황과 일치한다. 한때 천도교는 북한정권의 수립에 기여했지만 '민주개혁'을 비롯한 북한정권의 단독정부 수립 책동 등은 천도교가 추구하던 '통일정부 수립', '인간다운 삶의 추구', '종교 생활의 자유'를 심각하게 제약하는 것이었다.

그들은 포로가 되기 전부터 이미 전향을 결심했던 사람들이 많았고, 6 · 25전쟁에 대한 염증은 더욱 그러한 의식을 강화하였다. 이들은 포로수용소에서 친공포로들과 다양한 갈등을 빚었고, 결국 9 · 17폭동이라는 비극을 겪은 후, 별도로 관리되는 상황에 놓였다. 이른바 분리와 전향의 시기에 돌입한 천도교 포로들은 비로소 자유로운 종교의 기회를 얻었고, 대전교회 모금운동, 대한반공청년단 활동, 종리원 개설운동 등 다양한 종교 활동을 전개하면서 차츰 그들의 오랜 갈증을 씻을 수 있었다.

마침내 석방 단계에 돌입하면서 이승만 정권의 반공포로 석방 정책이 추진되자 이들은 자유를 얻게 되었다. 그들이 선택한 남한의 삶은 또 다른 다양한 정치적 수단화의 길을 걸었지만, 그들의 선택이 개인적인 종교의 목적을 넘어서 단독정부 수립을 반대하는 민족통합운동적 성격을 가진 것이라는 역사적 가치를 확인하는 것만으로도 그들의 선택은 역사적으로 유의미한 것이었다.

부록

부록 1

구술 질문지*

1. 가정환경과 어린 시절의 경험
   - ○ 이름은 무엇입니까?
   - ○ 출생지와 출생연도에 대해 말씀해 주시겠습니까?
   - ○ 본관은 어디며 가문에 대해 말씀해 주시겠습니까?
   - ○ 부모님에 대하여 말씀해 주십시오.(이름, 학력, 직업, 성품 등)
   - ○ 형제자매에 대하여 말씀해 주십시오.(이름, 학력, 직업, 성품, 결혼 등)
   - ○ 집안 분위기와 가정형편의 어떠했습니까?
   - ○ 학교생활에 대한 기억을 말씀해 주십시오.
   - ○ 기억에 나는 친구들의 이름과 추억을 말씀해 주십시오.
   - ○ 고향에 대해 기억나는 것이 있습니까?(명승지, 자주 가본 곳)

2. 일제강점기에 대한 기억
   - ○ 일제강점기에 대해 기억나는 것이 있습니까?
   - ○ 학교에서는 어떤 과목을 배웠습니까?

* 성기남의 구술 질문지이다. 다른 구술자의 질문지도 큰 차이가 없다.

○ 태평양 전쟁 시기에 10세 정도 되었는데 그때의 기억이 있습니까?
○ 일제강점기 공출이나 근로 활동을 한 기억은 있습니까?

3. 해방과 천도교청우당 활동
○ 해방이 되었을 때 살고 있던 마을에서 어떤 변화가 일어났습니까?
○ 마을이나 군에서 지도자의 교체가 있었습니까?
○ 좌우대립과 같은 역사적 격동에 대한 기억이 있으신지요?
○ 천도교 입교는 언제 어떻게 하셨습니까?
○ 마을에서의 천도교 입교는 어느 정도 이루어졌습니까?
○ 천도교 강습회는 언제 어떻게 이루어졌습니까?
○ 천도교에서의 직책과 활동은 어떠하였습니까?
○ 천도교종리원 활동은 어떻게 하셨습니까?
○ 천도교청우당 활동에 대해들은 것은 있습니까?
○ 천도교와 공산당과의 갈등에 대해서는 기억이 있으신지요?

4. 전쟁과 인민군 입대
○ 해방 후 북한의 상황에 대한 기억을 말씀해 주십시오.
○ 6·25전쟁이 났다는 소식은 어떻게 알게 되었습니까?
○ 6·25전쟁에 언제 어떻게 참전하게 되었습니까?
○ 인민군에 입대는 언제 어떻게 이루어졌습니까?
○ 입대하였을 때의 심정은 어떠했습니까?
○ 임대할 때 가족들이 환송을 하였습니까?
○ 입대한 훈 훈련은 어떻게 받았습니까?
○ 참전 경로는 어떻게 되었는지 기억이 납니까?
○ 직접 전투를 경험한 적은 있습니까?

5. 포로 수용에 대한 기억

○ 참전 후 어디에서 어떻게 포로가 되었습니까?
○ 포로 수용 과정에서 가혹행위가 있었습니까?
○ 포로가 되고 난 뒤에 어떻게 대우받으셨습니까?
○ 어떤 과정을 거쳐서 포로수용소로 가게 되었습니까?
○ 포로수용소에서의 대우는 어떠했습니까?
○ 언제 거제도포로수용소로 이동했는지 기억이 납니까?
○ 거제도포로수용소의 몇 수용소에서 생활하였습니까?
○ 거제도포로수용소에서의 생활에 대해서 말씀해 주십시오.

6. 포로수용소 내에서의 천도교 활동

○ 거제도포로수용소에서 천도교인을 만난 적은 있습니까?
○ 천도교인들이 서로를 알아 볼 수 있는 어떤 표식이 있었습니까?
○ 천도교인들이 다른 포로들과의 차이점이 있었습니까?
○ 거제도포로수용소에서 언제부터 좌우익의 갈등이 발생하였는지 기억이 나십니까?
○ 거제도포로수용소에서 좌우익 간의 갈등은 언제부터 심해졌습니까?
○ 좌우익의 갈등 시 남쪽을 선택한 이유는 무엇입니까?
○ 같이 지내던 포로들은 어떤 선택을 하였습니까?
○ 알고 있는 천도교인들은 어떤 선택을 하였습니까?
○ 분리 이후의 포로수용소 생활에 대해 기억이 나십니까?
○ 논산포로수용소로 옮긴다는 것은 어떻게 알게 되었습니까?
○ 논산포로수용소에서의 천도교인의 활동에 대해서 말씀해 주십시오.
○ 논산포로소용소 천도교대대의 구성(종리원의 활동)은 어떠했습니까?

○ 천도교인들의 조직, 종교의식은 어떠했는지요?
○ 천도교인들의 경전은 어떻게 구하셨습니까?
○ 그 외의 천도교인이 볼 수 있었던 도서나 자료가 있었나요?
○ 천도교의 홍보나 포덕활동은 어떻게 이루어졌습니까?

7. 포로 석방에 관한 기억
○ 사전에 포로 석방에 대해 알고 있었습니까?
○ 당시 포로 석방은 어떻게 이루어졌습니까?
○ 석방 이후 어떻게 되었습니까?
○ 석방 이후 월남민수용소를 찾은 기억이 있습니까?
○ 남한에서의 생활은 어떻게 정착을 하게 되었습니까?
○ 남한에서의 천도교 활동은 어떻게 시작하였는지 말씀해 주십시오.

8. 남한에 정착한 구체적인 이유?
○ 포로 석방 이후 남한으로의 정착 과정을 말씀해 주십시오.
○ 남한 정착 이후 어려운 점은 어떤 것이 있었습니까?
○ 남한에서의 어떤 천도교 활동을 하셨습니까?
○ 북한 출신이라고 남한에서 차별을 받은 경험은 있습니까?
○ 남한 정착에 대한 결정을 지금 어떻게 평가할 수 있습니까?

부록2

9 · 17폭동사건 목격자 진술서*

1. 장영준 진술서(88~89/134)

1951년 9월 17일 20시 30분경, 85수용소에서 폭동이 발전되었다. 그때 나는 강당건물 옆에 서있었다. 대변인 박인호와 강만인은 그들은 그들의 적을 잡기 위해 11명을 선택했다고 대변했다. 처음으로 그들은 장작분대장을 잡았다. 살인자 최찬호는 장작분대장을 자신의 손으로 때려 죽였다. 최찬호는 이번 살해의 경우 15명을 죽였지만 나는 8명을 죽이는 것만 보았다. 최는 그들을 몽둥이로 때렸다. 몽둥이가 부러지자 그는 막사의 기둥과 돌을 사용했다. 그때가 21시에서 22시였다. 나는 이 사건에 내가 알지 못하는 5, 6명이 가담한 것을 보았다. 나는 최찬호와 같은 막사에서 생활해서 내가 그를 잘 아는 이유이다. 나는 박인호도 잘 아는데 그는 "C"중대장이다. 그는 우리 연극소대에 자주 왔다. 나는 살인자 강만인을 알았는데 왜냐하면 그는 식당의 배식장이고 우리의 연극소대에 자주 왔기 때문이다. 나는 목수분대장을 잘 알았는데 그는 우리 연극 소대를 도와주었기 때문이다. 이번 시도

* RG 153, Records of the Office of the Judge Advocate General (Army) 1792-2010, Far East Command, Criminal Investigation Report, "1951.9.17. 거제 포로수용소 포로 간 집단 곤봉 구타 살인 사건", 1 April 1952, Entry No. 308, Box 4의 진술서 부분을 정리하였다. 진술서는 영어로 기록된 내용을 번역하였다. 진술서 뒤의 숫자는 사료의 페이지이다.

는 20명의 무리가 있었고 최찬호, 박인호, 강만인 이외에는 모른다. 그들은 사람들을 잡아다 죽였는데 그 무리에는 20명이 포함되어 있었다.

살인자 강만인과 박인호는 포로들(죽인 포로를 포함해) 앞에서 그들이 북한에서 반공주의자였다고 대변했다. 그래서 그들은 수용소 감옥에서 공산당을 죽이기를 계획하고 청우당과 서북청년당을 조직했다. 그들은 5명을 죽일 때까지 위와 같이 언급했다. 그 뒤에는 시간이 없었기 때문에 말도 없이 죽였다. 약 1시간에 8명을 죽였다. 나는 그것을 다 보았다.

박인호와 강만인은 최찬호를 도와 조직적으로 죽였다. 그들은 시체를 한 곳에 쌓아 올렸다. 박인호와 강만인은 폭동의 구성원들에게 각각 사람을 죽이라고 명령했다. 나는 죽은 사람들의 이름은 알지 못한다.

2. 진량주 진술서(90/134)

1951년 9월 17일 22시경, 85수용소에서 나는 내 막사에 있었다. 누군가 밖에서 어떤 트러블이 있다고 말했다. 내가 밖에 나왔을 때 그들은 한사람을 잡았고 대변인이 이 사람이 반동이고 독과 같아서 죽여야 한다고 말했다. 그리고나서 그를 죽이려고 했다. 그때 몇 사람이 그 사람을 때리기 시작했다. 나는 그들 중 1명이 최찬호라는 것을 알았다. 나는 최찬호가 그 사람을 몽둥이로 때리는 것을 보았다. 최찬호 이외에 그 사람을 때리는 사람 중에서 내가 아는 사람은 없었다. 그것이 내가 목격한 것의 전부이다.

3. 장정관 진술서(91~92/134)

1951년 9월 17일 21시경, 85수용소에서 나는 때리는 곳으로 가서 군중 속에 숨었다. 왜냐하면 나도 폭동주모자에 의해 죽을지 몰라 두려웠다.

폭동 모임의 대표인 강만인은 1951년 9월 17일 2대대장인 강홍모가 대한민국 CIC와 공모하여 85수용소의 국에 독을 넣어서 모든 포로들을 죽이려 했다고 대변했다. 그 독이 배식반에 의해 발견되었고 그래서 강홍모는 죽게 되었다. 나는 강홍모를 때린 포로들은 모른다. 그러나 다시 한번 본다면 그들 중의 몇 명은 알 수 있을 것 같다. 한 명은 2대대의 경찰이다. 다른 한 명은 김일성대학교의 학생으로 어두운 피부를 가졌는데 그는 그때 2대대장이었다. 위에서 언급한 2명이 2미터가량의 몽둥이로 강(홍모)을 때려 죽였다.

그리고 나서 나의 절친인 3대대장인 오이홍을 때려죽이는 것을 목격했다. 강만인은 오이홍이 공산주의자를 살해하기 위해 칼 30자루를 밀수입했다고 주장했다. 그리고 오(이홍)는 김용수(3대대), 신세희(3대대), 한창보(3대대), 유원칠(3대대) 그리고 2대대원 1명에 의해 맞아 죽었다.

위에 언급한 포로들이 오(이홍)를 붙잡아 살해장소로 잡아왔고 그리고 2미터의 긴 몽둥이로 때려죽였다. 유원칠이 마지막으로 그를 때려 넘어뜨렸다.

그리고 나는 5대대 물분대장의 죽음을 목격했다. 김용수와 다른 한 포로가 물분대장을 때려죽였다.

그리고 나서 85수용소 연대장이 죽었다. 6대대의 경비대장인 포로 1명이 수용소 연대장이 남한 정부의 지지자라고 말했다. 이정찬이 수용소 연대장을 죽인 주동자였다.

그 후 곧 "B"중대장이 맞아 죽었다. 주동자 강만인이 중대장이 반공당을 조직해 남한으로부터 칼 30자루를 밀입한 오이홍의 도움으로 공산주의자를 몰살하려고 공모했다고 대변했다. 목수 라성철, 허영관, 정용후는 때린 사람들이다. 그리고 나서 강만인이 몇마디 했다. "B"중대장은 위에서 포로에게 언급한 것처럼 때려 죽였다. 그것이 그날밤 내가 본 전부이다.

4. 임종보 진술서(93/134)

1951년 9월 17일 22시경, 85수용소에서, 의무대에 있는 내 친구가 포로들이 3대대 앞에서 누군가를 때려죽인다고 말했다. 그곳으로 가자 4명의 포로가 동원소대장 박림우를 3대대 앞에서 잡고 있었다. 김기준과 조국성이 그 4명 안에 있었다. 강만인은 청중에게 박림우의 개인사에 대해 설명했는데 말하는 사람이 아무도 없었다. 그 후 앞에서 언급한 4명이 박의 옷을 속옷만 남기고 모두 벗겼다. 그리고 나서 큰 몽둥이로 그를 때려 죽였다. 2명이 김기준과 조국성이다. 나머지 2명은 모른다.

그리고 나서 2대대 2중대 서기 김도덕이 모르는 포로들에 의해 그곳에 잡혀왔다. 그의 옷을 벗긴 후 3명의 포로가 몽둥이로 그를 때려 죽였다. 3명은 알지 못한다.

그리고 3분 후에 7명의 포로가 2대대 2중대장인 박찬호를 붙잡아 왔다. 4명의 박(찬호)의 소매를 붙잡고 3명은 몽둥이를 들고 따라왔다. 7명은 라성철, 허영관, 정용화, 강인호, 박용칠, 김충환, 오병열이다. 소매를 잡은 사람이 허영관, 정용화, 오병열, 김충환이고 따라오던 3명이 라성철, 강인호, 박용칠이다. 강만인은 박찬호가 반공위원회를 조직한 리더이기 때문에 사람들 앞에서 죽여야 한다고 연설했다. 곧 강만인이 박(찬호)을 때리라고 명령하자 그의 속옷만 남기고 벗겼다. 그리고 나서 라성철이 한번 때리고 그리고 나서 허영관, 정용화, 오병열과 알지 못하는 사람이 때렸다. 그리고 나서 나는 막사로 돌아왔다.

5. 방창선 진술서(94/134)

1951년 9월 17일 21시경, 85수용소에서 나는 살해지점의 15미터 떨어진 곳에서 목격했다. 오이홍이 유원칠, 김용수, 김기준, 이덕전, 신세희, 한창보, 김충관에 잡혀 군중속으로 끌려갔다. 오(이홍)가 그들에게 잡혀 끌려갈 때 그의 등에는 피가 흘렀다. 나는 이미 그가 맞았다고 생각한다. 유원칠은 오(이홍)가 부대원을 독으로 죽이려고 계획했다고 연설하고 1.5미터 길이의 몽둥이로 두 번 때렸다. 김기준과 이덕전이 그를 몽둥이로 각각 세 번 때렸다. 그리고 나서 유원칠이 그가 아직도 살아있다고 발로 차서 죽였다. 그를 때린 후 유원칠은 자신의 목적을 달성했다고 말했다. 강만인이 이 폭동의 리더이다.

오(이홍)의 살해 이후에 다른 포로가 그곳에 잡혀왔는데 누군지 알지 못했다. 또한 누가 그를 잡아왔는지도 알지 못했다. 강만인은 그가 유엔군이 북한에 진주했을 때 보안대원이라고 연설했다. 그래서 그를 죽여야 한다고 말했다. 한 3명이 그를 몽둥이로 때려 죽였다. 그리고 나서 나는 막사로 돌아왔다. 내가 막사에 있을 때 유원칠이 막사로 와서 나도 리스트에 있다고 말하며 리스트에 있는 사람은 모두 죽는다고 말했다. 뒤에 3대대 2중대 서기가 이덕전이 나를 잡기 위해 돌아다녔다고 말했다. 9월 18일 오후에 95수용소로 전출되었다.

6. 엄원복 진술서(95/134)

1951년 9월 17일 21시경, 85수용소에서 나는 그들이 몇 명을 죽이려 간다는 것을 들었다. 내 친구를 보려고 갔을 때 그들은 반동분자를 죽일 계획이라고 말했다. 나는 그들이 김정용을 잡아 죽이려고 한다고 들었다. 내가 그곳에 갔을 때 많은 포로들이 있었고 동원소대장인 남두원이 말하고 있었다. 그는 김정용의 머리를 잡고 김을 죽여야 한다고 말했다. 왜냐하면 김이 북한에서 보안대원으로 많은 불법적인 활동을 했기 때문이다.

판결책임자인 조국성은 김정용에게 자백하라고 말했다. 김(정용)이 강만인에게 증언하자 남두원, 전충식, 강우빈이 몽둥이를 들고 김(정용)의 옆에 섰다. 강만인과 남두원이 김(정용)이 진실을 말하지 않는다고 말하자 전충식이 그를 몽둥이로 한 차례 내리쳤다. 나는 5대대 경비실로 숨었다. 그때가 22시경이었다.

7. 정찬근 진술서(96/134)

1951년 9월 17일 22시경 나는 내 막사에서 내 할 일을 하고 있을 때 8,

9명의 포로가 우리 막사 앞을 지나갔다. 그리고 나는 강당 근처의 뒤로 가서 어떤 포로가 박찬호의 손을 붙잡고 잡아 가고 있었다. 그들은 2대대 소속이었고 그들의 이름은 허영관, 정용화(배식반원), 김충환(2대대 서기), 그리고 오병열이었다. 대장인 목수 라성철은 몽둥이를 잡고 그들을 따라 갔다. 그들이 내 앞을 지나갈 때 박찬호는 그들에게 자기의 팔을 놓으라고 소리쳤다. 그때 그들 중 한 명이 입 닥치라고 말하고 빨리 갔다. 그가 누군지는 모르겠다. 3대대 앞의 강당 근처에서 그들은 박찬호를 군중 속으로 끌고 갔다. 그 후 나는 내 막사로 돌아왔다. 다음날인 1951년 9월 18일 아침에 나는 3대대 앞에서 5, 6명의 시신이 스트로 매트에 덮여 있는 것을 보았다. 박찬호의 시신이 그중에 있었는데 나는 정확히 그의 얼굴을 보았다.

8. 박정혁 진술서(97/134)

1951년 9월 17일, 21시경 85수용소에서 나는 6대대 막사 앞에 있었다. 강만인(배식반장), 김용수(2대대), 그리고 최찬호(4대대)가 박상연(5대대 1중대 4소대장)을 붙잡고 군중 속으로 데리고 가서 무릎을 꿇렸다.

그때 강만인, 김용수, 최찬호와 몇 몇의 포로들이 몽동이를 들고 있었다. 김용수가 박(상연)을 다음과 같이 비난했다. "박(상연)은 북한에서 보안대장이었다." 김용수가 막사의 기둥으로 박(상연)의 뒤에서 그를 내리쳤다. 박(상연)은 운동장에 쓰러졌다. 그러자 강만인과 최찬호가 막사 기둥으로 그를 때렸다. 1분후에 박상연은 운동장에서 죽었다. 그 후 나는 다음날 아침까지 1대대 1중대 1소대에 숨어있었다.

9. 배용화 진술서(98/134)

1951년 9월 17일 19시경, 85수용소에서 5대대 치안 김원복이 나에게 강만인의 살해자 목록에 내 이름이 있다는 것을 말했다. 내가 강만인의 살해자 목록에 대해 묻자 그는 내 이름이 목록이 있다고 말했다. 나는 조심해야 겠다고 생각했다. 그날 21시경 나는 식당에 있었다. 12명의 포로가 막사로 들어와 몽둥이를 옮겼고 화목분대장인 김정용을 붙잡아 그의 머리를 잡고 막사 밖으로 끌고 갔다. 나는 그들을 따라 그곳으로 갔다. 강만인은 김정용에 관해 증언했고 군중들에게 그를 죽일지 살려줄지에 관해 물었다. 남두원은 그 같은 반동분자들은 죽여야 한다고 대답했다. 강우빈, 권충식, 송길섭, 김부국은 김정용의 머리를 막사 기둥으로 약 7분간 내리쳤다. 김정용은 군중 속으로 도망쳤고 목수 막사 앞에 앉았다. 그들은 그를 붙잡고 다시 때렸다. 그리고 나는 그곳에서 도망쳤고 물분대 막사에 숨었다. 9월 18일 3시경에 나는 살해 장소로 친구를 한 번 더 보기 위해 갔다. 거기에 15구의 시체가 있었고 포로들은 그들을 매장하였다. 그때 나는 모르는 2명의 포로가 얻어맞은 사람을 옮기는 것을 보았다. 나는 그 사람이 내 친구 김정용인 것을 알아보았다. 내가 그의 손을 잡자 그는 비록 말은 못했지만 내 손을 흔들었다. 그는 아직 숨을 쉬고 있었다. 그들은 그를 생매장하였다. 나는 부엌으로 돌아온 후 김정용의 담요와 그의 모든 것을 화로에 태웠다. 9월 18일 13시경 95수용소로 옮겼다.

10. 김승희 진술서(99/134)

1951년 9월 17일 21시경 나는 식당에 있었는데 4명의 포로가 들어와 이예형을 끌고 갔다. 나는 그들을 따라 3대대 앞의 살해 장소로 갔고 약 10m의 거리에서 그 광경을 지켜봤다. 배식반장 강만인은 이예형이 반동분자이며 보안대에서 일해서 죽여야 한다고 연설했다. 식당 경비인 송길섭이 이혜형의 뒤에서 막사의 기둥으로 그가 운동장에 쓰러질 때까지 내리쳤다. 뒤이어 4명의 포로가 막사 기둥으로 그를 내리쳤는데 그들이 누군지는 모른다.

30분 후에 그들은 4대대 경비대장을 붙잡고 강만인이 몇 마디 하자 송길섭과 김부욱과 다른 3명의 포로가 5분 동안 그를 때리자 그는 운동장에 쓰러졌다.

15분 후에 5명의 포로가 배식반장을 붙잡고 강만인과 남두원에 그에 대해 증언하였다. 김부욱과 다른 3명의 포로가 막사 기둥으로 그가 운동장에 쓰러질 때까지 3분 동안 때렸다.

10분 후에 6명의 포로가 백인승을 붙잡고 강만인은 그에 대해 증언했다. 송길섭, 김낙만, 김부욱과 2명의 다른 포로들이 막사 기둥으로 백(인승)을 3분가량 때리자 그가 운동장에 쓰러졌다.

15분 후에 알지 못하는 6명의 포로가 박상용을 붙잡고 강만인이 그에 대해 증언했다. 송길섭과 김부국 그리고 다른 4명의 포로가 천막 기둥으로 그의 어깨를 5분 가까이 그가 운동장에 쓰러질 때까지 내리쳤다.

5분 후에 이민하가 강만인의 목록에 내 이름이 있다고 말했다. 나는 취사 막사로 도망쳐서 숨었다.

9월 18일 15시경 95수용소로 옮겼다.

11. 임광현 진술서(100/134)

1951년 9월 17일 저녁식사 후 2시간 정도 지나 나는 85수용소 2중대 막사에 있었다. 김용수와 다른 5명의 포로들이 오이홍을 끌고나갔다. 30분 후에 이원길, 조국성, 한금남, 김충환, 라성철과 다른 2명의 포로가 작업반장 박림우를 찾았다. 아무도 그들에게 대답하지 않았다. 라성철, 김충환, 그리고 한금남이 막사로 들어와 박림우를 끌고 나갔다. 조국성, 라성철, 한금남과 다른 포로 한 명이 박의 손을 잡고 끌고 나갔다. 다른 포로 3명이 막사의 폴대를 들고 따라갔다. 조금 후 그들은 박찬호와 김도덕을 찾았다. 그때 김(도덕)은 밖에 있었고 김도덕은 박찬호에게 도망치라고 말했다.

내가 화장실에서 돌아왔을 때 나는 밖에서 5명의 포로가 김도덕을 잡아가는 것을 보았다. 조금 후에 김충환, 라성철, 박용칠과 다른 4명의 포로들이 박찬호를 잡아 살해 장소로 데려갔다. 거기에는 약 200명의 포로가 운집해 있었다. 배식반장 강만인이 그곳의 중앙에 있었다. 약 7명의 포로들이 막사의 기둥을 들고 그의 위에 서있었다. 그들은 팬티를 제외한 박찬호의 옷을 벗겼고 3명의 포로가 막사 기둥으로 그를 때려 죽였다.

그들이 박찬호의 옷을 벗긴 후 강만인은 박찬호가 반공조직을 오이홍과 강홍모와 함께 조직했다고 연설했다. 강만인은 박찬호를 혼내고 싶다고 말했다. 그러자 4명의 포로가 막사 기둥으로 박찬호를 때려 죽였는데 그중 한 명이 허용관이다.

그 후 강만인은 그들에게 시체를 묻으라고 말했다. 15명의 시신 중에는 내가 알지 못하는 사람도 있었다.

다음날 아침인 9월 18일 나는 다시 살해 장소에 갔다. 거기에는 6구의 시체만 있었다. 나는 박찬호와 박림우의 시신을 확인했다. 나는 9명의 시신이 강당 앞에 묻혔다고 믿고 있었다. 이날 나는 95수용소로 옮겼다.

12. 이기호 진술서(101/134)

1951년 9월 17일 저녁식사 후 약 1시간 30분에서 2시간 후에 나는 5대대 1중대 물 막사에 있었다. 김용수, 최찬호와 5, 6명의 포로들이 막사 안으로 들어와 박상연을 밖으로 끌고 갔다. 나는 그들을 따라 3대대 앞의 열린 공간으로 갔다. 김용수가 박상연에 대해 다음과 같이 증언했다. “1951년 12월 평양의 감옥에 있는 동안 박(상연)은 유엔군에 의해 대대장으로 임명될 반동분자이기 때문에 그를 죽여야 한다.” 김용수가 박상연을 막사 기둥으로 때렸다. 그러자 5, 6명의 이름을 모르는 다른 포로들이 또 그를 때렸다. 그리고 김용수는 아직도 박상연이 살아있다고 말하면서 재차 때렸다. 그 후 나는 물 막사로 돌아왔다. 나는 북한에서 박상연과 함께 보안대 활동을 했다. 그래서 나도 내 목숨을 걱정했다. 1951년 9월 18일 나는 95수용소로 전출되었다.

13. 임석지 진술서(102/134)

1951년 9월 17일 20시경 85수용소의 B중대에 있을 때, 김창덕과 오송보가 들어와 나에게 식당 하사가 몇분 전에 죽었다고 말했다. 나는 내가 걱정되어 화장실에 갔다. 내가 내 막사로 돌아왔을 때, 모르는 포로들이 막사에서 이야기하고 있었다. 그래서 나는 3대대 옆의 그 장소로 갔는데 거기에는 많은 포로들이 모여 있었다. 목수반장인 최신주가 증언하고 있었다. 그때 김부욱이 "그를 때려라"라고 말했다. 김부욱은 고향에서 악질 공산주의자여서 내가 잘 알고 있었다. 그리고 나서 어떤 사람이 나를 찾았다. 나는 그곳에서 도망쳐 2대대 "C" 중대에 숨었다.

14. 조동선 진술서(103/134)

1951년 9월 17일 22시경 85수용소의 내 막사에 있을 때 2대대 경비 김용수와 다른 4명의 포로가 막사로 들어와 4소대장 박상연을 잡아 밖으로 데려갔다. 나는 그들을 따라 3대대 앞의 열린 장소로 갔다. 나는 그곳에서 3명의 시체가 운동장에 있는 것을 보았다. 김용수는 박상연에 대해 다음과 같이 증언했다. "박(상연)은 북한에서 보안대원이어서 질이 나쁜 사람이다. 그래서 그를 죽여야 한다." 김용수가 처음으로 막사 기둥으로 박(상연)을 때렸다. 그러자 7명의 모르는 포로들이 막사 기둥으로 그를 때리기 시작했다. 그 장면을 본 후 나는 4소대 막사로 돌아와 숨었다. 다음날 아침 그곳으로 가서 나는 박(상연)의 시체를 보았다. 거기에는 6명의 시체가 있었는데 박(상연)의 시신도 그중 하나였다. 나는 박(상연)의 시신을 스트로 매트로 덮었다. 10시경에 95수용소로 전출되었다.

15. 임학천 진술서(105/134)

1951년 9월 17일 22시경 85수용소에서 화장실에서 돌아왔을 때 나는 2

대대 서기 김충환, 2대대 목수 라성칠, "B"중대 5분대 허영관, "B"중대 정용화, 2대대 경비 박영칠이 (이름을 모르는) 서기장을 막사 밖으로 끌고 갔다. 김충환과 박영칠은 서기장의 팔을 잡고 다른 사람들은 그들을 따라 광장으로 갔다. 그 후 나는 내 막사로 돌아왔다. 다음날인 9월 18일 아침 7시경 나는 광장에 가서 몇몇 시체가 스트로 매트에 덮인 것을 보았다. 그 후 나는 1대대 앞으로 갔다.

16. 강준걸 진술서(109/134)

1951년 9월 17일 20시 30분경 85수용소에서 많은 포로들이 인민군가를 불렀다. 잠시 후 그들은 강당 옆의 광장으로 가서 "만세"를 외쳤다. 나는 그들을 따라 그들이 하는 것을 지켜보았다. 그 후 나는 몇 발의 총성을 들었다. 박인호가 반공주의자를 제거하길 원한다고 연설했고 많은 포로들이 그의 생각을 지지했다. 그 후 강만인, 박인호와 6, 7명의 포로가 몇몇 반공주의자를 때렸다. 심상학과 다른 10명의 포로들이 강홍모를 막사 기둥으로 때렸다. 그러나 나는 다른 포로들을 알지 못했다. 이정찬은 김정용의 뺨을 찰싹 때렸고 8, 9명의 포로가 김을 때렸다. 나는 그들의 이름을 모른다.

1951년 12월 15일 11시 30분경 유엔군의 극장에서 나는 다음의 15명의 포로를 지적했다. 그들은 남두원, 동기혁, 강만인, 라성칠, 최찬호와 이정찬이다. 다른 몇몇 포로들이 1951년 9월 17일의 폭동에 참여했다. 나는 그들의 이름을 알지 못한다. 그러나 그들을 다시 보면 찾을 수 있다.

17. 양기준 진술서(110/134)

1951년 9월 17일 85수용소에서 23시경 나는 강당 건물 옆의 광장에 있었다. 나는 포로들이 그곳에서 박상연을 잡고 있는 것을 보았다. 그 후 그들은 박(상연)의 개인사를 연설했고 4명의 포로가 기둥으로 박(상연)을 때렸다. 그들의 이름은 모르겠다. 그 후 이정찬이 수용소 연대장을 잡아 주먹으로 그를 때렸다. 그리고 나서 6피트가량의 몽둥이를 가져왔다. 그리고 4명의 포로들이 연대장을 때리는 데 참여했다. 나는 그들 4명을 알아보지 못했다. 강만인이 광장의 중심에 있으면서 연대장을 때렸다. 때리기 전에 그의 증언을 받았다. 나는 강만인이 그를 때리는 것은 보지 못했다. 나는 강만인이 수용소 식당의 부사관인 것은 알았다. 이정찬이 6대대 경비대장이라는 것도 알았다. 그 후 나는 화장실로 갔고 나를 죽일지 모른다는 두려움에 내 막사로 돌아왔다.

부록3

주제별 구술녹취록 요약*

1. 천도교 입교와 활동

1) 길두만

면담자: 그 다음에 천도교, 선생님 천도교 입교를 어떻게 하셨는지 그 말씀 좀 해주시죠?

구술자: 천도교는 이제 제가 그 19살 때 해방이 됐는데, 그 참 일본이 항복하고 우리나라가 해방이 되고 광복이 됐다고 해서 완전 자주독립이 되는 줄 알고 상당히 그 3천만이 다 기뻐하고 저도 같이 기뻐했습니다. 근데 뜻하지 않게 미군하고 소련군하고 그 주둔해가지고 그 이북에는 소련이 주군하고 이남에는 이제 미군이 주둔해가지고 38선이 생겨가지고 그 내 땅을 내 마음대로 오지도 못하고 가지도 못하게 해서 그래 참 허탈하게 지냈는데 그때 노동당에서는 이제 당원 모집에 혈안이 돼있고, 근데 이제 천도교 청우당, 그땐 청우당부터 뭐 모집을 해요. 길원섭이라는 분이 집안분이고

* 구술녹취록은 2014년 국사편찬위원회 구술자료수집작업 "북한 출신 천도교 포로의 포로수용 생활"에서 본 연구와 관련된 부분을 발췌하였다.

면담자: 길원섭?

구술자: 원섭이요, 그분이 이제 선배인데 천도교에 대한 역사라던가 그걸 잘 말하고 그래서 아 이것이면 참 국가를 위하고 민족을 위해서 몸 바칠만 하다고 해가지고 그때 입교를 했어요.

면담자: 며칠 날 입교를 했습니까?

구술자: 근까 46년 7월 5일.

면담자: 46년 7월 5일, 입교를 한 동기가 국가와 민족을 위해서?

구술자: 국가와 민족을 위해서, 예

면담자: 그런 생각을 어떻게, 그런 생각을 그때 젊으신 나이었는데 어떻게 하게 되셨습니까?

구술자: 근데 그 그때도 그 아버님 친구가 이제 진구장이라는 분이 있는데

면담자: 이름이 뭐?

구술자: 이름은 잘 모르겠는데 진구장이라고 그래요

면담자: 아, 진씨 구장(區長)?

구술자: 예, 그분이 그 이따마다 모임에 아버지를 만나기도하면 그 뭐 윤봉길이라든가 그런 거 이준 열사라든가 그때는 이준 열사가 할복자살했다고 그렇게까지 했어요. 그런 말을 많이 듣고 그래서 이제 그 참

면담자: 일제강점기 때였는데도?

구술자: 예, 그리고 그 우리 경전을 보면 이제 뭐 한울님이 뭐

면담자: 천도교 얘기를 들으니까 천도교가 그런 운동을 많이 했다?

구술자: 그렇지요, 한울님에 조화를 받아가 일야(一夜)간에 일본을 섬멸시킨다고

면담자: 멸한다고?

구술자: 그래가지고 애국심이 많이 있었지요.

면담자: 천도교 활동을 7월 5일날 입교를 하셔서 쭉 하셨는데 하시면서

뭐 어떤 직책을 맡아서 활동을 하셨다던가? 그런 건?

구술자: 첫째는 부령(部領)을 했어요.

면담자: 부령을, 어떤 게 부령입니까?

구술자: 그건 웬 밑에서 월성(月誠)[1]이나 대성(大誠),[2] 연성금을 수납해 가지고 이에 그 종리원에

면담자: 종리원에?

구술자: 도훈한테 납부하게 돼있어요. 그걸 해요.

면담자: 그럼 이 부령이 되면 몇 집을 이렇게 돌아다니십니까?

구술자: 우리집 동네가 23호쯤 되요. 근데 그걸 맡아가지고 하는데 그 23 호중에서 3집을 제하고는 거의 다 천도교인이에요.

면담자: 마을에?

구술자: 예 천도교인이 되기 때문에, 그 시일날은 그 스무집이 다 궁을 기[3]를 띄우기 때문에 산에서 내려다보면 아주 굉장한 궁을촌을 그런 걸 연상하게 돼조

면담자: 그 다음에 부령 직책에 잘하시면 다른 직책도 맡고 하셨습니까?

구술자: 그것은 그 다음에 교회적으로는 특별히 한 것이 없고 청우당으로 활동을 많이 했죠.

면담자: 청우당은 스무살이 돼야 가입이 되지 않나요?

구술자: 청우당은 그해 9월 달에 이제

면담자: 아 46년 9월 달에?

구술자: 네. 입당해가지고

면담자: 청우당에 입당해서?

• • • • •

1) 천도교에서 매월 교당에 내는 물질적 정성.

2) 천도교에서 매 시일(일요일)저녁 기도식 때의 기도미를 모아 6개월에 1번씩 교당에 내는 물질적 정성.

3) 천도교의 교기.

구술자: 입당해서 그 그때는 그 강습을 많이 시키고 수련을 많이 시켰어요, 에 군종리원에서 그 강습을 많이 시키고 또 수련을 많이 시키고

면담자: 그러면 거기도 가셨었습니까?

구술자: 많이 다녔죠, 다니고

면담자: 몇 번 정도 다녔습니까? 기억이 나게?

구술자: 기억은 뭐 하튼

면담자: 하여튼 많이 다녔다? 다섯 번 이상?

구술자: 세 번 이상은 다니고,

면담자: 세 번 이상?

구술자: 세 번 이상 다니고 강의를 그렇게 했는데 나심택이라는 분이

면담자: 나심택?

구술자: 그 그분이 일본보조원 순사인데, 순사로 있다가 그 독립단에 들어가지고서 평안도 덕천이라는 데가 있어요, 덕천하고 영원군 사이에 높은 재가 있는데 그 재에 그 갔다가 그 우편함을 싣고서 돈을 싣고서 그 재를 넘는 걸 미리 정보를 알아가지고 그 김영산이라는 그런 사람한테 자기 권총을 줬어요. 줘 가지고 그 가서 독립자금을 빼앗었어요. 그분이 가 가지고 그 높은 재에서 그걸 쏴 가지고 사람을 죽이고 그리고 돈을 탈취했거든요. 그래가지고 그 죄로 해서 17년간을 교도소 생활을 하다가 해방돼가지고 나온 분이에요. 예 그래서 그분이 많은 강의를 감명듣게 들었죠.

면담자: 가장 그분이 기억에 남으시고 예?, 그 청우당 활동을 하면서 다른 분들 말씀을 들어보니까 그 당시에 공산당하고 좀 갈등도 있었다고 하는데?

구술자: 아, 많이 싸우죠. (중략)

면담자: 권력을 가지고 있으니까?

구술자: 그 그런데 우리 청우당 군당위원장이 함경도 사람인데 그 이름은 잘 기억이, 그 사람은 이 청우당위원장을 하지마는 이 볼세비키당사를 싹 꿰고 있는 사람이야. 그 사람은 그 민전이라고 이제 삼개정당 대표 뭐, 여성대표 뭐, 민청대표, 이렇게 회의를 해도 제일 주도권을, 말을 하거든. 그 자리에서 그 환영, 이제 경찰서장이라던가 그런 간부들이 모여가지고서 그 뭐 누구누구 환영대회 할 때 내무서장이 말을 잘못해서 그래서 그 자리에서 내무서장을 술병으로 머리를 깨버린 사람이에요.

면담자: 아 그 종리원장이?

구술자: 청우당위원장이

면담자: 아 청우당위원장이?

구술자: 그럼, 그렇게 강하고 그 그래도 이론으로는 누가 해볼 수가 없어요. 청우당이 뭐

면담자: 이론으로는 청우당이 최고다?

구술자: 예, 최고고 그 사람은 이 이론 뿐만 아니고 배짱이 쎄기 때문에 그 그 뭐 경찰서장이 잘못하면 잘못한 걸 막 그래가지고 걸 막 너는 바로 인민공화국의 적이다 이렇게 뒤집어 씌워가지고

면담자: 아 그 분을?

구술자: 그러면 그러니까 그걸 역으로 해가지고 너는 우리 김일성 장군의, 넌 인민공화국의 적이다 그거야 그렇게 몰아 보내

면담자: 아 그 청우당위원장이?

구술자: 그 청우당위원장이

면담자: 경찰서장이나 면장 이런?

구술자: 노동당위원장이 말 잘못하면 그 자리서 까버려, 그런 분인데 그 분은 6 · 25 일어날 때 당위원장을 했는데 그래 그 많은 사람들이 청우당 당원들이 강제로 군인에 인민군에 동원돼 나오잖아요.

그러면 면에서 광장에서 있으면 와서 싹 돌아보고 격려해주고 그래요. 표면상으로 잘 가서 잘 싸우고 오라고 해주고 그런 분이요.

면담자: 맹산은 천도교가 다른 지역에 비해서?

구술자: 맹산하고, 양덕하고, 성천하고

면담자: 아아, 맹산, 양덕, 성천

2) 성기남

면담자: 그럼 공산당 토지개혁에 대한 말씀을 해주셨고 천도교 입교를 하셨는데, 어떻게 천도교 입교를 하셨는지?

구술자: 당시에 공산주의가 밀려들어오면서 어 사실은 그 46년, 한 47년도 정도로 기억이 되는데 에 자꾸 공산당이 싫어지는 그런 경향들이, 에 대립이 되는 경향이 있었는데

면담자: 마을의 분위기가?

구술자: 마을에도 그렇고 그러니깐 에 전부 사회적으로 그 공산주의가 싫어지는 경향들이 있어서

면담자: 싫어지는 이유가 어땠을까요? 왜 싫어졌을까요?

구술자: 글쎄 그게 머 하여튼 공산주의를 반대한다는 생각들이 돌았던 거 같아요. 그래서 그때 당시에 물론 그 전에도 우리 면에 에 천도교가 들어와 있긴 했었는데 마 그런 경향으로 해서 천도교가 받아들여진 거 같아요. 그러니깐 천도교를 하기 위해서가 아니라 아 공산주의를 반대하기 위해서 천도교가 들어와서 청우당이라는 거를 이제 시설을 해가지고 우선 당을 위주로 하는 천도교가 된 거 같애. 그때 당시에. 지금 생각해 보면.

면담자: 그럼 천도교 입교는 본인이 직접 하셨습니까?

구술자: 아 형님이 이제 우리 삼형제인데 큰형은 그러니까 아무래도 공산주의 땜에 농토도 다 몰수당하고 뭐 이랬으니까 거기 반감이 있었던 거 같고 그래서 형님이 나가게, 천도교에 나가게 되니깐 청우당이 되고 그래서 나도 그때 당시에 16살 뭐 그때니깐 에 형님 따라서 댕기면서 천도교를 신봉하게 된 거지.

면담자: 그럼 어떻게 천도교에 입교하게 되면 뭐 강습회 그 당시에 그런 것들이 있었던 것 같은데?

구술자: 강습회, 그때 당시에는 주로 군당 강습회라는 게 있었는데, 에 천도교 강습회가 아니고, 당 강습회, 이름이 청우당 강습회라는 게 있었는데 이제 그 면 단위로 하지를 않고 군 단위로 했는데 군의 그 살림천면 시변리인데 그 시변리가 그 거기가 북부짜개가 되겠지? 금천군의. 제일 큰 뭐 도시라 할 거는 없지만 마을이 제일 커서 시변리라고 하는 게 상당히 중심지가 돼서 거기에 왜정 때부터 이제 뭐 그 조합이라는 것두 있었고, 그 연초조합 자리를 천도교에서 인수를 해가지고 그 건물을 이용해서 천도교 강습회라는 거를 했는데, 어 내가

면담자: 몇 년도에 거기 갔던 기억이 납니까?

구술자: 8년도? 48년도에 가서 일주일 동안 강습을 받은 거로 기억되고

면담자: 뭐 어떤 걸 강습을?

구술자: 주로 천도교 이론, 그러니깐 뭐 당 강습회라고 하지마는 주로 천도교에 대한 이론 뭐 주로 『인내천요의』를 주로 가지고 강의를 했던 것 같애

면담자: 강사는 기억이?

구술자: 강사는 뭐 이름은 기억이 안 나고 평안도 사람들인데 중앙당에서 내려와 가지고

면담자: 몇 명 정도 같이?

구술자: 에 그 당시에 지금 생각을 해보며는 그 약 한 80명에서 90명 정도? 상당한 그 딱 젊은 사람들 그저 20전후 된 사람들이 주로 그렇게 모였던 것 같아요

면담자: 그러면 합숙을 하셨습니까?

구술자: 합숙을 하면서 이자

면담자: 아침에 몇 시 정도 일어났습니까?

구술자: 아침에 5시에 일어나가지고 어 개울에 겨울철인데도 뭐 개울에 나가서 세수하고 그 다음에 이제 들어와 가지고 시내를 행군하면서 뭐 당가 같은 거를 부르면서 그

면담자: 청년당가? 기억에 납니까? 청년당가?

구술자: 뭐 지금 그때 당시에 불렀던 당가는 기억은 안 나는데 다 잊어버려서 기억은 안 나는데 하여튼 천도교 그 주로 행진곡 같은 거를 부르면서 시내를 한 바퀴 돌고 그루고 핸 걸로, 일과가 시작된 걸로, 그리고 아침 먹고 하여튼 종일 그러니까 저녁 주로 8시 정도까지는 계속 뭐 강습, 강의를 들은 걸로 같애

면담자: 그 당시에 주문을 외우거나 이런 것도 했습니까?

구술자: 아, 그때 당시에는 머 주문 많이 외우고 그런 건 안했고 주로 이제 강의 듣는 걸로

면담자: 그리고 난 다음에 그러면 강습을 들었으면 또 천도교 활동을 해라 또 이랬을 거 아닙니까?

구술자: 그런 거는 머 특별히 핸 거스끼니는 없고 그래서 이제 우리 동네가 아 한 열 몇 집인가 해서 접으로 되어 있었는데 그 이제 접이라고 그랬는데 뭐 접에서 이제 그래도

면담자: 대표 이런 거?

구술자: 대표는 아니지만 뭐 강의 들은 거 얘기도 좀 하고

면담자: 어 이제 중앙당 강습에 들었던 것을 접에 와서 이야기하고?

구술자: 교인들하고 같이 또 다시 일요일 시일에 모여가지고

면담자: 그렇게 하시고. 그 다음에 머 다른 활동 직책을 맡아서?

구술자: 직책을 맡았던 것은 없고, 어 80, 6 · 25 동란 났던 해 그러니깐 50년도 봄에, 에 4월 달 부터인가 면 종리원에 서기가 결원이 돼 가지고 거기 좀 나와 돌봐 달라 그래 가지고 6월 10일까지, 한 10일경까지 거기서 근무했던 걸로

면담자: 서기로써 어떤 일을?

구술자: 주로 이제 그 성미같은 거 각 접에서 들어오는 거 뭐 독촉도 하고 댕기면서 받아 오기도 하고 뭐 그런 걸로 했던 걸로 기억이 나고

면담자: 면 종리원에는 그 당시에 몇 명 정도 근무를?

구술자: 면 종리원에는 서기 하나, 종리원장 하나, 그런 정도로 근무했는데 종리원장은 머 계속 근무는 안 했고 게 거기에 이제 면당이 같이 있었는데 면당 위원장이 있었고 뭐 주로 당 위원장하고 종리원 서기하고 둘이 아마 근무한 걸로 기억이 나고

면담자: 면당 위원장이 누구였는지 그 당시에 이름이 기억이 납니까? 혹시 면 종리원장이나?

구술자: 그때 내가 나갔을 적에는 박혁재라고 한 동네 사람이고

면담자: 면당위원장을 했습니까?

구술자: 면당위원장.

면담자: 면종리원장은?

구술자: 종리원장은 지금 잘 기억이 이름이 기억이 안 나는데, 이 뭐, 그 또 동네 어르신인데 이 뭐신데 기억이 잘 안나

면담자: 천도교 활동을 하면서 공산당과의 갈등 그런 것들은 머 있었습니까?

구술자: 갈등이라고는 할 수가 없고 거기서는 뭐 여기처럼 무슨 갈등이

있는 걸 노골적으로 내놓고 허면 공산당한테 못견디니깐 에야 내놓고는 안하고 그저 내부적으로만 그저 갈등에 대한 거를 얘기를 하고 했는데 그 내놓고는 반대를 절대로 할 수가 없고 그 당시에 시책이

면담자: 반대를 하면 바로 끌려가거나?

구술자: 그렇지, 끌려가거나, 그리고 공산당에서 주권을 해가지고 뭐 전혀 정치를 하니깐 어 같이 뭐 그때 당시에 천도교청우당이 있었고, 민주당이 있었고, 노동당, 삼개 당인데 그 민주당하고 청우당은 그저 들러리 당이지 무슨 권한 같은 게 거의 없었으니깐 그저 시녀 노릇을 하는 거지.

면담자: 그럼 이렇게 차별이 있었나요? 노동당 하는 사람들에게 어떤 혜택을 준다던가?

구술자: 머 농촌이니깐 그런 혜택 같은 거는 뭐 모르겠고.

면담자: 천도교를, 청우당을 하기 때문에 뭐 이렇게?

구술자: 청우당에서도 정책적인 회의를 한다고 하면 노동당에서 아주 나와서 파견을 나와서 정책 토의하는 거를 관장을 하다 싶이 했으니깐 뭐 천도교에서는 따로 무슨 정책은 머 논의 한다던가 뭐 그런 건 거의 없었고 내부적으로만 천도교청우당 그냥 애기들을 하지 밖으로 내놓고서는 절대 못하도록 돼있었으니까

3) 양제호

구술자: (아버님께서) 천도교에서 맡은 직책은 이제 이북에서, 북평양

면담자: 북평양?

구술자: 종리원장

면담자: 천도교종리원장

구술자: 북평양 천도교. 에 천도교북구당위원장

면담자: 천도교청우당

구술자: 북구당 위원장

면담자: 북구당?

구술자: 우리가 살던 데가 북구거덩 여기가 서대문구 아냐요?

면담자: 예예 평양에 북구에 살아서 북구의 당위원장을 그럼?

구술자: 종리원장도 하고 천도교위원장 겸직을 했죠

면담자: 아 겸직을 하셨구나? 종교적인 거 하고 정치적인 거 두 개를 같이 맡아서, 그럼 굉장히 좀 중요한 역할을?

구술자: 아 거서 하니 이제 영우회 조직하는데

면담자: 에에

구술자: 반은 우리 집이 이제 집이 크고 그러카니까 이제 우리 집에서 거의가 이제 비밀회의를 핸 거죠

면담자: 음, 집에서?

구술자: 그런데 헌데 이제 요식업을 안하고 세를 놨거든요

면담자: 예예

구술자: 한 짝엔 이제 문방구방 한 짝에는 냉면집을 면옥을 세놨는데, 그 면옥집 사위가 내무서원이야 여기로 말하면 수사과 댕기는 사람인데 맨날 내무서원들 들끓죠. 냉면집에 한데 그 가운데서 이제 칸막이에서 안방에 들어와서 하니 비밀회의를 하고 그르죠

면담자: 아 그러면 평양에 계셨던 분들이 자주 오셔서 교인들의 요직을 맡으셨던 분들이 오셔서 회의를 하고?

구술자: 그렇죠, 그니까 장세동이라는 사람을 알란지 모르지만

면담자: 네, 장세동?

구술자: 장세덕, 덕이야

면담자: 덕? 장세덕?

구술자: 그 사람도 우리 집에서 옷 갈아 입혀갖고서 남쪽으로 내려 보내줬어요 왜냐거트믄 자기가 탄로났다고 왔는데 그래서 내려 보내주고 그랬어

면담자: 아, 마지막에 탄로가 나가지고 영우회 활동을 하다가 이제 탄로가 나가지고 이분이 선생님댁에 들러서 옷을 갈아입고 남쪽으로 도망을 가셨다. 아아 그러면 뭐 그럴 정도였으면 굉장히 아버님의 역할들이 당시?

구술자: 그래서 그것이 이제 사전에 발각이 돼갖고

면담자: 예예

구술자: 163명이 검거됐다가 6 · 25 나던 해 10월 19일날 평양 입성하던 날, 국군이 평양 입성하던 날, 반공호에 전부 다 넣고 전부 다 총으로 쏴 죽었어. 근데 그서 두 사람이 살아나왔어 문희삼이라는 사람하고 이제돈이라는 사람하고 두 사람이 살아 나왔어요

면담자: 문희삼하고 한 분이?

구술자: 이제준이여

면담자: 이제준. 이제준 자 두 분이 살아나오셨다?

구술자: 이북에 갔더니 그 뭐야. 우리 담당했던 그 청우당 조직부장이 그 말을 하더라고. 이제준이 부인하고 딸은 고향에 잘살고 있다고

면담자: 아

구술자: 하구서 날 보구 영우회라는 게 뭐이냐구 묻더라고. 난처하죠? 그째 답변하기가 참 난처하더라고요. 그러자 이제 그 뭐야 여자들끼리 뭐 쭉 그 도착해서 내렸어요. 버스에서 그래가지곤 답변하기가 참 곤란하니까 싹 면했어요 그래서

면담자: 그럼 아버님이 뭐 영우회 활동하고 직접 좀 관련이 돼있으면 그 이후에 여러 가지로 고초를 받았다던가? 이런 일도 있었나요? 뭐

구술자: 아니 우리 아버님은, 이도수라는 사람이

면담자: 이도수?

구술자: 이도순.

면담자: 이도순. 예에

구술자: 그 사람이 잡혔거던, 보위부한테, 깜깜한 밤에 잡혔는데

면담자: 네에

구술자: 당신 이름이 도순이죠 하니까 아니 나는 이제순이요. 고문집에 이제순으로 돼 있었대요. 하구서 이제 깜깜한 골목으로 저기 하구서니 가다보니까 뒤로 도망온 거죠. 깜깜하니까 뭐 도망와서 쭈루루 잡을 수가 없어. 해서 우리 집으로 온 거예요.

면담자: 또 그분도

구술자: 에 막차 12시나 12시반쯤에서 우리 집에 왔는데, 내가 그 당신 우리 누님네가 현물세를 많이 내갖고 7월 달, 8월 달 먹을 양곡이 없대요.

면담자: 예예

구술자: 그래서 부랴부랴 이삿짐 싸갖구 왔어요. 그래서 저희 집이 크니까 다 놀구 있으니까 한짝엔 냉면집 주고 한짝엔 문방구방 앞에만 다 쓰고 그 뒤에는 넓으니까. 거서 이제 그 당시 우리 동네서 한 5리 가게 되면 수울부대라고 백산탱크여단이라고 있었는데, 그 탱크여단이 서울에 입성해서리 탱크사단으로 승격했어

면담자: 음

구술자: 그 부대가 큰데 여관이 없어. 도대체가 근방에 면회 오는 사람들 때문에 내무서에서 자꾸 잠재워달라니까 구찮으니까 우리보고 밤낮 집 큰데 놀리지 말고 여관하라구 말야. 그래서 누님네가 갑자기 뭐 여관신청을 냈더니 그날로 허가를 내줘요. 근데 거기 여관은 어떠케하나믄 독방에 자는 게 아니야요. 방 하나에다 이부자리 4채를 갖다놔 이렇게

면담자: 아아

구술자: 하믄 이제 처음에 오는 사람은 자기가 드가서 하나 끌어서 깔고 자고. 고무신 내놓고. 그니까 도망도 못가 고무신 있으니까. 아침에 밥 먹고 이제 돈 주고 고무신 받고 가니까.

면담자: 또 찾아가고 이렇게 가고 집의 크기가 얼마나 컸습니까? 칸이 몇 칸 정도 됐다던가? 지금으로 생각하면 평수가 어느 정도 됐다던가?

구술자: 평수는 뭐 잘 모르겠는데 뭐 한 백 한 50평 될까?

면담자: 백 한 50평 그럼 뭐 굉장히 큰?

구술자: 꽤 컸지요?

면담자: 그 백 한 50평 되는데 앞에는 이렇게 세를 내주고?

구술자: 앞에 있는 대도 다 준 건 아니죠, 이짝에 방 3갠가 4개가 있었고, 또 뒤에 한 채가 있었고, 뒤에 또 방이 대여섯 개 되고, 그 다음에 가운데 창고로써 2층짜리 창고가 있었고, 집이 굉장히 컸죠. 그러니까

면담자: 예에 여관을 신청하기도 했었다? 그러면 뭐 당시 평양인데 평양에 천도교 교인들이 얼마나 많았는지? 교세가 어떠했는지? 아버님이 종리원을 하실 때 한번 생각을?

구술자: 아 상당히 많았죠.

면담자: 어디 교당은 그럼 여기 북구에 따로 교당이 있었나요? 아니면 평양 대교당에 가서?

구술자: 아니 해방되고 나서 적산가옥을 줬죠.

면담자: 적산가옥을 하나 불하를 받아서

구술자: 그냥 불하받은 게 아니고, 그냥 거기서 일본사람이 쓰던 거니까 그냥 줬겠죠 뭐

면담자: 아 그냥 나눠주고? 그 크기가 얼마나?

구술자: 크기가 뭐 한 50평 됐을까?

면담자: 50평, 그러면 일요일 시일을 하면 거기가 가득 차?

구술자: 아, 가득차고 넘치죠. 근데 그 우리 북구는 좀 광범위해요. 넓어요. 변두리가 되는데 범위가 넓어서리 그 뭐 먼데 사람들은 다 오진 않지만 천도교 믿는 사람이 엄청나게 많았죠. 그니까 그 저 뭐야 고문해씨가 [기침] 아시죠? 고문해씨?

면담자: 아 네. 압니다.

구술자: 고문해씨가 이제 평양 입성하고 나서 아마 평양 종리원에 갔댔나봐요. 북조선종리원에 갔는데, 그 당시 우리 아버님이 여기 남쪽에서 간 사람을 예우하느라고 종리원장을 줬어요. 그러니까 여기로 말하면 교령이죠. 가구 우리 아버님이 이제 부종리원장하시고 실권은 이제 우리 아버님이 다. 서울서 완 사람이 뭐 압니까. 그냥

면담자: 그죠.

구술자: 서울서 왔대니까 예우핸 거죠. 그래 갔구서 하니 고문해씨가 왔는데, 이제 나두 그걸 고문해씨한테 들었어요, 우리 아버지한테 못 듣고. 황토현에 가서 이제 점심먹고서 이야기 하더라구. 날 보고 우리 집을 아느냐 그래요? 아 안다고 내가 21살 때까지 거 있다가 거 모르냐구 우리 집이 꽤 크죠. 하니까 꽤 크다고 하면서 자기가 갔을 적에 아버님이 우리 집으로 가서 모시고 같이 가서 닭 잡고 그래서 잘 먹었다고

면담자: 예에

구술자: 근데 저녁에 서울서 왔다니까 사람이 우리 집앞에 상당히 넓어 전차 종점이고 하니까 사람이 하얗게 모였는데, 서울서 왔대니까 뭘 좀 들을라고 왔을거라고 그러더라고. 하면서하니 내가 그쪽을 느낀 거이 뭐이냐그트며는 거기서는 서울서 왔다는 사람여

서 큰 기대를 갖고서 좋은 소리 좀 들을라고 많이 왔을텐데, 여길 와보니 아무것도 없지 않느냐 이거야? 한심하다 이거지 내가 생각할 적에는 그렇게 생각되더라구

면담자: 금 일요일날 시일을 할 때 사람이 몇 명 정도 왔는지 많이 왔을 때 예를 들어서 기억이 나십니까?

구술자: 뭐 한 100명 정도는 왔겠죠

면담자: 교당에서 기념식을 하면 좀 더 많이 오고?

구술자: 기념식은 주로 거시기루 갔어요. 대교당, 평양교당에 가서

면담자: 평양교당에 기념식 할 때는 거기는 몇 명 정도 참석을 했던 걸로?

구술자: 거는 꽤 넓죠. 우리 지금 대교당 보다 조금 좁지요. 헌데 거기에는 이제 의자가 아니고 이렇게 앉는 데니까, 그 많은 신발을 벗어 놔두요, 신발 하나 뭐 잊어먹었다 바뀌었다 하는 사람 없어요.

면담자: 그럴 정도로

구술자: 그게 신기할 정도지요

면담자: 예에, 뭐 아버님께서 인제 천도교 하셨으니까 경전에 이런 말씀을 좀 해주더라 뭐 그런 게 생각이 나는 게 있습니까? 아버님이 주로 강조하셨던 뭐 경전?

구술자: 뭐 여러 가지 말씀했는데 근데 지금 잘 생각이 안 나는데 최덕신 씨가 이제 저때 교령돼 갖구서 이제 텔레비 나와서 말씀하는데, 이제 성경신 말씀을 하니까 왜 저 정도밖에 못하느냐구 말이야

면담자: 아 아버님께

구술자: 어 좀 더 훌륭한 말들이 얼마든지 많은데 왜 저렇게 밖에 방송에 나와서 그것밖에 못하느냐고, 내가 있는데 그런 말 하는 거는 들었어요.

면담자: 뭐 굉장히, 알겠습니다. 하튼 아버님께서 천도교를 굉장히 열심히 하고 활동도 많이 하시고 아버님께서는 그럼 해방 이후에 6 · 25까지는 평양에 계시다가 6 · 25때 남한으로 언제 아버님께서 내려오시게 된 거죠?

4) 양택조

면담자: 농사를 제법 크게 지으셨네. 자 그러면은 천도교는 이제 천도교 얘기 들어가서 천도교는 언제 입교하게 되셨나요?

구술자: 그 뭐 생각이 잘.

면담자: 그 뭐 친구 보니까 천도교 유우희라고 생각나십니까?

구술자: 응희? 우희보담 내가 천도교 믿기 시작한 거는 응희라는 사람한테 천도교를 배왔어

면담자: 응희?

구술자: 응희. 같은 유간데 그거이

면담자: 같은 유씨?

구술자: 우희두 유가구 응희두 유가구 같은 유간데 난 양가구 그래서 이제 그 우희가 내 친구뎅게거뎅

면담자: 아 우희가 친구였고

구술자: 나보다 6살윈데 그 사람은 나보다 배운 것도 많고 선생이던게야.[기침] 그래서 그 우희하고 만날[기침]

면담자: 우희하고 맨날 같이 이렇게 지내고

구술자: 명일 때두 같이 놀구 고저 만날 같이 맥은 큰 맥이지 뭐 그 사람이 나보다 5살 위인데 그 사람은 배운 게 많아서 학교도 좀 데니고 배운 게 많아서 난 또 배운 게 없어서 우희한테가서 배우고 서루 왔다 갔다 하면서 글게 컷지 뭐

면담자: 웅희는요 그러면 천도교는

구술자: 응희?

면담자: 유응희라는 사람?

구술자: 응희는 그 사람은 뭐 배운 건 별로 없는데 천도교는 아주 뭐 이건 뭐 미쳤어 천도교에

면담자: 어떻게 미쳤습니까? 얼마나 미쳤는지

구술자: 천도교라면 하여간 물불을 가리지 않고, 돈, 그 사람이 그래도 곧잘 살았는데 돈 애끼지 않고 기부도 하고 하여간 천도교를 역할을 많이 했단 말야

면담자: 유응희라고 하는 사람이. 나이가 어떻게 비슷했어요? 나이가 더 많았나요?

구술자: 나보단 5살 위던 게야

면담자: 5살 위에 어떻게 유응희라고 하는 친구가 그럼 천도교 한번 해보지 않겠느냐 얘기를 하던가요?

구술자: 아 그 사람이 그런 게 아니고 내가 자청 찾아가서

면담자: 아 찾아가서 그 사람이 천도교하는 것을 알고 내가 가서 천도교 하겠다. 뭐 이유가 있었나요? 그때

구술자: 이유는 없었는데 그 사람이 항상 행동이 일거일동이 하여튼 양반이거덩

면담자: 양반처럼 아주 철두철미하고 다른 사람의 모범이 되고

구술자: 그래서 내가 그 사람을 따라 가게 돼 있단 말야. 그 사람한테 배워야 되겠거덩

면담자: 그 사람한테 뭔가, 아아 잘하니까

구술자: 교리도 배울뿐더러 글도 나보다 많이 알고 그러니까 내가 자연히 그 제자가 됐지 뭐

면담자: 그래서 학교는 못 나오셨다는데 글은 어떻게 배우셨습니까?

구술자: 글은 내가 14살에 나서 장가를 들었는데[웃음]

면담자: 예예, 장가들었는데

구술자: 장가들기 전에는 우리 아바지가 홀아비루 살면서 날 학교를 못 보냈단 말야 옛날에 그때두 그래도 뭐 학교는 갈 수 있었는데

면담자: 예, 그렇지요

구술자: 갈 수 있었는데 우리 형수가 학교를 보내면 의복을 좀 어느 정도 깨끗이 입혀야 되거덩 뭐여 벌거숭이로 보내믄 안되자나. 그러니까 우리 형수가 우리 아버지가 홀애비 생활을 하면서 며느리를 데리고 살림을 사는데, 시동생 그거 해 입힐래믄 뭘 성가시러우니까 안 해 입혔단 말야

면담자: 예에 그래서 학교도 못가시고 하셨는데

구술자: 학교도 못가고 의복을 아바지가 시장에 가서 사다 입혔거덩 우리 형수가 안 해 입히니까 벌거숭이로 놔 둘 수는 없자나 그래서 참 불쌍하게 컸지 내가. 아바지가 가서 의복을 사다 입혀서 날 길렀는데

면담자: 그렇게해서 유응희라고 하는 사람을 통해서 천도교를 입교를 해서 천도교 활동을 하면서 뭐 무슨 직책을 맡아서 한 게 있나요? 뭐 예를 들어서 청우당 도당 위원장이라던가 동당위원장이라던가 청우당, 그 당시 북한에서는 천도교청우당이 있었는데

구술자: 천도교청우당 내가 동위원장을 했어

면담자: 아 동위원장을 하셨습니까? 동위원장이면 굉장히 큰 직책인데 거기서

구술자: 동위원장을 했는데 그때 우리

면담자: 그 동네 천도교인이 얼마나 됐습니까? 동에

구술자: 천도교인이 내 앞에 있던 게 그때 40 몇 명 있었는데

면담자: 40 몇 명. 그럼 40 몇 명을 다 이렇게

구술자: 내가 통솔을 다했디 면당부에 그때

면담자: 그때 그 다음에 인제 면으로 면당이 있었으니까

구술자: 면당부에 그때 장모씨덩게 장가가 있었는데 장모씬데 그 면위원장이

면담자: 면위원장이 있었었고

구술자: 그 사람은 장모씨고 난 또 동위원장이고 그래서 내가 맨날 면 가서 살았지

면담자: 거기 가가지고 면당위원장 면당본부에

구술자: 천도교에 내가 미쳤던거야

면담자: 아 완전히 천도교에 미쳐서

구술자: 미쳤어요.

면담자: 주로 가서 어떤 일을 하셨어요? 가서 했던 일. 사무실에 가면

구술자: 그 뭐 사무실에 가서 그때 내가 뭐 아는 것도 없어서 뭐 별로 하는 것도 없는데 그래도

면담자: 그래도 가고 싶어서

구술자: 매일 갔단 말야. 가서 동네 심부름했지 그저. 동네 천도교인들

면담자: 성미도 받아오고 몇 사람 포덕도 하고

구술자: 성미도 받아오고, 누구누구 뭐이 이름도 적어다 주고

면담자: 아 이름도 적어다 주고 그런 일들을

구술자: 그 역할을 그 동네에 천도교인들은 내가 동위원장이거덩 그러니까 심부름을 내가 다했지[웃음]

5) 오용삼

면담자: 천도교는 어떻게 들어오게 됐습니까?

구술자: 천도교는 이제 그 내가 22살 날 적에 그 우리 작은형님이 이제

큰형님은 해방 전 해에 돌아가셨고

면담자: 어떻게? 병으로 돌아가셨습니까?

구술자: 그럼요, 저 옘병이라고 그랬지 옛날에, 나도 그 그래서 형님 돌아가신 것도 나와서 보지도 못했어요

면담자: 아

구술자: 드러눠서 일어나지도 못했다구

면담자: 큰형님은 그렇게 해방 전에 돌아가시고 작은형이 있었는데?

구술자: 이제 작은형님 하구서 아닌 게 아니라 살았지요

면담자: 천도교를?

구술자: 그래서 내가 이제 우리 작은형님이 하루는 나갔다 들어오더니 이게 그때는 이제 3개 정당이라고 있었어. 공산당, 뭐야 저 민주당, 이제 천도교청우당

면담자: 네

구술자: 이렇게 이제 세 당이 있었는데 나보고 너는 어떻게 생각하고 있느냐 그거야. 나는 청우당에 들어가지고 있다

면담자: 작은형님이 그렇게?

구술자: 그러니까 동생은 맘대로 그 셋 중에 어디든지 댕겨던가 댕녀야지 안된다구. 아니 여보 단 형제간에 살면서 형님이 청우당이면 나도 청우당허야지 딴대로 가겠느냐 하구, 아 고맙다구 그래서 청우당이 된 거예요.

면담자: 아, 형님이 먼저 청우당에 입당을 하고 그리고 나서 입당을 했다라는 걸 밝히고 난 후에?

구술자: 그래서 청우당이 돼서

면담자: 청우당에 입당을 하시고 나선 어떤 활동을 하셨습니까?

구술자: 청우당에 들어가지고서는 형제간에 있으니까 선포에 있으니까 사흘 교육을 받으러 가라고 군당에

면담자: 형님이?

구술자: 그러니까 그 당에서

면담자: 당에서?

구술자: 그래서 나보고 가라고 그래서 내가 사흘 강의를 받으러

면담자: 창성까지 가서?

구술자: 예, 그래서 올라갔지 가가지고

면담자: 무슨 교육을 받았습니까?

구술자: 거 이제 뭔가 고개가 뭐이 아이쿠 생각이, 아이고 뭐이가

면담자: 예, 고개가 있었는데?

구술자: 예 그거이 이제 꼭 30리예요. 읍에서 요렇게 가는 거이. 그래서 고개를 넘어서 아닌 게 아니라 가서, 군당에 가서 사흘 받고서 왔지요.

면담자: 사흘 동안 무엇을 배웠습니까?

구술자: 예?

면담자: 사흘 동안 배운 게 뭐?

구술자: 아, 그때에 이제 이 군당위원장이라는 분이 이석구, 그 다음이 그저 최일인이라는 분이 삭주 군당위원장이 오고 그 다음 벽동에서 오신 분이 이제 세 분이 선생들이 왔더라구. 그래 황씨래도

면담자: 황씬데?

구술자: 저 황해도서 오신 분이 황씨래는 분이 또 한 분 이제 그래서 이제 와선 첫 번에 그 황씨라는 분이 이제 이렇게 얘기를 하는데 이 천도교는 아닌 게 아니라 잘 믿고 잘 저걸해야 좋은 사람이 된다구 그래 이제 말씀을 해 주더라구요. 그래서 그 소릴 잘 듣고선 아닌 게 아니라 이제 그 사흘 동안 강의를 받고서는 그래서 저녁을 먹고선 밤에 고개를 넘었어요 30리를. 그래서 아닌 게 아니라 그랬는데 그때 이제 가서 저걸 사흘 받고서 와가지고선

당에서 나보고 결국은 위원장을 하라는 거예요.

면담자: 위원장이면 어디 면당위원장입니까? 동당위원장입니까?

구술자: 동당위원장이지

면담자: 동당위원장?

구술자: 이제 그때 이제 고거 가기 전에 부회장을 책임을 지고 있었거든.

면담자: 부위원장?

구술자: 예, 그래서 이제 부회장으루 다가서 그 역할을 하고 있었는데 그 아닌 게 아니라 사흘 강의를 받고서는 나보고 나한테다가 뒤집어 씨우잖아요

면담자: 하하하

구술자: 그래서 위원장이 된 거지요. 참 내가 가만히 생각을 하믄, 야 정말 참 하늘이 가르쳐 주는구나 하는 걸 지금도 생각해요.

면담자: 위원장 되셨을 때 특별히 뭘 잘해서 위원장 되고 그런 사건이 있었습니까? 계기가?

구술자: 그럼요

면담자: 뭐 어떤 거 있었습니까? 말씀 좀 해주시죠?

구술자: 그때 아닌 게 아니라 위원장 돼 있으면서 아닌 게 아니라 일을 하는데 참 이 그때에는 무슨 뭐 자동차거튼 거 이 머 저기 없었거든. 근데 이제 이 그 군당위원장들이 몇 사람이 와서 그 저걸 하는데 받을 적에 무슨 말씀들을 했나하면 이제 이 천도교에서는 열심히 하고 저거하지 못하며는 아무 것도 모른다고, 그래서 이제 그 주문 공부를 잘해야 되고

면담자: 아 주문 공부를 잘해야 된다?

구술자: 다 가르쳐 줬어

면담자: 그때도 그런 얘길 했나요?

구술자: 그대로 머리에 넣고선 그 그냥 쭉 댕겼는데

면담자: 천도교 청우당하고 그 다음에 공산당하고 갈등 같은 것도 좀 있지 않았나요?

구술자: 아 그거이 뭐 아니 뭐 청우당은 아주 뭐 정말 미워했지요 뭐

면담자: 아 공산당에서?

구술자: 그럼요

면담자: 미워한 이유가 뭡니까?

구술자: 아 말할 거 뭐 있어요

면담자: 에에

구술자: 그래서 이제 아닌 게 아니라 뭘 조금만 잘못하면 그냥 저 뭐 때려도 죽일 그런 그

면담자: 그런 기세로?

구술자: 그럼요, 그런 그 정치를 하고 있었거든요

면담자: 그런데 어떻게 버티셨어요? 그런 것들을?

구술자: 그래도 무슨 뭐 아닌 게 아니라 우리가 뭘 말 잘 듣고 뭐 허는대로 허는데 뭘 뭐라고 그래요.

면담자: 겉으로는 그렇지만?

구술자: 그래 가지고서 그거이 아이고 참 뭐야 토지개혁

면담자: 예예, 토지개혁?

구술자: 토지개혁을 이제 허는데 아닌 게 아니라 돈 좀 있던 사람들을 밤에 자다가 우리 동네 고 윗동네에는 1구고 우리는 2군데 그놈들이 결국은 공산당들이 그냥 아주 밤에 내쫓았다구 그냥. 왜정 때 이제 돈 좀 가지고 있던 사람들 뭐 그랬는데 그게 이제 이 정치에서 얘기하는 거는 그 이제 얼마씩 넘어야 근 이제

면담자: 뺏고?

구술자: 뺏고 내쫓는다고 허는 건데, 그냥 무턱대놓고서는 아닌 게 아니라

면담자: 쫓아내고

구술자: 망치단이라고 해가지고서는

면담자: 망치단?

구술자: 고럼 아 이놈들이 몽둥일 들고서 밤에 자는 거를 그와서 그냥 내쫓았거든. 그래서 이제 청우당에서 이걸 가만둬둬선 안되갔다. 이게 저 그냥 그때에 무슨 머 차가 없고 뭐 아닌 게 아니라 그 저 연락을 어떻게 허냐믄 이 동네서 이 동네로, 이 동네서 저 동네로, 저 동네서 그 동네 이렇게 연락을, 연락망을 만들어 놨거든. 그래서 그걸 그렇게 해서 평양에 우리 청우당 본부에까지 올라갔어요. 그래, 그래가지고서 이제 이런 일을 했다고 허니까 그 장관이라는 사람이 왔더라구. 인민군, 와가지고선 거 말은 뻔지르하게 하지. 아니 그 왜 저 바위둥에 조 한 포기씩 이제 심어가지고서 농사허면서 먹으면서 왜들 싸우긴 왜 싸우냐고 바로 말은 뻔지르하게 하잖아요. 그러더니 이제 도루 아닌 게 아니라 안으루 들어오게 사람들 그 걸린 사람들이 또 별루 없지 뭐 다들 이제 도루 들어오게 맨들어 논거이 청우당에서. 아니 근데 그런 일을 했다구요.

면담자: 따르는 사람들도 많았겠네요. 그 당시에?

구술자: 그러믄요

면담자: 그럼 공산당보다 청우당이 더 많았습니까?

구술자: 그러믄요, 많았지요

면담자: 그럼 아주 뭐?

구술자: 그래 우리 동네도 그 정말 그 부회장이 돼가지고서 내가 부회장이 돼가지고서는 고때 뭘했냐하믄 4개 정당을 만들더라구

면담자: 네

구술자: 그래서 이제 신민당을 만들어 가지고 김두봉을

면담자: 김두봉?

구술자: 당수를

면담자: 내세워서?

구술자: 내놓고선 결국은 그렇게 만들어 놨지. 이제 그걸 4개 연석회의를 하자고 그러더라구 그래서 그러자구. 그래놓곤 우리 내가 부회장 할 적인데 아닌 게 아니라 우리 회장이 그 우리 둘만 가자 딴 사람들은 뭐 둘만 가자고해서 그랬어. 그래 그 이제 둘이서 들어갔어요

면담자: 회의하는데?

구술자: 예, 그렇게 왔는데 삼화국민학교라고 이제 지어놨거든 근데 이제 거기에 주석단에 나까지 이제 올려다 놓더라구. 이제 청우당에서 회장하고 나하고 이제 올라왔으니 그래서 이제 각 회장들이 같이 이제 이렇게 쭉 앉아서 있는데 아 쭉 앉아서 있는데, 아 그 왼편으로다는 전부 멀어요 먼 촌인데 그게 이제 허배때기라고

면담자: 허배떼기

구술자: 허씨거덩, 거 배짱이 쎘거든. 아 머리가 허연 사람이 그렇게 늙진 않았어도 머리가 다 하얘지고 한 사람인데, 그게 이제 호랭이라는 호가 있었어요. 그래서 누구나 다 그 사람을 무서워했거든 사실은. 근데 이제 그 이장을 그때 하고 있었다고. 아 그런데 이 사람이 결국 나한테 말을 그만 잘못했지요. 나는 당원도 아닌 사람이다 하면서 결국 우리 아 청우당을 내리 아닌 게 아니라 조지잖아

면담자: 예

구술자: 에 토론으로 다 그냥 아주 뻔뻔하게스리 그땐 뭐 아닌 게 아니라 화가 뭐 이제 보자 네 고만 둔 다음에 내가 얘길할테니까. 그리곤 이제 앉아서 있었는데 전 다했느라구 내려가더라구. 내려가서 앉아서 그래 이케 내다보구서 어디 나한테 혼나봐라 하하 내려다 보면서 이렇게, 아니 당원 자격도 못한 사람이 어떻게 넘의

당을 그렇게 결국은 비판을 하고 어떻게 넘을 못살게 하겠다고 결국은 허것냐고 말이야. 그 뭐 그냥 직통 냅따 불러놨지. 그래서 상판데기가 새빨게 지더라구. 그 바람에 아닌 게 아니라 야 이거 천도교에서 정말 이거 아무것도 모르는 사람이 저것도 공부도 못한 사람인데 거 아 말하는 거 보니까 아 그 호랭이를 아주 아닌 게 아니라 개잡도록 하니 이거이 무슨 조화가 있다 하는 거지. 그래가지고서는 야야 거 당에 들려면 청우당에 들어가자. 들어가자. 그래서 청우당이 이렇게 커졌어요. 하하 참 그게 말 한마디에 그게 그렇게 되더라구요. 하하

면담자: 역할을 하셨고, 그래서 위원장도 되고?

구술자: 그럼요 그래가지구서 아닌 게 아니라 회장 노릇까지 하구 참 하하 가만히 생각하면 정말 그게 지금도 가만 생각하면 지금도 그래요.

6) 이성운

면담자: 3학년 때, 그때 해방을 맞았을 때 느낌이 어땠습니까?

구술자: 그땐 몰랐죠, 아무 것도 몰랐지. 그러니까 18살 땐가 17살 땐가 됐는데 해방됐다니까 이게 뭔가 그래 할 수 없이 뭐 그 다음에 나중에 거리로 돌아다니면서 이제 뭐 애국가도 부르고 태극기도 들고 이러대요 거기도 그렇게 한참 그러다가 그래서 고향에 내려갔죠. 고향에 내려가니 고향에서는 농사짓는데 힘들고 그러니까 별수 없이 잡힌 거지. 잡혀서 농사를 그러니까 17, 18살까지 농사를 짓다가 17살 때는 할 수 없다. 그래도 농업학교 정도까지 나온 사람은 별로 없으니까 그러니까 청우당에 가서 일 좀하자 이래가지고 청우당에 뽑혀가지고 준당원이라도 거기서부터 시작한 것이 청우당에 발을 들여놓게 된 거죠

면담자: 그때가 18, 19 이때쯤 된 거죠?

구술자: 그렇죠

면담자: 그럼 그 당시 청우당에 가게 된 것은 집안이 천도교였습니까? 아니면 누가 천도교를 추천해서 하자고 얘길 했었나요?

구술자: 그렇죠 그러니까 지금 그

면담자: 동네에?

구술자: 동네가 아니라 그때 군당위원장이라는 사람이 이현상인데

면담자: 이현상?

구술자: 이현상이가

면담자: 예, 청우당 군당위원장이죠?

구술자: 청우당 군당위원장, 면당위원장은 김재호라고 있었어요

면담자: 김재호?

구술자: 근데 이 양반들이 동네마다 다니면서 청우당을 모집하는 거지. 모집을 하는데 아버지도 거기에 아버지가 원래 한학자니까 공산당은 완전히 싫어하고 일정 때도 아주 완전히 싫어하고 그러니까 그래도 그 천도교는 민족종교고 뭐 이제 여러 가지 『동경대전』이나 이런 거보면 한문공부 했으니까 다 알죠. 그러니까 그래 아버지부터 들어간 거예요

면담자: 아버지가 천도교 들어갔고? 해방이 되고 난 다음에 자연히 청우당에?

구술자: 가정이 그렇게 청우당으로써 됐지요.

면담자: 당시에 청우당 어떤 활동을 하셨습니까?

구술자: 청우당에 들어가서 맨 처음엔 면당 상무가 됐고

면담자: 면당 상무

구술자: 면당 상무가 됐고 그 다음에 김재호씨가 나이도 있고 그러니까 면당위원장 맨 처음엔 군당으로 들어가라고 해 군당으로,

군당으로 들어가 군당 조직부에 있다가

면담자: 군당 조직부에

구술자: 있다가 그 다음엔 이 저 이북에서 참 그게 문제죠, 3차 전당대회라는 게 있었어요. 전당대회를 거기서도 도당대회는 해주가서 하고, 군당대회는 군에서 하고, 면당대회는 면에서 하고 이렇게 대회를 하잖아요 일 년에 한번씩. 근대 그때 그 김달현이가 좌익이면서 혁신파야 그러니까 종교 계통에도 물론 관심이 있었겠지만 너무나도 종교적으로 흐르는 것을 방지했는지 하여간 김일성이가 하는 수작이 우당이다, 청우당하고 민주당은 노동당의 우당이다 그러니까 노동당을 선두로 해서 따라와야 된다 이런 정책이 이제 나오기 시작한 거예요

면담자: 그 당시에

구술자: 그 당시에 그러니까 이 전부가 뒤바뀌는 거지. 이저 군당위원장도 뒤바뀌고 웬만한 보수퍄 그러니까 보수파들은 다 뒤바뀐 거예요. 그 다음엔 젊은 층이 군당에도 그렇고 면당에도 그렇고 도당에도 그렇고 전부 20세 중간이나 20세 좀 후반 사들 여기 저 돌아가셨지만 누굽니까 삼암 표영삼씨도 도당에 있었어요. 도당에 있었는데 그분이 그 상당히 여기 나와서 친하게 지내다가 돌아가셨는데 그렇게 해서 도당까지 내가 추천을 받았는데 그 지방에서 다 가면 어떡하냐 그건 안 된다 그래서 거기서 캔슬을 받아가지고 이제 군당에 와 있다가 군당에서 3차 전당대회하면서 군당위원장이 바뀌었어. 어떻게 바뀌었나하면 함경도 지방에서 군당위원장이 왔어요. 근데 이게 혁신파이면서도 공산당하고 가까운 사람이야 그러니까 전부 다 개혁을 한 거지. 그래서 그 다음엔 면당위원장으로 내가 그 천곡면에 대해선 면당위원장을 나갔고 그래서 면당위원장 하다가 이렇게 해주형무소를 통해서 나온 거죠.

면담자: 면당위원장 하는 일은 어떤 일을 하는 겁니까?

구술자: 면당위원장이 그저 전부 그러니까 명단 작성

면담자: 면당에 청우당이 몇 명 정도 됐습니까?

구술자: 청우당 인원이 거기도 한 호로 말하면 한 500호 정도 됐어요.

면담자: 500호 정도 그러면 면이 굉장히 큰 면 이네요?

구술자: 큰 면인데도 전부가 거기가 면의 박연집이라고 하는 그러니까 재벌이 있었어요. 양조장, 양조장 재벌이 있었는데 양조장을 공산주의가 되니까 압수했지요. 공산당이 압수를 해서 경영을 맨 처음엔 노동당에 맡겼던 거예요. 노동당에 맡겨 경영을 시켰는데 거기서 부정이 생긴 거야. 부정이 생기니까 그 다음엔 청우당이 맡았어요. 청우당이 맡아서 도당에서 어 거 파견이 하나 됐습니다. 그래서 참 그 성미내는 거, 연성내는 거, 이것을 전부 시골이니까 강냉이나 저저 수수나 잡곡으로 이제 내고 그 다음에 양조장을 하려니까 거기 불을 떼야 되잖아요. 장작을 해서 날랐어요. 그래서 그걸로서 성미, 연성미를 대납을 했습니다. 그래 그런 것을 독려하고 또 시일 날이면 각 부락으로 돌아다니면서 부락도 거긴 뭐 차도 없고 길도 상당히 열악하고 이런데 돌아다니면서 시일도 보고 이랬죠. 이러면서

면담자: 시일은 마을마다 돌아다니면서 한 주는 이 마을, 한 주는 저 마을 가서 봐주고?

구술자: 그러니까 이북에서는 그 조직체가 잘 되어있죠. 중앙이 있고, 도가 있고, 군이 있고 면이 있고, 리에는 리도 있고

면담자: 동도 있고?

구술자: 다 있어요, 그러니까 거기 나가서 하고 무슨 일 있음 동원하고 교육시키고 하는 것이 대개 민전이라고 해서 민전이라고, 민주주의 민족전선이라고, 약해서 민전이라고 하는데 거기에는 삼 당이 전

부 참가하고, 뭐 청년회라든지 여성회라든지 이런 것들을 총 망라해서 하는데 고기서 그것을 끌고 간 것이 노동당이, 노동당이 끌고 나갔다고 거기에 참가해서 기념식도 하고 뭐하고 하는데 그러니까 천도교 대표로 나간 거죠. 나갔는데 근데 거 한때는 당원명부 같은 걸 자꾸 대달라고 해요. 정치보위부 파견 나온 놈이. 이건 절대 비밀이다 당원명부 같은 것은 대줄 수 없다, 그 어쩔 수 없지. 그러니까 노동당 그 저 면당위원장하고 만나서 뭐 얘기도 좀 하고 그러라고 해. 만나봐야 그 사람도 역시 다 아는 사람이고 면당위원장이라는 사람도 옛날에는 그 기독교하는 일정 때는 기독교하는 기독교촌에서 나오는 사람이 군당에서 새빨개져서 면당위원장을 하는데 거 뭐 서로 만나야 얘기도 되지도 않고 회의 나가면 회의 나가서 판에 박힌 데로 그대로 하는 수밖에 없고 그럭저럭 지내던 거죠 지내다가 6 · 25나니까 젊은 사람들은 전부 다 전쟁으로 보내고 고향 사람 중에 허동수라는 사람이 있었습니다. 원래가 허영복인데, 허동수로 여기 나와서 고쳤지요. 고쳤는데 그 사람이 종리원, 군종리원에 있었어. 군종리원에 있었는데 그 사람도 서로 간에 그 사람의 성분을 보게 되면 인민군이나 노동당이나 여기 동조할 사람이 아닌데 나중에 보니까 그 중앙당학교로 갔어. 중앙당학교에서, 중앙당학교에서 공부를 시켜요 그것이 천도교 공부도 되지마는 볼셰비키 당사, 소련의 볼셰비키 당사 이것을 주로 시키는 거야. 사상전환이지 결국 근데 그거 한 중앙당학교를 갔는데 이상하다 그런데 갈 사람이 아닌데 나중에 보니까 인민군을 또 간 거예요.

면담자: 먼저, 지원해서?

구술자: 그래 지원해서 갔는데 6 · 25전에 간 거예요. 6 · 25전에 갔는데 참 이상하다 생각했는데 여기 나와서 포로수용소에 들어가 보니까 그 사람이 포로로 잡혀왔어

면담자: 아 수용소에서 만났네요? 어디 부산에서 만났습니까?

구술자: 거제도서 만났어.

면담자: 거제도서?

구술자: 근데 어떻게 된 거냐 하니까 인민군 나와서 낙동강 전선까지 갔댔다는 거야. 낙동강 전선까지 갔었는데 도저히 안 되겠어 여기다 판때기를 대고 자기를 쐈다는 거야.

면담자: 자기가 그냥?

구술자: 자기가 자해를 한 거지. 자해를 해서 상처를 내니까 그 다음엔 부상병으로 고향으로 후방으로 보낸 거예요. 후방으로 보냈는데 그 다음에 국군들이 진격을 해 들어가니까 자기는 후퇴하는 명목으로서 고향을 갔다는 거예요. 고향에 가서 고향에 가가지고서 그러니까 해방이 됐지. 공산당 다 없어지고 이렇게 해방이 됐는데 거기서 뭐 좀 살다가 중공군이 나오니까 중공군이 나오니까 이게 후퇴를 못하고 그냥

면담자: 햐 다시?

구술자: 도망가. 도망가서 산에가 살다가 나중에 김일성이가 하는 얘기가 군대 갔던 사람은 다시 군대 보낸다 다 나오너라. 이래서 자기가 나왔다는 거예요. 그래서 다시 인민군으로 들어갔어. 그래서 전선에서 포로가 된 거예요. 그래 포로가 돼서 포로수용소에 들어와서 나하고 그 이제 같은 캄파운드가 아니니까 철조망을 사이에 두고 서로 만나서 얘기도 하고 그랬죠. 그런데 그 사람이 여기 나와서 종리원에 있었으면 장 누군가 종리원장이 지금 장 모씬가 지금 그 또 이름을 잃어버렸어 중앙에서 노래 부르는 이

면담자: 장경화?

구술자: 장경화, 그게 다 그 영감의 딸이라고 둘인가 있다고 해 난 그 얘기만 들었지 거기서 종리원에 있던 인데 그런데 그런 식으로 해

서 여기나왔는데 여기 나와서 부인을 맞았는데 부인이 기독교 부인이라 그러니까 자기네 고향에서도 이쪽에는 에 어머니 켠에서는 이제 그 천도교고 할머니 켠에서는 기독교 측인가 이렇게 됐댄다 그래요. 여기 나와서 기독교를 하더라고

면담자: 하하

구술자: 기독교를 하는데 그래서 나하고선 서로 왔다 갔다 했지, 했는데 그래 그 동대문교구에 임태몽씨라고 하는 그분이 그 주동이 돼 가지고서 동대문교구를 창설을 한 것은 아니지만 중간에서, 중간에 들어와서 역할을 했는데 그 양반이 백림메리야츠 공장이라고 하는 공장을 운영을 했어요. 임태몽씨가, 근데 그분의 이제 그 어떻게 해서 연결이 돼서 그분은 고향에서도 천도교하고 여기 나와서도 천도교하고, 연결이 돼서 그분이 있는 메리야츠 공장에 들어갔더라구. 들어가서 임태몽씨가 저 메리야츠 공장의 사장인데 이분의 비서 격으로 이제 그 차도 같이 타고 다니면서 그럴 때는 천도교에 관심이 좀 있었는데 근데 이게 그 다음에 나가서는 메리야츠에 거기에 있었기 때문에 메리야츠 장사도 시키고 이러다 다 관두고 자식들도 전부 저희 어머니가 기독교니까 전부 자식들도 전부 기독교로 근데 나중엔 자기도 좀 이제 양심이 있어 미안한지 나를 만나가지고 총부에도 내가 몇 번 데리고 갔었어요. 기념식 때도 그렇고 그러다가 이제 지금 그분도 작년인가, 작년인가 돌아가셨다고 그래요.

면담자: 그런 일이 있었네요?

구술자: 그래서 여기 또 수용소 말씀을 좀 하면은

면담자: 포로로 잡힌 거 얘기를 좀 해주시죠?

구술자: 글쎄 그래서 그 해주형무소에서

면담자: 해주형무소는 어떻게 가게 된 겁니까?

구술자: 글쎄 그러니까 그 고향에서 면당위원장을 하다가 면에 있는 젊은이들은 둘인가가 전부 다 군대를 보냈어.

면담자: 보내고?

구술자: 나 혼자만 남고 그래서 명색이 그만둬야 되겠다 하겠다 하는 명색이 있었는데 남아 있었는데, 그 다음에 국군들이 전부 거기까지 점령을 하게 되니까 싹 명목을 붙여가지고서 잡아간 거예요

면담자: 명목이 뭐 어떤 겁니까?

구술자: 특수접 조직

면담자: 특수접을 조직했다?

구술자: 접이라는 것이 이제 해월신사 때부터 접이라는 것이 생겼는데 그 접이라는 특수 접 조직을 해서 중심이 돼가지고서 교인들을 끌고 나간다 하는 취지에서 만들어 놨는데 저놈들이 그걸 악용한 거지. 너희들이 이거 반동, 반역을 하기 위해서 만든 거 아니야 이래가지고 취조 받는데 안했다고 하면 막 잡아 조지는데 안했다고 할 수가 없어

면담자: 그때 고문도 당하고?

구술자: 고문도 당하고 했지요.

면담자: 많이 맞고 그랬습니까?

구술자: 그렇죠

면담자: 얼마나 많이 맞았습니까?

구술자: 뭐 별로, 한 이틀 동안 그저

면담자: 이틀 동안?

구술자: 그렇다구, 그렇다고, 그 다음에 저놈들이 그 우리가 볼 땐 좋은 말로 예비검색, 그러니까 국군이 들어오면 공산당한테 불리할거다. 이 사람들은 에 불리한 쪽의 그 사람들은 공산당을 못살게 할 거다. 그러니까 치안대 만들고 국군들 편을 붙어가지고서 하

는 사람들은 전부 잡아가고 잡아다가 심지어 목사, 기독교 목사 하던 사람 웬만한 데선 전부 잡아다가 반공호에 집어넣고선 총살시키고

면담자: 총살시키고?

구술자: 그리고 우린 그래서 그 다음에 해주형무소가 넘쳐나니까 그러니까 정치보위부가 넘쳐나니까 그 솎아서 해주형무소로 넘긴 거예요. 넘겨서 한 달쯤 지내서, 지내다가 국군이 해주를 점령한 거예요. 점령하게 되니까

면담자: 그때가 언제쯤?

구술자: 그게 10월 초가 될 겁니다.

7) 이창번

면담자: 부친께서 천도교 활동을 언제부터 하셨다고 들으셨습니까?

구술자: 그게 근데 이제 저도 마찬가지이지만 천도교에 언제 입교 했냐 하게 되면 잘 기억이 안나요. 왜냐하면 할아버지 때부터 그거 그냥 내려왔으니까, 증조할아버지가 집에 있을 때도 9시 기도식 같은 것을 했어요. 그때두

면담자: 에에 그러면 천도교는 증조할아버지 때부터 하셨다?

구술자: 네.

면담자: 증조할아버지 때부터 들은 얘기들을 한 말씀해 주십시오.

구술자: 제가 어렸을 때 그가 이제 할아버지, 할머니가 돌아가시고 제가 태어나니까 제가 이제 그 장남, 장손이죠. 장손이 되고나니까 우리 증조할머니는 동학을 과히 좋아 안 했던 거 같애요, 저를 데리고 다니시면서 하시는 얘기가 저기 저 밭도 옛날 우리 땅이랬는데 할애비가 동학하면서 팔았다. 저 산도 원래 우리 산이었는

데 그걸 팔았다 이 소리를 늘 듣고 이제 어렸을 때 자라서 할아버지에 대해서 불만이 많았죠.

면담자: 예에

구술자: 그때 한번은 어떤 얘기를 하게 되냐면 그런 얘기를 하는 거예요. 가을철에 콩을 수확해게지고 콩 타작을 하는데 북에서는 이제 마당을 쏵 쓸어놓고는 저녁 때 물을 뿌려놔요. 그러면 싹 얼죠 그러면 흙 같은 것이 안 들어가기 때문에 거기에 콩을 놓고 타작을 하는 거에요.

면담자: 아아

구술자: 그게는, 그래서 잔뜩 놓고 새벽에 어두울 때부터 나가서 타작을 시작했는데 도리깨라고해서 두들겨서 하는데, 한 열시쯤 되니깐 우리 증조할머니 말대로 하면 동학쟁이 몇 놈이 오더니 할아버지 귀에 대고 뭐라고 쑤덕쑤덕 몇 마디 하니깐 할아버지가 도리깨 놓고 나가더니 이틀 후에 돌아왔다는 거에요. 그사이에 눈이 내려개지고 그 늘어놨던 콩이 전부 다 불어가지고 못썼다는 그 얘기를 하는 거에요. 그때 그러면서 그 할머니는 동학하는 걸 그렇게 못마땅했던 거예요. 그런데 이제 해방이 딱 되고 나니깐 아버지가 또 거기 뛰어들기 시작했어요. 당에

면담자: 예에?

구술자: 그때 청우당

면담자: 청우당?

구술자: 그게 이제 아마 청우당위원장, 면당위원장이였을 거에요.

면담자: 아버님께서?

구술자: 그니까 그게 들어가기 시작하니깐 할머니가 뭐 낙심천만이죠, 또 이제 집안 망치게 됐다고 그래서 그때부터 아버지가 청우당 활동을 시작을 한 거예요.

면담자: 그러면 주로 뭐 어떤 활동을 하셨는지 대해서 기억나시나요?

구술자: 지금 기억나는 건 어떻게되냐믄 그 원래 그 지금 보니까 청우당에 입당하기 위해서는 천도교인 신앙생활을 갔다 1년 이상 해야 원래 청우당원이 될 수 있었는데 그때는 거꾸로 돼가지고 먼저 청우당에 들어게지고 그 후에 천도교활동을 했어요.

면담자: 아

구술자: 아침마다 아버지가 이제 청우당에 관계하니까 동네 사람들이 게 청우당에 입당하려면 도장을 찍어야 되니까 도장을 미리 맡기고 가요. 오늘 가서 너 우리 아버지가 촌수가 젤 낮았어요 나두 마찬가지지만 다 아저씨뻘 되는 분들이 '내가 가서 내 오늘 그저 청우당에 내 입당 거 넣어라 도장 넣어라' 그래서 도장을 한 줌씩 지고 나가고 그랬어요. 그때 그러면서 한데 우리 동네서는 타성이 그때 몇 사람, 두세 사람인가 아마 타성이 있었는데 거의 다섯 집을 내놓고는 그중에 우리 할아버지 일가 할아버지도 끼었지만 다섯 집을 내놓고는 전부가 다 천도교인들이었어요. 근데 북한에서

면담자: 예에

구술자: 그 천도교가 폭발적으로 일어나게 된 동기 가운데 하나가 그때 공산당이 들어와 가지고 공산당원은 누굴 시키기 시작했냐믄 가장 동네에서 못살던 사람들을 그 머슴 살던 이런 사람들을 흡수해가지고 그 사람을 세포 위원장이다 머이다 이런 걸 맡기기 시작한 거에요. 저놈 밑에 내가 들어 가겠냐 그러니까 반발적으로 천도교에 들어온 사람들도 상당히 많았습니다. 그 당시에

면담자: 예에

구술자: 그 뭐 교회가 청우당이 뭐 어떤 면이 좋아서 들어온 거 보다믄

면담자: 공산당에 대한 반발 아아 그런 거?

구술자: 공산당에 대한 반발이 컸죠. 또 그때는 북한에서는 계속 당에 들게끔 하는 거예요. 정당에다 들라고

면담자: 예에

구술자: 노동당에 들던가, 민주당에 들던가, 걔들이야 노동당을 들게끔 권했죠 어느 정당에 또 들라구 글면서 노동당을 권하니까 청우당으루 가 버리는거죠.

면담자: 그럼 마을에서 전체적으로 거의 대부분이 청우당이었겠네요?

구술자: 대부분이 청우당이었어요. 거 일요일 날이면 궁을기를 띄우는데 제가 학생 학교 다닐 때 동네에서 어떤 경쟁이 나오냐하면

면담자: 예에

구술자: 누구 집 궁을기가 제일 높은가 해서

면담자: 아 하하

구술자: 매끈한 나무짝에다가 기를 높이 띄우구 그랬어요 그래서 저쪽에 평양에서 원산 들어가는 사이에서 순천을 지나서부터는 양덕까지가 완전히 궁을촌이라고 그랬어요.

면담자: 아 순천에서부터 양덕까지?

구술자: 음

면담자: 그럴 정도로

구술자: 그때 저도 그때 한번 평양 갔다 한번 올 때 한번 보니깐 동네마다 궁을기를 새빨갛게 띄웠었어요.

면담자: 그럴 정도로 천도교가 굉장히 왕성했었네요?

구술자: 왕성했어요. 그때는 그리고 나서 그 이듬해부텀 차츰차츰 이제 면당 강습도 있고, 뭣도 있고 그러면서 신앙을 하기 시작을 해서 그 우리 집 그 사랑방에 방 두 칸을 이케 터 넣고 거기서 시일을 보기 시작했고

면담자: 시일보고 강습회도 하고

구술자: 어 48년, 47년 말부터 아마 시일을 보기 시작했었어요.

면담자: 48년 말?

구술자: 그때야 비로소 뭐

면담자: 그때 뭐 어떤 외부에서 강습회를 하믄 강사들도 오지 않았습니까?

구술자: 그저 그때는 면당에서 왔다, 군당에서 왔다고 하면 대단한 분이 오신 걸로 그게 생각하고 그랬어요. 그때 와가지고 가끔씩들 얘기를 하고

면담자: 금 아주 어렸을 때부터 뭐 할아버지 무릎에서부터 천도교에 관한 얘기를?

구술자: 예 그때부터 천도교를 갔다 할아버지 참 무릎에서부터 배우다시피 했는데

면담자: 할아버지 말씀 중에서 기억나는 말씀이?

구술자: 특별히 나한테 한 얘기는 없어요. 기억나는 건 없는데. 천도교에 대해서 얘기한 적은 없는데 기억이 안 나요. 근데 그 이상했던 게 그때 할아버지가 날 무척 귀여워했거든요.

면담자: 네에

구술자: 그때는 참 계란 하나 얻어먹기가 상당히 어려울 때예요.

면담자: 네에

구술자: 걸 어떻하던지간에 엄마 눈치가 보이니까, 그걸 어떻하든 날 그걸 먹이고 싶은데 이제 그 한 게 노상 그 얘길 하는 거예요. 그 내 이름을 크게 부르면서 오라 그래게지고 먹 갈라라고

면담자: 먹을 갈라라고

구술자: 먹을 갈아라구 그래놓군 먹가니까 그거 하나 꿔 주는 거예요. 그러면서 이제 난 그래서 그걸 어떻게 생각했느냐면, 아 내가 장손이니깐 할아버지가 날 그러는 가부다 이렇게만 생각했는데 근데 지금 생각을 하니까

면담자: 예에
구술자: 그 형제들 가운데서 그래도 주문이래도 외우고 형식적이나마 외울 수 있는 건 나하나 밖에 안 남은 거예요. 지금 북한에 있는 동생들이야 뭐 그렇게 못하죠. 그래서 그랬나. 요새는 그런 생각이 들어요.

8) 임운길

면담자: 아 거기서 천도교청우당 활동을 하셨습니까? 어떻게 하셨습니까?
구술자: 대단했습니다. 천도교 오산학교 학생접 조직을 해 가지고 지금도 기억나는 게 김진수, 방덕현, 안관홍, 임운길, 김희창, 이런 분들이 중심이 돼갖고 오산학교 학생접을 조직해 가지고
면담자: 몇 명 정도 됐습니까? 오산학교 학생접?
구술자: 그때 100명이 넘었어
면담자: 100명 이상. 그럼 학생이 몇 명 이였습니까?
구술자: 한 천 명 됐는데
면담자: 천 명 중에?
구술자: 100명, 한 150명 됐을꺼다
면담자: 아 100명, 한 150명 이면 그럼 굉장히 많았네요?
구술자: 대단했어요
면담자: 주로 어떤 일을 했습니까? 거기서 학생접에서
구술자: 그니까 뭐 그저 모여 가지고 그러니까 우리는 공산주의가 아니고 막스레닌주의가 아니고 인내천주의다 거기 대한 걸
면담자: 거기에 대해 공부를 하고
구술자: 막스레닌주의보다도 인내천주의가 더 앞서 있다는 것을 많이 강조했지

면담자: 그러면 선생님 중에서 뭐 이렇게 지도해 주는 사람이 있었나요?

구술자: 그러다가 나는 평양에 나가서 평양에 청우당 중앙당학교 졸업했거덩

면담자: 아 그때?

구술자: 여기 종학대학원이나 한가지야

면담자: 아 오산중학교 있을 때?

구술자: 거럼

면담자: 어떻게 해서 대표로 해서?

구술자: 뭐 대표보다두 그냥 그저 월남하려다 월남을 못하구 평양에 가서 청우당 중앙당학교 입학을 했지

면담자: 아 입학을 해서

구술자: 그때 여기서 월북한 박우천이라구 있었다

면담자: 박우천? 예에

구술자: 그런 거 쓰지 마세요

면담자: 예에. 그 중앙당학교에 가서는 뭘 배웠습니까? 청우당 중앙당학교에 평양에 가서 어떤 걸 배우셨어요?

구술자: 그때 뭐 주로 사상. 천도교청우당 강령이 민족자주의 이상적 민주국가 건설, 뭐 사인여천 인생을 위한 사인윤리의 실행, 뭐 동귀일체의 신생활에 관련한 신경제제도 실현 이런 건데 그때 초점은 막스레닌주의보다도 천도교가 앞서 있구나 하는걸 알라구 애썼던 거 같애

면담자: 그때 강사 중에서 가르쳤던 사람 중에서 생각나는 사람이?

구술자: 강사 중에서 기억나는 게 김달현[4]

면담자: 김달현

4) 북조선천도교청우당 위원장.

구술자: 박우천

면담자: 박우천

구술자: 지금 월북한 사람이야

면담자: 김달현은 그 당시 천도교 위원장

구술자: 위원장. 박윤길[5)]

면담자: 박윤길

구술자: 고롬

면담자: 아 그런 사람들한테

구술자: 월남한 조기주[6)]

면담자: 조기주

구술자: 혁암 조기주

면담자: 예 그분도

구술자: 박창건, 그 양반들

면담자: 박창건

구술자: 박응삼

면담자: 박응삼

구술자: 박응삼. 우리 경전 3부 경전 만들었던 사람말야

면담자: 천도교 경전을 만들었던

구술자: 박응삼 대단했습니다.

면담자: 그런 분들한테 직접 배우면서

구술자: 근대요 천도교가 요 알아야 됩니다. 경상도에서 발생은 됐지만 또 동학혁명이 호남에서 일어났지만은 다 월북을 한 거 같애. 8·15광복 후에는 평안도가 굉장히 교세가 활발했어

5) 북조선천도교청우당 부위원장.

6) 북조선천도교청우당 박천군당대표, 해방 후 월남해서 천도교연원회 의장, 천도교종법사 역임.

면담자: 오오

구술자: 면면촌촌의 전부가 천도교야 궁을기[7]두 있구 대단했습니다. 나는 평양에 그때 두 번 갔드랬지

2. 3 · 1재현운동

1) 길두만

면담자: 그러면 이 맹산 지역에 선생님께서 하시면서 주로 어떤 갈등이 있었나요?

구술자: 우리하고 직접은 이제 없지만 그 복성학생사건이라던가 그 보안사사건이라던가 그런 사건이 많이 있어요. 근데 저는 그때 3 · 1 재현 사건, 그때 우리 군에서 제일 많은 희생이 됐는데, 에 군에 그 종리원, 연원계통으로 활동하는 분들하고 청우당위원장이나 이런 분들이 활동을 하다가서 잽혀 갔는데 우리는 면급에서 활동을 했어요.

면담자: 면급에서?

구술자: 면급에서 감시로 연락하고 막 그랬는데 군 간부들이 그분들이 그 잡혀가면서 싹 자기네들이 뒤집어쓰고 이제 그 면간부들은

면담자: 잘못이 없다 이렇게?

구술자: 말은 안 했죠. 안 해 가지고 이제 이건 무사하게

면담자: 그런데 군 이상의 간부들은?

구술자: 군 이상의 간부들은 많이 희생됐어요. 에 뭐 그 지금 아오지탄광

7) 천도교의 교기.

에 가가지고 많이 죽은 분들도 있고. 박연수씨라고 하면 알 거에요. 박연수씨가 3·1재현사건 때 그 잡혀가가지고 그분은 용케 평양에 있다가 나중에 탈출해가지고 우리 대한민국에 와가지고서 그분은 원래는 박경규거든요, 근데 여기 나와가지고 생명을 다시 얻었다 해가지고 박연수로 이름을 고쳐가지고 오랫동안 살다가 돌아가셨죠.

면담자: 3·1재현운동이 끝나고 나서 공산당하고 천도교 관계가 더 안 좋아지고 그렇게?

구술자: 안 좋아진 거는 많이 희생되고 마 그 부락에서도 이제 그때 희생이 많이 돼요. 막 싸우고 막 그런 숫적으로 봐서는 우리 있는 데는 공산당이 몇 집 안 되거든요. 청우당이 많긴 하지만 그래도 이제

2) 양택조

면담자: 그러면 천도교 그 청우당 동당위원장을 하면서 각 집집마다 돌아다니면서 성미도 거두고 또 사람들 이름도 적어서 면당에 갖다 주고 그렇게 하셨는데 뭐 그 당시 북한에서는 3·1재현운동이 있었는데 그 3·1재현운동에 대해서 혹시 생각나는 게 있습니까?

구술자: 3·1재현운동에 내가 갔던 게야

면담자: 아 3·1재현운동에 만세 부르러 직접 가셨습니까?

구술자: 만세 부르러 갔던 게야

면담자: 어디에서 만세운동?

구술자: 그때 평안북도 신의주, 영변쯤, 만세는 영변에서 불렀는데

면담자: 만세는 영변에서 예에

구술자: 영변에서 불렀는데 붙들러 가긴 신의주 형무소엘 갔던거거덩
면담자: 신의주 형무소까지 갔다 왔습니까? 그럼 어떻게 3 · 1재현운동에 참가하게 됐는지? 그 얘기부터 쪼금, 신의주 형무소 갔던거는 조금 있다가 하시고, 3 · 1재현운동한다는 거는 어떻게 알게 됐습니까?
구술자: 재현운동 한다는 거는 난 촌에 있으니까 모르는데 우리 고모 아들이 천도교에 아주 소문난 천도교인 거이야
면담자: 이름이 혹시 생각이 고모 아들 이름이?
구술자: 장호섭이라고 그러는데
면담자: 장호섭? 예
구술자: 호섭이, 천섭이 그랬는데 근데 그때 그 호섭일 통해 가지고서 재현 3 · 1운동이래는 알았단 말이야 3 · 1운동 내가 직접 갔었는데 누가 3 · 1운동을 지시했나 같으면 그때 영변군 남수년면 상구동이라는 동네가 있었어
면담자: 예에
구술자: 근데 그 노경식이라는 눙감이 있었거덩
면담자: 노경식? 예에
구술자: 노경식이가 천도교 평안북도 이북 총 책임자던 거야
면담자: 아 이 사람이 이북의 총책임자
구술자: 그래 그 노경식이 앞으로 내가 천도교를 배웠단 말야
면담자: 아 노경식이라고 하는 분한테
구술자: 노경식이가 뒤쪽 하여간 우리
면담자: 영변 쪽에 와서 가르쳐 주고
구술자: 한 면이 있었으니까
면담자: 아 노경식하고
구술자: 동네는 따루지만 노경식이는 상구동이라는 데 살고 나는 도관동에 있었거덩

면담자: 도관동에 있었으니까

구술자: 그랬는데 한 십리 새를 두고 있었는데 노경식이가 이북에는 왕이던 거야, 노경식이가

면담자: 아아

구술자: 노경식이하면 하여튼 중앙에서도 알아주고 일본까지도 그 사람은 소문이 난 사람이거덩 그래서 노경식이가 재현3 · 1운동이란 걸 했단 말야. 그래 멋도 모르고 천도교 믿으라 그러니 천도교 믿다가 뭘 읍에서 무슨 회의를 한다구 오라고 그래서 갔단 말야 멋도 모르고 갔디

면담자: 영변읍이죠?

구술자: 영변읍에 갔는데 영변읍에 거반 들어갔는데 아 뭐 사람들이 뭐 해두 태극기를 들고 모여들자나

면담자: 그때 태극기를 손에 들고

구술자: 뭔 영문인지 뭐이 영변에서 무슨 회의한다고 해서 회의 보러 가던 건데 회의는 안하고 무슨 사람들이 모여들어 자꾸 그래 이거 왜 사람들이 이케 모여 드느냐 그트면 만세부르러 모여든다구 그래

면담자: 아

구술자: 아 그래 나는 멋도 모르고 가다가 회의 보러 간다구 가다가 만세 부른다구 나두 만세불렀단 말야 하하 멋도 모르고

면담자: 아 그렇게 해서 멋도 모르고

구술자: 넘이 대한독립만세 그러니 나도 같이 불렀단 말야

면담자: 또 다른 만세도 불렀습니까?

구술자: 그럼 다 대한독립만세만 불렀지. 불렀는데 아 집에 나와서 한 사나흘 있으니깐 만세 불렀다고 와 붙들어가자나

면담자: 경찰이? 북한 공산당 경찰이?

구술자: 예

면담자: 붙들어가서

면담자: 어디까지 가셨습니까?

구술자: 신의주형무소까지 갔던 거야

면담자: 신의주형무소까지 가서 뭐라고

구술자: 신의주형무소가 우리 집에서 500린데 고길 붙들려 갔던 게야

면담자: 거기 가서 뭐 맞거나 이런 적이 있었습니까?

구술자: 맞지는 않았는데

면담자: 뭐라고 취조하던가요?

구술자: 가서 취조를 할, 낼부터 취조를 할 모양인데 슬그니 나왔어, 그 형사들 모르게 슬그니 나왔단 말야

면담자: 나오는 게 가능했었나요? 그럼 어떻게?

구술자: 가만있더라고 나오는데 뭐 보긴 봐 그 사람들이 보질 못했는지 어드랬는지 몰라 뭐 붙들려간 사람이 많으니까

면담자: 아 사람이 많으니까

구술자: 뭐 그땐

면담자: 얼마나 됐습니까?

구술자: 300명 붙들려갔거덩

면담자: 300명 이나?

구술자: 고롬, 만세부르던 사람이 300명 붙들려간 게야 신의주형무소에

면담자: 신의주형무소를?

구술자: 형무소에 가서 붙들려가서 사흘만인가 가만 생각을 하니깐 이거 뭐 날래 놔 줄거 같지가 않아 그래서 뭐 붙들어서 뭐 붙들어 매거나 그러진 않고

면담자: 그러진 않았고 모아서?

구술자: 모아 뒀거덩 그래서 슬그니 나왔디 뭐 [웃음] 슬그니 나와가지고선 뭐 붙들지 않으니 슬그니 나와 가지곤 자꾸 왔단 말야

면담자: 그래가지고 집으로 다시 왔네요?
구술자: 신의주서 우리 집 께가 500리거덩
면담자: 거 어떻게 오셨어요? 차타고? 걸어서 왔습니까?
구술자: 걸어서 왔디 차가 다 뭐야 그땐 뭐야
면담자: 며칠 걸렸습니까?
구술자: 한 밤낮 사나흘 걸었어

3. 포로 수용

1) 길두만

면담자: 길에서 가는 군인들한테 귀순을 한 겁니까? 아니면 부대로 찾아 간 거예요?
구술자: 찾아간 게 아니고 그게 길에 나가니까 자동차가 가는데 자동차가 길밖에 내가 손을 들고 하니까 자동차가 딱 멎어 보니까 후방 보급부대라고 그래요. 그 일선부대한테 이제 식사 같은 거 그거 날라주는 데거던. 그때 때마침 그거 이제 일등상사 그 사람들이 이북 사람이에요, 자기 아버지가 황해도 그 김목사라 그러데. 그러면서 "내 이제 생명만 살려줘라 이북 공산당이 싫어서 이렇게 나와 가지고서 인민군 강제로 나와 가지고 지금 이렇게 귀순한다." 그리고 군복은 입었댔는데 그때는 군복도 다 벗어버리고 속에 셔츠만 입고 있었거든요.
면담자: 인민군 군복을 받았는데 버리고 속옷만?
구술자: 받았는데 그 다니다가 산에서 벗어버리고 속에 그
면담자: 속옷만?

구술자: 속옷인데 피난민 집에 들어가서 사복으로 갈아 입었어요. 그러카고 근데 이제 장교들이, 상사가 "포로를 잡았어도 안 죽이는 너 같은 귀순하는 사람은 안 죽이니깐 우리를 따라서 같이 북진하자" 그거야. 포로수용소 안보내고 그 사람들이 계속 데리고 다녔어요. 맨 처음에는 상사 배낭을 지고 다니다가, 그 다음에 군인들 식사를 날라주는 그 옛날에는 방위대라고 아마 알았을 거예요. 방위대 역할을 했는데 그 식사를 날라줬죠. 이제 그 후방에서 식사를 싣고 오며는 그 전투지역까지 올라갈 수 없어 산에, 그러면 거기서 식사를 짐통에다 지고서 고지까지 올라가서 그 자기 부대, 분대에 그 맡은 데가 있어 거기다가 노놔 주고 내려가서 또 후방에 있다가 그렇게 있다가

면담자: 어디까지 올라가셨습니까?

구술자: 그케해서 8사단 10연대예요, 한국군,

면담자: 아 한국군 8사단 10연대

구술자: 8사단 10연대, 그 평양을 거쳐서 저기 야 강원도 이천, 양덕, 성천으로 해서 맹산, 맹산을 지나가게 됐어요. 맹산까지

2) 성기남

면담자: 그렇게 활동을 하다 어떻게 했습니까? 전황이 바뀌게 되니까?

구술자: 그 때 당시가 추석 때니까 9월, 9월 25일경인가 뭐 어 전군후퇴명령이 내렸거든 그때 그 9·28수복 그 당시니까 그때 그 낙동강 전선이 무너져가지고 후퇴하기 시작할 때거든. 그때 전군후퇴명령을 내렸는데 에 부대 단위로는 도저히 후퇴를 못하니까 어 각 소대, 중대별로 따로 따로 활동을 하자. 그래서 후퇴를 하는데 중대별로 80명 되는 사람이 한꺼번에 다 댕길 수는 없으니까, 어

간부 부분대장 이상 간부 한 20명, 거의 한 15명, 20명 그 정돈데 그 사람들은 같이 행동하기로 하고, 나머지 사람들은 전부 해산을 해가지고 태백산 타고 북한으로 올라가라. 뭐 그렇게 명령을

면담자: 어디서 모여라 이런 거 있었습니까?

구술자: 그건 뭐 어디서 모여라 소리는 안하고 그냥 후퇴해서 38선 넘어 올라가라 뭐 그렇게만 지시했던 거 같고

면담자: 그러면 간부들하고 같이 선생님께서는?

구술자: 그렇지. 그럼 난 부분대장을 했으니까 간부들하고 같이 가다가 거 보은 거기가 보은인데 어느 산골, 산을 타야 되니까 큰길로 못가고 산을 타고 산맥을 타고 가다가 밤에 한 10시쯤 됐던 거 같애, 캄캄한데 앞에서 뭐 총소리가 나기 시작하더니 기관총 소리가 그냥 확확 나더라고 그러니까 그 앞에 무슨 부대가 있었던 거 같애. 우리 이제 가만 앞에서 이제 총소리가 났는데, 그러니까 고만 겁이 나가지고 몽땅 그냥 헤어져가지고, 함경도 사람인데 그 사람 이름은 지금 기억이 안 나고, 그 사람은 나보다 한 서너 살 우겐데 분대장하던 사람인데, 같이 둘이서 산에 들어가 산 꼭대기로 올라가가지고 숨어 있다가 아침에 보니까 그 앞에가 큰 도론데 도로가 뭐 그 뭐야 그 군대 차들이

면담자: 짚차들이?

구술자: 짚차, 뭐 군대 차들이 왕왕 댕기는데 이제는 뭐 도저히, 도저히 안 되겠다. 그래 우리 그만 자수하자 뭐이 이렇게 가다가 굶어죽기 맞춤 맞을 테니까 우리 자수하자 그래 둘이서 아침

면담자: 며칠간 산에서 있었습니까?

구술자: 산에서 하루, 이십 그러니까 꼴딱 하루 있다가 뭐뭐 하나도 먹지도 못하고 굶어 있다가. 이렇게는 더 있다간 굶어 죽을 테니까 자수하러 내려 가자. 그래서 둘이서 동네 어구 동네 내려와 가지

고 우리 패전병인데 자수하러 내려왔으니 요기나 좀 시켜달라고 그러니까 밥을 한상에다 채려다 주드라고. 게 그거 먹고 그 동네 사람 주인이 요 앞에 조금 나가면 큰 길이 있는데 큰 길에 가서 서 있다가 손들면 그 차가 댕기고 사람, 군인들이 많이 지나다니니까 손 들으라고 그렇게 가르켜주드라고. 밥 먹고 길에 나가서 좀 서 있다 보니까 사람은 한 200명 되는 거 같애요. 그저 패잔병 짝 붙잡아 가지고 인솔해가지고 보은군청까지 가는 거 같애요. 그래 가 손들고 있으니 '저 뒤에가 서 있어, 서서 따라와' 그러드라고

3) 양제호

구술자: 신창 가서 하니 이제 오늘 도망 안가면 갈 날이 없다고 생각해 갖구 우리 평양사람들이 5명이 하나둘 이제 조금 떨어져 자고 5명이 이제 도망을 나오는데 다들 이제 밥들 먹고 거기 휴양소니까

면담자: 저녁 먹고? 예에

구술자: 그니까 휴양소니까 휴양소가 하는 일이 뭐이냐 같으믄, 저 주로 이제 팔로출신, 중공출신 미군하고 교신하고 한국군에 인민군에 편입된 사람들이 병이 나서 병원에서 입원했다가 나와서 휴양하는 기관이예요.

면담자: 예에

구술자: 휴양소예요. 하니깐 거긴 좀 부식도 좋고 다 좋았죠. 그 사람들 먹고 우리도 같이 먹고 했는데, 해서 그 사람들이 차가 한 대 있었거던 트럭이 한 대 있었거덩

면담자: 예에

구술자: 그래서 신천에서 도망을 가야해서 도망을 가는데, 그게 간호원들이 있었어요 간호원들이, 여군간호원들이. 근데 하나가 딱 맞닥뜨려 졌어요. 걸어서 이렇게 우린 골목으루 나가구 그 간호원은 어디 갔다 오느냐? 들어오다 딱 중간에서 맞닥뜨렸는데 난 맨 뒤에 섰는데 앞에 선 사람이 여계식이라는 사람이 섰는데 기양 쭉 나가더라구요.

면담자: 예에

구술자: 그래서 가다보니까, 순천 가는 데가 몇 리나 돼냐구 걸 물어봤거던요? 60리라구 그래요. 근데 추럭 타구 오게 되면 금방 잡힐 꺼 같더라구요. 아무래도 맘이 불안하더라구요. 근데 앞에 장교 두 놈이 달구지 뒤엘 타구가면서니 자꾸 쳐다봐요. 우리 형태가 아무래도 긴장됐겠죠. 하니까 수상하게 봤댔나봐요. 그래서 걸어 가다가서 한 200m 걸어갔을까. 내가 딱 생각나는 거이 있어요. 우리 집 피난나온 데가.

면담자: 예에

구술자: 해서 참 고거이 기가 막힌 게 정말 한울님이 감응하지 않으면 있을 수가 없는거야? 어떤 사람이 딱 지나갈 때 내가 물어봤어요? 너 강동가려면 어디로 가야됩니까?

면담자: 강동?

구술자: 하니까 바로 거기야 요기 둑을 넘어서 철길인데, 여기서 사잇길로 가면 강동이 금방 나온다 이거야. 그래갈구서 그 둑을 들어서 보니까 맘이 놓이더라구요. 이짝으로 갔으면 아무래도 잡혔죠.

면담자: 예에 순천 가는 길로 해서 갔으면 잡혔을 거다?

구술자: 그래서 강동으로 와서 하니

면담자: 그럼 강동으로 얼마나 걸려서 강동으로 왔습니까?

구술자: 저녁에 하여튼 가다가 점심을 먹고, 닭을 또 한 두어마리 사갔고

뒀던 게 있어요. 그걸 해달라니까 아주머니가 혼자 사는데 남편도 군대 나갔다면서 남편 생각해서 점심 잘 해줘서 잘 먹고서 가는데, 어둑어둑 해질라는데 내무성 소좌하구 그 부소대장급끼리 피난을 올라가는데, 리북으로 한손에 지돌 들고 올라가는데, 우리들보고 어디가냐고 해서 열파 연대 집결소루 간다구 그니까 자꾸 쳐다보는 거야, 사람들이 중간에서 만났는데, 거서 갔는데 여서 우린 올라갔는데 올라가서 내가 척 보니 그날 버스에서 안에서 행동을 보는거야, 조금이라두 의심스러움 따발총 메고 있었거덩,

면담자: 예에에

구술자: 그냥 갈겼지요, 그때 후퇴하는 거시니 인민군들도 거시니 저희들끼리 죽이는 게 많아요 그래서 거서 내려가서하니 거또 내려가다보니 어두웠는데 저기 죄수들 끌구 간다 글더라구 한참 지나가구 나서 길 건너가서 어느 집에 가서 잤는데 그중에 천도교 집안인데 자구서 아침에 간다니까 며칠 더 있다가 군국 들온 담에 가지 그래서 거기서 이제 열파라는데 가는데 열파가 한 15리밖에 안되고 거서 우리가 피난 나온 데가 25리밖에 안되거덩

면담자: 예에

구술자: 세리라는데 피난왔는데 간다고 갔더니 젊은 사람들 한서너 명이 오믄서하니 오델 가느야? 그래서 거시니 열파 건너간다니까 못 건너 간다 이거야 지금 그 강이거덩

면담자: 예에

구술자: 못 건너 간다구 계엄령 선포돼서 강에서 오는 사람 막 쏴 죽인다구 이기야 우리 말이 의심스러우면 한 사람 나가보라구 그래서 그 동네에서 머물러서하니 한 이틀 있는데 국군이 들어왔더라구

면담자: 그러면 열파하고 건너기 전에 고 마을이 세리라고 하는 마을이

구술자: 세리는 우리가 갈 목적지가 세리죠

면담자: 목적지고?

구술자: 그 동네 이름은 모르죠

면담자: 열파가기 전에?

구술자: 어 지나가는 길이니까 동네 이름은 모르죠 우리가 피난 나온 데가 세리였거던요

면담자: 그럼 그렇게 해서 그럼 거기 있다가 국군이 올라와서?

구술자: 국군이 들어와서 국군이 들어왔다구서 환영 나가자 그러더라구 동네 사람들이 그래서

구술자: 그때가 날짜가 언제쯤인지 기억이 혹시 나십니까?

구술자: 10월, 10월 한 19일 날, 한 20일쯤 됐을 거예요

면담자: 10월 19~20일에 국군이…

구술자: 고전 날 온 거 한 23일 됐겠네 왜냐할 거 같으면 그 집에서 천도교집에서 잘 적에 밤새 포가 울렸거던요. 평양 입성 했다구 글더라구

면담자: 그럼 천도교집에서 며칠을 계신 거예요?

구술자: 하룻밤

면담자: 하룻밤 천도교집에서

구술자: 하구선 집으로 오기 급한데 뭐 거기서 잘 수가 있나 더 자고 가라는데 못자구 그랬죠 그런데 그래 갖구서는 프랑카드두 쓰구 또 그 여계식이라는 사람이 왜정 때 동경대학 중앙대학 법대 나온 사람이거덩 영어도 잘해요 그래서 영어루 프랑카드도 만들고 또

면담자: 세리라고 하는 마을에서?

구술자: 아니 세리 가기 전이죠 그니까

면담자: 거기가 어디? 국군을 맞았다는 동네 이름이?

구술자: 동네 이름은 모르죠,

면담자: 동네 이름이 모르는데 거기가 어디쯤입니까?
구술자: 강동이여
면담자: 강동에서 국군을 맞았는데 거기에서 이제 프랭카드를 만들어 가지고
구술자: 태극기도 만들고 그래 갖구서 환영 나갔더니 국군들이 보더니어, 이제 옷을 우아긴 벗고
면담자: 그 당시에 예에
구술자: 바지는 인민군 바지를 입고 그카고 갔더니 너들 인민군이 왜 왔어 그렇다고 거시니 이케서 환영하러 나왔다구 프랑카드도 보여주고 태극기도 보여줬더니 자기가 이제 중대장 있는데 우릴 데리고 가더라구요,

4) 양택조

면담자: 오늘 뭐 말씀하신 것 중에서 포로가 됐던 그 과정 부분이 아버님이 기억이 잘 안 나신다고 고 부분에
구술자2: 제가 들었던 얘기하고 잘 못하신 부분 잃어버리신 거 같애서, 아버지가 인제 인민군으로, 인민군으로 나오셔 가지고 팔공산전투에 이제 직접 참여를 하셨는데 그 팔공산 저 능선 거기서 전투를 하셨다구 그래요, 저쪽 맞은편 쪽에 국군이 있고 능선에서 이렇게 쭉 인민군들이 있는데 위에서는 계속 그 소대장인가 하는 사람이 계속 총쏘면서 나가라구
면담자: 진격 앞으로 그러면서?
구술자2: 계속 막 총을 쏘니까 앞에서 그 막 거기 고향에서 나온 몇 분이 계셨데요. 친구두 있구 근데 막 앞에서 누가 친구가 막 이케 쓰러지더래요 그러니까 아버지는 이제 아 나도 이케 죽겠구나 이

런 생각이 드셔가지고 그 친구를 업고 부상당한 친구를 업을려고 업혀라 그러니까 뒤에서 소대장이

면담자: 소대장이?

구술자2: 소대장이 나가서 총쏘라는데 왜 환자를 업느냐? 그면서 총을 쏴가지고 다리에 총을 맞고

면담자: 다리에?

구술자2: 그러니까 그때부터 다리 맞으니까 뭐 좀 기어서 바위틈에 가서 숨으셨대요

면담자: 바위틈에?

구술자2: 막 총이 계속 날라 오니까 바위틈에 가서 이렇게 숨어 있는데 뭐 정말 대단했었나 봐 그래 가지지구 이제 그런 와중에 어떻게 됐는지 모르는데 나중에 보니까 여기에도[손짓을 하며] 총을 한 방 맞은 거지 머리에

면담자: 머리 쪽에도?

구술자2: 막 어기서도 피가 나오고 그러는데 한참 그렇게 막 서로 전쟁을 하다가 총소리가 멈추고 이제 딱 정신을 차려서 보니까 저 높은데 올라 가 계셨대요. 거기서 가만 보니까 다 죽은 사람들 많고 총소리도 끝났는데 아 이거 어떻게 해야돼나 막 다리는 부러져서 이렇고 해서 이제 아버지가 가만히 보니까 저 밑에 그냥 이렇게 잡초가 많은 묵밭이 있더래요

면담자: 예에

구술자2: 산이 높으니까 어떻게 구르셨데

면담자: 굴러 내려가서?

구술자2: 굴러 내려가셔서 이렇게 가만히 몸이 아프고 피가 나니까 정신없으니까 막 목도 마르고 해서 가만히 있는데 그 인민군 중에 몇 사람 살은 사람이 걸어 가더래요. 그래서 막 목이 말라서 물 좀

떠다 달래니까 아무도 물을 안 떠다 주더래. 그런데 그 와중에 누가 물을 떠다 줬다는 거 같애. 그래 그러구선 있다가 해가 새벽에 전투를 시작했는데 그러구 나니까 해가 막

면담자: 해가 뜨구 있었고?

구술자2: 환해지구 그러니까 이제 숨어 있다가 아마 그 다음에 배가 고프니까 계속 숨어 계셨나 봐 그러다가 저녁때 좀 이제 어둑어둑할 때 기어서 어디 먹을 거 찾아 가신거지. 가다 보니까 그 아까 아버지가 말씀하셨던 집 얘기 하시잖아요.

면담자: 예에

구술자2: 밥 해먹고 이랬대는 데 그게 이제 가서 아버지 거까지 처음엔 안가시고 아까 말씀하신 한정이라고 하신 움막같은 거

면담자: 움막같은 거?

구술자2: 개울가에 있는 움막 같은데

면담자: 농막 같은 데?

구술자2: 숨어 계셨데요. 가만히 있는데 사람들이 왔다 갔다 하고 밥을 막 왔다 갔다 그러더니 나중에 이제 저녁때 다 밥을 해먹고 막 가더래 그 사람들이 인민군 그 패잔병이였던 거 같애. 밤에 깜깜할 때 거길 기어서 또 올라가시니까 그때가 이제 음력 8월쯤 됐대요. 8월쯤 됐는데 8월 한 초쯤인가 뭐 중순인가 추석 조금 안 됐을 때 그래가지구 날이 꽤 쌀쌀했대요. 그게 옷이 이제 피에다 춥구 그래서 그때 거기 가서 보니까 뭐 주서먹을 거 아까 말씀하신 먹다남긴 거 뭐. 또 그 추워서 농을 뒤지니까 옛날 여자분들 입던 그 말씀으론 누비저고리라구 그러시더라구 그걸 꺼내서 속에다 입고 그 겉에 다시 군복을 입으셨대. 그리고 뭐 먹을 게 있나 보니까 아! 그리고 그 사람들도 간 다음에 그거 주서가지고 다시 밑으로 내려와서 이제 또 숨어 있었대. 숨어 있었는데

그 다음에 그 다음날도 또 이제 거길 들어 가셨던 거 같애. 근데 보니까 거기서 이제 다 가질 않고 남아있는 부상병들도 좀 있었던 모양이에요. 그래서 이제 가만히 아버지가 생각을 해보니 아버지도 첨에는 그 집에 있을라고 생각을 하셨던 거 같애. 여기 숨어있다구 그랬는데 가만 생각을 하니까 내가 여긴 있다간 아무래두 더 위험할 거 같더래 그래서 나두 막 헷갈린다[웃음] 그 움막으로 내려오시면서 그게 아닌가? 그게 아니고 어디가 숨어 있었다 그랬나. 어 거기서 이제 그저 먹을 거 뭐 였냐면 호박 그저 이제 호박 있잖아요. 벌판에 호박 누런 게 있더래요 거기다가 그 집에서 소금 있잖아요. 소금을 이제 몇 줌 가서 주머니에 넣고 호박을 가지고 나와서 그 움막에 숨어 계시면서 그걸 먹고 계셨대요. 근데 그 와중에 그 집에 남아있던 패잔병들 이런 사람들이 며칠 후에 국군이 들어와서 전부 총살을 해서 다 죽었대요.

면담자: 총살해 다 죽고?

구술자2: 아버지두 거기 있으면 죽었다 그러시더라구 그루구서 거기서 한 뭐 일주일인가 계셨나 봐. 근데 그거 파 잡수시면서 호박

면담자: 호박을?

구술자2: 계시다가 그래두 그걸로 연명을 하신거지 소금하고 물먹고 하시다가 이제 가만히 거기 사람 몰골이 말이 아닐 꺼 아니예요. 거기 그렇게 일주일쯤 있다 보니까 추석 때가 됐나 보더래요. 그 피난 나갔던 사람들이 들어오더래요. 들어와서 그 저쪽에 있는 집으로 그 어떤 어르신이 두루마기를 입고 다니시고 이제 좀 그런 게 보이시더래. 근데 또 계속 다리에 맞고 아버지가 여기 부상 입었는데 치료도 제대로 못하시고 묶어 놨는데 구더기 생기고 그랬대요. 그러니까 더 이상 계속 있으면 정말 죽을 꺼 같으니까 아버지가 어떻게 해봐야 되겠다는 생각에 그 사람들 왔다

갔다 하는데 어떤 아주머니가 한 분 지나가시더래요. 그래서 이제 어떻게 좀 자기를 내가 여기 있다 알리고 싶어서 일어나셔 가지고 이북분이시니까 여보 이랬대나 봐? 그 불렀지. 사람을 불렀지. 딱 그 사람이 쳐다보더니 막 진짜 사람아 날 살려라 도망을 가더래요. 얼마나 무서웠겠어. 솔직히 그러더니 한참 있더니 그 어떤 남자분이 부지런히 밑으로 내려 가시더래요. 분명히 그걸 알리러 가는 거 같더래요. 그래서 그러더니 한참 있더니 그 국군이 왔대요. 와 가지구 국군도 와 가지구 거기서 끌어내니까 이게 뭐 다리는 다 부러졌지 어떻게 할 수 없으니까 그 동네 가서 지게를 져가지고 어떤 남자 분을 데려다가 아버지를 지게에 태웠대요. 지게를 지고 어디까지 가서 거기에서 이제 다시 차를 타고 거쳐서 부산까지 갔다 그러더라구요.

5) 오용삼

면담자: 어떻게 됐습니까? 후퇴할 때

구술자: 그래서 이제 아 그때 아 그 주인 영감이 아 이거 후퇴한다구 말야. 근데 이제 저 골짜기로 이렇게 그냥 포소리가 처음엔 쿵~ 쿵~ 이렇게 가까운 데로 쫓아오더라구. 그래서 이제 이 양반이 어디 나갔다가서 들어오더니 헐떡대면서 들어와서 아 이거 지금 군인들이 들어온다는거야. 그러면 그러니까 뭐 의복은 갈아입고 그럼 같이 뭐 짐을 싸라구 말야 우리가 좀 져다 줄테니까 그래서 지구선 그 이제 산골으로

면담자: 들어갔나요?

구술자: 예, 좀 올라갔는데, 중간에 좀 올라갔는데, 벌써 그 차가 뒤에 이렇게 내다보니까 뒤에 다 쫓아오지 않았어 다. 차가 먼저 와 가지고선

면담자: 국군차가요?

구술자: 뭐 뭐 무슨 그런데 이제 그 뒤에 만세들을 부르고 이제 그러더라구. 그래서 뭐 우리가 잘못한 게 뭐 있어 도로 내려가자 우리도 이제 우리도 만세나 부르러 내려가자 그래서 내려가는데, 그 이제 거기 큰 거기 뭐야 저 그 대궐인가 저 큰 집 질라고 이제 그 바윗돌 들을 주춧돌 하고 쓰려고 마다놓은 것들이 널려있는 벌판인데 글루 다가서 다 내려갔지 뭐야. 이렇게 내려갔더니 아닌 게 아니라 그때 이제 깜둥이가 왔어. 와가지구선 쭉 다 쭉 세워 놓더라구. 그래서 이렇게 쭉 섰는데 아 우린 머릴 다 깍아 버렸거든. 그래 이제 이렇게 나는 농민모를 쓰고 있었는데 뚝 치니까 뭐 헤 빽빽한 게 보이니까 '까댐'하면서 따귀를 한 대 때리는데 아 코피가 줄줄 나오잖아. 야 정말 참 그나마 이렇게 저거 하고 싶은데 아 이거 어떻게 하하 참나 그래가지고 거기서 아닌 게 아니라 전부 젊은 사람들은 이제 다 이렇게 세워놓고 이제 부인들, 여자들은 다 저쪽으로 가고 그리고 이제 GMC를 갔다 대더니 GMC에 타라고 해서 그래서 대전으로 나간 거예요.

6) 이성운

구술자: 사리원 근처에 가니까 거기 미군들 뭐 주둔도 하고 있어요. 그래 미군들이 이리오라고 그래. 그 지금까지 가도 가더라도 다 우리 신분이 이런 사람들이니까 무사 통과해서 왔는데 가보자 그러구서 쭉 이제 일행끼리 같이들 갔단 말이야. 깜둥이들이야. 깜둥이들이 건부터 앉으라고 그래 무조건 그래 앉았는데 나중에 아무 소리도 안 해. 그런데 나중에는 이제 추럭, GMC 추럭이 2댄가 3댄가 와요 그걸 타라는 거야. 그래 왜 그러냐니까 그 일본놈이

하나 있어 일본놈이 통역이 있어요. 일본놈 통역이 일본말은 어느 정도 하니까 일본말로 물어봤어요. 이거 뭐냐하니까 이게 사실 다 포로들이라는 거야. 그래 우린 사실 이런 사람이다 그래 일본놈이 고마또니 고마또니 그 안돼 큰일이라고 자기도 큰일났다고 하면서 그러면서 하는 얘기가 지금 뭐 할 수없이 정세가 이러니까 요기 조금만 가면은 심사받아서 당신네 같은 사람은 다 돌려보낼 거다 이러더라구. 그래서 아 그럼 심사받으러 가자고서 추럭을 탔는데 추럭을 타고서 가니까 김천 뭐 개성 이런데 가서 추럭을 갖다 대니 다 만원이라고 그러는 모양인가 봐. 그래서 나중에 끝까지 간곳이 인천 형무소에 갔다 놔

면담자: 인천형무소까지?

구술자: 인천형무소에 갔다 부려놓는데 7~8천 명이 갔다 있는데 마대 뒤집어쓰고 이건 뭐 산송장이야. 당장에 무슨 거지들 모아논 것처럼 이렇게 되어있더라구. 그래 물어봤지 당신네들 무슨 사람이야. 하니까 인민군 포로라고 말이야 하 이거 큰일났구나. 그래 할 수 없이 거기서 그대로 그냥 알랑미밥 주는 거 얻어먹으면서 거기서 며칠 더 지냈어요. 지냈는데 하루는 또 기차빵통을 갔다 들이대더니

면담자: 아무 얘기도 없이?

구술자: 얘길하는 데 거기서 대게 여론을 들어보니까 부산에 내려가면 심사해서 어 결정이 날거다 이런 얘기들이 돌아요?

면담자: 포로들 사이에 돌았던 얘기지 누가 나와서 그렇게 될 거라고 얘기하는 건 없었죠?

구술자: 없죠, 없죠.

면담자: 인천에 며칠 정도 있었습니까?

구술자: 인천에 아마 한 일주일동안 있었을 거예요

면담자: 일주일 동안 있는데 아무 누구도 나와서 이야기 하는 것도 없었고?

구술자: 없어요. 그러니까 그때만 하더라도 UN군 측에서는 상당히 자기네들도 곤란한 처지지. 북쪽에서 중공군이 수십만이 내려미니까 어떻게 할 수가 없는 거야. 그러니까 그저 무조건적으로 젊은 사람들은 잡아다가 포로수용소에다 집어넣는데 당장에는 어떻게 할 수도 없고 그러니까 이건 또 차고도 넘지. 그러니까 방통을 들이대구서 도라무깡에다 알랑미 밥을 하나 실어 그래가지고 그걸 타라고 해서 탔는데 한 사흘 동안인가 가요. 부산 내려가는데 그 알랑미 밥이 나중에는 변하고 뭐 그랬더라구 그 밥을 먹으면서 가는데 나중에 수영비행장

7) 이창번

구술자: 그때부터 산길 타기 시작하는 거에요. 도망치기 시작해서 산길을 타기 시작하는데 임실로 해서 장수로 해게지고 거기 올라가기 시작하는데 그때는 도처에서 막하는 거예요. 그 가면서 엄청나게 당한 거예요 그냥 그때 느낀 게 무슨 게 있게 돼냐면 '군인이라는 게 사기라는 게 참 대단하구나'라는 거예요. 한창 진격해 내려올 때 제가 왜관 근처에서 본 게 뭐냐 그러면은 이 나무그늘 밑에 탱크들을 이렇게 배식해 놓은 거예요. 근데 우리는 그 근처에 주둔하고 있었고 그 나무 숨긴데 근데 이제 왜관 근처니깐 포탄이 날아오는 거에요. 포탄이 날아와 가지고 터지니까 탱크병들이 밥을 먹다가 그저 고개만 움찔해요. 포탄이 떨어져서 팡 터지는데. 그러더니 입으로 씹으면서 탱크 밑으로 슬슬 기어가는 거예요. 그 여유가 있어요 포탄이 떨어져도. 그런데 우리 후퇴할

때 보니까요. 여서 밥을 먹다가 한 5리 밖에서 총소리가 따큼 따큼 나게 되면 총도 못 들고 도망치는 거예요. 그게 이제 군의 사기에요. 그러니까 그렇게 되더라고요. 그때는 뭐 계속 그냥 추격당하고 도망치고 이러면서 가는데 그때 내가 생각한 게 뭐냐하게되면 내가 그 쫄병으로 있으니까 작전지도 같은 걸 내가 전부 짊어지고 이제 가는데 그 지도에 보게 되면 후퇴코스를 그려 놓은 게 춘천에서부터 저쪽으로 빠져게지고 그저 그 어데 안악, 안악있는 쪽으로 해가지고 양덕으로 들어가서 맹산쪽으로 해서 북으로 올라가는 그 코스에요. '그러면 양덕만 가면 나는 집에 간다' 이것 때문에 악을 쓰고 좇아 간 거예요. 사실 그 전에…

면담자: 삐라를 받았을 때도 얼마든지 갈 수 있었는데?

구술자: 네, 얼마든지 갈 수 있었는데 고향에 가야한다는 그 생각으로 가다가 결국은 그 어느 지점인지는 모르겠는데 아마 평강쪽 아마 그 쪽에 거기에서 글루 신계 곡산 쪽으론 못 가고 그 원산 쪽으로 그 상방약수 있는 데로 그쪽으로 해가지고 상방 그쪽으로 해서 원산쪽으로 들어가게 된 거에요. 그런데 거기가니까 더 이상 뭐 더 가면 이젠 만주로 들어가야 할 판이고 그래서 그때 내려온 거예요. 그 원산에 그때 산에 가니까 산에 원산에서 원산이 점령당하고 나니까 거기 원산에 있던 공산당원들, 여성동맹위원장이니 뭐 이런 사람들 전부 산으로 올라온 거예요. 이 사람들은 총이 없어요. 총이 없으니까 총을 가지려고 군인이 총만 가지고 있으면 어디가서 굶진 안잖아요. 어딜가도. 그러니까 총을 뺏으려고 덤벼들고 그러더라고요.

면담자: 군인들한테?

구술자: '동무들, 그 수류탄 좀 같이 노나 쓰자' 그러구 그래요 막 협박하고 그래서 그땐 도저히 안 되겠다 거기에서 양덕으로 넘어가는

길이 평원선이 이제 있는데 거기서 한 70리 정도 그 고갯길 내려가면 양덕이에요. 거기에서 탈출했어요. 그래 난 사실 양덕까지 가볼려고 했던 거예요. 거기서 산을 통해가지고 양덕까지 내려가면 내가 집에 갈 수 있다는 생각에서 그렇게 탈출했는데 결국은

면담자: 그러면 어디까지 가시다가?

구술자: 얼마 못 갔어요.

면담자: 어떻게 그러면?

구술자: 그저 가다보니깐 하루 굶고 나니까 혼자 떨어지니까 굶는 거예요. 여럿 있을 땐 어떡하든지 먹는데 그래서 굶고 있었는데 고 도로에 미군들이 차가 막 지나가요. 그래서 아 안되겠다 싶어서 미군한테 손들고 나가는 수밖에 없다 해서 거기서 차가 GMC 손들고 따발총 여기다 놓구 손들고 그랬더니 미군 내리더니 애들은 겁을 안내. 그냥 총만 쓱 하더니 운전석에다 그냥 태우는 거예요. 옆에다가

8) 임운길

구술자: 진남포 어디 부대 배치 됐다가 여기서 북진할 때 10월달에 저 신한주까지 갔다가 신한주에서 그러니까 추럭을 태우더니 순천

면담자: 예 순천

구술자: 양덕

면담자: 양덕?

구술자: 양덕가는데 국군이 원산 상륙해 가지고 쳐들어 오는기야

면담자: 아아

구술자: 충돌했다구 총대 버리구 이쪽으로 넘어왔지

면담자: 아 넘어올 때 뭐

구술자: 치안대, 치안대 오문악이라구, 게 치안대 우문악이다, 우문악이 치안대원증을 한 일주일 있다가 받아 가지고 국군차를 타고 평양으로 갔다가 평양에서 걸어서 평안남도 순천까지 순천서 쪼금 한 5, 60리 가면 고향이거든 아 거 가다가 포로가 딱 됐어

4. 치안대 활동

1) 길두만

면담자: 고향까지 올라가신 거네요?
구술자: 네, 올라갔어요. 우리 집 앞으로 지나서 영원으로 가게 됐어요.
면담자: 영원까지?
구술자: 그게 맹산까지 우리 집 앞에 갔는데 집에 가고 싶다고 보내주라고 그랬어요. 그까 보내줬거든요. 그래 집에 가니까 이제 식구들이 없고 그래서 큰집이 쪼매 딴 곳에, 큰집을 가니까 거게가 다 모여 있어가지고 이제 참 식구들 만나가지고 거기에 며칠 있었죠. 있었는데 그때 그 이제 완전히 우리 고향도 국군들이 점령했을 때거든요? 그 청우당 간부들이 그 평안도 면당부로 내려오라고, 오라고 그거야. 가니까 거기서 거 그 치안대 조직해가지고 치안사 하자 그래가지고 같이 치안대, 거의가 천도교인들이 치안대를 맡았었어요.
면담자: 아, 그 당시에 천도교인들이?
구술자: 네, 질서유지하고 이제 그 뭐 공산당들 피난 못 간 사람들 그 데려다가서 신문하고 심한 사람들은 좀 가다두고, 그 사람들 죽이지는 않았어요. 치안대장이 에 그 사람이 김응철씨라고

면담자: 김영철?

구술자: 김응철이요,

면담자: 김응철?

구술자: 예. 그 완전히 참 사람을 안 죽여야한다 해서 그렇게 잡아서 넣고 있다가 그 하루는 거기서 20리 떨어진 곳에 외전면이 있는데

면담자: 외전면?

구술자: 예, 그 외전면에가 인민군 패잔병이 출몰했다는 그런 정보가 들어왔어요. 그 패잔병을 잡는다고 군 치안대에서 한 40명하고 추럭 한 대에다 뭐 무장하고 이렇게 면에 나왔어요. 우리 면에 와서 점심해먹고 우리 면에서 또 추럭 한 대에다 한 40명하고 그걸 외전면에 가가지고 토벌한다고 갔거든요. 근데 나는 그때 그 경비를 맡고 있었어요. 면사무소 그래서 안 가고 있었어요. 근데 가가지고 대패를 했거든요. 왜냐하면 인민군은 숫자적으로 많고 또 그 사람들은 훈련을 받은 사람들이에요. 그래서 치안대는 열성만 있지 훈련도 못 받고 또 뭐 복장도 보통 일반 복장입고 경험이 없으니까 게 올라가다보니까 그 맥밭에서 그냥 옥수수 같은 거 퍼먹고 그러니까 그냥 따라 올라갔단 말이에요. 그러니까 인민군들은 양짝 산이 있고 그 다음 그 가운데가 맥밭이 있고 땅이 좀 있는데 그 산을 싹 점령을 했거든. 그래가지고서 치안대는 계속 올라가가지고 그 사람들 소굴로 들어갔는데 그 밑으로 싹 쏴버렸거던. 인민군이 그래가지고 막 사격을 하는데 뭐 당할 재간이 없죠. 그때 많이 죽어버리고. 혹시 그때 날이 저물 때에요. 날이 저물어가지고 옥수수떼기 그때가 옥수수가 많이 가을이라 거기 들어가서 살아난 사람도 있고 해요. 그래가지고 덕천으로 싹 그 사람들이 후퇴해버렸어요. 후퇴해가지고 그 할 수 없이 무슨 피란을 나와야하는데 나올 수도 없고 그카고 있는데, 그 치안

사업을 했기 때문에 나중에 그 사람들이 위험하고 또 중공군들이 개입한단 말이 있기 해서 그 남하할 목적으로 이제 피난을 나오다가서

5. 9 · 17폭동사건

1) 양제호

면담자: 61수용소에서도 그런 일이 있었단 말이죠 에에?

구술자: 그니까 부산에선 감히 뭐 생각도 못할 일이구 인천서도 생각도 못할 일인데 거기가니까 벌어지더라구요 해서 한 7월 달에 우리가 수용소서 나와서하니 85수용소로 갔어요 85수용소

면담자: 그럼 여기서 국군 노래 부르고 인민군 노래 부른 사람하고 뭐 싸움이 일어나고 이런 건?

구술자: 그런 건 안하더라구요

면담자: 그런 건 없었는데, 85수용소는 어땠습니까? 수용소가

구술자: 그냥 애초땐 평범했는데 좌익이 잡았죠

면담자: 85수용소를 좌익이?.

구술자: 그 다음에

면담자: 그래서 어떻게 됐습니까?

구술자: 그 다음에 이제 폭동이 났는데 에 우익이, 천도교인이 14명이 맞아 죽었어요. 몽둥이루 때려 죽인 거예요.

면담자: 85수용소에서?

구술자: 예에 근데 이제

면담자: 14명의 천도교인이?

구술자: 예, 그니까 저 목도채 있자나요 목도채, 목도할 때 메는 목도채 또 천막 세울라면 가운데 옆으로 세우는 이런 막 몽둥이 있자나요 달려서 끼워서 이거로 때려 죽었어

면담자: 그럼 하룻밤만에 14명을 다 죽였습니까?

구술자: 예 하룻저녁에

면담자: 고게 언제쯤인지 기억이 나십니까? 몇 월 달인지

구술자: 게 여름이니까 더울 적에요

면담자: 여름에 85수용소에서

구술자: 근데

면담자: 85수용소에서 천도교인들이 많이 있었습니까?

구술자: 아니 저는 알기로는 한사람만 같이 천도교인이라는 사람만 알고

면담자: 아 선생님께서는 한 명의 천도교인만 알고 있었다

구술자: 그 사람 최기선이라는 사람인데

면담자: 최씨? 최기선

구술자: 경남 저시니 영춘 사람인데 영춘

면담자: 영천?

구술자: 영천이 아니고 서종면인데, 서종면인데 주소가 근데 무슨 군인지 잘 생각이 안나는데

면담자: 아 예 나중에 말씀해 주시면

구술자: 헌데

면담자: 최기선이라는 사람만 천도교인이다라고 하는 것을 알고 있었는데 하룻밤 자고 나니까 천도교인 14명이 그냥 몰살

구술자: 아니 그날 뭐 어떻겠냐므는 다 광장으로 밤이 어두웠는데 다 광장으로 나오라 그러더니 그날 뭐 그 안에 학교같은 강당이 하나 있어요 집에

면담자: 강당에?

구술자: 거서 인민군 노래를 막 부르고 하니까 국군들이 총을 쐈는데 야! 그것도 하나도 안맞데 그냥 거시니 콘센트데 그걸 뚫었는데도 사람은 하나도 안맞았어요 그래 갖구서 밖으로 나와서 때려 죽이기 시작하는데

면담자: 국군이 먼저 그냥 공포탄을?

구술자: 국국은 밖에 있는 거죠

면담자: 밖에 있고

구술자: 하니까 이안에서 천막들 있는데서 가운데서 천막들 쌓아서 밖에서 안 보이죠 거서 누구누구 부르다가는 뭐거뭐가 잘못됐다

면담자: 인민재판을 하는 거네요 일종의?

구술자: 하구선 뒤에서 계속 그냥 몽둥이로 머리를 치면 그냥 그대로 가요

면담자: 그런데 그러면 그 당시 국군들이 그걸 모르고 있었나요 알면서도 못 들어갔나요?

구술자: 알았어도 밤이니까 뭐 모르기도 했겠지

면담자: 밤에?

구술자: 깜깜한 밤인데 해서 나도 이제 우리 소대 내가 그때 경찰에 있었는데 경찰 정보부장을 하고 있었는데 내옆에 사는 사람이 내가 천도교인이라는거 알아요 아 얼마나 소변이 매려운데 만약에 일어나며는 아 재 천도교인이야 알거 같아서 소변도 못보러 일어난거야

면담자: 아 그 날밤에 거기 같이 85수용소에

구술자: 같이 다들 나왔는데서 뭐 전부다 나왔으니까 뭐 누군 안 나올수 없죠 것두 어떻게해서 천도교인인가 알았냐 같으면 몇십 년 뒤여서 청계천에서 거기에 기독교 집사로 있던 사람이 목사가 됐더라구요

면담자: 예에

구술자: 해서 그 딴 수용소에 있던 사람인데 그 사람이 이제 목사가 그 사람네집에 순두부집 장사하는데 놀러왔어요 그전에 그 아니까 나하고 좀 아니까 날보고 그래 그때 85소에서 죽은 사람들이 어데 사람인줄 아느냐? 그래서 모른다구 해주 근방 황해도 사람들인데 다 천도교인이다 그러더라구요 그래서 천도교인 거 알았어요

면담자: 예에 그렇게 해서 죽었다. 그 이후에 그러면 이 죽고 난 다음에 국군이 가만 있지 않았을거 아닙니까?

구술자: 다 잡아 나갔죠 간부들 다잡아 나갔는데

면담자: 좌익 간부들을?

구술자: 예 근데 나는 완장을 저런식으로 맸었어요

면담자: 예? 완장?

구술자: 여 차는 완장 집어 넣는데 난 딴소대 드간거야 우리 경찰소대는 다 비구 아주 경찰천막은 다 비고 딴소댈 드갔는데 간부들 다 소대장, 분대장이 다 다섯명인데 그걸 잡아내는데 분대장이 하나가 안나오는거야 그니까 그걸 잡기위해서 그냥 야~ 거 내가 얼마나 운이 좋냐면 여기 사람들 죄다 파헤치고서니 똑바로 대 누구야? 없다고 다 나오구 없다구 날 그러면서 여길 또 때리면서 또 물어보고 야 그걸 한 두 시간 동안 보내는데 얼마나 간이 놀랬겠어요 그게 붙들려 나갈려면 뭐 애매하게 나는 우익인데 공산주의자로 몰려가서하니 저 바닷가에 가서하니 하루종일 뜨거운데 가서하니 기냥 나와서 있구 그랬다 그래 거서

면담자: 신문을 받은 거네요?

구술자: 신문을 안받아서 이제 고통을 줬나바요 물론 신문도 받았겠죠 기양 놔 뒀겠어요

면담자: 그러면 이 85수용소에 있다가 거제도에서는 계속 85에 있었나요?

구술자: 아니 좀 있다가 또 이제 좌익이 또 일으켰어요

면담자: 좌익이?

구술자: 애초때 국군이 들와서 평정을 시켜놨는데 우익으로 평정 시켜놨는데 좌익이 또 들구 일어났어요

면담자: 예에 다시? 그래서 그때는 또 어떻게?

구술자: 그래서 그날은 다들 보따리 싸갖고 나왔죠 거시니 정문짝으로 짝들 늘어섰죠 하니까 미군들이 이제 뭐야 장갑차

면담자: 예에

구술자: 전부다 갖다대고 포실만 이러카구서하니 위협을 주더라구요 그래서 우리는 나갈라구 줄 서 있는데 경찰들이 왜 갈려냐구 말야 우린 이제 하얀 것도 아니고 빨간 것도 아니다 우리는 회색이다 하니까 고향에 가서 재밌게 살아야지 하면서 나갈랴냐구 말리더라구요 그래서 내가 뭐 본색을 갈켜주면 내가 거기서 걔네들하고 같이 있을 수는 없거덩요 그래서 거기서 나와서 74수용소로 갔죠.

6. 천도교대대 활동

1) 성기남

구술자: 그때는 에 3수용소 7대대 배정을 받아가지고

면담자: 7대대, 예 그럼 3수용소?

구술자: 아 7대대가 아니고 우리가 8대대구나. 7대대는 천도교대대고.

우리는 이제 8대대. 우리가 8대대. 맞은 편 대대니까 그때 천도교인들하고 많이 같이 수용을 핸 게 아니고 천도교인하고는 조금 따로 따로 있었으니까 천도교대대로 갈껀데 우리는 그 동료 같이 있던 동료들하고 같이 가느라고. 천도교대대로는 안 가고

면담자: 그럼 이제 논산을 갔을 때 천도교인들은 천도교대대를 구성한다, 그러니까 천도교인들 모여라 이런 얘기를 들었습니까?

구술자: 뭐 그런 거 같애요, 그 이자 처음에 논산 가가지고 거기에서는 이제 천막을 하나 배정 받아가지고 교회를 활동을 했거든 처음에. 그 활동을 했는데 거기에는 뭐 참 일요일이면 시일식 하느라 가서 그래도 한 4~50명씩 모여서 시일 보고 그랬던 거 같고. 뭐 많을 때는 한 100명도 됐던 거 같고

면담자: 여기 와서 천도교 활동을 하시면서 시일식은 머 거의?

구술자: 빠지지 않고 그냥 댕겼고

면담자: 시일식은 어떻게 했습니까? 그 당시에?

구술자: 시일식은 그때 북한에서 하던 시일식이니까 지금 뭐 하는 거하고 거의 비슷핸 거 같애

면담자: 천도교식, 경전하고, 설교하고, 노래 부르고?

구술자: 근데 경전 같은 거는 직접 구입을 못했었으니까, 그 북한에서 그 경전 암기했던 사람들이 필사를 해가지고 그거로 이제 하고, 천덕송 하고

면담자: 그럼 끝나고 나서는 어떻게 따로 또 이야기도 하고 담소도 하고 그랬습니까?

구술자: 그렇지

면담자: 아니면 나서 대대로 복귀도 하고

서술자: 거기서 뭐 같이 친분이 있는 사람들끼리 얘기도 좀 하고

면담자: 그럼 거기서 천도교하면서 친분을 쌓았던 사람들이 있습니까?
구술자: 나는 뭐 천도교대대에 있지 않고 천도교인들하고 그렇게 같이 있지를 않아서 거의 뭐 기억나는 사람들이 거의
면담자: 책임자 이름이나 혹시?
구술자: 그런 것도 잘 모르겠고
면담자: 그럼 천도교인들은 신앙생활을 하면 성금, 성미 이런 게 있는데 그런 거는 어떻게 하셨습니까?
구술자: 그런 거는 현찰은 없고 보급이라는 게 담배 주로 이제 담밴데 여유있는 게 그걸 가지고 이제 성미라고 안 피는 사람들은 고대로 저축을 했다가 고걸로 이제 해가지고
면담자: 누가 받아갔습니까?
구술자: 거기에 뭐 종무행정을 보는 사람들이 있어서 그 사람들이 다
면담자: 아 대대별로 그럼 종무행정을 보는 사람들이 있었습니까?
구술자: 그렇지 예 그 해가지고 외부에 내보내서 뭐 현금화, 현금화했던 기억은 안 나고 부대 군인들을 통해 가지고 그때 당시에 그 논산
면담자: 담배?
구술자: 논산수용소에 있을 때 그 대전에다가 뭐 교회를 하나 짓는다고 그래가지고 그 성금 쪼로 많이 나갔던 거 같애요. 그때 당시에 여유가 있는 게 옷가지 이제 주고 담요 주고 그런 거 이제 좀 몰래 팔아가지고 그걸로 성금내고 그랬던 거 같아요.
면담자: 하하하. 그러면 뭐 그때 담배를 피우셨습니까?
구술자: 나 뭐 담배 안 피웠으니까 하여간 다
면담자: 성금을 많이 하신?
구술자: 하하하 많이 한 건 아니고 이틀에 한 갑씩이니까
면담자: 한 달이면 15갑 정도?

구술자: 자유담배라 그래서 담배도 괜찮았던 거 같애. 그게 외부로 가서 성금화된 거 같고

2) 오용삼

면담자: 거제도에선 암암리에 했었고, 논산에 와서 그럼 논산수용소에 와서의 얘기를 해보겠습니다. 거제도에서 논산에 와가지고 처음에 몇 수용소에 계셨습니까?

구술자: 논산 처음에 왔을 때 1수용소에 있다가 거기서 이제 3수용소로, 그때는 이제 500명 단위로 하는데

면담자: 대대별로 500명씩 해서

구술자: 500명 중에 결국은 천도교인이 한 7대대는 천도교인이고 몽땅

면담자: 3수용소에서 7대대는 500명이 다 천도교인이었다?

구술자: 500명이 다 천도교인이었고, 그 다음엔 다 반반이야 즉 8대대는 반반 있었는데 원장이 내가 하튼 거기 가서 할 테니 그래서 원장이 됐고 그렇게 맨든 거야

면담자: 원장은 8대대로 가고 주제명씨는 7대대로 가고?

구술자: 그럼

면담자: 그런 식으로해서 그럼 천도교종리원이 만들어지고 그러면 그때는 뭐 활동을 활발하게?

구술자: 아 그럼요 그때는 아닌 게 아니라 논산에서 뭐이가

면담자: 일요일날 시일식도 하고?

구술자: 그럼, 시일도 보고

면담자: 천도교 시일식을 할 수 있는 데는 어디서 했습니까? 천막을 하나 따로 만들어 줬나요?

구술자: 그렇죠. 그 소대가 있고 그저 원장실이 있고

면담자: 종리원 원장실이 따로 있었나요?
구술자: 그럼, 따로 있었어요.
면담자: 종의원에 소속된 사람들이 제법 많았습니까? 천도교종리원에 소속된 사람들이?
구술자: 그럼, 잘했어요.

3) 이창번

면담자: 그럼 91수용소는 64수용소랑 다른 수용소에 있었던 북한사람들하고?
구술자: 예, 거기 다 있었어요. 근데 그때 가니깐 웃기는 게 그 이제 심사를 하는 거예요. 그게 이제 고 앞에가 91수용소가 적색수용소가 있었어요. 90단위로 91, 92, 93, 94, 95, 96까지 있었어요. 근데 95하고 92가 좌익수용소고, 그 다음 나머진 전부 우익이 돼 있었거덩요 우익 수용소에 가니까 그때는 이미 벌써 그 좌우익이 갈라지고 첨예하게 저 밑에서 70단이 76, 77, 78, 77, 8이 두 개가 악질적인 게 되는데 거기서부터 싸움이 벌어졌었거든요. 우리가 도착을 하니까 마당에다가 쫙 세워놓고는 홀랑 벳겨놓고는 옷을 다 검사하는 거에요. 포로들이 포로 경비들이
면담자: 예에
구술자: 그러고 나더니 이제 한사람씩 데리고 들어가서 심사를 하는 거에요. 근데 북한에 심사하는 방법이 고향 물어보구 현주소, 본적은 뭐고 현주소 물어보구 당에 어느 당에 들었됐냐? 인민군에 언제 입대했냐? 계급이 뭐이 됐냐? 언제 포로됐냐? 뭐 이런 거 대게 그런 질문을 해요. 근데 내가 들어가가지구 심문하는 사람하고 얘기를 하다가 천도교라고 그랬더니 그 뒤에 앉았던 사람이

"야 너 천도교야?" 그래요. "예 천도교입니다.", "너 일루 나와봐" 그래서 그 앞으로 갔어요, 그게 그 감찰대 부대장이에요. 이동찬 씨라고 그분이 그 후에도 나하구 막연한 관계에 있었는데 그분이 "너 천도교 했어?" 그래요 "예, 천도교 했습니다." "1세 교조가 누구야?" "아 수운대신삽니다." "2세 교조는?" "해월신사입니다." "어 요 새끼 진짜 하나 왔네" 그러는 거예요. 하하하 "너 일루 나와 봐" 그리고 나서 감찰대 쏘리루 들어간 거예요. 그러니까 이제 감찰대 밥 배식해주고 뭐 빨래해주고 그러면서

면담자: 아 예예

구술자: 그래서 상당히 배가 고프고 그럴 때에요. 한창 젊어서 많이 먹을 때고 근데 이제 배고플땐 감찰대는…

면담자: 감찰대도 포로입니까? 아님 국군입니까?

구술자: 포로죠.

면담자: 아 이 포로 중에서?

구술자: 예, 그게 이제 좌익을 적발하고 두들겨 패서

면담자: 아 우익에 우익감찰대 포로가운데서?

구술자: 그래서 거기서 이제 감찰대에 있으면서 밥이랑 잘 얻어 먹구 잘 지내는 거에요. 근데 그때 이제 내 고향사람 가운데에서 내 여기 나와서 수양아버지 삼았던 분이 이기순씨라고 여기 바로 밑에 살았어요. 그 낙원상가 바로 앞에 살았는데. 그분이 북한에 저 고향에 있을 때 같은 집안에 성주 이씬데 촌수는 이십 촌이 넘어서 뭐 얼만진 모르겠지만 아버지하고 친구가 됐어요. 아버지가 부면당할 때 그때 동네 구장을 했어요. 잠은 거기서 이틀이고 사흘이고 자다도 오구 이러는 건데, 그 우리 집에도 자주 오구 알댔는데 그 분을 만났어요 그 수용소에서

면담자: 음 수용소에서

구술자: 그때 내가 밥을 많이 갖다 줬어요. 감찰대 있으면서 저녁때 되면 이만큼 싸가지고서 몰래 가가지고 놔주고 놔주고 하는데 여기에서 나와가지고 내가 육군 중위할때 군민회 한다고 나왔다가 그 분을 만난 거에요. 그래서 그때부터 그저 호적을 거기다 올리고 내가 부모처럼

면담자: 음

구술자: 그래서 거기 있으면서 근대 그게 감찰대 있다가 보니깐 2대대가 우리 91연대 그저 91수용소에 2대대가 전부 천도교인들이 고저 그 경비대 경비 2대대 경비대가 전부 천도교인들로 되있는 거에요.

면담자: 아, 예.

구술자: 그게 경비대장이 누구냐면 여기서 시흥, 저 첨에 시흥교구장을 했던 이창건씨라고 있었어요. 이 양반이 그때 2대대 경비대장을 했어요. 고 밑에는 전부가 경비가 다 천도교인들이에요. 그래서 시일날 되게 되면 감찰대 부대장도 거기를 가는 거에요. 거길 가서 보구

면담자: 그러면 그 당시에 91수용소에서는 천도교인들이 일요일날 행사를 2대대에서 시일을

구술자: 2대대 경비실에서.

면담자: 음 그럼 몇 명 정도 모여서 그때?

구술자: 한 30명 정도 모였어요. 내놓고는 못하고 아마 그 천도교인들이 수백 명 됐을 거에요. 그런데 그때 한 뭐 미군도 모르게 우리끼리만 모여서 했었으니깐 그때는 처음에 그 기독교는 그저 따로 천박을 처 놓고

면담자: 유엔군쪽에서 기독교는 굉장히 우대하는 그런 거였다고

구술자: 그때 안명록씨라고 지금 우리 당산 교구에 나와요. 그분이 연대 통역으로 있었어요. 영어통역으로 근데 이 사람은 의주, 신의주 있는 거기 사람인데 이분도 와서 같이 시일 보는 거에요.

4) 양제호

면담자: 3수용소. 몇 대대로 가셨습니까?

구술자: 8대대

면담자: 그럼 이 대대의 구성이 수용소의 대대의 구성이 뭐 그 당시 종교나 이런 것들을 안배를 해서 했었나요?

구술자: 그렇죠

면담자: 그러면 어떤 식으로 해서?

구술자: 우리 천도교대대는 7대대, 8대대가 있었고

면담자: 7대대, 8대대. 또 다른 종교는?

구술자: 우리 반 맞은 편 천주교대대는 5대대가 있었고

면담자: 천주교 5대대

구술자: 3, 4대대가 아마 기독교대대

면담자: 3, 4대대가 기독교대대 그 나머지는 종교가 없는 요렇게 돼 있었네요 그러면 거의 뭐 7, 8대대가 천도교인들로 구성돼 있고 이 가운데 천도교인이 더 많았던 데가 어디?

구술자: 8대대가 더 많았겠죠 종리원이 8대대에 있었으니까

면담자: 아 종리원이. 8대대에 종리원장이 누군지 기억이 나십니까?

구술자: 정 뭐인데 기억이 잘 안나 정씨만 알아요

면담자: 정모씨

구술자: 정씨만 알아요 정씬데 그 사람 여기 나와서 얼마 안있다 죽었어요

면담자: 아 그리고 또 다른 사람?

구술자: 그 당시 종리원에 있던 사람 다 죽었어요 없어요

면담자: 뭐 기억이 나는 종리원에 있었던 사람 중에 이름 기억이 나는?

구술자: 김형신이두 있었고

면담자: 김영신?
구술자: 김형신.
면담자: 형신 예에
구술자: 또 아휴 이름이 다 생각이 안나네
면담자: 주제명씨도 이때 여기 있었나요?
구술자: 주제명씨도 아마 있은 거루 생각이 돼요 많이 들은 거 같애요
면담자: 예에
구술자: 노철우가 이제 거 쏘리하고
면담자: 자 그러면 7대대, 8대대가 천도교대대로 구성이 돼 있었으면 이 천도교인들이 모여서 일요일 날 그러면 시일식을 계속 봉행했을 꺼 아닙니까?
구술자: 각 대대에서 봤겠죠
면담자: 각 대대별로
구술자: 왜냐믄 마음대로 다니질 못하니까
면담자: 그러면 한 대대에 지금 몇 명이 한 대대 500명 정도
구술자: 500명. 그니까 1개 수용소가 4천 명이죠 8개 대대니까

5) 임운길

면담자: 전덕범. 전덕범은
구술자: 전덕범이는 전찬배[8] 아들이야 전찬배라고 북한 천도교 청우당 사무총장 하던 분의 아들이 전덕범인데 그 사람 대대장으로 내세워 가지고
면담자: 아 그 사람이 부산에 있었을 때 천도교대대 대대장을

• • • • •

[8] 북조선천도교청우당 정치위원.

구술자: 난 그때 서기장했다

면담자: 전덕범하고 중대 서기장을 하고

구술자: 그땐 야아 청수 모시고 아침마다 일어나자마자 담배 한거치가 성미

면담자: 예 그 다음에는 청수 모시고 저녁에는 청수 모시고 일요일날은 어떻게 했습니까?

구술자: 그러다가 6월 18일날 석방이 돼 가지구

7. 종리원 활동

1) 이창번

면담자: 그럼 시일은 뭐 어떻게 봤습니까? 의식이 그때 어떻게 기억에 납니까?

구술자: 그 경전도 없고 아무 것도 없었어요.

면담자: 네, 그랬을 때 아닙니까?

구술자: 근데 삭주군당 위원장 하던 사람이 천덕송을 참 잘했어요. 그 양반이

면담자: 이름이 어떻게?

구술자: 김용찬, 그저 부산 가서 영도 신생 알루미늄공장에서 근무하고 그랬어요 이양반이. 석방돼 가지구 나도 글루 몇 번 갔댔는데 그래서 이제 그쪽으로 그렇게 이 양반이 천덕송을 하니까 천덕송을 다 쓴 거예요. 그리고 경전을 갖다 놨는데 그 월해, 김월해 있죠?

면담자: 아 김월해?

구술자: 김월해가 있었고 그저 황승훈씨라고 구성 사람이 있었는데 이분도 그래 이분도 경전을 다 외운 거에요 다 외운 걸 경전에 갖다가 쓰는 거예요 이제 써놓으면 이자가 틀리면 이게 맞다 이게 틀리다 이러면서 경전을 만들었어요.

면담자: 아, 그 안에서? 수용소 안에서 경전을 만들었다?

구술자: 예, 그래서 나보고 정서를 하라고 그래서 정서를 하고 그때 그랬어요.

면담자: 아 정서를 직접하시고? 아 그럼 그걸 가리방으로 긁어서?

구술자: 아뇨, 그 가리방이 없었죠.

면담자: 그러면?

구술자: 필사로

면담자: 아 필사로?

구술자: 그 필사로 해가지고 써 게지구 경전봉독하고 시일 똑같이 했어요. 경전봉독하고 천덕송 부르고 그러면서 하길 시작했는데 그러다 보니깐 쏘리가 하기 싫은 거예요. 그래 이제 감찰대 부대장보고 2대대 경비로 보내달라고 그래서 이제 2대대 경비로 들어가 버렸죠.

2) 길두만

면담자: 그 천도교 활동을 다시 시작한 계기가 있습니까? 누구를 만났다던가?

구술자: 근데 그것은 이제 그 양덕 사람 최향락이라는 사람하고 한 3사람이 각 호실을 다니면서 과거에 이북에서 천도교 한 사람이 있냐? 그거를 물어봤더니 7명밖에 안 나와요.

면담자: 처음에 부산소용소에서 최향락이라는 분이 돌아다니면서?

구술자: 네, 저랑 같이 돌아다녀 모았는데

면담자: 아 선생님도 같이?

구술자: 그 광주에서 한문연 선생이라고 평안남도 덕천 분인데 그분하고 김문제 선생하고 양 선생하고 그런 분이 천도교 이북에 그 활동을 많이 하던 분이 왔어요. 와가지고

면담자: 다시 수용소로 오셨단 말이죠? 포로로?

구술자: 예 포로로. 근까 포론데 광주에서 일반으로 살다 그 병이 걸려가지고 치료받으러 부산으로 온 거지. 근데 그 사람들이 한문연 선생이 달변가고 청우당 군당 그 선전부장하던 사람이에요. 어찌나 말을 잘하는지 그 3 · 1절 그 날 밤에 거기는 밤에 불이 없어요, 캄캄해요. 다니면서 3 · 1절과 의암성사에 대해서 그때 열변을 토했어요. 열변을 토해서 강의를 했는데 그 후에 많은 사람들이 천도교로 들어왔어요. 아 들어와 가지고 A대대도 교구를 설립하고, B대대도 교구를 설립해가지고, 두 개 대대가 교구를 설립해서 그때 중앙총부에서 오익제 선생이 그 많은 교서도 가지고 면회까지 온 사실이 있어요.

면담자: 아, 면회를 와서?

구술자: 면회를 왔어요.

면담자: 아 그러면 병원이라고 해서 특별히 오셔서 면회를?

구술자: 아니 불과 그 요기서 그때 우리가 교구를 운영하면서 중앙총부에다가 그 연락을 계속 했거든요

면담자: 연락을 어떻게 했을까요?

구술자: 그때는 연락을 그 사회에 의사나 간호사가 낮에 들어와서 치료해주고 밤에 나가요. 그러기 때문에 그 돈이 있으면 뭣이든지 구입해 올 수도 있고 그 어느 정도 자유가 있어요. 자유가 있었기 때문에 그렇기 때문에

면담자: 병원이라는 특수성이 좀 있었기 때문에?

구술자: 얼마든지 돈만 있으면 하고 그러고 서신 같은 거는 그냥 다 하고

면담자: 서신도 가능하고?

구술자: 거제도에 있을 때 진정서도 어떻게 하냐하면 그 CIC 선생들 그 선생들하고 그 김중위라는 사람이 거제도에 있었는데 그 김중위가 많은 역할을 했어요. 우리 천도교에 대해서 많은 활동을 도와줬어요.

면담자: 음, 그러면 병원에서 A대대도 교구가 생기고 B대대도 교구가 생기고 물론?

구술자: 네, 교구 활동을 하는데 장소가 없어요. 그래서 수용소 당국하고 기독교 측에 양해를 구해가지고 기독교 예배당에서 시일을 봤어요.

면담자: 아, 이때 예배당은 있었고?

구술자: 예배당은 간데나 다 있어요. 간데나 어데나, 없는 데가 다 있어요. 그 어느 목사가 하고 그 어찌된 일인지 하여튼 기독교는 대우를 잘해줘요. 그 사람들은 교회 나가게 되면 작업도 안 시키고 그래요.

면담자: 천도교를 하면은 그런 어떤?

구술자: 네, 없어요. 이득도 없어요. 부산에서는 이런 일도 있었어요. 천도교가 활동을 많이 하는데 나중에 천도교인 대대로 해서 하는데, 그 기독교하고 마찰이 생겨가지고 싸우고 그랬는데, 그 느닷없이 천도교인 대대가 그 미군이 스리쿼터 집인데 밑에가 이렇게 철근이 있고 위에는 판자를 깔았거든. 느닷없이 미군이 그 판자를 싹 다 뜯어버렸어요. 헤 적색이라고 누가 아마 고발을 해버렸나 봐요. 그래도 아무것도 나온 게 없죠. 그래서 미군 그 극동 사령관이 그때 와서 왔는데 한문연 선생이 막 열변을 토하며 그 막 그럴 수가 있느냐며 항의를 한 적도 있고 그렇다니까요.

3) 이창번

구술자: 그때부터 벌써 인도군은 깔보기 시작했죠. 그래서 이제 거기 들어가가지고 36대 들어가니깐 천막까지 다 쳐져 있었어요. 다 쳐져있고 거길 들어갔죠. 들어갔는데 거기 36대대가 천도교인들이 상당히 많았어요.

면담자: 아 여기도

구술자: 예 그 안에서 이제 시일 보는데

면담자: 여기서도 시일을 보고?

구술자: 예 시일보고 뭐 웅변대회도 하고 그랬어요.

면담자: 아 웅변대회

구술자: 인일기념일 때 웅변대회 하구 그때도 그랬어요. 천도교 활동을 했는데

4) 성기남

면담자: 그럼 천도교인들은 신앙생활을 하면 성금, 성미 이런 게 있는데 그런 거는 어떻게 하셨습니까?

구술자: 그런 거는 현찰은 없고 보급이라는 게 담배 주로 이제 담밴데 여유있는 게 그걸 가지고 이제 성미라고 안 피는 사람들은 고대로 저축을 했다가 고걸로 이제 해가지고

면담자: 누가 받아갔습니까?

구술자: 거기에 뭐 종무행정을 보는 사람들이 있어서 그 사람들이 다

면담자: 아 대대별로 그럼 종무행정을 보는 사람들이 있었습니까?

구술자: 그렇지 예 그 해가지고 외부에 내보내서 뭐 현금화, 현금화했던 기억은 안 나고 부대 군인들을 통해 가지고 그때 당시에 그 논산

면담자: 담배?

구술자: 논산수용소에 있을 때 그 대전에다가 뭐 교회를 하나 짓는다고 그래가지고 그 성금 쪼로 많이 나갔던 거 같애요. 그때 당시에 여유가 있는 게 옷가지 이제 주고 담요 주고 그런 거 이제 좀 몰래 팔아가지고 그걸로 성금내고 그랬던 거 같아요.

8. 반공포로 석방

1) 성기남

면담자: 예, 알겠습니다. 이렇게 해서 천도교 활동을 쭉 하시다가 반공포로 석방을 하셨다는 말씀입니다. 그럼 그때 반공포로 석방 이야기 좀 해주시죠?

구술자: 8월 아니, 6월 18일이 석방이 됐는데 6 · 18, 6월 17일 날 오후 4시경인가 아마 그땐 거 같애. 근까 오늘 무슨 일이 있으니까 준비들을 하라고 통보가 외부에서 들어오드라고. 그래 국군초소를 통해서 오는데 좀 더 있다가 몇 시간 있다가 나니까 오늘 저녁에 무슨 큰 일을 할테니까 짐들을 다 개인소지품들을 싸가지고 있다가 대기하고 있으라고. 그리고 어둘림새 국군 동초가 있어 가지고 뭐 복판에 왔다 갔다 하는 감시병이 있었는데 그 사람들을 통해 가지고 카드기, 철사 자르는 거하고 펜치하고 그걸 들여보내주더라고 각 대대에다가. 그래 그러면서 천막 저 철조망이 4중 철망이거든. 겐 대대별로 천막이 따로 있고, 또 그밖에 큰 철망에 수용소 철망이 있어갔고 근데 대대 안에 철망을 미리 다 잘라놨다가 밤 10시부터 차례차례로 수용소 단위로 1수용소 1대

대, 2대대, 대대별로 나가기 시작하면 여 8대대가 7번째로 나갈 테니까 다 준비해놨다가 그때 신호가 오면 나가라고. 그 미리 준비해서 다 잘라놓고 있다가 거울만 딱 놓고 있다가 5대대, 6대대가 탈출을 하고 5대대가 마지막 탈출을 했다고 연락이 오드라구. 그 이제 8대대가 나가고 7대대가 8대대가 거쳐서 나가도록 이렇게 마주보는 그 수용손데, 그래 통과해서 나가는데, 우리가 아마 새벽 한 세 시경 암튼 날 새기 전이니까 그때 당시에 3시경 됐을 꺼 같애 통보가 왔드라고 나가라고. 딱 재껴놓고서는 보니까 밖에 꺼는 국군 딱 잘라가지고는 재껴주더라고 그래서 이제 나가는데 그때 한 참 모심기 땐데 뭐 어디 길로 나갈 수는 없고 그냥 뭐 논두렁으로 논바탕으로 막 철버덕거리고 뭐한 300미터정도나 나갔을까 한데 뒤에서 수용소에서 총소리가 몇 방 나더라고 야 이게 우릴 보고 쏘는 거구나 하고 허겁지겁 나가는데 나중에 한 5분후에는 기관총 쏘는 소리가 그냥 화드득화드득 나드라고 그래서 그냥 뭐 무조건 탈출해서 도망을 가는데 그 후에 이야기 들어보니까 7대대는 고만 총소리가 무서워서 나오질 못나갔다고 하더라고. 천도교대대가 못 나온거요. 우린 나와 가지고 나오니까 얼마 한 5리나 10리 거의 걸어서 갔겠는데 날이 훤히 새기 시작을 하는데 거기 이제 경찰관하고 이장들 하고 이렇게 나와서 있다가 배정을 하더라고 몇 명 모이며는 이 사람들 뭐한 20명 끌고 어느 이장 맡아가지고 가시오. 그 또 그래가지고 각 이로 배당을 받아 가지고

면담자: 어디로 가셨습니까?

구술자: 어 그게 논산군 양촌면 모천리 2구, 거기 이제 20명인가, 25명인가 배정을 받아가지고 거기에서 한 집에서 하나씩 식사담당을 하고 그 밤에 자는 거는 사랑방에서 댓씩 모여서 자고 그렇게

면담자: 얼마 동안?

구술자: 거기서 내가 있었던 게 20일경 있었던 거 같애.

면담자: 있으면서 뭐 어떤 일을 맡았습니까?

구술자: 그때 농촌이니까 한참 바빠 가지고 모심기 하고 할 때 뭐 모심기 도와주러 나가고 동네사람들하고 이렇게 어울려서

면담자: 일도 하고?

구술자: 봉사, 주로 봉사들을 많이 했어요 뭐 돈 받고 핸 건 아니고

면담자: 자, 그렇게 한 이후에 석방된 그 이후에 어떻게 됐습니까?

구술자: 거기서 있다가 가만히 생각하니까 뭐 우리도 밥벌이는 해야 되겠고. 넘의 집에 밥을 계속 얻어먹을 순 없고. 그래서 이제 음 한 10일경 있다 나니까 도민증을 발급하겠다고 도민증 사진을 찍으러오라고 그러더라고 그래서 면 단위로 모여서 사진 다 찍고 한 5일후에 도민증이 나왔다고 노나주더라고 노나주면서 광목, 광목 열, 열 마, 고놈이 스무만가 열 마인가 잘 모르겠네 광목주고 알랑미 쌀 대두 한 말 그렇게 주시더라고. 그걸 가지고 와가지고 밥 얻어 먹었으니까 쌀은 밥 얻어먹은 집에 주고, 광목은 팔아가지고 여비를, 돈이 필요해서 여비가 있어야 되니까. 그 때 당시에 반공포로로 석방된 사람은 뭐 버스고 기차고 다 무료로 제공을 했거든. 그 교통비는 뭐 안 들지만은 그래 먹어 어디 댕기다 보면은 식사해결은 해야 되니까 그게 돈이 조금 필요했어. 그때 당시에 돈을 정착금으로 800원을 줬나 2000원을, 2000원인가 얼마를 줬어요. 정착금이라고 해가지고 이제 그거 가지고 뭐 거기서 한 2, 3일 더 있다가 어딜 좀 댕겨 봐야 되겠다. 그래서 이제 그 기차를 타고 저 군산을 내려가 봤어. 군산을 가면은 황해도 사람들이 많이 있다고 하는데 혹시 고향사람들이 없겠나? 그래서 인제 군산을 내려가 가지고 수용소가 3개가 있

는데 3개를 다 더듬어봐도 뭐 우리 고향 금천 사람들은 뭐 찾아볼 수가 없더라고. 그러니까 금천만하더라도 산간지대라 교통이 우리 고향이가 교통이 불편해서 뭐 기차 타러 나올래면은 뭐 한 5, 60리 걸어야 되니깐 뭐 피난들을 못 나온 거 같고

2) 이성운

면담자: 아 부산에 병원수용소가 있었습니다.

구술자: 있었어요 거기에 거 병원에 아픈 사람들 그러니까 환자 아니래도 연락하기 위해서 거기를 왔다갔다 하는 게 했어요. 그 사람을 통해서 연락을 해가지고서 전부 이제 한 거지. 하는데 영창에 집어넣었는데, 거 6월 18일에 석방이 됐는데 6월 17일 날 헌병대가, 헌병대에서 그 중앙당에다 나오라고 그래요. 중앙당에서 사람 좀 나오너라

면담자: 반공청년단 중앙당에 있는 사람을 나와라?

구술자: 중앙당 사람은 나오너라.

면담자: 그래서 선생님이 나갔나요?

구술자: 그래서 내가 나갔지요. 내가 나갔는데 거기서 헌병대장이 거 중령인데 성중령이라고 했어

면담자: 성중령 에?

구술자: 근데 그 분이 하는 얘기가 수용소내에 분위기가 어떠냐 그래. 아 분위기야 당장에라도 석방되면 일선에 나가서 반공대열에서 얼마든지 싸울 용기를 가지고 있다 아주 충천해있다 이렇게 얘기를 하니까 그러면 오후에, 오후에 각 대대에 조장들이 있습니다. 각 대대 한 개 대대에 조장이 있어 근데 그 조장들을 그럼 데리고 나가서 나오너라. 그래서 이제 오후에 각 대대의 조장들을 데

리고서 헌병대에 나간거야. 나가니까 그 헌병대에서 하는 얘기가 그때 얘기하는 거예요, 이 대통령의 특명으로써 이게 우익수용소 수용 다 석방된다. 오늘 6월 18일 0시를 기해서 전부 석방시킬테니까 연락은 어떻게 하느냐. 그 앞산이 있는데 앞산에서 전기불로서 신호를 보낼테니까, 그 안에 철조망이 4개예요. 그 안에꺼 두 개는 너희들이 끊고 바깥 두 개는 여기서 헌병들이 끊는다. 그러니까 신호를 통해서 연락을 줄테니까 그때 다 끊고서 나오너라

면담자: 끊으라고 장비를 주던가요?

구술자: 아니 다 있지요, 그 안에 다 있어요

면담자: 아 안에 있었습니까?

구술자: 아 그래서 그 좌익들이 그 칼도 만들고 총도 만들고 한 거 아니에요. 그래서 그런 지령을 받고서 나왔는데 고민이야 또

면담자: 하하 막상 내보내 준다니까 또?

구술자: 아니 그것보다도 이걸 공개를 하면은 프락치가 있어서 프락치가 헌병대에다가 저 저 미군에다가 고발만 하면 이건 도로 나무아미타불이라. 이걸 교묘하게 어떻게 위장을 해야 하는데 어떻게 하느냐 그래 의논들을 했지. 오늘 이렇게 합시다 저녁에 남쪽에서 큰 태풍이 분다는 기상예보가 있으니까 전부 대원들한테 신발 꽁꽁 신고 옷도 입은 채로 이 텐트가 다 날아가려고 그런다 그러니까 그렇게 준비하고 있어라 저 그렇게 지령을 내린 거예요. 뭐 그렇게 다 위장할 수밖에 없지 지령을 내리고서 밤에 이제 그 18일날 0시쯤 되니까 밖에서 벌써 끊더라구. 그러면서 벌써 헌병대가 먼저 끊어와 다 헌병대에서, 근데 거기에 보초는 헌병, 한국 헌병하고 미군 헌병하고 둘이 갔었더라구. 그 보초가 다 서지요. 이걸 또 어떻하느냐? 미군 헌병을 갖다가 잡아 넣었어. 저 몽키하우스

면담자: 예 몽키하우스

구술자: 거기다 집어넣고 그렇게 해야지 안 되거든 탄로가 나면 안 되거든. 그렇게 하고서 끊고서 전부 다 나간거야. 전부다 나왔어 그래서 딴데서는 인천가는 데 어디 소사 다음에가

면담자: 부평?

구술자: 부평수용소에서 희생이 제일 많이 났어요. 근데 이 지령이 가야에는 이렇게 정확히 나왔기 때문에 에 나중에 보니까

면담자: 희생된 사람이 별로 없어요?

구술자: 그러니까 다 나와가지고서 가야산 꼭대기로 넘어서 보수동으로 넘어가지고 전부 다 흩어졌는데

면담자: 선생님은 어디로 가셨습니까?

구술자: 나도 그렇게 나왔지요. 나왔는데 가야산을 넘어서 보수동을 넘어서 거기와서 민가로 들어간거지. 그러니까 민가엔 벌써 다 연락이 되 있더라구. 넘어오니까 이 사람들 보호해라 이런 지시가 다 나라에서 내려와 가지고 그렇게 되있어요. 되있는데, 그래서 거기 나와 가지고서 포로들한테 그때 돈 20만 원씩인가 하고 이저 광목 10마, 10마씩하고 줬어. 그런데 거기서 며칠 그냥 있을 수도 없고 그러니까 고향사람들에게 편질 띄운거야. 내가 주소를 알기 때문에

참고문헌

1. 자료

1) 구술녹취록

길두만 구술, 「북한출신 천도교 반공포로의 포로생활」, 국사편찬위원회, 2014.
성기남 구술, 「북한출신 천도교 반공포로의 포로생활」, 국사편찬위원회, 2014.
양제호 구술, 「북한출신 천도교 반공포로의 포로생활」, 국사편찬위원회, 2014.
양택조 구술, 「북한출신 천도교 반공포로의 포로생활」, 국사편찬위원회, 2014.
오용삼 구술, 「북한출신 천도교 반공포로의 포로생활」, 국사편찬위원회, 2014.
이성운 구술, 「북한출신 천도교 반공포로의 포로생활」, 국사편찬위원회, 2014.
이창번 구술, 「북한출신 천도교 반공포로의 포로생활」, 국사편찬위원회, 2014.
임운길 구술, 「북한출신 천도교 반공포로의 포로생활」, 국사편찬위원회, 2014.
고문해 구술, 「해방후 천도교의 정치 노선과 정치활동」, 국사편찬위원회, 2004.
김철 구술, 「해방후 천도교의 정치 노선과 정치활동」, 국사편찬위원회, 2004.
표영삼 구술, 「해방후 천도교의 정치 노선과 정치활동」, 국사편찬위원회, 2004.

2) 천도교 자료

「김기택선도사의 청우당 임포면당이야기」, 『신인간』 통권 제695호, 2008.8.
「진상」, 『신인간』 통권 제316호, 1974.4.
「해방에서 6·25까지」, 『신인간』 통권 제329호, 1975.8.
김병제, 『천도교의 정치이념』, 천도교총본부 지도관, 1947.

교구연혁사편찬위원회, 『교구연혁사』, 천도교부산시교구, 1989.
남부교구연혁편찬위원회, 『교구약사』, 천도교부산시남부교구, 1974.
모시는 사람들, 『동학 · 천도교 인명사전』(제1권), 2015.
신인간사, 『신인간 총목차집 I 』, 2007.
원곡안관성선생회고록편찬위원회, 『원곡 그 천도의 삶』, 보성사 · 대산출판사, 2003.
천도교중앙총부, 『80여 성상을 회고한다』, 2008.
____________, 『파란만장한 삶을 돌아본다』, 2009.
김문우, 「밝은 땅을 찾아서」(1), 『신인간』 통권 제453호, 1987.10.
______, 「밝은 땅을 찾아서」(2), 『신인간』 통권 제454호, 1987.11.
______, 「밝은 땅을 찾아서」(3), 『신인간』 통권 제455호, 1987.12.
김준수 외, 「정주 천도교학생접과 오산학교 반공의거」, 『신인간』 통권 제390호, 1981.8.
문재경, 「천도교의 반공운동」, 『신인간』 통권 제288호, 1971.8.
석 농, 「삼변기」(1), 『신인간』 통권 제269호, 1969.10.
______, 「삼변기」(2), 『신인간』 통권 제270호, 1969.12.
______, 「삼변기」(3), 『신인간』 통권 제272호, 1970.2.
______, 「삼변기」(4), 『신인간』 통권 제273호, 1970.3.
______, 「삼변기」(5), 『신인간』 통권 제274호, 1970.4.
______, 「삼변기」(6), 『신인간』 통권 제275호, 1970.5.
______, 「삼변기」(7), 『신인간』 통권 제276호, 1970.6.
______, 「삼변기」(완), 『신인간』 통권 제277호, 1970.8.
신숙, 「〈중일변〉의 혁신기를 당하여」, 『신인간』 통권 제221호, 1960.5.
이동초, 「해방공간에서 정치활동을 한 천도교인들」, 『신인간』 통권 제695호, 2008.8.
이성운, 「포로수용소에서의 천도교 활동」(상), 『신인간』 통권 제523호, 1993.12.
______, 「포로수용소에서의 천도교 활동」(하), 『신인간』 통권 제524호, 1994.1.
이순암, 「남북경제 회의안을 배격한다」, 『신인간』 통권 제222호, 1960.12.
이응진, 「찬! 4월의거와 정국의 전망」, 『신인간』 통권 제221호, 1960.5.
이재순, 「거제리 포로수용소 방문기」, 『신인간』 통권 제196호, 1953.1.
이종담, 「북한의 천도교 말살과정」, 『신인간』 통권 제426호, 1985.2.
이창번, 「중립지대(판문점)에서의 천도교 활동」, 『신인간』 통권 제531호, 1994.8.
이청천(李淸天), 「4월민주혁명의 의의와 전망」, 『신인간』 통권 제221호, 1960.5.
전덕범 외, 「포로수용소에서 봉행한 시일식」, 『신인간』 통권 제460호, 1988.6.
조기주, 「8 · 15광복과 북조선종무원」, 『신인간』 통권 제329호, 1975.8.

최덕신, 「10월 유신에 즈음하여」, 『신인간』 통권 제303호, 1972.11.
최동희, 「북한에 있어서의 천도교 운동」, 『신인간』 통권 제303호, 1973.1.
표영삼, 「북한의 천도교」(상), 『신인간』 통권 제375호, 1980.2 · 3.
______, 「북한의 천도교」(중), 『신인간』 통권 제376호, 1980.4.
______, 「북한의 천도교」(하), 『신인간』 통권 제377호, 1980.5.
홍정식, 「정치란 국민을 우롱하는 것인가」, 『신인간』 통권 제223호, 1961.4.
______, 「중립화 통일은 가능한가?」, 『신인간』 통권 제222호, 1960.12.

3) 일반 자료

『매일신보』, 『자유신문』, 『중앙신문』, 『동아일보』, 『서울신문』, 『조선일보』, 『민중일보』, 『한성일보』, 『독립신문』, 『중외신보』, 『현대일보』, 『중앙신보』, 『민주일보』, 『중외신문』, 『부산일보』, 『대동신문』, 『경향신문』, 『예술통신』, 『대동신문』.
『김일성전집』(2), 조선로동당출판사, 1992.
『김일성전집』(5), 조선로동당출판사, 1992.
국사편찬위원회, 『대한민국사 자료집』 31, 1996.
____________, 『북한관계사료집』 Ⅰ, 1987.
국토통일원, 『북한연표』(1945~1951), 1980.
육군본부, 『유엔군전사 휴전천막과 싸우는 전선』, 1968.
________, 『6 · 25전쟁 참가자 증언록』 Ⅲ, 2005.
육군본부 군사감실, 『6 · 25사변 후방전사』(인사편), 1955.
중앙일보사, 『민족의 증언』 2, 1983.
_________, 『민족의 증언』 3, 1983.
_________, 『민족의 증언』 4, 1983.
_________, 『민족의 증언』 5, 1983.
_________, 『민족의 증언』 7, 1983.
조선 중앙 통신사, 『해방후 10년 일지』(1945~1955).

4) 국외 자료

RG 153, AUS172_04_00C0018_004
RG 242, Captured Korean Documents, No. SA 2009 Ⅱ Series, 1950, Box768.
RG 242, Captured Korean Documents, No. SA 2009 Ⅱ Series, 1950, Box775.
霞關會 編, 『現代朝鮮人名辭典』, 世界ジャーナル社, 1962.

Письмо балaсанова Штыкову(발라사노프가 슈티코프에게 보내는 서한), ЦАМО, Ф.172, ОП.614631, Д.18, Л.33.

2. 단행본

강인철, 『종교와 자율: 대한민국의 형성과 종교정치』, 한신대학교 출판부, 2013.
강정구 외, 『시련과 발돋움의 남북현대사』, 선인, 2009.
고현욱 외, 『북한체제의 수립과정』, 경남대학교 극동문제연구소, 1991.
공산권문제연구소, 『(반공실록)한국반공투쟁사』, 신명, 1981.
공종원, 『하늘없는 땅』, 광명출판사, 1983.
국방부 군사편찬연구소, 『6 · 25전쟁: 배경과 원인』 1, 2004.
____________________, 『6 · 25전쟁사 11: 고지쟁탈전과 정전협정 체결』, 2013.
길광준, 『사진으로 읽는 한국전쟁』, 예영커뮤니케이션, 2005.
김경학 외, 『전쟁과 기억』, 한울, 2009.
김광운, 『북한전치사연구 I 』, 선인, 2003.
김경헌, 『민중과 전쟁기억: 1950년 진주』, 선인, 2007.
김계동, 『한반도의 분단과 전쟁: 민족분열과 국제개입 · 갈등』, 서울대출판부, 2000.
김귀옥, 『구술사 연구 방법과 실천』, 한울아카데미, 2014.
______, 『월남민의 생활 경험과 정체성: 밑으로부터의 월남민 연구』, 서울대학교 출판부, 1999.
김기협, 『해방일기 4, 반공의 포로가 된 이남의 해방』, 너머북스, 2012.
김남식, 『반공포로이야기, 송강출판사』, 1968.
______ 외, 『해방전후사의 인식 5』(북한편), 한길사, 1989.
김동춘, 『전쟁과 사회』, 돌베개, 2000.
김영호 외, 『6 · 25전쟁의 재인식』, 기파랑, 2010.
김영호, 『한국전쟁의 기원과 전개과정』, 두레, 1998.
김인호, 『화해와 공존의 한국현대사』, 국학자료원, 2013.
김종호, 『하나님을 그린 노 화가의 이야기: 한 거제도 반공포로의 삶』, 영상복음미디어, 2011.
김진계 구술, 『조국: 어느 '북조선 인민'의 수기』(상 · 하), 현장문학사, 1990.

김종법 · 김동운 공저, 『해방전후의 조선진상』(제2집), 삼중당, 1954.
김창순, 『북한 15년사』, 지문각, 1961.
김행복, 『한국전쟁의 포로』, 국방군사연구소, 1996.
______, 『한국전쟁과 반공포로』, 군사편찬연구소, 2009.
김흥수 · 류대영 공저, 『북한 종교의 새로운 이해』, 다산글방, 2002.
남정옥, 『미국의 국가안보체제 개편과 한국전쟁시 전쟁정책과 지도』, 단국대학교 대학원, 2006.
도진순, 『한국민족주의와 남북관계』, 서울대학교출판부, 1997.
동학선양회, 『동학』 제1집, 동선사, 1990.
동학영우회비사편찬위원회, 『영우회비사』, 동학영우회, 1989.
동학혁명백주년기념사업회, 『동학혁명백주년기념논총(상 · 하)』, 1994.
량만석, 『동학의 애국애족사상』, 사회과학출판사, 평양, 주체93(2004).
박명림, 『한국전쟁의 발발과 기원』 Ⅰ · Ⅱ, 나남, 1996.
박병엽 구술, 『조선민주주의인민공화국의 탄생』(유영구 · 정창현 엮음), 선인, 2010.
브루스 커밍스, 『브루스 커밍스의 한국현대사』(김동노 외 역), 창작과 비평사, 2001.
____________, 『한국전쟁의 기원』 상 · 하, 김주환 역, 청사, 1986.
북한연구소, 『북한민주통일운동사』 황해도편, 1990.
__________, 『북한민주통일운동사』 평안북도편, 1990.
__________, 『북한민주통일운동사』 평안남도편, 1990.
__________, 『북한민주통일운동사』 함경북도편, 1990.
__________, 『북한민주통일운동사』 함경남도편, 1990.
__________, 『북한총람』, 1983.
사사끼 하루다카, 『한국전쟁비사』 중권, 병학사, 1977.
서동만, 『북조선 사회주의체제 성립사 1945~1961』, 선인, 2005.
션즈화, 최만원 역, 『마오쩌뚱 스탈린과 조선전쟁』, 선인, 2010.
소춘김기전선생문집편찬위원회, 『소춘 김기전 선생 문집 3』, 국학자료원, 2011.
송남헌, 『한국현대정치사』 1, 성문각, 1980.
송효순, 『大釋放: 實錄反共捕虜釋放』, 新現實社, 1973.
여암선생문집편친위원회, 『여암문집(상 · 하)』, 1971.
와다 하루끼, 『김일성과 만주항일전쟁』(이종석 역), 창작과 비평사, 1992.
___________, 『와다 하루끼의 북한현대사』(남기정 역), (주) 창비, 2014.
___________, 『한국전쟁』(서동만 역), 창작과비평사, 1999.
윌리엄 린드세이 화이트, 『한국전쟁 포로』, 국방부 전사편찬위원회, 1988.

윌리엄 스톡, 김현인 외 옮김, 『한국전쟁과 국제사』, 푸른역사, 2001.
유완식 · 김태서, 『북한30년사』, 현대경제신문사 · 일요신문사, 1975.
윤택림, 『인류학자의 과거여행: 한 빨갱이 마을의 역사를 찾아서』, 역사비평사, 2004.
윤택림 · 함한희, 『새로운 역사 쓰기를 위한 구술사 연구방법론』, 아르케, 2006.
이동헌, 「한국전쟁후 '반공포로'에 대한 기억과 기념」, 『동아시아 문화연구』 제40호, 2006.
이인모, 『이인모』, 월간 말, 1992.
이정식, 『12세기에 다시보는 해방후사』(허동현 역음), 경희대학교 출판문화원, 2013.
이주철, 『조선로동당 당원조직 연구 1945~1960』, 선인, 2008.
이형근, 『군번 1번의 외길 인생』, 중앙일보사, 1994.
이혜숙, 『미군정기 지배구조와 한국사회』, 선인, 2008.
임형진, 『동학의 정치사상: 천도교청우당을 중심으로』, 모시는사람들, 2002.
장준익, 『인민군대사』, 한국발전연구원, 1991.
장택석, 『중국군 포로의 6 · 25전쟁 참전기』, 국방부 군사편찬연구소, 2009.
전상인 외, 『한국현대사: 진실과 해석』, 나남출판, 2005.
정충제, 『실록 정순덕』(상 · 중 · 하), 대제학, 1989.
조기주, 『동학의 원류』, 천도교중앙총부출판부, 1979.
조선로동당, 『김일성 선집』 제1권, 조선로동당출판사, 1954.
조성훈, 『한국전쟁과 포로』, 선인, 2010.
차옥승, 『천도교 · 대종교』, 서광사, 2000.
천도교동학민족통일회, 『동학 · 천도교의 민족통일운동』, 천도교중앙총부, 2005.
천도교중앙총부교서편찬위원회, 『천도교약사』, 천도교중앙총부출판부, 2006.
천도교 정통연원회, 『천도교정통연원약사』, 정통출판사, 1992.
천도교청년회중앙본부, 『천도교청년회80년사』, 2000.
최덕신, 『내가 겪은 판문점』, 삼구출판사, 1955.
최동희 · 김용천, 『천도교』, 원광대학교 종교문제연구소, 1976.
KBS 6 · 25 40주년 특별제작반, 『다큐멘터리 한국전쟁』(상 · 하), KBS문화사업단, 1991.
K. S. 티미야, 『판문점 일기』(라윤도 역), 소나무, 1993.
표용주, 『부사의 현장을 찾아서』, 선인, 2010.
표인주 외, 『전쟁과 사람들: 아래로부터의 한국전쟁연구』, 한울아카데미, 2003.
하종필, 『북한의 종교문화』, 선인, 2003.
한국구술사연구회, 『구술사 방법과 사례』, 선인, 2005.

_______________, 『구술사 아카이브 구축 길라잡이 I : 기획과 수집』, 선인, 2014.
한국구술사학회, 『구술사로 읽는 한국전쟁』, 휴머니스트, 2011.
한국역사연구회 현대사연구반, 『한국현대사 1』, 풀빛, 1991.
한용원, 『남북한의 창군』, 오름, 2008.
和田春樹, 『김일성과 만주항일전쟁』(이종석 역), 창작과 비평사, 1992.
허 수, 『이돈화 연구』, 역사비평사, 2011.
『3 · 1재현운동지』, 신인간사, 1969.
『천도교약사』, 2006.
『천도교의 정치이념』, 천도교총본부 지도관 편찬, 1947.
『천도교청년회80년사』, 천도교청년회중앙본부, 2000.
A. 기토비차 · B. 볼소프, 『1946년 북조선의 가을』(최학송 역), 글누림, 2008.
Barnickel, Linda, 『Oral History for the Family Historian: A Basic Guide』, Oral History Association, 2010.
Embry, Jessie L (EDT), 『Oral History, Community, and Work in the American West』, Univ of Arizona Pr, 2013.
Janesick, Valerie J., 『Oral History for the Qualitative Researcher: Choreographing the Story』, Guilford Pubn, 2010.
Leavy, Patricia, 『Oral History』, Oxford University Pr, USA, 2011.
Obertreis, Julia (EDT), 『Oral History』, David Brown Book Co, 2012.
Ritchie, Donald A. (EDT), 『The Oxford Handbook of Oral History』(Reprint Edition), Oxford Univ Pr, 2012.
Valelie Raleige Yow, 『Recording Oral History: A Guide for the Humanities and Social Sciences』(3rd Edition), Rowman & Littlefield, 2014.
Sommer, Barbara W./ Quinlan, Mary Kay, 『The Oral History Manual』(2nd Edition), Rowman & Littlefield Pub Inc, 2009.

3. 학위 논문

김귀옥, 『정착촌 월남민의 생활경험과 정체성: 속초 '아바이마을'과 김제 '용지논원'을 중심으로』, 서울대학교 대학원 박사학위논문, 1999.
김보영, 『한국전쟁 휴전회담 연구』, 한양대학교 대학원 박사학위논문, 1998.

김성희, 『한국전쟁의 휴전회담에 관한 연구』, 경희대학교 대학원 박사학위논문, 1992.
김창순, 『남북한 정부수립 과정에서 민주주의민족전선의 활동과 정치적 배제연구』, 북한대학교대학원 박사학위논문, 2014.
김춘성, 『동학 · 천도교 수련과 생명사상 연구』, 한양대학교 대학원 철학과 박사학위논문, 2009.
박세준, 『천도교의 종교사회학적 연구』, 고려대학교 대학원 사회학과 박사학위논문, 2015.
박정이, 『6 · 25전쟁과 한국의 국가건설』, 경기대학교 정치전문대학원 외교학과 박사학위논문, 2013.
여계언, 『6 · 25전쟁 시기 중국군 포로연구』, 한국학중앙연구원 한국학대학원 박사학위논문, 2014.
정용서, 『일제하 해방후 천도교 세력의 정치운동』, 연세대학교 대학원 사학과 박사학위논문, 2010.
조봉휘, 『6 · 25전쟁시기 다부동지역에서 한국군의 군수지원에 관한 연구』, 동의대학교 대학원 사학과 박사학위논문, 2015.
조성훈, 『한국전쟁중 유엔군의 포로정책에 관한 연구』, 한국정신문화연구원, 한국학대학원, 1999.
성강현, 「6 · 25전쟁 시기 북한 출신 반공포로의 천도교 활동: 두 사례자의 구술을 통하여」, 동의대학교 대학원 석사학위논문, 2013.
윤영길, 「북한 종교의 변화과정에 대한 연구: 남북한 종교교류를 중심으로」, 고려대학교 대학원 석사학위논문, 2004.12.
한보경, 「한국전쟁 종전과정에 관한 연구: 미국민주당과 공화당의 정책비교」, 서울대학교 대학원 석사학위논문, 2012.

4. 일반 논문

강인철, 「한국전쟁과 종교생활」, 『아시아문화』 제16호, 2000.12.
김경학, 「인도정착 한국전쟁 중립국 선택 포로이 이야기」, 『인도문화』 제9권 제1호, 2004.6.
______, 「한국전쟁 경험과 지역사회의 이념갈등: 전남 영광지역을 중심으로」, 『民族文化論叢』 제37호, 영남대학교 민족문화연구소, 2007.

———, 「아래로부터의 반공 이데올로기 허물기: 정착촌 월남인의 구술을 중심으로」, 『경제와사회』 제43호, 한국산업사회학회, 1999.
———, 「한국 구술사 연구 현황, 쟁점과 과제」, 『전쟁의 기억 냉전의 구술』, 선인, 2008.
———, 「해방직후 월남민의 서울 정착: 월남인의 사회 · 정치적 활동에 대한 접근」, 『典農史論』, 서울시립대학교 국사학과, 2003.
김귀옥, 「잃어버린 또 하나의 역사: 한국전쟁시기 강원도 양양군 미군정 통치와 반성」, 『경제와 사회』 여름호, 1999.
김보영, 「한국전쟁 시기 이승만의 반공포로석방과 한미교섭」, 『이화사학연구』 제38집, 이화사학연구소, 2009.
김성보, 「지방사례를 통해 본 해방 후 북한사회의 갈등과 변동: 평안북도 선천군」, 『동방학지』 제125호, 2004.
김승태, 「6 · 25전란기 유엔군측의 포로정책과 기독교계의 포로선교」, 『한국기독교의 역사』 제9권 제1호, 2004.9.
김왕배, 「한국전쟁의 기억과 반공 보수성의 고착: "남정리"한 부부의 생애를 중심으로」, 『한국문화인류학』 제42집 제1호, 2009.
김영호, 「6 · 25전쟁 개전 결정과 휴전 협상 과정에서 공산 3국 사이의 공조에 관한 비교 연구」, 『평화학연구』 제14호 제5집, 2013.
김용욱, 「한국역사에 있어서 전쟁피로자 · 피납자의 송환문제: 임진 · 정유왜란, 정묘 · 병자호란, 6 · 25전쟁의 사례를 중심으로」, 『국제정치논총』 제44집 제1호, 2004.
김학재, 「전쟁포로들의 저항과 반공오리엔탈리즘」, 『전쟁속의 또 다른 전쟁』, 선인, 2011,
민경길, 「한국전쟁과 포로송환 문제」, 『서울국제법연구』 제4권 제1호, 1997.
박세준, 「종교정당에 대한 역사사회학적 고찰: 남북한청우당을 중심으로」, 『종교와 사회』 제1집 제1호, 2010.
박영실, 「정전회담을 둘러싼 북한 · 중국 갈등과 소련의 역할」, 『현대북한연구』 제14호 제3집, 2011.
———, 「반공포로 63인의 타이완행과 교육 및 선전 활동」, 『정신문화연구』 제37집 제2호, 2014.
성강현, 「6 · 25전쟁 시기 포로수용소 내에서의 천도교 활동」, 『전쟁과 유물』 제6호, 2015.
성주현, 「民主主義 理念黨의 摸索: 해방공간 天道敎靑友黨으로」, 『민족사상연구』 제18호, 2009.

______, 「해방후 천도교 청우당의 조직과 활동」, 『문명연지』 제2권 제1호, 한국문명학회, 2001.
______, 「해방후 천도교청우당의 정치이념과 노선」, 『경기사론』 제4 · 5호, 2001.
양정심, 「한국전쟁기 미군의 전쟁범죄 조사와 처리: 전쟁범죄조사단(KWC)을 중심으로」, 『한국민족운동사연구』 제64호, 2010.
여계연, 「6 · 25전쟁 시기 중국군 포로 연구: 대만의 개입 매커니즘을 중심으로」, 『21세기정치학회보』, 제24호제1집, 2014.
유병용, 「한국전쟁 중 포로교환 문제에 대한 재검토: London 소재 영국 외교문서를 중심으로」, 『강원사학』 제7호, 1991.
유영옥, 「이승만대통령의 반공과 통일정책에서의 상징성」, 『한국보훈논총』 제10권 제2호, 2011.
______, 「6 · 25전쟁에서의 교회의 역할」, 『한국보훈논총』 제9호 제1집, 2010.
윤선자, 「6 · 25 한국전쟁과 군종생활」, 『한국기독교연구소소식』 제46호, 2000.
이광순, 「남북통일의 혁명적 과제」, 『신인간』 통권 제222호, 1960.12.
이동과, 「국보위(國保委), 입법회의법령(立法會議法令)에 관한 고찰(考察)」, 『법학논집』 제3호, 청주대학교 법학연구소, 1988.
이동헌, 「한국전쟁 후 '반공포로'에 대한 기억과 기념」, 『동아시아 문화연구』 제40호, 한양대학교 한국학연구소, 2006.
이상호, 「한국전쟁기 미군의 공산포로 '미국화 교육'」, 『역사와 현실』 제78호, 2010.
이선우, 「한국전쟁기 중립국 선택 포로의 발생과 성격」, 『역사와 현식』 제90호, 2013.
이재훈, 「해방 직후 북한 민족주의세력에 대한 소련의 인식과 정책」, 『역사비평』 통권 70호, 2005.2.
이진구, 「미국 남장로회 선교사 루터 맥커첸(Lutter Oliver McCutchen)의 한국선교, 『한국기독교와 역사』 제37호, 2012.
임현진, 「해방정국과 천도교청우당」, 『동학학보』 제4호, 2002.
전갑생, 「88인의 포로, 떠난 자와 돌아온자 남에서 반공투사가 된 귀환포로들」, 『민족21』 제117호, 2010.
정일영, 「한국전쟁의 종결에 관한 연구」, 『현대북한연구』 제16집 제2호, 2013.
최선혜, 「한국전쟁기 천주교회와 공산정권」, 『교회사연구』 제44호, 2014.
최종영 · 김강년, 「6 · 25전쟁 국군포로문제와 해법에 관한 연구」, 『통일전략』 제13호 제2집, 2013.

한성훈, 「전시 북한의 반동분자 처리」, 『사회와 역사』 제93집, 한국사회사학회, 2012.
황윤희, 「인민군 후퇴기 북한 지역 살상 양상: 한국전쟁범죄조사부 자료를 중심으로」, 『한국문화연구』 제25호, 2013.

5. 영상물

김환균, 한국전쟁과 포로 1, 2(비디오녹화자료), MBC 프로덕션, 다큐미디어, 2004.
최진용, 76인의 포로들(비디오녹화자료), MBC프로덕션, 다큐미디어, 1993.
김환균, 이제는 말할 수 있다(84~85회), 한국전쟁과 포로 1, 2부: 철조망 속의 지배자들(videorecording), MBC 프로덕션, 2012.

6. 사이트

국사편찬위원회(www.history.go.kr.)
국사편찬위원회 한국사데이터베이스(db.history.go.kr.)
국립도서관(www.nl.go.kr.)
한국학중앙연구원 향토문화전자대전(www.grandculture.net.)
위키피디아(ko.wikipedia.org.)
국방부 군사편찬연구소(www.imhc.mil.kr.)
슈트름게슈쯔의 밀리터리와 병기(http//blog.naver.com/pzkpfw3485/220422992436)
천도교대전교구(http//chondotj.dothome.co.kr.)
천도교중앙총부(www.chondogyo.or.kr.)

찾아보기

【ㄴ】

【ㄷ】

【ㅅ】

【ㅇ】

【ㅊ】

【ㅋ】

【ㅌ】

【ㅍ】

【ㅎ】

【기타】